ANATOMIA DA CULTURA

Aldo Bizzocchi

ANATOMIA DA CULTURA

UMA NOVA VISÃO SOBRE CIÊNCIA, ARTE, RELIGIÃO, ESPORTE E TÉCNICA

Editora Palas Athena

Título original:
Anatomia da cultura
– uma nova visão sobre ciência, arte, religião, esporte e técnica

Coordenação editorial: *Emilio Moufarrige*
Revisão: *Rosana Gilioli Citino*
Diagramação: *Maria do Carmo de Oliveira*
Capa: *Mauricio Zabotto*
Impressão e acabamento: *Gráfica Palas Athena*

Catalogação na fonte do Departamento Nacional do Livro

Bizzocchi, Aldo.

Anatomia da cultura : uma nova visão sobre ciência, arte, religião, esporte e técnica / Aldo Bizzocchi. -- São Paulo : Palas Athena, 2003.
368 págs. : 16 x 23cm.

ISBN 85-7242-042-8

Inclui bibliografia e índice onomástico

1. Cultura. 2. Cultura – Modelos semióticos 3. Semiótica I. Título.

01-5079 CDD: 306.4014

Direitos adquiridos
para a língua portuguesa por
EDITORA PALAS ATHENA
Rua Serra de Paracaina, 240 - Cambuci
01522-020 - São Paulo - SP - Brasil
fone: (11) 3209.6288 - fax: (11) 3277.8137
www.palasathena.org editora@palasathena.org

2003

A Cidmar Teodoro Pais,
cujas idéias inspiraram este livro.

AGRADECIMENTOS

A meus pais (Aldo e Diana), Marisa Moura (agente), Dr. Eleno de Almeida, Roberto Ziemer, Ricardo Madeira, João Carlos de Campos Leme, José Mauro Martins Pires, Suzana Costa Larangeira, Abrão Utchitel, Alexandre José Paglia, Turguenev Roberto de Oliveira, Ruy de Camargo, Lituko Mochiduky, Marily Cilento Mráz, Miguel Langone Jr., Hélio Gonçalves de Souza, Alcides Pereira Leite Filho, Wania Madeira da Fonseca, Ana Maria Botelho, Giovanni della Monica, Meire Vibiano, Sérgio Carneiro, Rose Reis de Souza, Sônia Maria Avallone Jorge, Marco Antonio Frascino, Izabel Salles Marconi, Geraldo Fonseca Filho, Simone Alcântara Freitas, Celso Vergeiro, César Augusto Belardi, Armando Ortiz Monteiro Filho, Marcus Vinicius Garreta, George Barcat, Emilio Moufarrige, Mitsuru H. Yanaze, Valter A. Rodrigues, Donato Medeiros, Brígida Rodrigues, Flávio Venturini, Derivaldo Nascimento, Zélia Pedroso, Associação Palas Athena, Fundação Cásper Líbero, Patricia, Ciane, Adriana, Renata, Elaine, Nivaldo, Gláucia, Melissa, Cristiane, e a todas as pessoas que, de uma forma ou de outra, contribuíram para a realização desta obra.

SUMÁRIO

INTRODUÇÃO

A palavra *cultura* é, sem dúvida, bastante rica de significados, dada a própria complexidade do conceito que ela representa. Se excluirmos as acepções da palavra que remetem diretamente à sua etimologia (do latim *cultura*, ato de cultivar), ligadas ao domínio da agricultura e da biologia (cultura de soja, cultura de bactérias, etc.), e nos ativermos às acepções resultantes do uso originalmente metafórico desse termo, referentes ao "cultivo do espírito", ainda assim encontraremos no mínimo dois conceitos diferentes de cultura: de um lado, a cultura em seu sentido mais amplo, antropológico, entendida como tudo aquilo que no ser humano não é exclusivamente produto do instinto biológico; e de outro, a cultura num sentido mais restrito, encarada como conjunto das manifestações humanas de caráter intelectual, ligadas portanto ao estudo, ao conhecimento, à criação e à reflexão sobre as idéias. Chamemos didaticamente de cultura *lato sensu* ao primeiro desses conceitos e de cultura *stricto sensu* ao segundo. Logo, se é verdade que há inúmeras definições antropológicas de cultura em seu sentido mais amplo, não é menos verdade que há também um grande número de definições de cultura em seu sentido estrito, que recobrem áreas semânticas apenas parcialmente coincidentes.

A cultura é vista ora como o conjunto de todos os bens materiais e espirituais de um povo, que o distinguem dos demais, ora como a parcela espiritual desses bens. No primeiro caso, a cultura compreende tanto o arado que lavra a terra e o método utilizado para plantar quanto o pote de barro decorado em que se faz a comida e a dança ritual em louvor aos deuses. No segundo, a cultura está no canto, na dança, na decoração do pote e na comida que ele contém, mas não no arado ou no plantio. Essa distinção entre as atividades utilitárias (como fabricar um arado e manobrá-lo) e as não-utilitárias (como cantar e dançar) se torna mais evidente e necessária, especialmente numa civilização complexa como a nossa, que realizou uma rígida separação e hierarquização das práticas sociais – embora ainda haja potes de barro com ambas as funções, a utilitária e a decorativa.

Este livro envereda por um domínio do conhecimento chamado usualmente de semiótica da cultura, procurando investigar de modo mais profundo sobretudo a cultura *stricto sensu*. Para tanto, o primeiro passo é definir claramente o objeto de nossa investigação. Cabe então perguntarmos: o que é cultura, afinal? Para alguns, cultura é sinônimo de erudição, isto é, acúmulo de conhecimentos, estudo, ilustração do espírito. Para outros, confunde-se freqüentemente com a arte – talvez porque os principais alvos dos projetos de incentivo cultural e das políticas governamentais de apoio a esse setor sejam as manifestações artísticas e o patrimônio histórico, este também em sua maior parte constituído de obras de arte. Mas há também os que entendam cultura como o domínio das atividades intelectuais, em especial aquelas que lidam com idéias por meio da palavra. Nesse sentido, são considerados profissionais da cultura os intelectuais em geral (literatos, poetas, escritores, dramaturgos, críticos literários, filólogos, historiadores, pensadores, filósofos, jornalistas, professores, etc.). Segundo essa visão, a cultura corresponderia às áreas do conhecimento tradicionalmente designadas pelo nome de Humanidades. Sob essa rubrica entendem-se as chamadas ciências humanas ou ciências sociais, as letras e as artes.

Em certos contextos, vemos a palavra *cultura* associada a outros termos, aos quais parece opor-se, como no caso da expressão *ciência e cultura*. Nesse contexto, o termo *ciência* parece referir-se exclusivamente às ciências naturais, entendendo-se então por *cultura* todas as ciências não-naturais, isto é, as chamadas ciências humanas ou ciências sociais. Da mesma forma como a idéia que nos vem à mente quando ouvimos a palavra *cientista* é normalmente a de um "homem de jaleco branco", isto é, pesquisador das chamadas *hard sciences* (ciências exatas e biológicas), costumamos ver o estudioso das ciências humanas como um intelectual ou pensador, e não como um cientista. Ainda hoje muitos classificam a física ou a biologia como ciências e a sociologia e a história como "cultura", em virtude de uma certa visão tecnicista da ciência, eivada de preconceitos que remontam ainda aos primórdios da Revolução Industrial e à doutrina filosófica que daí nasceu, o positivismo de Augusto Comte. É óbvio que tal distinção não se sustenta: a rigor, todo cientista é um intelectual e um pensador, não importa o domínio do seu conhecimento, assim como não faz nenhum sentido aos olhos da moderna epistemologia excluir as ciências humanas do quadro geral das ciências.

Tão comum quanto a oposição estabelecida na expressão *ciência e cultura* é a oposição entre arte e cultura, em que esta última seria entendida como um conjunto de atividades paralelas à arte (como a estética e a crítica), mas não propriamente artísticas. A partir da análise de oposições como *ciência e cultura* ou *arte e cultura*, seríamos levados a concluir que a cultura é, portanto, algo diferente da ciência ou da arte, ou, dito de outra maneira, que a ciência e a arte não fazem parte da cultura; ou, ainda, que a cultura é um setor intermediário entre a ciência e a arte. Tais conclusões parecem absurdas.

Por outro lado, é comum ouvir-se *slogans* dizendo que esporte é cultura, ou que livro é cultura, e assim por diante. Tem-se, desse modo, uma noção mais ou menos intuitiva do que seja a cultura, mas não uma definição efetivamente rigorosa do termo. Se partirmos dessa noção intuitiva, segundo a qual a cultura abrange as atividades voltadas ao espírito, à elevação e ao aperfeiçoamento morais do indivíduo e à preservação dos valores de civilização de um povo, teremos que a cultura engloba a arte, a ciência (pelo menos, a ciência pura), a filosofia (caso esta não esteja sendo considerada também uma ciência), a religião e o esporte (afinal, o aperfeiçoamento físico leva ao aperfeiçoamento moral e espiritual – *mens sana in corpore sano*). Admitindo que a cultura, em seu sentido mais estrito, bem entendido, seja isso, procuraremos analisar que características tais atividades têm em comum e ao mesmo tempo não compartilham com as demais atividades humanas.

Uma característica essencial dessas atividades, que ressalta logo ao primeiro olhar, é serem todas elas práticas discursivas, no sentido semiótico do termo; em outras palavras, cultura é basicamente discurso, comunicação, linguagem. Se é verdade que nem toda atividade discursiva pertence à esfera da cultura, pelo menos podemos dizer que toda atividade cultural é uma atividade discursiva. Por isso mesmo, a semiótica, enquanto ciência geral da linguagem, do discurso e da significação, será uma ferramenta valiosíssima na tarefa de definir a cultura.

Uma outra característica marcante da cultura é sua índole não-utilitária. Sendo as atividades culturais basicamente destinadas muito mais ao espírito do que à matéria, elas não visam à satisfação de necessidades materiais do ser humano, tais como a sobrevivência, a manutenção ou a recuperação da saúde, a segurança, a ordem social e política, a capacitação profissional, o acesso aos bens materiais e outras. Se as várias atividades culturais objetivam diferentes fins, todas elas têm em comum o serem realizadas como um fim em si mesmo e não como um meio para se atingir um fim utilitário. Se há alguma utilidade na cultura, ela não é de caráter pragmático, mas é, antes, a satisfação de uma necessidade espiritual, e não material, a necessidade de prazer, no sentido mais geral da palavra. Não se trata, pois, de um prazer meramente físico, animal, mas de um prazer sensorial e cerebral, baseado na satisfação da necessidade que a mente inteligente do homem tem de conhecer, de compreender, de sentir, de imaginar, de projetar, de abstrair, de manter, enfim, em permanente funcionamento os quatro processos básicos de relacionamento do homem com o mundo que o cerca, que são a percepção, a razão, a emoção e a intuição. Podemos chamá-los simplesmente de processos de cognição.

De fato, o ser humano precisa estar em constante relação com seu mundo para manter-se vivo. Essa programação biológica que chamamos de atividade mental faz com que o homem permanentemente perceba, pense, sinta e intua. A maior parte do tempo, a mente humana processa, por meios racionais ou não-racionais, informações colhidas pelos sentidos ou arquivadas na memória – esta também formada basicamente de informações sensoriais – para uma finalidade prática: manter o indivíduo em contato com o meio ambiente e com seus semelhantes, para que ele possa responder de maneira eficiente e adequada aos estímulos provenientes desse meio. Isso significa que a mente humana trabalha o tempo todo para permitir ao indivíduo realizar as tarefas necessárias à sua sobrevivência, assim como adotar os comportamentos cabíveis em cada situação que se apresente. Contudo, visto que nem sempre há uma tarefa prática a ser desempenhada ou um comportamento específico a ser adotado, e que, por outro lado, a atividade mental jamais cessa, nos momentos de "repouso", quando não está em jogo a necessidade, a mente humana faz de sua atividade não um meio, mas um fim em si – vale dizer, ela se volta para si mesma. Surge então o lazer, o relaxamento, a curiosidade gratuita, o pensamento desinteressado, o acalento da sensibilidade; abre-se o espaço para o estético, para o lúdico, para a auto-satisfação do ego. É nessa perspectiva que podemos dizer que a cultura, em seu sentido estrito, existe justamente para preencher esse "vácuo" que se forma sempre que os processos de cognição não estejam a serviço da necessidade, mas sim da vontade. É nessa perspectiva também que podemos dizer que a cultura está diretamente ligada ao princípio do prazer, razão pela qual uma semiótica da cultura *stricto sensu* é basicamente uma semiótica do prazer.

Uma outra das muitas definições possíveis de cultura, no sentido antropológico do termo, é a que a concebe como transformação consciente da natureza pelo homem. Aceitando tal definição, e entendendo que toda transformação é antes de tudo uma forma de criação, podemos dizer que toda atividade cultural é um processo criativo. As duas formas básicas sob as quais se manifesta a criatividade são a invenção e a descoberta. A cultura *stricto sensu* seria então o uso da criatividade em sua forma mais pura, isto é, sem fins utilitários, sem a motivação da necessidade.

A partir da análise dos mais diversos discursos veiculados no meio social e das práticas não-discursivas que deles decorrem, estaremos aptos a empreender uma verdadeira "anatomia da cultura", no sentido de dissecá-la à maneira do cirurgião, para tentarmos compreender como ela se estrutura e, por conseqüência, como se estruturam os discursos em que ela se manifesta. Como na anatomia, o resultado é uma classificação dos discursos e das práticas sociais, uma espécie de taxonomia – já que, segundo Aristóteles, conhecer é classificar. Assim, partindo de um objeto que, por ser multiforme, se presta naturalmente à classificação, e de critérios bem definidos e – espero – bem justificados, apresento aqui uma nova teoria sobre o universo das práticas culturais.

No entanto, não lançarei mão de conceitos complexos ou excessivamente abstratos. Também evitarei tanto quanto possível o uso dos assustadores termos técnicos de que o jargão científico se reveste. Nas poucas vezes em que tiver de introduzir algum conceito novo, desconhecido do leitor não familiarizado com semiótica, procurarei explicá-lo da forma mais clara que conseguir. Minha intenção, como advogarei ao longo do próprio livro, é que a informação científica seja acessível ao maior número possível de pessoas e não apenas ao seleto círculo das elites acadêmicas. Por essa razão, peço desculpas aos profundos conhecedores do assunto se, por vezes, sacrifico o rigor da linguagem científica em benefício da clareza e da facilidade de entendimento por um público não-iniciado.

Na primeira parte desta obra, procurarei definir a cultura *stricto sensu* por oposição à cultura *lato sensu*, bem como propor definições rigorosas para os processos de que ela se compõe. Para isso, partirei das teorias semióticas disponíveis e das definições de cultura, arte, esporte, ciência, filosofia, religião, técnica e tecnologia existentes para chegar a um novo modelo do que seja a cultura. Na segunda parte, falarei mais especificamente da ciência e da religião como formas de cultura. Finalmente, na terceira parte revisitarei as questões levantadas na primeira, sob uma nova ótica e com base nesse novo modelo.

Este trabalho é fruto de muitas pesquisas que me têm ocupado diuturnamente durante os últimos anos e parte de uma indagação persistente desde os tempos em que ainda não era eu próprio um iniciado no assunto. Posteriormente, essas pesquisas se transformaram numa disciplina que ministrei, entre os anos de 1997 e 1998, dentro de um programa de mestrado numa importante universidade de São Paulo. Espero que a leitura deste trabalho seja tão prazerosa aos meus leitores quanto o foi para mim escrevê-lo, pois, como veremos, na cultura o prazer é tudo.

PARTE I

O QUE É CULTURA

1 CULTURA E SEMIÓTICA DA CULTURA

O que distingue o homem dos outros animais é sua capacidade de modificar a natureza de acordo com sua inteligência e vontade. Com efeito, o ser humano é o único animal capaz de desviar o curso de um rio, de produzir fogo, de alterar o equilíbrio ecológico, e até mesmo de interferir em seus próprios instintos biológicos; é também o único animal a usar roupas, a cozer os alimentos, a praticar a agricultura, a fazer sexo o ano inteiro e não apenas na época do cio, etc. Portanto, ao adquirir o poder de interferir arbitrariamente no funcionamento da natureza e ao assumir o controle de seus instintos, o homem produziu uma ruptura entre o universo natural e o universo das práticas humanas, também chamado de universo cultural.

Segundo a antropologia estruturalista, cujo maior expoente é, sem dúvida, Claude Lévi-Strauss, pertence ao universo da cultura tudo o que o homem acrescentou à natureza, assim como tudo o que não é hereditário, mas aprendido pelo homem.[1] Estabelece-se, assim, a famosa dicotomia *natureza* x *cultura*, que pauta todos os estudos em ciências humanas, sobretudo no século XX. Todavia, é preciso acrescentar a essa definição de cultura o seu aspecto social, pois todo homem, assim como de resto todo animal dotado de alguma inteligência, é capaz de aprender a partir da própria experiência. Assim, qualquer um que, não conhecendo o fogo, se aproxime dele o suficiente para queimar-se, aprenderá, mediante a experiência da dor, que deve manter distância do fogo. Tal aprendizado é igualmente possível a um homem, a um cão, a um gato, etc. O conhecimento aí adquirido, no entanto, somente passa a fazer parte da cultura no momento em que seja socialmente

---

1. Confira Lopes, pág. 15.

partilhado. Em vista disso, o homem é, ao que se sabe, o único animal capaz de partilhar com seus semelhantes o conhecimento adquirido por meio da experiência.

Todas as práticas humanas, sejam elas produto do instinto ou da cultura, são o resultado de uma programação semelhante à de um computador. Nesse sentido, atos instintivos, como respirar, piscar os olhos, dormir, fazer as necessidades fisiológicas, gritar de dor, e práticas culturais, tais como ler, escrever, escovar os dentes, dirigir um automóvel, dentre outras, são programas mentais que ativamos toda vez que se faça necessário. A diferença entre os comportamentos instintivos e os culturais é que os primeiros são transmitidos por um indivíduo a seus descendentes por via hereditária, pelo código genético; portanto, os programas que os determinam já se encontram implantados em nosso cérebro quando nascemos, tal qual o sistema operacional dos computadores. Os comportamentos de índole cultural, por sua vez, precisam ser aprendidos, isto é, têm de ser transmitidos de um indivíduo a outro pelo uso da linguagem. Nos termos de Yuri M. Lotman, fundador da semiótica da cultura, a cultura é a memória não hereditária da coletividade.[2] Como se pode notar, a linguagem exerce um papel fundamental na transmissão da cultura. Mais do que isso, é a própria linguagem que modela uma cultura e estabelece uma particular visão de mundo, uma vez que os signos que a compõem não representam uma realidade preexistente, mas criam efetivamente essa realidade. Se *noite* (período que vai das 18 às 24 horas) e *madrugada* (período que vai das 24 horas de um dia às 6 horas do dia seguinte) são duas realidades diferentes em nossa língua – e, conseqüentemente, em nossa cultura –, não é porque objetivamente exista um limite concreto que as separe, mas na verdade a adoção dessas palavras na língua portuguesa é que estabeleceu a existência de tais realidades. Prova disso é que nos países de língua inglesa, por exemplo, não existe *noite* ou *madrugada*, mas apenas *night*, isto é, período de tempo que se inicia à hora de deitar e que termina ao nascer do sol.

Fica claro então que o estudo da cultura se confunde com o estudo da linguagem. Daí a importância de uma semiótica da cultura, já que a semiótica é justamente a ciência que estuda a linguagem, ou melhor, as linguagens, nas suas diversas formas: verbal (o português, o inglês, o latim, o ianomâmi, etc.), visual (pintura, fotografia, escultura, arquitetura, etc.), sonora (música,

2. Lotman, 1971.

apitos, etc.), gestual (mímica, acenos, etc.), além das linguagens sincréticas, que são aquelas resultantes da combinação de duas ou mais linguagens simples. Exemplos de linguagens sincréticas são a dança (gesto + música), as histórias em quadrinhos (imagem + palavra), o teatro e o cinema (imagem + som + palavra + gesto), dentre outros. De uma maneira mais abrangente, constituem linguagens todas as formas de representação da realidade através do filtro de uma particular visão de mundo. Assim, também os mitos, as religiões, as relações de parentesco, as vestimentas, a culinária, os códigos de leis, as práticas esportivas e lúdicas, são formas de linguagem.

Desse modo, o que se entende por semiótica da cultura é o estudo científico do processo histórico da cultura de um povo através da análise de sua visão de mundo (ou ideologia, se se preferir), revelada em suas diversas manifestações semióticas (como literatura, música, danças, costumes, crenças).

O primeiro grande projeto de uma semiótica da cultura foi elaborado por Lotman e consiste na descrição e análise dos elementos constituintes do sistema fundamental de valores de uma comunidade, subjacentes às suas diversas linguagens. Uma outra possibilidade de estudo da semiótica da cultura é a que visa à análise das chamadas *epistemes*, as atitudes que uma comunidade adota em relação aos seus signos. No Brasil, estudos semióticos da cultura vêm sendo empreendidos nos últimos anos por diversos pesquisadores, dentre os quais vale citar Cidmar T. Pais, cujas proposições acerca dos conceitos de discurso, macrossemiótica e estrutura de poder dos discursos inspiraram particularmente as reflexões feitas aqui.

Contudo, como já dissemos, quando se fala em cultura, desde logo entra em cena uma distinção fundamental entre duas acepções diferentes, embora semanticamente relacionadas, dessa palavra: num sentido amplo, cultura é tudo aquilo que, no homem, não é produto exclusivo do instinto biológico e da herança genética; é tudo aquilo que o homem aprende, todo o acervo de conhecimentos transmissíveis de um indivíduo a outro e de geração a geração, por meio da linguagem. É o "acervo de bens materiais e espirituais acumulados pela espécie humana no decorrer do tempo, mediante um processo intencional ou não de realização de valores".[3] Nesse sentido, excetuados os comportamentos exclusivamente instintivos mencionados acima, todas as demais atividades humanas (a caça, a agricultura, o artesanato,

---

3. Reale, pág. 3.

a indústria, o comércio, as comunicações, os transportes, a política, a guerra, etc.) são atividades culturais. Podemos então avaliar o grau de civilização de uma sociedade num determinado momento de sua história pelo testemunho de suas manifestações culturais, representadas por todas essas atividades. É oportuno ressaltar que todos os estudos de semiótica da cultura até agora realizados partem dessa acepção antropológica de cultura que chamamos aqui de cultura *lato sensu.*

Já em seu sentido mais estrito, o termo *cultura* designa algumas atividades específicas do ser humano que estão diretamente ligadas ao intelecto, à busca do conhecimento e à manipulação desse conhecimento por meio da linguagem. Nesta segunda acepção, a palavra *cultura* é utilizada para designar atividades que visam ao aperfeiçoamento físico, intelectual, moral e espiritual do ser humano e de sua civilização. Essas atividades, que constituem aquilo que chamamos, na introdução, de cultura *stricto sensu*, são, conforme foi dito, a arte, a ciência, o esporte e a religião.[4] Nota-se assim que a cultura corresponderia mais especificamente ao acervo de bens espirituais da espécie humana. Por isso, já que existem dois conceitos diferentes, embora aparentados, de cultura, existem também duas diferentes possibilidades de estudo semiótico da cultura: uma semiótica da cultura *lato sensu*, isto é, o estudo semiótico de todo o processo histórico da civilização humana, e uma semiótica da cultura *stricto sensu*, isto é, o estudo semiótico da arte, da ciência, do esporte e da religião. A partir de agora, sempre que utilizar as palavras *cultura* e *cultural*, estarei me referindo à segunda acepção dessas palavras, reservando à cultura no sentido antropológico os termos *antropocultura* e *antropocultural.*

Dada a íntima ligação existente entre a cultura e a linguagem, uma das características básicas das atividades culturais é o fato de serem todas elas atividades semióticas, isto é, atividades que manipulam linguagens. São, portanto, atividades produtoras de discursos, mais especificamente discursos sociais, cujo emissor e receptor são tidos como coletivos. O que significa "emissor e receptor coletivos"? É evidente que na maioria dos casos o emissor

---

4. Como veremos mais adiante, o esporte também é uma atividade discursiva. Quanto à religião, embora não seja tradicionalmente vista como uma forma de cultura, ao menos no sentido mais estrito da palavra, possui certas características em comum com as atividades culturais propriamente ditas, isto é, ciência, arte e esporte, que discutiremos posteriormente.

de um discurso é um único indivíduo, um único *ator*. No entanto, esse emissor-ator representa o papel (que chamamos *actante*) de todo um segmento social ou mesmo de toda uma sociedade. Por exemplo, no caso do discurso jurídico, o emissor-ator de uma lei ou decreto é o legislador (parlamentar que redigiu o texto legal), mas o emissor-actante desse discurso é a própria Nação, representada pela instituição do Parlamento, em nome da qual o legislador legisla. Por outro lado, ter um receptor coletivo significa que o destinatário desse discurso não é um indivíduo isolado, mas um grupo aberto e indeterminado de indivíduos, que chamamos de *público* ou *massa*. Dessa forma, as atividades culturais caracterizam-se por serem atividades produtoras de discursos dirigidos ao público ou à massa. Em muitos casos, o público-alvo de um discurso social assume dimensões tais que se torna inviável o contato direto entre emissor e receptor, de modo que a veiculação desse tipo de discurso tem de ser feita pelos chamados meios de comunicação de massa, como os jornais, as revistas, o rádio, a televisão, etc. Assim, um bom critério de tipificação semiótica dos discursos culturais pode ser o papel por eles desempenhado nos meios de comunicação.

A ciência que estuda os discursos sociais enquanto manifestações semióticas é a sociossemiótica. Isso a distingue de outras disciplinas, como a análise do discurso, a psicanálise, a antropologia lingüística, etc., que também se ocupam, direta ou indiretamente, dos discursos, sejam eles individuais (dirigidos a um receptor não-coletivo, como ocorre numa conversa entre amigos) ou sociais, mas que utilizam outro ponto de vista e outro tipo de abordagem do objeto considerado. Podemos dizer então que este trabalho pretende mostrar, com o auxílio da semiótica e da sociossemiótica, o que é que nos permite agrupar a ciência, a arte, o esporte e a religião numa única categoria de atividades humanas, que denominamos cultura, em oposição aos demais discursos sociais.

2 OS DISCURSOS SOCIAIS

AS MODALIDADES LÓGICAS E A ESTRUTURA MODAL DOS DISCURSOS

São vários os chamados discursos sociais, isto é, aqueles cujo destinatário é um público ou massa. Os discursos científico, jurídico, político, jornalístico, publicitário, religioso, artístico, pedagógico, dentre outros, são todos exemplos de discursos voltados ao público em geral. Por isso, podemos dizer que a ciência, a arte, a religião, a política, o jornalismo, a publicidade, o ensino, a legislação são atividades públicas. Cada uma dessas atividades possui uma diferente função social, que lhe é atribuída pela própria sociedade. A função social específica de cada atividade (seu modo de atuação, finalidade e público-alvo) determina certas características típicas de seus discursos que configuram uma norma, isto é, um modelo a ser seguido por todo e qualquer discurso produzido por tal atividade. Por exemplo, os textos jornalísticos, não obstante sua diversidade, têm todos algumas características comuns que nos permitem reconhecê-los como tais, e igualmente cumprem todos uma mesma finalidade social; todos os textos jornalísticos, sejam eles verbais ou não-verbais, representam um mesmo modelo, a que damos o nome de discurso jornalístico. O mesmo raciocínio vale para os demais discursos.

Uma das grandes descobertas da semiótica, que, por sinal, deu origem à sociossemiótica, foi a possibilidade de descrever a função social de cada discurso a partir de elementos da lógica modal. Isso equivale a dizer que, a partir da análise de um sem-número de discursos sociais nas mais variadas línguas e antropoculturas, chegou-se à conclusão de que todo discurso pertencente a uma mesma classe possui uma mesma estrutura. Como todo discurso é uma prática social, pode-se entender a função social de cada classe de discurso como uma ação visando a um objetivo específico. Toda ação pode ser lingüisticamente representada por um verbo. Assim, as diferentes funções sociais dos discursos podem ser resumidas em verbos como *informar*, *convencer*, *persuadir*, *seduzir*, *obrigar*, etc. Um dos princípios básicos da lógica modal é a possibilidade de traduzir qualquer desses verbos numa combinação de verbos modais, representantes das modalidades simples, que são aqueles verbos que modificam um predicado, dando a ele um caráter potencial ou efetivo.

Segundo A. J. Greimas[1], expoente da semiótica moderna e um dos fundadores da sociossemiótica, todo discurso tem em sua base uma estrutura formada pela combinação de modalidades simples, que se dividem em três níveis ou modos de existência: virtual, atual e realizado. As modalidades virtualizantes são aquelas que se encontram na origem da ação, isto é, representam as causas da ação: são o *querer* e o *dever*. Isso significa que alguém somente faz algo se tiver uma razão para fazê-lo, se quiser ou tiver de fazê-lo. Desse modo, todo ato decorre de uma vontade ou de um dever, seja este auto-imposto pelo sujeito da ação (necessidade) ou imposto a ele por outros sujeitos (obrigação). As modalidades atualizantes representam os meios para se praticar uma ação. Assim, para fazer algo, o sujeito precisa ter uma competência intrínseca (capacidade física, capacidade intelectual, permissão social). Essa competência é expressa em termos de um *poder* e de um *saber*: a ação não se dará se o sujeito não puder ou não souber realizá-la. Finalmente, as modalidades realizantes expressam o ato concretizado; são o *fazer* e o *ser*.

Além dessas modalidades, são também importantes as modalidades *crer* e *parecer*. O *crer* opõe-se ao *saber*, embora ambos remetam à idéia de convicção, pois, enquanto o *saber* é uma convicção fundada na experiência e na percepção, o *crer* é uma convicção fundada na intuição. O *parecer* compõe com o *ser* o quadrado lógico-semiótico das chamadas modalidades veridictórias, as quais compreendem todos os valores de verdade possíveis numa lógica binária (a lógica do sim ou não, do verdadeiro ou falso). O quadrado lógico-semiótico de Greimas–Rastier, ou simplesmente quadrado semiótico, baseia-se no quadrado lógico de Aristóteles, criado no âmbito da lógica binária – ou lógica alética – para opor dois termos ou duas asserções contrárias entre si, cada uma das quais comportando por sua vez uma respectiva asserção contraditória. Sejam então *ser* e *parecer* dois termos

1. Greimas, 1976, pág. 74.

contrários entre si, cujos respectivos contraditórios são *não ser* e *não parecer*. Teremos assim o quadrado semiótico representado na figura 2.1.

O quadrado semiótico pode transformar-se em octógono, como neste caso, quando combinamos os termos simples dois a dois, gerando termos complexos, como *evidência* (aquilo que é e parece), *segredo* (aquilo que é mas não parece) e *mentira* (aquilo que parece mas não é), além do termo neutro (∅).

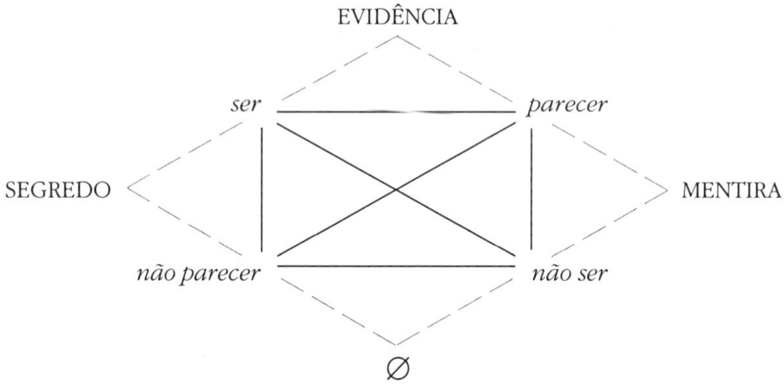

FIGURA 2.1: Quadrado/octógono semiótico das modalidades veridictórias (*ser* x *parecer*).

A concepção de quadrado/octógono semiótico, instrumento fundamental na análise lógica dos enunciados modais, em que se apóia a sociossemiótica, é uma decorrência da chamada concepção dinâmica ou dialética da linguagem, fundamentada, por sua vez, na lógica dialética, cujo principal representante foi o filósofo alemão Georg Wilhelm Friedrich Hegel. Na lógica alética aristotélica, os contrários podem coexistir; na teoria hegeliana, os contrários não só podem como devem coexistir necessariamente. Segundo essa concepção, a realidade está em permanente mudança, de modo que cada fenômeno só existe enquanto contradição com as condições anteriores. O equilíbrio (*tese*) é rompido pelo surgimento da oposição (*antítese*) que conduz a um novo equilíbrio (*síntese*), o qual, tornando-se uma nova tese, será o ponto de partida de um novo fenômeno da cadeia evolutiva, de forma recorrente.

A partir de todas as modalidades vistas acima, foi possível chegar ao conceito de estrutura de poder (ou estrutura modal) dos discursos, isto é, o enunciado modal que subjaz a cada gênero de discurso e que lhe confere o *status* específico de que dispõe na sociedade em que é empregado. Pais[2] apresenta uma relação dos principais discursos sociais não-literários e suas respectivas estruturas modais, definidas como modalidades complexas, isto é, combinações de modalidades simples em que a ordem é pertinente. Tal relação, a seguir reproduzida, contempla os principais discursos sociais.

TIPO DE DISCURSO	ESTRUTURA MODAL
científico	*poder fazer saber*
tecnológico	*poder saber fazer*
jurídico	*poder fazer dever*
político	*poder fazer querer*
religioso	*poder fazer crer*
burocrático	*poder fazer fazer*
jornalístico	*poder fazer saber* para *poder fazer querer*
publicitário	*poder fazer saber* para *poder fazer querer*

Segundo Pais, o discurso científico caracteriza-se pelo poder de fazer saber: é o discurso que faz saber, tanto no sentido de demonstrar a veracidade de uma hipótese por meio da experiência e do raciocínio lógico, quanto no sentido de construir um saber, isto é, um acervo cumulativo de conhecimentos. Isso não significa que aquilo que a ciência afirma seja necessariamente a verdade, mas sim que a ciência tem o poder da veridicção, equivalendo a dizer que a sociedade atribui ao discurso científico "o poder de fazer que as coisas ditas sejam consideradas verdadeiras".[3] Para Pais, a ciência é um processo de busca da verdade e construção do saber, para a melhoria das condições de vida do homem.[4]

O discurso tecnológico caracteriza-se pelo poder de saber fazer: é o discurso da competência técnica, o conhecimento aplicado a um fazer, a uma ação prática. Entenda-se por discurso tecnológico não apenas o discurso dos engenheiros ou os textos encontrados em manuais e relatórios técnicos, mas todo e qualquer discurso que encerre um conhecimento aplicado. Assim, até mesmo uma receita de bolo pode ser considerada, sob esse prisma, um exemplo de discurso tecnológico. (Veremos no capítulo 17 que

2. Pais, 1978.
3. *Op. cit.*, pág. 42.
4. Pais, 1984, págs. 52-53.

alguns discursos que Pais classifica como tecnológicos são mais propriamente discursos pedagógicos.)

O discurso jurídico tem o poder de fazer dever, isto é, impõe ao cidadão um dever, seja o dever de fazer (obrigação), seja o dever de não fazer alguma coisa (proibição). Dessa maneira, pode-se dizer que o discurso jurídico é aquele que institui socialmente, por meio de leis, o conjunto das práticas obrigatórias (como pagar impostos ou votar) e das práticas proibidas (como avançar o sinal vermelho ou cometer um assassinato), bem como as punições para a transgressão dessas leis.

O discurso político faz querer: é o discurso da persuasão por excelência. No entanto, é preciso ressaltar que a designação *político* dada a esse discurso não deve nos levar a associá-lo exclusivamente à atividade político-partidária. Na verdade, qualquer discurso que tenha como objetivo básico criar nas pessoas um desejo de fazer ou de não fazer algo tem um forte componente político. Ocorre que o discurso que os políticos dirigem ao povo possui exatamente essa característica de persuasão: tentar convencer a opinião pública da necessidade de realizar uma determinada obra, de adotar uma determinada política financeira, fiscal, educacional, etc., ou mesmo da necessidade de eleger para um determinado cargo público o indivíduo que produz tal discurso.

O discurso religioso é aquele que faz crer, isto é, aquele que procura incutir na mente do seu receptor a convicção de que uma determinada afirmação é verdadeira, sem no entanto prová-la por evidências concretas ou por conclusões lógicas. O *crer* opõe-se, como foi dito há pouco, ao *saber*, exatamente por não se apoiar na experiência ou no testemunho dos sentidos, mas apenas na intuição. Por isso, pode-se dizer que o discurso religioso é o discurso da sedução, já que sua função é justamente seduzir as pessoas, e não informá-las, como o faz o discurso científico. Isso nos leva a ressaltar que qualquer discurso que tenha a mesma estrutura modal do discurso religioso, isto é, *poder fazer crer*, é um discurso sedutor. Um bom exemplo disso é o discurso amoroso.

O discurso burocrático, também chamado de discurso autoritário ou tirânico, é aquele que faz fazer, ou seja, é o discurso da força, aquele cujo valor de verdade não provém do próprio discurso, mas da figura de seu emissor. O discurso tirânico é próprio dos regimes autoritários e ditatoriais, mas também pode caracterizar qualquer corpo burocrático (por exemplo, o de uma instituição de ensino) em que as normas de comportamento não admitam interpretação ou questionamento, nem tampouco emanem da vontade da maioria, mas apenas da vontade de quem detém o poder.

Finalmente, os discursos da comunicação social (discurso jornalístico e publicitário) possuem uma estrutura modal complexa, que faz saber (informa) para fazer querer (para persuadir). Assim, num primeiro momento, a publicidade informa o público a respeito da existência de um determinado produto, mas sua função principal é persuadir esse público a consumir tal produto. Da mesma maneira, o discurso jornalístico não apenas nos informa sobre os acontecimentos recentes da política, da economia, da sociedade, etc., mas nos leva, inconscientemente, a tomar uma posição em relação a tais acontecimentos. Por isso mesmo, todo órgão de imprensa se caracteriza por uma determinada "linha editorial", vale dizer, pelo tipo de direcionamento ideológico que procura impor ao seu público.

OS DISCURSOS SOCIAIS NAS DIVERSAS ANTROPOCULTURAS

A classificação dos discursos sociais nas diversas categorias que acabamos de ver não tem um caráter absoluto e universal. Em primeiro lugar, quem confere a cada gênero de discurso – ou universo de discurso, na terminologia semiótica – a sua função social específica é a própria sociedade. Assim, diferentes sociedades apresentam diferentes universos de discursos, dotados de diferentes funções sociais. Na civilização ocidental, por exemplo, há uma clara distinção entre o discurso político e o religioso. Mas isso nem sempre foi assim: durante a Idade Média, o poder espiritual e o poder temporal freqüentemente se confundiam. Os reis o eram pela vontade de Deus, ao passo que o papa era talvez o mais poderoso dos chefes de Estado. No mundo islâmico, ainda hoje, aquilo que nós, ocidentais, chamamos de discurso político e de discurso religioso costuma constituir uma única realidade – como no Irã atual, onde o governo é exercido inquestionavelmente pelos chefes religiosos (os aiatolás), e o código de leis do Estado é o próprio Corão. Da mesma forma, as chamadas artes marciais, de origem chinesa, japonesa ou coreana, são vistas por nós, ocidentais, como lutas e, portanto, como esportes; para os orientais são, no entanto, a expressão corporal de doutrinas filosóficas e religiosas. Assim como a ioga e o *tai chi chuan*, tais práticas são um misto de esporte, arte, filosofia e religião.

Nas sociedades ditas primitivas ou tradicionais, como as sociedades tribais da América e da África, cuja característica básica é a extrema homogeneidade, a diferenciação social entre os indivíduos praticamente inexiste, a especialização do trabalho é mínima e as práticas sociais são comuns a todos os membros do grupo. Em geral, nessas sociedades existem apenas dois universos de discurso: o discurso coloquial ou profano, responsável pela comunicação cotidiana e utilitária, e o discurso ritual ou sagrado, que exerce as funções atribuídas em nossa sociedade aos discursos religioso, teológico, filosófico, científico, tecnológico e jurídico. Esse discurso sagrado é responsável pela explicação do homem e do mundo, pela conservação dos conhecimentos herdados dos ancestrais, pelo estabelecimento das regras de conduta dos indivíduos e das sanções às transgressões dessas regras. Nessas sociedades, até mesmo as práticas artísticas (canto, dança) e esportivas (lutas) possuem, via de regra, caráter ritual e estão freqüentemente ligadas ao discurso sagrado.[5]

Por essa razão, todas as considerações feitas aqui a respeito dos universos sociais de discurso valem exclusivamente no âmbito da civilização ocidental contemporânea e podem ainda apresentar exceções em algumas sociedades pertencentes a essa civilização, como no caso de sociedades governadas por regimes autoritários, em que os discursos político e jurídico confundem-se com o discurso burocrático-tirânico. Aliás, a própria vinculação existente entre a cultura e o prazer, sobre a qual já falei, parece ser característica sobretudo da civilização ocidental, herdeira da tradição greco-romana. Em muitas civilizações da Antiguidade e mesmo na Idade Média européia havia, sem dúvida, manifestações culturais de todos os tipos, porém nem sempre ligadas ao princípio do prazer em si. Assim, era comum a prática esportiva estar ligada à atividade militar, do mesmo modo que a arte era não raro atrelada à religião. Quanto à atividade científica (embora alguns digam que não se pode falar de ciência antes do século XVI), estava ela freqüentemente relacionada à magia.

Na Idade Média, o prazer era visto pelo pensamento vigente como um elemento subversivo. A ideologia da época parece ter sido, sob muitos aspectos, a ideologia do medo. Numa sociedade teocrática por excelência, como é o caso da sociedade medieval, a conduta geral deveria ser de submissão absoluta aos princípios da doutrina cristã. Esta, extremamente contaminada pela visão de mundo judaica, que supervalorizava as noções de pecado e salvação, pregava a pobreza, o sofrimento, a introspecção, a abstinência sexual como virtudes e meios de chegar à salvação da alma. Por conseguinte, todos os sentimentos e atos que conduzissem ao prazer, à alegria de viver, à extroversão, eram vistos como "armadilhas do Demônio", prontas

5. Ver Pais, 1990, pág. 797.

para lançar no pecado as almas incautas. No Ocidente, fundado na ideologia judaico-cristã, os prazeres em geral, vistos como reminiscências do prazer original, isto é, do ato sexual, estiveram sempre vinculados à idéia de pecado, de perda do paraíso e, conseqüentemente, de perda do amor de Deus. A necessidade prática de sobrevivência, presente no homem como nos animais, aliada ao temor religioso de sentir prazer, levou nossa civilização a supervalorizar as ações práticas e a ver no lúdico algo supérfluo, quando não pernicioso.

3 A FUNÇÃO PRAGMÁTICA E A FUNÇÃO HEDÔNICA (OU A CIGARRA E A FORMIGA)

O QUERER E O DEVER

Saber-se e sentir-se mortal nos faz diferentes.
A morte nos condena à cultura.
OCTAVIO PAZ

Todas as ações humanas partem de uma motivação inicial, sem a qual não se dariam. Da mesma forma como, segundo a física, um corpo em repouso somente entra em movimento se lhe for aplicada uma força, para que haja uma prática social é preciso que haja uma causa. Se observarmos as práticas humanas, notaremos que todas elas são regidas por dois princípios básicos, já enunciados há muito pela doutrina hedonista: a busca do prazer e a fuga do sofrimento.[1] Em termos de lógica e semiótica modais, podemos dizer que as modalidades que estão na base de toda ação humana são o *querer* e o *dever*, modalidades que, já vimos, Greimas chama de *virtualizantes*, por situarem-se no ponto de partida do percurso semiótico em que se constitui qualquer prática social. Nesse sentido, todas as práticas sociais possuem como estrutura modal básica um *querer fazer* ou um *dever fazer* – e eventualmente ambos.

O enunciado *querer fazer* pressupõe uma implicação do tipo *fazer* ⇒ *prazer* (leia-se *fazer* implica *prazer*), isto é, o exercício de uma ação conduz ao prazer. O enunciado *dever fazer* pressupõe uma implicação do tipo *não fazer* ⇒ *desprazer* (leia-se *não fazer* implica *desprazer*), isto é, a não realização da ação produz o desprazer, o sofrimento. Em nossa sociedade, por

1. Ver a esse respeito Robbins, 1987, págs. 238-240.

exemplo, trabalhar, vestir-se ou ter hábitos de higiene são atitudes motivadas pelo dever, já que, em geral, delas depende a nossa sobrevivência, a nossa saúde e a nossa liberdade, o que não impede, evidentemente, que tais práticas possam conter também uma certa dose de prazer. Em resumo, tudo o que o homem faz, ele o faz ou por necessidade ou por vontade. Essa concepção hedonista da existência humana, já bastante conhecida da filosofia e da psicologia[2], pode ser muito bem ilustrada pela famosa fábula segundo a qual a formiga trabalha para não passar fome durante o inverno, enquanto a cigarra canta durante o verão para alegrar a floresta.

Se pensarmos de maneira mais ampla em todas as coisas que o homem faz ou cria, chegaremos a quatro categorias básicas de práticas ou atitudes: as que causam prazer, as que causam dor, as que evitam a dor e as que evitam o prazer. Podemos tentar definir tais categorias a partir das modalidades lógicas. Teremos então duas atitudes contrárias entre si: causar prazer (que se traduz em termos lógicos por *fazer gozar*) e causar dor (que se traduz por *fazer sofrer*). Cada uma delas apresenta uma categoria que lhe é contraditória. Assim, o contraditório de causar prazer é impedir o prazer (*fazer não gozar*), enquanto o contraditório de causar dor é impedir a dor (*fazer não sofrer*). A partir dessas quatro categorias, podemos montar o quadrado semiótico apresentado na figura 3.1.

Observe que os termos maiores (os que se encontram nos ângulos superiores do quadrado: *fazer gozar* e *fazer sofrer*), os quais, como foi dito, são contrários entre si, implicam os termos menores (que se encontram nos ângulos inferiores do quadrado: *fazer não sofrer* e *fazer não gozar*), já que *fazer gozar* ⇒ *fazer não sofrer* e *fazer sofrer* ⇒ *fazer não gozar*. Os termos menores, porém, não implicam necessariamente os termos maiores, pois nem tudo o que afasta a dor causa prazer, da mesma forma como nem tudo o que impede o prazer provoca a dor. Chamemos então de hedônica (do grego *hedone*, "prazer") a toda atitude ou prática que conduza ao prazer, e de pragmática (do grego *pragma*, "ação") a toda atitude ou prática que impeça o sofrimento, isto é, proveja recursos práticos e efetivos para a solução dos problemas humanos.

---

2. Dentre as correntes filosóficas de inspiração hedonista podemos citar o cirenaísmo e o epicurismo, fundados respectivamente pelos filósofos gregos Aristipo de Cirene (435-360 a.C.) e Epicuro (341-270 a.C.), e o utilitarismo de Jeremiah Bentham (1748-1832).

Como se pode ver, as práticas hedônicas também têm secundariamente a função utilitária de eliminar a dor (como, por exemplo, ouvir música quando se está triste), mas as práticas utilitárias – isto é, pragmáticas – não têm necessariamente a função de conduzir ao prazer. Elas levam, antes, a um estado de neutralidade do espírito, a uma ausência de paixões, isto é, ao estado de indiferença.

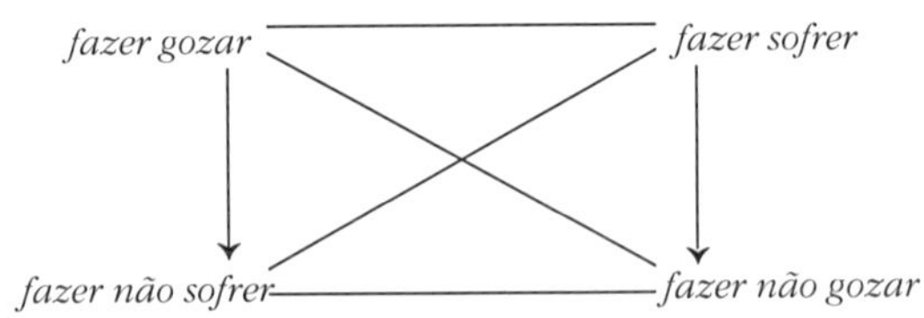

Figura 3.1: Quadrado semiótico das categorias básicas de práticas ou atitudes.

Combinando as categorias lógicas de nosso quadrado semiótico duas a duas, chegaremos a um octógono semiótico como o da figura 3.2.

As práticas hedônicas e pragmáticas constituem, portanto, o conjunto das atividades que visam ao bem-estar do ser humano. A combinação do prazer com a dor (a obtenção do gozo por meio da dor) constitui uma forma doentia de prazer, conhecida como sadomasoquismo. O sofrimento consiste na presença da dor e na ausência de prazer; já a ausência de dor e igualmente de prazer é o que caracteriza o nosso estado "normal", ou estado de indiferença (uma vez que a maior parte do tempo não sentimos nem dor nem prazer).

O princípio básico da doutrina hedonista, tanto na filosofia quanto na psicologia, é o de que o homem está constantemente em busca de seu bem-estar, que se traduz tanto na obtenção do prazer quanto na eliminação das fontes de desprazer. Por conseguinte, toda ação humana é motivada por esses dois objetivos fundamentais, que são o desejo de ter prazer e a necessidade de afastar qualquer transtorno à plenitude de sua existência. Podemos compará-los a duas forças que têm origens diferentes, mas o mesmo sentido: uma força atrativa em direção ao prazer e uma força repulsiva em relação à dor. Ambos estão presentes em todas as ações do homem, porém em graus diversos, o que equivale a dizer que há atividades predominantemente motivadas pela busca do prazer, assim como há atividades predominantemente motivadas pela necessidade de solução de problemas. Em muitos casos, o predomínio de um objetivo sobre o outro é tão grande a ponto de tornar o objetivo secundário praticamente desprezível. Por isso, há muitas atividades que mesclam hedonismo e pragmatismo em doses variáveis, enquanto há outras quase exclusivamente hedônicas ou pragmáticas. Tomemos como exemplo a necessidade de locomoção: embora seja em princípio uma necessidade, essa atividade pode ser mais ou menos prazerosa conforme seja realizada a pé, de ônibus, em automóvel próprio, num automóvel de luxo, etc. Como se viu, toda ação humana é motivada por uma necessidade e por uma vontade; a diferença é de grau.

De qualquer maneira, a finalidade da vida humana – a conquista e manutenção do bem-estar – oscila entre dois pólos contrários, dor e prazer, o que de certa forma retoma a velha oposição grega *Eros* x *Thánatos*. Às vezes nos encontramos mais próximos de um do que do outro, segundo as forças atrativas ou repulsivas sejam mais ou menos intensas, mas qualquer que seja nossa localização no caminho que leva da dor ao prazer, o sentido da existência humana é trilhá-lo afastando-se sempre o mais possível da dor e aproximando-se o mais possível do prazer. Eis a razão da existência de uma tensão entre o querer e o dever.

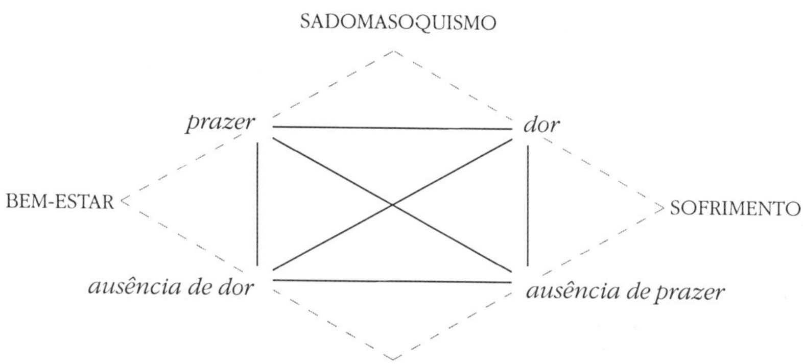

FIGURA 3.2: Octógono semiótico das posturas básicas.

É evidente que, sendo a dor e o prazer os dois pólos entre os quais oscila a vida humana, toda prática que elimine a dor de certa forma abre caminho para o prazer. Embora a ausência de dor seja uma condição necessária mas não suficiente para a obtenção do prazer – exceto, é claro, no caso das práticas sadomasoquistas –, na maioria das vezes o alívio ou a prevenção da dor (isto é, a solução de um problema prático) contribui para se ter prazer. Todavia, enquanto nas práticas hedônicas há uma busca ativa do prazer, nas práticas pragmáticas o prazer, quando existe, é uma decorrência passiva da ausência ou do afastamento da dor. Isso equivale a dizer que as atividades hedônicas visam diretamente ao prazer, ao passo que as atividades pragmáticas, se produzem algum prazer, o fazem de forma indireta. A leitura de um jornal, por exemplo, pode ser uma fonte de prazer, mas a função primeira da atividade jornalística é a informação e não o entretenimento.

Aliás, se fizermos um elenco exaustivo das práticas humanas, encontraremos muito mais atividades predominantemente motivadas pela necessidade do que pelo prazer. De fato, a maior parte das coisas que o homem faz visa a garantir sua sobrevivência física, a conservação de sua saúde, a busca de condições adequadas de vida, a manutenção do funcionamento social e a solução de problemas práticos de sua existência, como, por exemplo, a simplificação de suas tarefas cotidianas. Em resumo, visa a afastar os perigos constantes que rondam sua vida e a torná-la um fardo menos pesado a carregar. Apenas as atividades voltadas para o entretenimento e a satisfação do intelecto objetivam verdadeiramente buscar o prazer, muito mais do que fugir à dor. Se, em princípio, as ações práticas e as invenções tecnológicas teriam como objetivo facilitar as tarefas humanas, eliminar ou diminuir o sofrimento e, assim, permitir que o homem tenha mais tempo livre para o lazer, parece que, de certa forma, ele se esqueceu de sua meta original, gastando muito mais tempo com a satisfação de suas necessidades do que com a busca do prazer.

Segundo Freud, a personalidade humana é o resultado da mediação pelo ego de duas forças conflitantes entre si: o id e o superego. O primeiro representa a parte impessoal, involuntária, inconsciente do aparelho psíquico – as pulsões do instinto, os desejos e os caprichos, regidos pelo princípio do prazer–desprazer –, enquanto o segundo constitui o conjunto das interdições, das regras, dos preceitos morais, dos limites enfim a que a força imperiosa do desejo é submetida no convívio social. Parece então que o homem construiu para si uma sociedade com mais proibições do que liberdades; se as pulsões do id são muitas, são talvez em muito maior número as limitações impostas pela sociedade à realização dos desejos. Assim é que o homem parece viver muito mais em função da necessidade – física, econômica, moral – do que da vontade.

Todavia, no ser humano – assim como nos animais – o instinto é inato, produto da programação genética: abstraídas as influências do meio, seja ele natural ou social, e suas imposições, o homem seria um ser regido exclusivamente pelo desejo, pelo princípio do prazer–desprazer. Por que, por exemplo, as crianças brincam? No universo infantil, tudo parece girar em torno do prazer. Para a criança não existe dever, apenas querer. Se o desejo é inato e o dever, fruto do contato com a realidade, isso equivale a dizer que ninguém nasce com a consciência do dever. Esta é adquirida com a educação, pelas inúmeras imposições e interdições a que a criança é submetida. O recém-nascido não precisa fazer rigorosamente nada para prover sua subsistência: basta chorar e lhe dão alimento. Ele ignora o que seja trabalho, responsabilidade, necessidade. Seus movimentos são todos regidos pela vontade, pela curiosidade, até mesmo pelo capricho.

Se admitirmos que toda criança é o que o homem adulto seria se não tivesse seu instinto refreado pela educação, podemos dizer que a razão de ser da vida humana é a busca do prazer e a satisfação da vontade, embora passemos a maior parte de nossas vidas fazendo coisas movidos pelo dever e pela necessidade. A cultura é, então, o conjunto das atividades que conduzem o homem ao prazer, que o levam, por assim dizer, de volta ao estado de natureza, em que o prazer se sobrepõe à necessidade, em que o querer sobrepuja o dever. Em última análise, a busca do prazer é uma tentativa metafórica de retorno ao útero materno, isto é, àquela condição de plenitude que o feto experimenta antes de nascer, na qual não existem desejos, nem necessidades, nem medos.

Serão, pois, as *atividades pragmáticas* ou *utilitárias* aquelas atividades cuja motivação é um *dever*, uma necessidade, uma fuga da dor; e as *atividades hedônicas*, aquelas motivadas por um *querer*, uma vontade, uma busca do prazer.[3] Reveja-se, a esse propósito, que uma ação sempre terá ambas as motivações, mas uma delas será sempre a predominante. Diremos então que toda atividade humana possui basicamente duas funções: a *função pragmática* ou *utilitária*, que consiste em resolver problemas práticos (afastar o perigo da dor), e a *função hedônica*, cujo objetivo é proporcionar prazer. O que determinará o caráter hedônico ou pragmático de uma atividade será sua função predominante. Em termos de modalidades lógicas, a função pragmática se traduzirá por *poder fazer não sofrer*, que simplificaremos

---

3. Ver Bizzocchi, 1996.

pela expressão *poder prover*, ao passo que a função hedônica será representada pela modalidade *poder fazer gozar*, ou mais simplesmente, *poder aprazer*.

Se é verdade que o fim último da existência humana é o encontro do prazer, então as atividades hedônicas são atividades-fim, já que conduzem diretamente ao prazer, ao passo que as atividades pragmáticas são atividades-meio, pelas quais cumprimos a primeira etapa na busca do prazer: a eliminação das fontes de desprazer.

Em resumo, a função pragmática visa a garantir a sobrevivência física e a perpetuação temporal da espécie e de sua civilização. Se o inevitável *terminus ad quem* da vida é a morte, então toda atividade pragmática é, ao fim e ao cabo, uma forma de preparação para a morte. Já as atividades hedônicas são uma espécie de tentativa de superação da morte, de perpetuação não do corpo, mas da alma. Por saber-se mortal, o homem construiu a cultura.

Veremos, assim, que as práticas sociais pertencentes à esfera da cultura, como as artes, as ciências, os esportes e as religiões, são práticas hedônicas. Há, por outro lado, atividades pragmáticas que possuem, entretanto, um aspecto hedônico não desprezível, como o jornalismo e a publicidade, por exemplo.

Muitas atividades hedônicas em seu princípio podem se transformar em atividades pragmáticas; é o que chamamos de atividades hedônicas aplicadas, como no caso das artes aplicadas (arquitetura, moda, relojoaria, ourivesaria, culinária, dentre outras), das ciências aplicadas, do esporte terapêutico, do treinamento militar, etc. Como veremos mais adiante, a religião também é uma atividade hedônica, que possui igualmente uma contrapartida pragmática, já que é motivada ao mesmo tempo por um querer e por um dever (a busca do "paraíso" e a fuga do "inferno").[4]

Além disso, a função predominante de uma atividade ou de um discurso pode mudar com o tempo. Assim, quando o Coliseu de Roma foi construído,

---

4. Na verdade, a ciência, a arte e o esporte têm todos uma contrapartida hedônica, que é a modalidade pura da prática dessas atividades (ciência pura, arte pura, esporte puro), e uma contrapartida pragmática, isto é, a ciência, a arte e o esporte aplicados. Por outro lado, até hoje nunca se falou em "religião pura" e "religião aplicada"; por isso mesmo, a religião tem sido sempre vista como uma atividade à parte no contexto antropocultural: nem manifestação propriamente cultural, nem atividade utilitária. No entanto, procurarei demonstrar que a religião cumpre ambos os papéis, a exemplo da ciência, da arte e do esporte. Por essa razão, permito-me aqui tratar o discurso religioso em termos de *religião pura* e *religião aplicada*. Oportunamente, explicarei cada uma dessas modalidades.

sua principal função era servir como local de realização de eventos esportivos; hoje, enquanto monumento histórico e ponto turístico, sua função principal ou única é hedônica.

A divisão das atividades humanas em pragmáticas ou hedônicas segundo sua motivação inicial seja o dever ou o querer pode, às vezes, conduzir o observador menos avisado a cometer certos equívocos. Vejamos um exemplo. É muito comum nos dias de hoje a freqüência às academias de ginástica aumentar à medida que se aproxima o verão, já que as pessoas querem estar em forma para poder exibir um corpo bonito nas praias e piscinas. Aparentemente, o que move essas pessoas a se dedicarem a horas e horas de árduo treinamento é um querer, qual seja, o desejo de ser belo. Errado: o que, na verdade, leva um indivíduo a submeter-se a penosos exercícios físicos é o medo de não estar belo, de ser discriminado socialmente por estar fora de forma, o que na realidade significa estar em desacordo com certos padrões estéticos socialmente estabelecidos. Assim, o que as academias de ginástica têm a oferecer não é um prazer, mas a solução de um problema, o alívio de um possível sofrimento. Excetuando-se aquelas pessoas que efetivamente sentem prazer na atividade esportiva, para as quais o exercício físico é um fim em si mesmo, para as demais a ginástica é um meio para se obter um corpo bem delineado, e este, por sua vez, é um meio de não ser rejeitado pelo grupo. Desse modo, o que realmente leva as pessoas às academias no verão não é propriamente um querer, mas, antes, um dever, isto é, uma necessidade. Neste caso, o querer não visa a um prazer, mas a um não sofrer.

Portanto, a diferença básica entre as atividades movidas pelo querer e as desencadeadas pelo dever é que aquelas são um fim em si e estas um meio: quem vai ao cinema, por exemplo, o faz basicamente para sentir prazer, sem nenhuma outra finalidade; já quem procura um programa de condicionamento físico (ou uma clínica de cirurgia plástica ou de estética) não está em busca de diversão, mas de solução para um problema.

O PRAZER COMO MEIO E COMO FIM

Qualquer atividade humana pode proporcionar prazer. Assim, todo profissional pode – e, a rigor, deveria – sentir prazer em exercer seu ofício, mas o que se nota é que apenas nas atividades culturais o prazer do profissional é efetivamente compartilhado com seu público. Não é função de um médico proporcionar prazer a seus pacientes (a medicina existe, antes de tudo, para aliviar a dor), assim como não é tarefa básica de um professor produzir prazer nos alunos. É claro que uma aula agradável pode mesmo facilitar o aprendizado, mas uma aula rigorosamente não precisa ser agradável: não é isso o que se espera primordialmente de uma aula, assim como o simples fato de ser agradável não a torna uma boa aula.

Já nas atividades culturais o prazer é um fim em si. Mesmo quando romances, filmes ou espetáculos também possam desempenhar um papel informativo ou educativo, sua principal função é divertir, isto é, proporcionar prazer. É interessante notar também que esse prazer transita entre o profissional de cultura e seu público. O cientista, o artista, o esportista e até mesmo o religioso são pessoas que invariavelmente sentem prazer no que fazem, não só porque gostam do que fazem (o que, obviamente, não é exclusividade sua), mas também porque o produto de seu trabalho é um objeto – um discurso – que proporciona prazer, ou porque enleva os sentidos, ou porque enleva o intelecto, o ego ou a alma. Como todo emissor de um discurso é também seu receptor, se esse discurso tem por finalidade provocar prazer, é natural que tal prazer atinja em primeiro lugar o próprio emissor.

Nas atividades culturais, o prazer sentido pelo público é na verdade uma espécie de projeção sobre a personalidade do autor/emissor do discurso. Quem, diante de uma obra de arte, já não sentiu vontade de ser o seu criador? Quem já não sonhou em ser um craque do futebol como os craques de verdade? Esse processo de projeção através do prazer explica o fenômeno da idolatria aos artistas, atletas, intelectuais e líderes religiosos. Explica igualmente por que muitos apreciadores de uma arte ou de um esporte são também praticantes amadores dessas atividades, assim como muitos admiradores de uma ciência são também estudiosos amadores dessa ciência, ou os seguidores de uma religião praticam os mesmos exercícios espirituais que seus mestres. É claro que a idolatria não é fenômeno exclusivo das atividades culturais: muitos políticos e estadistas são também objeto de algum tipo de culto à personalidade, justamente porque a política, embora seja uma atividade pragmática, usa de um forte apelo emocional para seduzir as massas, conforme veremos no capítulo 18.

O prazer é condição básica do exercício das profissões culturais. Estas são todas uma espécie de sacerdócio: ninguém abraça uma carreira artística, científica, esportiva ou religiosa por necessidade ou por falta de opção, o que quer dizer que quem se dedica a essas atividades o faz basicamente por prazer. Se é verdade que nas atividades utilitárias encontramos muitos profissionais – talvez a maioria, até – que escolheram sua profissão, ou a ela foram levados, pelas mais diversas razões que não o gosto pelo ofício (tais como a necessidade de sobrevivência, impossibilidade de estudar, imposição ou influência familiar, falta de vocação definida, ambição por dinheiro ou poder, etc.), nas atividades culturais o gosto e a vocação são sempre fatores determinantes. Embora o prazer seja bem-vindo em qualquer atividade, na cultura ele é essencial, já que dele deriva a inspiração, mola mestra da criatividade. É evidente que uma prática utilitária independe de inspiração para ser levada a cabo (não se concebe, por exemplo, que um digitador precise estar "inspirado" para realizar um trabalho rotineiro como digitar cartas), mas é impossível criar uma obra de arte de qualidade, elaborar uma nova teoria científica ou realizar qualquer outra atividade intelectual criativa sem inspiração. Eis por que a cultura simplesmente não funciona sem prazer.

Outra diferença básica entre as profissões utilitárias e as práticas culturais é que estas, muitas vezes, se dão pelo simples prazer, sem nenhum outro interesse. Como dissemos, há muitos artistas, esportistas, cientistas e religiosos amadores, mas não há, que se saiba, notícia de médicos, engenheiros ou escriturários amadores. Além disso, alguns jogadores profissionais de futebol costumam, nos dias de folga, jogar futebol de praia por pura diversão, do mesmo modo que alguns músicos profissionais dão "canjas" em bares ou casas noturnas pelo simples prazer de tocar. Em resumo, para os profissionais da cultura, a profissão é praticamente um passatempo remunerado. Sintomaticamente, muitos trocaram a advocacia ou a engenharia pela música ou pelo teatro; já o contrário raramente acontece.

4 CLASSIFICAÇÃO SEMIÓTICA DAS PRÁTICAS SOCIAIS

ATIVIDADES PRAGMÁTICAS E ATIVIDADES HEDÔNICAS

Na década de 1930, o lingüista e crítico literário tcheco Jan Mukařovsky empreendeu uma série de estudos sobre estética e estrutura literária. Para ele, o que diferenciava basicamente o texto literário de qualquer outro texto é o que ele chamou de *função estética*. Explicava-a mais ou menos assim:

> A cada objeto ou ação, inclusive à linguagem, pode-se atribuir uma função prática – utilitária para os instrumentos, comunicativa para a linguagem, e assim por diante. Se, todavia, um objeto ou ação tornar-se o foco de atenção por si mesmo e não por causa da função prática que desempenha, diz-se que tem uma função estética; isto é, provoca uma reação pelo que é, e não por aquilo para que serve. Assim, a função estética como tal não se limita a obras de arte e literatura, mas pode aparecer com relação a qualquer objeto ou ação.[1]

A noção de função estética proposta por Mukařovsky pode ser assim ilustrada. Tomemos um objeto qualquer, como uma faca. Enquanto objeto utilitário, essa faca só terá valor para nós se cumprir o papel para o qual foi concebida, isto é, cortar coisas (alimentos, corda, tecido, etc.), incluindo-se aí a possibilidade de ser utilizada como arma. No entanto, se pendurarmos uma faca na parede da sala, ao lado dos quadros, ou a pusermos sobre a mesa de centro ou sobre a lareira, servindo de decoração, ela não mais terá

---

1. Citado por Garvin, A Escola Lingüística de Praga. *In:* Hill, 1974.

valor enquanto instrumento cortante, mas sim enquanto objeto decorativo. Pouco importará agora se a faca em questão está ou não afiada, se é própria para cortar carne ou outra substância, e assim em todos os casos análogos. Nosso julgamento sobre a faca estará baseado no critério *belo/feio*, *agradável/desagradável*, e não no critério *útil/inútil* ou *funcional/disfuncional*. Enquanto objeto de decoração, a faca não nos chama a atenção pelo trabalho que pode desempenhar ou pelas tarefas que podemos realizar com ela, mas sim pelo simples fato de estar ali, exposta aos nossos olhos, exatamente para ser vista e, quem sabe, alegrar o ambiente.

Segundo o lingüista russo naturalizado norte-americano Roman Jakobson, a função estética (que ele chamou de função poética) da linguagem ocorre quando a mensagem se volta para si própria, isto é, quando deixa de ser simplesmente um meio de transmissão de informação e passa a ser um fim em si.[2] No exemplo mais patente que temos de função poética da linguagem – a própria poesia –, vemos que um poema quase nunca tem função utilitária, e se a tem, esta é secundária, mas sua principal função é produzir prazer estético, é ser uma obra de arte feita de palavras. Um poema não é um meio e sim um fim em si próprio, ao contrário de mensagens utilitárias como uma notícia de jornal, uma bula de remédio, um contrato jurídico, etc., que só têm valor para nós pelas informações que transmitem e não por sua beleza estética.

Poderíamos comparar as funções pragmática e hedônica das práticas humanas às funções utilitária e estética de Mukařovsky. No âmbito da arte, aliás, a função hedônica é a própria função estética. No entanto, o conceito de função hedônica é mais amplo que o de função estética, pois não se restringe à arte. O caráter hedônico de uma atividade social transcende o campo da arte e mesmo da linguagem. Na realidade, todas as práticas humanas estão sujeitas a essa dicotomia *pragmático* x *hedônico*. Como vimos, o fim último da existência humana é a obtenção do prazer. Assim, toda atividade cujo fundamento seja a busca do prazer é uma atividade-fim e, portanto, uma atividade hedônica. Já as atividades utilitárias, como a medicina, a construção civil, o direito, a administração, a indústria, o comércio, a educação, etc., são atividades-meio cujo fundamento é, antes, a eliminação da dor, e, por isso mesmo, são atividades com função social predominantemente pragmática.

---

2. Jakobson, 1995.

É claro que qualquer atividade pode apresentar – e em geral apresenta – ambas as funções. O que determina o caráter hedônico ou pragmático desta ou daquela atividade é sua função predominante. Assim, apenas para citarmos alguns exemplos, o jornalismo, a publicidade e a política são atividades pragmáticas que possuem uma certa pitada de hedonismo, seja no noticiário esportivo, de variedades ou nas matérias leves e amenas dos jornais, seja nos recursos artísticos utilizados pela propaganda, seja ainda na índole competitiva da disputa política, que para os eleitores implica muitas vezes a mesma emoção das competições esportivas.

Atividades discursivas [públicas e não-públicas] e atividades não-discursivas

Para chegarmos a uma definição semiótica de cultura e, conseqüentemente, a uma distinção entre a cultura *lato sensu* (ou antropocultura) e a cultura *stricto sensu*, foi preciso lançar mão dos conceitos de função pragmática e de função hedônica, classificando assim as atividades em pragmáticas ou utilitárias e hedônicas. Outra distinção imprescindível das práticas humanas diz respeito ao seu caráter discursivo ou não. Com efeito, todas as práticas humanas – ao menos as práticas sociais – visam a produzir algo, seja tangível ou não: visam a produzir objetos, que podem ser materiais (por exemplo, artefatos, utensílios, etc.) ou imateriais (idéias, projetos, etc.), ou ainda prestar um serviço a alguém. Em termos mercadológicos, podemos dizer que toda atividade social gera algum tipo de produto ou serviço. Ora, todo produto imaterial, abstrato, só pode ser socializado se for transformado em discurso. Isso significa que o produto da atividade social é sempre um artefato ou um discurso. Se for um discurso, pode-se dizer que é ao mesmo tempo um produto imaterial e um serviço, pois o que se consome num discurso é o seu conteúdo, e, assim, a oferta de discursos portadores de conteúdo (de informação) não deixa de ser uma prestação de serviço.

Um discurso é dito *individual* se seu receptor é um único indivíduo, *grupal* se se dirige a um grupo fechado e determinado de indivíduos (como, digamos, uma sala de aula), e *social* se seu receptor é composto por um grupo aberto e não definido de indivíduos, isto é, um público. Quando um psicanalista discursa para seu cliente, temos um exemplo de discurso individual; quando um executivo fala a seus subordinados numa reunião de trabalho, temos um discurso grupal; e quando um conferencista dá uma palestra pública ou um padre prega numa igreja, temos discursos sociais.

Além disso, um discurso pode ser direto ou mediado, segundo o emissor e o receptor estejam em presença um do outro ou se valham do uso de um meio de comunicação (telefone, carta, internet, etc.). Uma conversa entre duas pessoas que se encontram frente a frente é um discurso individual direto; já uma conversa pelo telefone é um discurso individual mediado. A encenação de uma peça num teatro para a platéia ali presente é um discurso social direto; um telejornal é um discurso social mediado pela televisão. Especialmente no caso de discursos sociais cujo público se encontre disseminado por um espaço geográfico muito amplo, como por exemplo toda uma cidade, todo um país ou mesmo o mundo inteiro, é inevitável o uso dos meios de comunicação de massa, ou mídias massivas. As atividades que se caracterizam pela produção de discursos são chamadas de atividades discursivas; se produzem discursos sociais (dirigidos a um público), são atividades discursivas públicas. Assim, o jornalismo, a política, a educação, a literatura, a filosofia, etc., são atividades discursivas públicas.

5 LINGUAGEM E SIGNO

Toda prática antropocultural depende da linguagem para ser transmitida de um indivíduo a outro, de uma geração a outra. Além disso, muitas práticas antropoculturais são, como vimos, práticas discursivas, o que significa que têm na linguagem sua própria razão de ser. Assim, antes de passarmos adiante no estudo da cultura, é bom definirmos o que entendemos por linguagem.

O conceito de linguagem – paralelo ao conceito de língua – tem variado ao longo do tempo, mas remetendo sempre a uma noção básica, que é a de representação. A linguagem é geralmente definida como o instrumento da comunicação e do pensamento, como todo sistema simbólico por meio do qual o homem substitui a realidade por entidades mentais chamadas signos. O homem, aliás, é talvez o único animal a ter desenvolvido uma aptidão simbólica, isto é, a capacidade de evocar objetos ausentes ou intangíveis (como sentimentos, por exemplo) através de seus substitutos, os signos. Com isso, o homem pode substituir a experiência efetiva sobre a realidade pela experiência virtual sobre os signos, pode visualizar em sua mente objetos que não estejam presentes, que ainda não existam no plano material ou que jamais virão a ganhar existência material, bem como experiências passadas ou hipotéticas.

Toda linguagem seria então um sistema de signos, entendidos estes como objetos constituídos de uma parte material (chamada de *significante*) cuja percepção pelos sentidos evoca na mente do homem uma determinada idéia ou conceito, que é justamente a parte não-material do signo, o seu *significado*.

A noção moderna de signo remonta a Ferdinand de Saussure (1857-1913), lingüista suíço cujas idéias acerca da linguagem foram compiladas postumamente por seus discípulos na obra *Curso de lingüística geral*, publicada pela primeira vez em 1916. Para os lingüistas e semioticistas a partir de Saussure, o signo é, pois, uma entidade de duas faces: um significante, que é a parte perceptível pelos sentidos, e um significado, que é um conceito, uma imagem mental associada a esse significante. Tal signo possui um valor, socialmente determinado, que se define pelas relações que estabelece com os demais signos do sistema.

O que é então um sistema de signos? É um conjunto de signos e de regras de combinação desses signos. Portanto, toda linguagem seria composta de um "vocabulário" e de uma "gramática". Esta é uma concepção estática de linguagem, que, sem dúvida, explica o seu funcionamento, mas não a sua evolução. Evidentemente, Saussure sabia que a linguagem evolui – que o vocabulário e a gramática mudam com o tempo –, o que, aliás, é a garantia de que essa linguagem continue a ser um instrumento eficiente de comunicação a despeito do constante processo de mudança a que a sociedade está sujeita. Entretanto, por uma questão meramente metodológica, Saussure desconsiderou a evolução e se ateve ao funcionamento da linguagem, numa abordagem que chamou de sincrônica e que deu origem nas ciências humanas à corrente de pensamento denominada estruturalismo.

Sobretudo a partir do final da década de 1970, os semioticistas ditos pós-estruturalistas tentaram elaborar uma teoria da linguagem que explicasse ao mesmo tempo sua evolução e seu funcionamento. O princípio básico que subjaz a essa teoria é o de que a linguagem é mais do que um simples sistema de signos: além de conter um repertório de signos efetivamente criados e de regras combinatórias, a linguagem também contém a possibilidade de criar novos signos (e, numa velocidade menor, novas regras combinatórias), estabelecendo novas associações entre significantes e significados, além da criação de novos significantes e da introdução de novos significados, até mesmo metafóricos. Sendo a associação estável que se estabelece entre um significante e um significado chamada de *relação de significação*, a linguagem passou modernamente a ser considerada não apenas um sistema de signos, mas um sistema de significação. A linguagem é, assim, composta por um repertório de signos efetivos, por um conjunto de regras de combinação desses signos e por uma espécie de "máquina semiótica", por meio da qual ela está permanentemente se adaptando à realidade social de que deve dar conta, a qual nunca cessa de mudar. É dessa maneira que a linguagem evolui à medida que funciona, e continua a funcionar à medida que evolui.

TIPOS DE SIGNOS

Quanto à natureza do significante, o filósofo e semioticista norte-americano Charles Sanders Peirce (1839-1914) classifica os signos em *índices*, *ícones* e *símbolos*. Índices são signos cujo significante apresenta uma relação de contigüidade, ou relação metonímica, com seu significado (exemplificando, em nossa antropocultura o uso de cachimbo é índice de intelectualidade; um relógio Rolex é índice de *status* social e riqueza, etc.). Ícones são signos cujo significante mantém com o significado uma relação de similaridade, ou relação metafórica (entre uma árvore e o desenho de uma árvore, entre o canto de um pássaro e a imitação musical do canto desse pássaro, como no concerto *Pintassilgo*, de Vivaldi, etc.). Em ambos os casos, a escolha do significante é motivada de forma evidente pelo significado. Já os símbolos são signos cuja relação entre significante e significado não tem uma motivação evidente (a figura da cruz em relação ao cristianismo, ou a palavra *cadeira* em relação ao objeto cadeira, etc.).

Quanto à natureza do significado, os signos podem ser exteroceptivos ou interoceptivos, na terminologia de Greimas. Exteroceptivos são os signos cujo significado seja um elemento do universo antropocultural, entendendo-se por tal qualquer entidade pertencente a uma das quatro categorias seguintes[1]:

- **Biofatos**: objetos materiais ou fenômenos da natureza, portanto não criados pelo homem (uma pedra, uma árvore, a água, o ar, a chuva, o vento);
- **Manufatos**: objetos materiais criados pelo homem (uma caneta, um automóvel, uma casa, o vinho);
- **Sociofatos**: objetos não-materiais ou fenômenos cuja existência se dá no âmbito da coletividade (uma festa, uma guerra, uma eleição, uma partida de futebol);
- **Psicofatos**: objetos não-materiais ou fenômenos cuja existência se restringe ao psiquismo do indivíduo (o amor, a tristeza, a sabedoria, Deus).

Interoceptivos são os signos cujo significado não é um elemento do universo antropocultural, mas um elemento da própria linguagem. Por

1. Ver Pais, 1977.

exemplo, na palavra *meninas* temos um signo exteroceptivo (*menin-*, que representa um objeto do universo antropocultural, no caso, uma criança) e dois signos interoceptivos, representando duas noções gramaticais (a vogal temática *a*, que indica o gênero feminino, e a desinência *s* , que indica o número plural).

UMA NOVA DEFINIÇÃO DE LINGUAGEM

Como se viu no início deste livro, existem muitas linguagens diferentes: verbais, visuais, sonoras, gestuais, sincréticas, etc. Vimos também que muitas práticas sociais, como o esporte, são linguagens. No entanto, o conceito de linguagem sobre o qual nos apoiamos até aqui está bastante calcado no modelo fornecido pela linguagem verbal, isto é, pela língua. Será que todas as demais linguagens que conhecemos possuem signos com as características acima enunciadas? Examinemos alguns exemplos.

A música é uma linguagem formada de notas e acordes. Ao contrário das palavras, uma nota ou um acorde isolados nada significam. Dentro de uma melodia, por outro lado, assumem um significado meramente interoceptivo, já que não representam conceitos, mas sim funções (tônica, subtônica, dominante, subdominante, etc.) que, por sinal, variam segundo a tonalidade escolhida. Essas funções representadas pelas notas ou acordes equivalem aproximadamente aos elementos gramaticais da língua (preposições, conjunções, afixos, desinências, etc.). A música seria, desse modo, uma espécie de língua formada de palavras sem significado concreto. A única exceção seriam as músicas figurativas, que imitam sons da natureza, como o movimento *A tempestade*, da Sexta Sinfonia de Beethoven, dita "a Pastoral", que procura reproduzir o uivo do vento ou o estrondo de trovões, ou então o *Trenzinho do caipira*, de Villa-Lobos, cujo ritmo imita a marcha de um trem. Nestes casos, temos signos musicais icônicos.

Na pintura figurativa, os signos também são do tipo icônico. Na pintura abstrata não há signos, visto que as cores e formas não apontam para nenhum conceito exteroceptivo nem representam funções dentro de uma possível gramática pictórica.

Igualmente, o futebol não apresenta signos. Nesse esporte, cada movimento de um jogador (um drible, uma "matada de bola", um bloqueio) funciona como as cores e formas na pintura abstrata, que se combinam formando enunciados (no caso, as jogadas) sem significado objetivo, ou como as notas musicais, cujo único significado é desempenhar funções (marcar um gol, impedir a posse de bola pelo adversário, defender-se de um ataque adversário, etc.).

Como vemos, a definição tradicional de linguagem parece não dar conta de certas "linguagens". Todavia, não parece lícito excluir essas manifestações sociais do espectro das condutas semióticas, justamente porque, de algum modo, elas possuem significado para nós, ainda que subjetivo, e porque representam formas de comunicação, entendida esta em seu sentido mais amplo como toda e qualquer interação entre seres humanos que se dá pelos sentidos. Melhor é então reformularmos o conceito de linguagem, a fim de abarcar também essas linguagens rebeldes à classificação tradicional.

Por um lado, sabemos que a linguagem não é um simples sistema de signos, até porque nem toda linguagem é formada por estes, pelo menos se tomarmos por base a definição saussureana de signo. Tampouco pode ser reduzida exclusivamente à noção de sistema de significação, já que, por definição, esta última é a associação estável que se estabelece entre significante e significado no seio do signo, o que nos leva novamente ao problema da existência dos signos.

Por isso, vamos aqui definir linguagem como um conjunto de elementos que mantêm entre si relações funcionais e que, além disso, foi concebido para ser percebido pelos sentidos e, assim, produzir no observador alguma reação racional ou emocional. Em outros termos, linguagem é uma estrutura cuja função é ser percebida. Assim, todas as linguagens são combinações de elementos numa certa ordem produzindo "mensagens" capazes de impressionar a mente humana pelos sentidos. Nessa perspectiva, uma máquina, por exemplo, é uma estrutura, já que é um conjunto de peças trabalhando harmonicamente, mas não é uma linguagem, porque não foi concebida para ser percebida. No entanto, essa mesma máquina (digamos, um motor de avião) pode transformar-se em linguagem se, porventura, for colocada numa instalação numa exposição de artes plásticas. Da mesma maneira, a dança, a heráldica, a matemática, a música, a língua, etc., são legitimamente linguagens, segundo essa definição.

Quanto ao signo, podemos defini-lo como um objeto material, perceptível pelos sentidos, ao qual está associado um conteúdo (conceito, função ou impressão). O signo será então um objeto cuja percepção provoca uma reação emocional ou intelectual. Essa definição de signo converge, de certa forma, com a definição formulada por Peirce, reproduzida abaixo:

> Um signo intenta representar, em parte pelo menos, um objeto que é, portanto, num certo sentido, a causa ou determinante do signo, mesmo se o signo representar seu objeto falsamente. Mas dizer que ele representa seu objeto implica que ele afete uma mente, de tal modo que, de certa maneira, determine naquela mente algo que é mediatamente devido ao objeto. Essa determinação da qual a causa imediata ou determinante é o signo, e da qual a causa mediata é o objeto, pode ser chamada o Interpretante.[2]

Para Peirce, o interpretante – aquilo que a percepção do signo suscita em nossa mente – pode ser de três tipos: uma sensação, uma ação ou um pensamento. Uma música ou uma pintura abstrata produzem no receptor leigo (isto é, que não seja um estudioso da linguagem musical ou pictórica) apenas uma qualidade de impressão, uma sensação auditiva ou visual à qual o receptor responderá com uma reação emocional. Uma frase imperativa ("Feche a porta.") produzirá no receptor uma reação corporal dinâmica, traduzida no ato de dirigir-se até a porta para fechá-la. Um enunciado declarativo suscitará uma interpretação racional formada de outros enunciados declarativos codificados na mesma linguagem. Por exemplo, a leitura deste livro neste exato momento deve estar provocando em sua mente uma série de reflexões sobre o assunto aqui tratado, reflexões estas que se dão certamente com o auxílio de palavras.

Nosso novo conceito de signo procura, assim, assimilar os traços básicos do signo saussureano aos do signo peirceano, para chegar a um modelo mais abrangente, capaz de englobar todas as formas de linguagem efetiva ou potencialmente existentes no universo antropocultural.

Nesta concepção, os signos podem ser autênticos ou não-autênticos, sociais ou individuais. Os signos autênticos são aqueles criados pelo homem para ser signos e têm como função primária a função simbólica. Exemplo: palavras, desenhos, apitos, etc. Os signos não-autênticos são objetos criados ou não pelo homem, que de toda forma, não têm a função simbólica como função primária, e sim como função secundária. Exemplos desse caso são o cachimbo como signo de sabedoria, ou o relógio Rolex como signo de *status*.

2. Peirce, citado por Santaella, 1990, pág. 78.

Além disso, os signos são sociais quando seu significado é consensual entre os membros de uma sociedade (a palavra *cadeira* enquanto signo do conceito de cadeira, ou a bandeira a meio pau como signo de luto oficial), e individuais quando seu significado varia de pessoa para pessoa, podendo para uns ter significado e para outros não (o "significado" do primeiro movimento da Quinta Sinfonia de Beethoven, ou de uma pintura abstrata como o *Arco negro*, de Kandinsky).

Esquematizando, teremos a seguinte tabela:

SIGNOS	AUTÊNTICOS	NÃO-AUTÊNTICOS
SOCIAIS	palavras, ícones, símbolos	cachimbo ("sabedoria"), relógio Rolex ("riqueza")
INDIVIDUAIS	música não-figurativa, pintura abstracionista	qualquer objeto em potencial

A partir dessa redefinição de signo, a linguagem pode continuar a ser entendida como um sistema de signos, ou melhor, de significação, desde que se parta dessa concepção "elargida" de signo. Sendo a linguagem uma estrutura concebida para estimular os sentidos e impressionar a mente, fica evidente que atividades como o futebol ou a culinária são de fato formas de linguagem e, portanto, realizam alguma forma de comunicação.

6 CULTURA *LATO SENSU* E CULTURA *STRICTO SENSU*

Já foi feita na introdução desta obra uma distinção preliminar entre a cultura em seu sentido mais amplo, antropológico (cultura *lato sensu*, ou antropocultura), e a cultura num sentido mais estrito, ou cultura *stricto sensu*. Recordando, chamamos de cultura *lato sensu* ou antropocultura tudo o que no ser humano não é exclusivamente produto do instinto biológico, e de cultura *stricto sensu*, ou simplesmente cultura, o conjunto das manifestações humanas ligadas ao conhecimento, à compreensão do mundo, à criação, à reflexão e à expressão da subjetividade. Todavia, se a definição "antropológica" de cultura parece ser bem precisa, visto que abrange todas as práticas humanas não programadas geneticamente, a delimitação de um subconjunto dessas práticas – a cultura *stricto sensu* – que englobe apenas a ciência, a arte, o esporte e a religião parece ainda precária, uma vez que não diz objetivamente o que essas quatro atividades têm em comum que nos permite distingui-las das demais práticas humanas de índole antropocultural. Pode-se questionar, por exemplo, se o esporte ou a religião são efetivamente práticas criativas ou reflexivas, ou se realmente estão ligadas à compreensão do mundo e à expressão da subjetividade.

Diante desse impasse, teríamos dois caminhos possíveis a seguir: *a)* excluir o esporte e a religião do âmbito da cultura *stricto sensu*, ali deixando apenas a arte e a ciência, o que parece não condizer com nossa própria concepção intuitiva de cultura, segundo a qual, se não a religião, pelo menos o esporte é reconhecidamente uma forma de cultura; *b)* buscar uma nova definição de cultura *stricto sensu*, que contemple também o esporte. Ao optarmos por esse segundo caminho, que me parece o mais lógico, chegamos a uma definição de cultura que termina por abarcar também a religião.

Já havíamos ensaiado anteriormente uma tentativa de reconhecimento das características inerentes a essas atividades que, ao mesmo tempo, as distinguem das demais práticas sociais. Havíamos identificado como um dos traços essenciais da ciência, da arte e do esporte o fato de serem práticas discursivas, no sentido semiótico do termo, isto é, atividades produtoras de discursos codificados em algum tipo de linguagem e, mais do que isso, discursos sociais (isto é, dirigidos e abertos ao público). Por isso, procuramos no capítulo anterior estabelecer um conceito rigoroso e abrangente de linguagem, apto a dar conta de outras manifestações semióticas que não pura e simplesmente a linguagem verbal. No entanto, o reconhecimento do caráter semiótico dessas atividades não é suficiente para inscrevê-las com precisão na esfera da cultura, já que a maior parte das atividades discursivas, como a política, a justiça, a publicidade, o jornalismo, não são propriamente manifestações culturais. Por essa razão, identificamos uma segunda característica típica das atividades culturais: sua índole hedônica, não-utilitária. Como vimos, essas atividades têm em comum ser um fim em si mesmo e não um meio de se atingir um fim utilitário. São atividades que visam sobretudo à satisfação da necessidade humana de sentir prazer. Assim, podemos classificar as atividades humanas, do ponto de vista semiótico, em atividades discursivas e atividades não-discursivas. Por outro lado, do ponto de vista teleológico (de sua finalidade), as atividades humanas são predominantemente (ou exclusivamente) pragmáticas ou predominantemente (ou exclusivamente) hedônicas.

DEFINIÇÃO SOCIOSSEMIÓTICA DE CULTURA

A partir da definição das categorias *atividade discursiva* (*pública* e *não-pública*), *não-discursiva*, *pragmática* e *hedônica*, chegamos ao quadro representado na figura 6.1, que relaciona algumas das inúmeras atividades antropoculturais de uma sociedade civilizada, classificando-as semiótica e teleologicamente. Toda a área acinzentada corresponde ao conceito de cultura *lato sensu*, ou antropocultura; já aquilo que chamamos de cultura *stricto sensu* corresponde à área cinza mais escura. A partir da observação desse quadro, podemos definir a cultura *stricto sensu* como o conjunto dos discursos sociais cuja função principal ou primária é a função hedônica.[1]

1. Sobre o caráter hedônico da ciência, da arte, do esporte e da religião puros, bem como sobre o caráter utilitário da ciência, da arte, do esporte e da religião aplicados falaremos no próximo capítulo.

ATIVIDADES	PRAGMÁTICAS	HEDÔNICAS
DISCURSIVAS PÚBLICAS	Ciência aplicada Arte aplicada Esporte aplicado Religião aplicada Ensino Jornalismo Política Publicidade Atividade legislativa Burocracia Diplomacia Auto-ajuda, etc.	Ciência pura Arte pura Esporte puro Religião pura
NÃO-DISCURSIVAS OU DISCURSIVAS NÃO-PÚBLICAS	Construção civil Indústria Comércio Agropecuária Extração vegetal/mineral Prestação de serviços em geral Clínica médica/odontológica/psicoterapêutica Advocacia e justiça Polícia Milícia Transporte Administração pública/privada Atividade física terapêutica ou modeladora Jardinagem/serviços domésticos Artesanato Atividades místicas (curandeirismo, adivinhação, magia, superstição) Trabalho operário, etc.	Filatelia e coleções Jogos de azar Turismo e passeios Recreação Solução de enigmas/*puzzles* Jogos infantis Sexo, etc.

FIGURA 6.1: Quadro geral das atividades antropoculturais.

Note-se a existência de muitas atividades eminentemente hedônicas que, no entanto, não possuem o caráter de discursos sociais, como a prática de colecionar objetos (selos, moedas, revistas), os jogos de azar, a prática do turismo, as atividades recreativas e lúdicas em geral (brincadeiras, folguedos, festas), a massagem não terapêutica e até mesmo o sexo.

Por outro lado, há inúmeras atividades que se caracterizam como discursos sociais com finalidade predominantemente hedônica, porém, por causa de seu caráter assistemático, não estão institucionalizadas em nossa sociedade como formas de expressão cultural, isto é, não são genuinamente consideradas como manifestações culturais. Podemos chamá-las de atividades pseudoculturais ou semiculturais. Dentre essas atividades, podemos citar as curiosidades de almanaque, as gincanas, competições e "pegadinhas" dos programas de televisão, além de algumas das chamadas "artes circenses", como o adestramento de animais selvagens, que, a rigor, não são formas genuínas de arte.

Essas atividades configuram-se como discursos sociais, sendo alguns deles até mesmo veiculados pelos meios de comunicação de massa, bem como têm uma índole hedônica, mas não têm caráter sistemático ou institucionalizado, como a ciência, a arte, o esporte e a religião, isto é, não são reconhecidos socialmente como discursos científicos, artísticos, esportivos ou religiosos exatamente por não serem praticados de forma sistemática. Uma gincana de televisão, com regras próprias não idênticas às de outras gincanas televisivas, não pode ser considerada um esporte justamente por não ser praticada em nenhum outro lugar a não ser naquele programa de televisão. Por isso mesmo, jamais poderia ser reconhecida por qualquer entidade ou confederação esportiva nacional ou internacional. No entanto, qualquer atividade hedônica que seja praticada de forma progressivamente sistemática vai ganhando pouco a pouco o *status* de atividade legitimamente cultural. É assim que costumam nascer novas artes e novos esportes, como é o caso da arte performática ou da videoarte, e de certos videojogos que já possuem federações as quais organizam campeonatos oficiais.

Retomando agora a definição dada há pouco, diremos que a cultura *stricto sensu* é o conjunto dos discursos sociais sistematicamente praticados e socialmente institucionalizados cuja função principal ou primária é a função hedônica.

Quanto à posição no quadro da figura 6.1 de algumas atividades antropoculturais, convém fazer alguns esclarecimentos.

Primeiramente, o que chamamos de discurso político é, bem entendido, o discurso que o político dirige aos eleitores quando em campanha, e também o do parlamentar ou estadista em plenário ou em público. Quando o discurso político, no âmbito do Poder Legislativo, dá origem a uma lei, transforma-se em discurso jurídico; no âmbito do Poder Executivo, o discurso político gera um discurso burocrático, que por sua vez origina ações pragmáticas não-discursivas, como a execução de uma obra, a implementação de uma determinada política, etc.

Quanto ao sexo, é importante destacar que o impulso sexual é, em princípio, de natureza biológica e, portanto, não antropocultural. No entanto, tendo em vista que sofre a influência da vontade, tanto individual quanto social, a prática sexual humana é uma atividade legitimamente antropocultural, e, na maioria das antropoculturas, uma atividade hedônica, pois visa muito mais ao prazer do que à simples procriação. Além disso, existem algumas práticas hedônicas derivadas do sexo, como por exemplo o *strip-tease*, que se configura como uma performance artística pública, e o *peepshow* (espetáculo privado em que uma *performer* simula uma masturbação diante de um cliente individual), que é um discurso hedônico não-público.

Os jogos de azar podem ser considerados práticas não-discursivas, pois o "discurso" deles decorrente é casual e não intencional. No esporte, ao contrário, existe uma intencionalidade que faz do esportista um verdadeiro emissor, no sentido semiótico do termo, uma vez que o resultado da competição depende quase exclusivamente da atuação dos competidores. A intervenção de fatores casuais é relativamente pouco importante na prática esportiva, ao passo que nos jogos de azar ela é praticamente total (a eventual interferência da banca ou os artifícios do blefe e da trapaça não retiram o caráter predominantemente casual desses jogos). De qualquer modo, mesmo que se possa reconhecer nos jogos de azar algum tipo de discursividade, ela é de caráter não-público, já que se restringe aos próprios jogadores e seus acompanhantes. Quanto às loterias em geral e aos sorteios abertos à população, cujos resultados costumam ser divulgados na mídia, trata-se de jogos de azar transformados em discursos públicos hedônicos. Assim, a despeito de seu caráter público e hedônico, essas competições não fazem parte do universo da cultura.

A propósito, deve ficar claro que o que configura um discurso cultural é sua natureza humana, consciente e intencional. Um quadro pintado por um chimpanzé não é uma forma de arte, do mesmo modo que espetáculos públicos como as corridas de cães e as brigas de galos não são formas de esporte (embora existam campeonatos de adestramento de animais, nos quais o que é posto à prova não é a habilidade do animal, mas a competência do treinador). Para que tenhamos arte ou esporte, é preciso que o produtor do discurso tenha consciência de estar produzindo um discurso artístico ou esportivo e, além disso, tenha a intenção explícita de fazê-lo. Evidentemente, só o homem tem essa consciência e essa intencionalidade discursivas. Aliás, a cultura é, por definição, um fenômeno estritamente humano, distinto dos fenômenos da natureza. No entanto, estabelecer uma fronteira nítida entre o que é arte e o que não é em termos da consciência e da intencionalidade estética do discurso artístico é uma tarefa nem sempre muito fácil.

Em primeiro lugar, será que pinturas produzidas por doentes mentais são arte? Para responder a essa questão, é preciso primeiramente saber qual o nível de consciência ou de intencionalidade estética de um alienado que pinta quadros, o que, sem dúvida, varia de caso a caso. Segundo a psiquiatra Nise da Silveira, fundadora do Museu de Imagens do Inconsciente, formado por desenhos, pinturas e esculturas de doentes mentais, a produção de psicóticos não pode ser considerada arte porque não tem objetivos estéticos, mas é apenas uma forma de expressar sentimentos profundos, uma válvula de escape para o desespero diante do sofrimento.

Em segundo lugar, podemos pensar em certos experimentos artísticos como os *ready-mades* de Marcel Duchamp (objetos de uso comum, como uma bicicleta ou um porta-garrafas, expostos em galerias de arte), que, por sinal, deram origem às modernas instalações. No caso de uma bicicleta em exposição, cabe perguntar quem é o verdadeiro produtor do discurso, o "artista" ou o fabricante da bicicleta. Por um lado, a bicicleta é um objeto utilitário e não-discursivo, e seu fabricante certamente não tinha nenhuma consciência ou intencionalidade estéticas quando a produziu. Então, é evidente que quem conferiu a esse objeto seu *status* de obra de arte foi o instalador. Mas esse instalador não produziu tal objeto, apenas se limitou a "contextualizá-lo" artisticamente ao colocá-lo numa galeria de arte. Se tomarmos como exemplo um microscópio antigo exposto num museu de história natural, fica claro que tal objeto não é uma obra de arte, embora também esteja ali exposto por razões hedônicas. Qual é, então, a diferença entre a bicicleta de Duchamp e o velho microscópio?

A situação se complica ainda mais diante de certos discursos produzidos por meios aleatórios, como no caso da música estocástica e das "obras de arte" criadas pelo computador. Aí nos encontramos diante de uma situação-limite: o emissor do discurso é uma máquina e o criador da mensagem é o acaso; no entanto, a máquina ou dispositivo que gera tal mensagem foi programada por um ser humano. Trata-se, evidentemente, de uma situação diversa da de uma caixinha de música ou de uma pianola, que tocam sozinhas, mas cuja mensagem foi criada pelo homem. Estes são mais alguns exemplos em que é difícil dizer ao certo se discursos produzidos dessa maneira são arte ou não. Particularmente penso que a "bicicleta de Duchamp" ainda pode ser considerada como arte, visto que a mensagem assim produzida é de qualquer maneira o fruto de uma escolha intencional do autor; já um texto, verbal ou não-verbal, produzido por um ser inconsciente, como uma máquina ou o próprio acaso, não são obras de arte, mas apenas simulacros que, tal qual a pintura feita por um chimpanzé, provocam um efeito estético em quem os contempla. Questão semelhante pode ser posta a respeito de competições de xadrez em que um homem joga contra um computador ou, pior ainda, em que dois computadores programados por seres humanos disputam entre si. Tudo isso mostra quão complexa a intervenção da alta tecnologia torna a compreensão do fenômeno chamado cultura.

É importante chamar a atenção para esses fatos, pois alguns estudiosos da chamada pós-modernidade demonstram uma certa tendência a borrar os limites entre todos os domínios: tudo passa a ser signo, tudo significa, tudo é arte... Ora, é evidente que a pós-modernidade, marcada sobretudo pelo impacto das novas tecnologias, possui uma ordem diferente da ordem moderna, mas, ainda assim, trata-se de uma ordem, não de uma anarquia. O pensamento não-linear, próprio da pós-modernidade, ainda é um pensamento, que implica, portanto, a idéia de *discernimento*, isto é, de separação e classificação. Sem isso não é possível sequer fazer ciência. Quando tudo passa a ser signo, o conceito de signo deixa de fazer sentido. Quando tudo é arte, até mesmo um mineral bruto ou as pegadas de um elefante numa tela, quando o acaso ou a natureza são os emissores-criadores da mensagem, quando a inspiração e a criatividade, enquanto capacidades de efetuar escolhas, são substituídas por processos aleatórios, a arte deixa de existir. No limite, não poderemos sequer reconhecer uma fronteira entre a natureza e a cultura.

7 ATIVIDADES CULTURAIS PURAS E APLICADAS

Como pudemos perceber no exame do quadro da figura 6.1, a cultura no sentido antropológico, ou antropocultura, divide-se em dois grandes setores: o das atividades utilitárias ou pragmáticas, que passaremos a chamar de atividades técnicas, ou mais simplesmente de técnicas, e o das atividades hedônicas, que inclui as atividades culturais propriamente ditas (ciência, arte, esporte e religião), bem como as atividades pseudoculturais. Desse modo, a imensa maioria das atividades humanas, particularmente as atividades profissionais, são atividades técnicas, cuja principal função é a pragmática. Todavia, esses dois grandes setores da antropocultura não são estanques entre si: boa parte das atividades técnicas pode ter secundariamente uma função hedônica, do mesmo modo que boa parte das atividades culturais pode ter também aplicações utilitárias. Uma petição judicial, cuja função é primariamente pragmática, pode também ter sido redigida segundo certos critérios estéticos, assim como um vaso de flores desempenha tanto uma função prática (conter um vegetal) quanto uma função estética (adornar um ambiente) e é mesmo problemático em certos casos dizer qual das duas funções prevalece.

Em certas circunstâncias, a função que em condições normais seria secundária num determinado tipo de discurso pode tornar-se a função principal desse discurso. Recordemos o exemplo do jornalismo, cujo papel social, primordialmente utilitário, faz concessão ao hedonismo quando veicula notícias sobre amenidades, com o objetivo puro e simples de entreter o público. Da mesma forma, atividades originalmente hedônicas, como o são as atividades culturais, podem assumir em certos momentos um papel nitidamente utilitário. É o caso do emprego do conhecimento científico para a solução de problemas práticos da vida humana (a cura de doenças, a mecanização do trabalho, o aumento da produtividade agrícola, etc.), ou do emprego da prática esportiva com fins terapêuticos. Como em geral as práticas culturais têm ambas as funções, prevalecendo ora uma, ora a outra, pode-se falar em atividades culturais puras e aplicadas segundo tenham essas atividades um fim em si mesmo ou sejam atividades-meio para a obtenção de outros fins.

A distinção entre ciência pura (também chamada de ciência básica ou fundamental) e ciência aplicada já é tradicional e de uso corrente; a dicotomia *arte pura* x *arte aplicada*, se não é tão freqüente, tampouco chega a ser incomum. No âmbito do esporte, o uso do termo *esporte aplicado* é raro e excepcional mesmo na literatura especializada. Quanto à religião, não havia sido até agora sequer considerada uma atividade cultural, razão pela qual o eventual emprego de termos como *religião pura* e *religião aplicada* pareceria descabida. Procurarei demonstrar que a religião também pode ser considerada uma atividade genuinamente cultural e que, conseqüentemente, podemos falar em religião pura e aplicada. Por essa mesma razão, no quadro da figura 6.1 as atividades culturais puras foram colocadas entre as práticas hedônicas e as atividades culturais aplicadas, no âmbito das técnicas.

CIÊNCIA PURA E CIÊNCIA APLICADA

Antes de prosseguirmos, é conveniente determinar de maneira rigorosa quando uma dada atividade cultural é pura ou aplicada, visto que diferentes conceituações, em alguns casos apenas parcialmente coincidentes, têm sido lançadas ao longo do tempo, sobretudo no que se refere à ciência. Aliás, a dicotomia *puro* x *aplicado* nasceu no âmbito da ciência, e foi implementada sobretudo a partir da doutrina positivista de Augusto Comte. Segundo esse filósofo, contemporâneo da Revolução Industrial, o fim último do conhecimento científico é sua aplicação prática, particularmente na indústria. O positivismo de Comte é tributário da filosofia de René Descartes, que em seu livro *Discurso do método* sustenta que a ciência só vale pelas contribuições que dá à vida: assim, a mecânica serve basicamente para reduzir o esforço humano, a medicina ajuda na manutenção do corpo, e assim por diante.

Para Comte e seus seguidores, a ciência é concebida como um processo cíclico de alimentação e realimentação, em que ciência pura e ciência aplicada constituem os dois pólos de uma tensão dialética: a ciência pura produz um conhecimento geral e abstrato que é aplicado no estudo de um objeto particular e concreto; pode resultar daí a geração de uma tecnologia, isto é, de um método prático de solução de problemas. A aplicação tecnológica pode, por sua vez, revelar possíveis falhas da teoria científica (quando, por exemplo, o resultado prático obtido difere do resultado esperado), o que conduzirá o cientista a reformular sua teoria à vista dos resultados práticos obtidos.

Em resumo, a ciência pura cria teorias com que alimenta a ciência aplicada; esta desenvolve aplicações práticas da teoria, gerando tecnologia. Eventuais insuficiências dessa tecnologia em solucionar os problemas para os quais foi concebida fazem a ciência aplicada buscar respostas na ciência pura, que por sua vez reformulará a teoria vigente, dando origem a uma nova teoria, e assim sucessivamente, de forma recorrente. Nesse sentido, ciência pura (ou ciência básica, já que serve de base para a ciência aplicada) seria sinônimo de ciência teórica, assim como ciência aplicada seria sinônimo de ciência empírica, experimental. A ciência pura é aquela que produz modelos gerais e abstratos dos objetos; a ciência aplicada aplica esses modelos a um conjunto de objetos particulares e concretos, chamado *corpus*. A aplicação consiste então, em última análise, de uma comparação entre *n* objetos concretos e seu modelo. Havendo discordância, refaz-se o modelo.

O ciclo da ciência nessa concepção pode ser representado esquematicamente como na figura 7.1. Dada uma teoria científica em vigor, faz-se sua aplicação a um *corpus* inédito. Essa aplicação pode ser de dois gêneros: *a)* experimentação, isto é, coleta dos elementos do *corpus* e submissão destes a testes de laboratório, procedimento comum nas ciências naturais em geral, ou *b)* manipulação, isto é, simples coleta, sem submissão a testes, procedimento mais freqüente nas ciências humanas e em ciências naturais como a astronomia, por exemplo, em que não é possível submeter o objeto de estudo a testes de laboratório. Após a fase de experimentação/manipulação, procede-se à observação dos objetos do *corpus* e sua comparação com o modelo abstrato de objeto fornecido pela teoria. A partir daí, têm-se duas possibilidades: ou o resultado da observação coincide totalmente com o resultado teórico esperado (o objeto coincide com seu modelo), ou não coincide totalmente, o que indica a insuficiência da teoria em explicar o objeto. No primeiro caso, a teoria está confirmada e a experimentação abre caminho para a geração de possíveis tecnologias. No segundo caso, a teoria em vigor é refutada e reformulada, dando origem a uma nova teoria, que passa a ocupar o lugar da teoria anterior, estando a partir daí disponível para novas aplicações experimentais, e assim o ciclo recomeça.

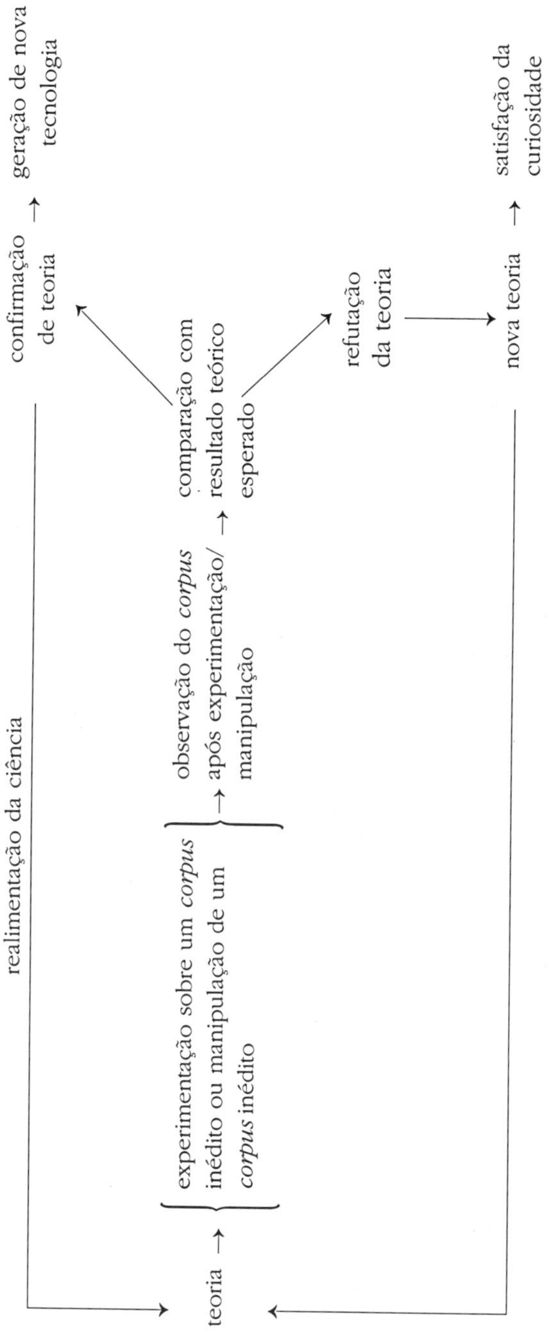

FIGURA 7.1: O ciclo da ciência (visão tradicional).

É claro que todo esse percurso pode ser objeto de um único trabalho científico ou ter suas várias etapas abordadas por vários trabalhos. Assim, um trabalho científico exclusivamente experimental é aquele que, partindo de uma teoria, chega ou à sua confirmação ou à sua refutação. Em ambos os casos, tem-se uma etapa indutiva, em que se vai do geral (a teoria) ao particular (o *corpus*); e uma etapa dedutiva, em que se vai do particular (o resultado obtido) ao geral (a confirmação ou a refutação da teoria). Já um trabalho científico exclusivamente teórico parte da discordância na comparação do resultado experimental – apresentado em outro trabalho – com o resultado teórico previsto, para propor uma nova teoria, ou então parte já da própria refutação da teoria, feita também em outro trabalho, para propor a nova teoria. Pode, também, partir da inexistência de uma teoria que dê conta de um determinado objeto para justamente criar essa teoria. Em todos os casos, o trabalho teórico é exclusivamente dedutivo.

No entanto, essa visão tradicional e simplista do processo científico, que associa ciência pura e ciência aplicada a teoria e prática, comete um equívoco ao confundir ciência aplicada com trabalho de aplicação. É bem verdade que ambos contêm uma etapa indutiva e uma etapa dedutiva, mas a aplicação prática da teoria não é feita necessariamente para gerar tecnologia. Na verdade, a maior parte das pesquisas experimentais visa a realimentar a teoria. Assim, tanto a pesquisa teórica quanto a pesquisa experimental fazem parte da ciência pura. A ciência aplicada se dá, então, quando a experimentação conduz à geração de tecnologia. Nos termos de Milton Vargas:

> Em tese, a ciência básica tem como objetivo o puro conhecimento de um determinado assunto, seja ele qual for. A ciência aplicada surge quando aparece a oportunidade de, com os conhecimentos científicos adquiridos, resolver um problema prático sem cogitar das implicações socioeconômicas de sua solução. Quando tais implicações são levadas em conta é que surge a tecnologia, como utilização, e não simples aplicação, de conhecimentos científicos na solução de problema técnico.[1]

Isso tudo nos faz repensar essa concepção tradicional de ciência, começando por estabelecer a distinção entre teoria e ciência pura, bem como entre prática e ciência aplicada. A seguir, vamos substituir o termo *teoria* pelo termo *saber*, visto que este abrange um espectro semântico mais amplo.

---

1. Vargas, 1999, pág. 3.

Na verdade, todo trabalho científico parte de um saber já estabelecido em direção a um novo saber. Num trabalho especulativo, como um ensaio filosófico, não há propriamente uma teoria sendo testada, mas há um novo saber surgindo a partir do conhecimento que serve de premissa ao trabalho. Assim, de modo geral, todo trabalho científico é uma reflexão crítica sobre a realidade e, como tal, consiste em partir de certas premissas que, submetidas à análise do intelecto e ao raciocínio, conduzem a determinadas conclusões. Pode-se dizer que o discurso científico possui uma estrutura silogística. Isso vale para a demonstração de um teorema matemático, para o teste de uma teoria física, para a experimentação em cobaias, para a reflexão filosófica, etc. Por isso mesmo, todo discurso científico se articula em termos de uma estrutura formal do tipo introdução–desenvolvimento–conclusão. Na introdução, oferecem-se as premissas; no desenvolvimento, realiza-se o cálculo intelectual, o teste das hipóteses; na conclusão, chega-se ao novo saber, que passa então a estar disponível para servir de premissa a futuros discursos científicos.

O saber que serve de premissa ao trabalho científico (chamemo-lo de $saber_1$) é um modelo mental da realidade, a qual é, por princípio, intangível ao ser humano. Efetivamente, só é possível conhecermos da realidade a pequena parcela que somos capazes de perceber pelos nossos sentidos. Essa percepção – necessariamente distorcida – da realidade está sujeita a dois diferentes processos de filtragem: a filtragem biológica, determinada pela limitação de nossos órgãos sensoriais em perceber a realidade, e a filtragem ideológica, que diz respeito ao modo particular como pensamos a realidade que percebemos, e que tem a ver com a antropocultura de que fazemos parte e com a linguagem por meio da qual pensamos essa realidade. Portanto, em última análise, o que chamamos de saber é uma representação simbólica que fazemos da realidade, que resulta do conjunto de discursos – verbais, não-verbais e sincréticos – que temos estocados em nossa mente.

O trabalho científico consiste então em tomar esse modelo mental de uma determinada realidade e submetê-lo a um processo de manipulação (que pode, eventualmente, incluir a experimentação de laboratório), em que agora temos um *corpus* determinado ou indeterminado, formado de objetos concretos ou abstratos. Assim, o que entendemos como *corpus* pode ser uma amostra de material radioativo, um conjunto de cobaias, uma constelação de corpos celestes, uma coleção de documentos históricos, uma população de pessoas (e mesmo a sociedade como um todo), ou simplesmente uma cadeia de idéias. A manipulação desse *corpus* pode ser material, como no caso das amostras radioativas ou das cobaias, ou intelectual, como no caso dos corpos celestes ou das idéias. Aliás, a maior parte dos trabalhos de filosofia e de ciências sociais consiste na análise e discussão das idéias e conceitos lançados em outros trabalhos de mesma natureza.

Feita a manipulação e a observação do *corpus*, o cientista realiza uma análise subjetiva desse *corpus*, isto é, dessa parcela da realidade escolhida para ser analisada. Essa análise consiste na comparação entre a parcela da realidade observada e o modelo mental que dela temos, o que leva à confirmação total ou parcial de nosso $saber_1$ (quase nunca à negação total deste) e a um alargamento de nossa visão, de que resulta um novo saber, que chamaremos de $\textit{saber}_2$, mais amplo que o anterior. Esse novo saber pode cumprir quatro funções diferentes: realimentar o próprio processo científico, a partir do momento em que fica disponível para trabalhos subseqüentes na mesma área do conhecimento; satisfazer a curiosidade humana, mediante uma abertura de visão da humanidade; alimentar o processo científico de outras áreas do conhecimento; e, eventualmente, gerar aplicações na solução de problemas práticos do ser humano (aquilo que chamamos de “tecnologia”).

De forma esquemática, teremos a situação representada na figura 7.2. Toda pesquisa científica num dado domínio realimenta a própria ciência nesse domínio e satisfaz a curiosidade humana, mas nem toda pesquisa científica alimenta outras ciências ou gera aplicações tecnológicas. (Qual é, a esse respeito, a aplicação tecnológica da filosofia?) Assim, se uma determinada pesquisa científica só realiza as duas primeiras funções, ou se nela tais funções são mais importantes do que as duas últimas, então temos a ciência pura, ou ciência hedônica. Se, por outro lado, a pesquisa científica apresenta as quatro atribuições, sendo a geração de tecnologia e o fornecimento de modelos para outras ciências funções tão importantes quanto as demais ou mesmo mais importantes do que elas, então estamos diante da ciência aplicada, ou ciência pragmática.[2] Essa nova concepção do processo científico

---

2. A física, por exemplo, é uma ciência cuja maior parte das pesquisas destina-se a aplicações sobretudo na engenharia e em outras ciências naturais, como a astronomia e a geologia. Portanto, é uma ciência que, além de realimentar a si própria, fornecendo informações para outros trabalhos em física, e satisfazer a curiosidade humana sobre a natureza, gera tecnologia e alimenta outras ciências com seus resultados. Da mesma forma, a matemática realimenta a si própria, alimenta outras ciências – dentre as quais a física – com suas ferramentas, satisfaz a curiosidade e gera tecnologia.

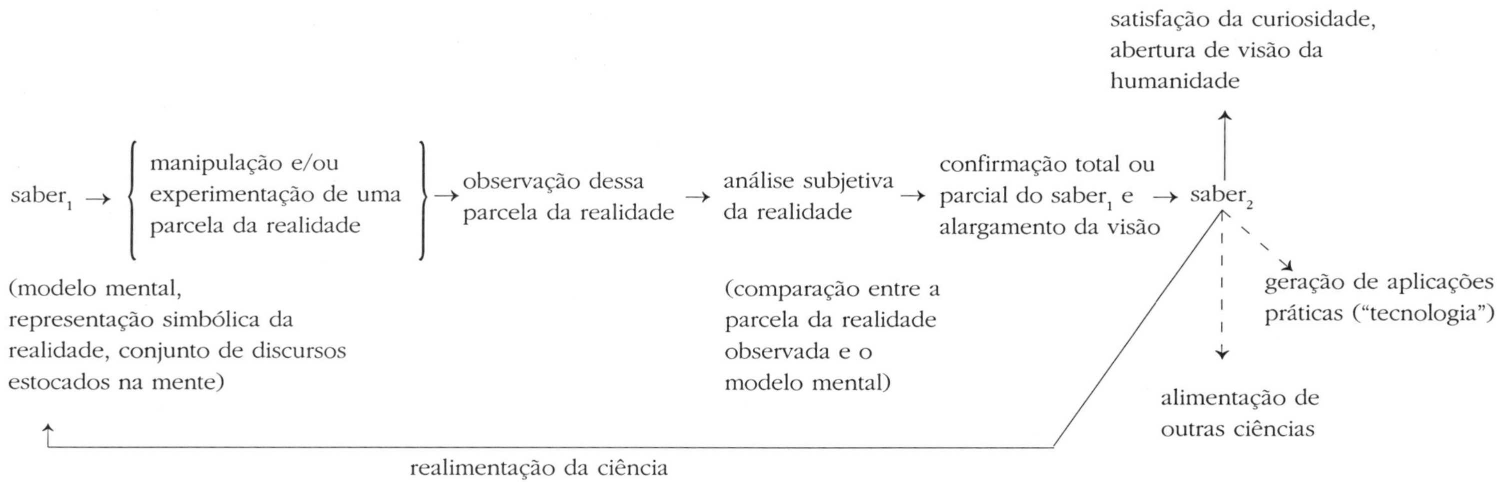

FIGURA 7.2: O ciclo da ciência (nova visão).

tende a romper as tradicionais dicotomias *teórico* x *empírico*, *observacional* x *experimental* e *formal* x *factual* que caracterizam a ciência, já que nosso conceito de manipulação/experimentação inclui o manejo de um *corpus* formado de objetos abstratos. Decorre daí, também, que a realimentação da própria ciência e a satisfação da curiosidade, apanágios da função hedônica, são constantes do discurso científico, ao passo que a alimentação de outras ciências e a geração de tecnologia não o são. Isso significa que a aplicabilidade prática e a produção de tecnologia, instâncias da ciência aplicada, não são condição *sine qua non* da existência da ciência pura, o que contradiz o lema positivista segundo o qual a ciência deve *saber prever para poder prover*, isto é, deve fazer da aplicação utilitária do conhecimento sua própria razão de ser.

Quanto à produção do saber, temos a situação ilustrada na figura 7.3. Todo discurso científico produz um novo saber, mais amplo que o saber do qual parte. É isso que chamamos de descoberta científica. Assim, pode-se falar em descoberta não apenas em relação às ciências naturais, como costuma acontecer, mas também e legitimamente em relação às ciências humanas. Desse modo, todo ensaio, por mais despretensioso que seja, contém uma descoberta, nesse sentido lato que estamos dando ao termo.

O que, em resumo, determina o caráter puro ou aplicado da ciência é sua função predominante (hedônica ou pragmática), independentemente de ser ou não exclusivamente teórica, de estudar um objeto concreto ou abstrato, ou de gerar ou não tecnologia. Desse modo, a astronomia é uma atividade hedônica, isto é, uma ciência pura, que realimenta a si própria e também alimenta ciências aplicadas como a astronáutica. Esta, por sua vez, torna possível uma tecnologia como a navegação espacial, que é uma atividade pragmática não-discursiva. Certas ciências, como a química, a farmácia e a economia, dentre outras, parecem ser ciências aplicadas quase todo o tempo, uma vez que a quase totalidade das pesquisas nessas áreas visa a fins utilitários.

Vale lembrar aqui que, quando uma pesquisa científica visa a aplicações práticas, mesmo que o pesquisador não saiba no momento da pesquisa quais serão elas, estamos diante da ciência aplicada. Assim, quando Newton elaborou sua mecânica, sem dúvida ele desejava explicar o funcionamento do Universo, e aí temos a ciência pura. No entanto, o grande anseio que os cientistas da época tinham de conhecer as leis que regem o mundo físico estava indiscutivelmente ligado à busca do domínio da natureza pelo homem. Isso quer dizer que, embora Newton ou Galileu pudessem talvez não vislumbrar imediatamente todas as aplicações práticas da teoria mecânica, eles buscavam essa teoria sobretudo pelo seu valor aplicativo. Logo, um discurso científico pode estar, ao mesmo tempo, no domínio da ciência pura e da ciência aplicada.

A ciência aplicada é relativamente autônoma em relação à ciência pura, visto que desenvolve em grande parte suas próprias pesquisas e elabora suas próprias teorias. Com efeito, muitas pesquisas são desenvolvidas visando diretamente a uma determinada aplicação prática, como a solução de problemas de engenharia ou o combate de microorganismos patogênicos.

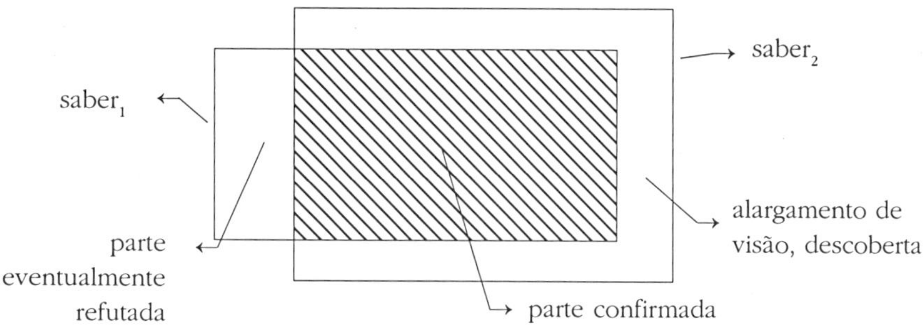

FIGURA 7.3: Esquema da produção do saber.

ARTE PURA E ARTE APLICADA

A expressão *arte aplicada* é comumente usada para designar certas atividades que mantêm traços em comum com a arte e com a técnica. A arquitetura é considerada uma arte, uma vez que pode construir edificações de forte cunho estético, mas estas possuem também – e principalmente – uma função utilitária, isto é, a de ser habitáveis. Da mesma forma, a moda produz roupas que servem tanto para adornar o corpo quanto para protegê-lo e agasalhá-lo. A culinária, por sua vez, satisfaz tanto o desejo do bom paladar quanto a necessidade de nutrição. Na propaganda, os recursos artísticos verbais, visuais e sonoros são utilizados para o objetivo utilitário de vender um produto. Podemos, então, definir arte aplicada como todo discurso que apresente tanto a função estética (hedônica) quanto a função utilitária (pragmática), sendo esta última predominante sobre aquela, ou sendo ambas igualmente importantes.

Embora a expressão *arte pura* não seja tão usual como sua correlata *arte aplicada*, ela está pressuposta nesta, já que não pode haver arte aplicada se não houver uma arte pura a ser aplicada. Assim, arte pura é toda manifestação artística que não possua finalidade utilitária, ou cujas funções utilitárias sejam menos importantes que a função estética. No rol das artes puras estão a música erudita, a música popular, a poesia lírica, as artes plásticas, o cinema de ficção, por oposição à música sacra, à música militar, à decoração, ao *design*, à cenografia, ao filme publicitário, ao documentário, que são formas de arte aplicada.

Certamente não é comum pensar a arte como uma atividade que também tem sua faceta utilitária, bem como as aplicações práticas da arte, como formas de expressão artística; não obstante, abundam os exemplos de união da arte e da técnica, ou de presença do caráter estético e prático, num único trabalho. Basta lembrarmos que até o advento da fotografia, em meados do século XIX, as artes plásticas em geral, e a pintura em particular, tinham uma dupla função: estética e documental. Desse modo, os pintores eram responsáveis ao mesmo tempo pela decoração dos ambientes e pelo registro das imagens do cotidiano ou da história. É nesse sentido que muitas pinturas antigas são hoje mais valiosas no aspecto documental do que no estético.

Da mesma forma como uma descoberta da ciência pura pode, mais tarde, encontrar aplicações práticas, uma obra de arte pura também pode transformar-se com o tempo em arte aplicada, como, por exemplo, a *Marcha nupcial* de Mendelssohn, originalmente composta como uma peça musical puramente hedônica, que posteriormente se incorporou à liturgia matrimonial e passou a funcionar como um discurso musical aplicado ao discurso religioso.

Dentre os inúmeros exemplos de arte aplicada temos ainda a biodança, o psicodrama, o teatro educativo, os Doutores da Alegria (atores que atuam em hospitais, divertindo as crianças enfermas), a dublagem de filmes estrangeiros, o uso de desenhos humorísticos e de personagens de histórias em quadrinhos em campanhas publicitárias. Alguns exemplos de arte aplicada, aliás, são muito comuns em nosso dia-a-dia, como é o caso de atores que atuam em comerciais de televisão (exemplo de arte dramática aplicada), assim como de cantores que animam comícios eleitorais ou músicos que tocam em portas de lojas para atrair fregueses (ambos exemplos de música aplicada). Os programas educativos infantis são igualmente uma forma de arte aplicada, uma vez que unem os discursos artísticos ao discurso pedagógico, cumprindo a um só tempo as funções de divertir e educar. Podemos mencionar ainda a arte utilitária preconizada pelo regime comunista, a qual deveria ser um instrumento de estímulo ao trabalho, à produção, ao espírito cívico e ao patriotismo, e também a arte religiosa medieval, que era usada para veicular valores morais.

Existem ainda atividades discursivas não-públicas, bem como atividades não-discursivas, ligadas às manifestações artísticas, que são o equivalente do que, no caso da ciência, chamamos de tecnologia. Exemplos de tais atividades são o artesanato, a ourivesaria, a marcenaria, o desenho industrial, o retrato falado.

É interessante notar, a esse respeito, que a ciência e a arte estão presentes em praticamente tudo o que o homem faz. Se, por um lado, quase todas as atividades humanas só são possíveis graças à contribuição de alguma ciência, por outro lado, quase tudo que o homem produz tem algum tipo de preocupação estética. Só é possível fabricar aparelhos eletrodomésticos graças à tecnologia fornecida pelas ciências exatas (física, química e matemática, principalmente); além disso, todos os eletrodomésticos, assim como de resto todos os objetos utilitários produzidos pelo homem, têm também uma preocupação estética. O *design* de um produto, o modelo de um automóvel, o formato de uma embalagem, a escolha de um nome para servir de marca[3], em tudo há a influência da arte.

Isso significa que a ciência e a arte estão de tal modo incorporadas ao nosso cotidiano que na maioria dos casos nem sequer nos damos conta disso. Ocorre que a ciência e a arte que encontramos nas produções utilitárias do homem, nos objetos e artefatos à nossa volta, são a ciência e a arte aplicadas e suas respectivas tecnologias. Como se vê, não só a ciência, mas também a arte produzem tecnologia, e esta última está presente em quase tudo.

ESPORTE PURO E ESPORTE APLICADO

Talvez o leitor ainda não tenha ouvido falar de esporte puro e esporte aplicado. Talvez essa dicotomia surpreenda os próprios esportistas e

3. A escolha da marca de um produto, por exemplo, é fortemente influenciada por critérios poéticos: o nome do produto deve ser uma espécie de metáfora do próprio produto, evocando na mente do consumidor as suas qualidades; deve ser capaz de sugerir vários significados ao mesmo tempo, todos eles relacionados a valores que se espera ver agregados à imagem do produto; e deve, finalmente, ter uma sonoridade forte, bonita, marcante e apelativa.

estudiosos do esporte. Entretanto, é perfeitamente possível identificar na prática esportiva dois objetivos distintos: a diversão pura e simples e a obtenção de resultados práticos, ligados à educação e à correção posturais, à modelagem física, ao auxílio no tratamento de patologias, ao combate ao estresse, etc. Desse modo, semelhantemente ao que foi feito com relação à arte, diremos que o esporte puro é aquele cuja função principal ou única é o entretenimento, enquanto o esporte aplicado é aquele em que objetivos utilitários sejam tão ou mais importantes do que o entretenimento. Este é o caso do condicionamento físico para queima de calorias (a famosa "malhação" para perder peso), da hidroginástica corretiva, da natação terapêutica, dos esportes de combate – as chamadas "artes marciais" – quando utilizados como forma de defesa pessoal, dentre outras práticas.

Deve-se alertar, no entanto, que, assim como a arte aplicada, o esporte aplicado é exclusivamente aquele cujas contribuições de caráter utilitário sejam tão ou mais importantes que o aspecto propriamente lúdico, e não simplesmente aquele que permite algum tipo de usufruto utilitário, secundariamente ao seu papel de entretenimento. Nessa perspectiva, o automobilismo é uma forma de esporte puro, em que pese o fato de as indústrias automobilísticas utilizarem as corridas de automóveis como laboratório de testes para o aperfeiçoamento da tecnologia automecânica. No caso das atividades culturais aplicadas, ou a satisfação da necessidade predomina sobre a produção do prazer, ou aquela rivaliza fortemente com esta. É assim que a arquitetura, a moda ou a culinária, embora produzam discursos dotados da propriedade estética, criam antes de tudo objetos destinados a satisfazer necessidades humanas como a habitação, o vestuário e a alimentação, e foi justamente para esse propósito que foram criadas. Já o automobilismo não surgiu para servir à indústria automobilística; sua importância como espetáculo de massas e como forma de entretenimento tanto para os pilotos quanto para os espectadores precede e supera em muito sua eventual utilidade tecnológica. Na verdade, a indústria automotiva só percebeu a aplicabilidade prática das provas automobilísticas quando esse esporte já estava consagrado. O mesmo pode ser dito da corrida a pé em relação à indústria de calçados esportivos.

RELIGIÃO PURA E RELIGIÃO APLICADA

A identificação de três aspectos distintivos da cultura, que são o caráter discursivo, público e hedônico dessas atividades, nos levou a reconhecer que também a religião é uma atividade cultural, o que certamente soa como novidade para muitos. Sendo uma atividade cultural em seu princípio, que, a exemplo da ciência, tem por missão primeira a explicação do mundo, e sendo também empregada desde os tempos mais remotos para solucionar problemas práticos do ser humano, especialmente os de ordem afetiva e os de saúde, a religião admite perfeitamente a dicotomia *religião pura* x *religião aplicada*. Conforme dissemos no capítulo 3, a prática religiosa é motivada tanto por um querer quanto por um dever. Pela religião busca-se o paraíso, o nirvana, ao mesmo tempo em que se procura fugir do inferno, do mal, do sofrimento, da dor, da perdição da alma. Ocorre que, hoje, em praticamente nenhuma religião encontramos discursos puramente hedônicos ou puramente pragmáticos, mas, antes, essas duas funções da religião se acham amalgamadas num mesmo discurso. Podemos, em todo caso, pensar no discurso religioso puro quando este é utilizado para a explicação dos mistérios da existência e para a celebração da vida, e no discurso religioso aplicado quando utilizado para a salvação da alma, para o ordenamento moral da sociedade e para a celebração de sacramentos, dentre outros fins utilitários.

Além disso, a religião também admite uma série de atividades discursivas não-públicas ou não-discursivas dela decorrentes, que estão para a religião como a tecnologia está para a ciência: são as atividades místicas, tais como a astrologia, a quiromancia e as práticas divinatórias em geral, a cura espiritual, a feitiçaria, o xamanismo, etc. Com efeito, muitas práticas místico-religiosas encontram paralelo em atividades pertencentes à esfera da ciência aplicada e da tecnologia. Pode-se pois estabelecer um paralelo entre os sacramentos da Igreja Católica (batismo, matrimônio, extrema-unção) e práticas jurídicas como o registro civil, assim como a moral religiosa exerce entre os fiéis papel análogo ao da legislação civil e penal no que concerne a ditar normas de conduta e prever sanções às transgressões dessas normas, com a única diferença de que, na religião, a sanção é de caráter sobrenatural. Igualmente, a taumaturgia, o curandeirismo e o exorcismo competem com a medicina; a preparação de poções mágicas com a farmácia; e a prática da confissão e o aconselhamento espiritual com xamãs, gurus ou sacerdotes concorre com as psicoterapias. Até mesmo a adivinhação e a profecia fazem muitas vezes o que a ciência, por meios racionais, também procura fazer: prever acontecimentos futuros.

CULTURA PURA, CULTURA APLICADA E "TECNOLOGIAS"

Vimos até aqui que a ciência aplicada tem por objetivo exatamente dar origem a tecnologias, que são práticas sociais de caráter utilitário. Constatamos também que a arte, o esporte e a religião geram uma espécie de "tecnologias", ou melhor, de atividades práticas, em geral de índole não-discursiva, que estão para aquelas formas de cultura como a tecnologia propriamente dita está para a ciência. De um modo geral, estamos pensando em tecnologia como toda e qualquer prática utilitária, não importa se derivada da ciência, da arte, da religião ou do esporte. (Os ingleses utilizam o interessante termo *practitioner* para designar o praticante de uma atividade utilitária, portanto, técnica, qualquer que seja.) Podemos dizer então, de modo mais geral, que certos discursos públicos hedônicos (isto é, certas formas de cultura) podem também dar origem a discursos pragmáticos, que, por seu lado, darão origem a práticas utilitárias não-discursivas. Por exemplo, a física pura, enquanto discurso hedônico, possibilita a existência do discurso pragmático da física aplicada à engenharia civil. Este, juntamente com o discurso ao mesmo tempo hedônico e pragmático da arquitetura, tem como resultado a construção civil.

Da mesma forma, a doutrina religiosa, enquanto discurso religioso puramente hedônico, torna possível a prática da catequese, dos sacramentos, da salvação espiritual, que são manifestações do discurso religioso em sua forma pragmática, assim como de práticas não-discursivas, como o assistencialismo social promovido por certas igrejas.

A política, que é uma atividade discursiva pragmática, gera duas outras atividades igualmente discursivas e pragmáticas: a atividade burocrática e a prática legislativa. A primeira é a base da administração pública, enquanto atividade não-discursiva. Já a legislação produz uma outra atividade discursiva pragmática, que é a justiça, bem como induz (ou visa a induzir) ao cumprimento da lei. Enquanto isso, a justiça induz ao cumprimento das sentenças por ela pronunciadas. Tanto o cumprimento da lei quanto o de sentenças judiciais são atividades pragmáticas não-discursivas.

CULTURA PURA E CULTURA APLICADA NUMA PERSPECTIVA TELEOLÓGICA

Situar semioticamente a cultura não é tarefa das mais fáceis, principalmente dada a interpenetração que as atividades humanas têm entre si, o que torna árduo delimitar uma fronteira entre elas. Por outro lado, conhecer, compreender, é antes de tudo discernir. Só poderemos montar o quadro geral da cultura se formos capazes de separar cada tipo de atividade, cada espécie de discurso, cada ordem de manifestações e práticas, dizendo o lugar que lhe cabe nessa intrincada arquitetura que é a civilização, até para podermos compreender como cada uma das peças dessa estrutura se articula às demais. Entretanto, para não tornar essa classificação cansativa, vou resumir a questão nos seguintes termos: o que se entende geralmente por cultura é um conjunto de discursos sociais que têm um fim em si mesmo. São atividades-fim, cuja função primária é a função hedônica. Toda vez que tais discursos se transformam em atividades-meio em relação a outras atividades, passam a ser cultura aplicada.

Assim, um trabalho de matemática pura é um discurso hedônico. Todavia, o saber que ele produz tanto pode ser ponto de partida para outros trabalhos de matemática pura quanto pode fornecer ferramentas teóricas a serem utilizadas em trabalhos de outras ciências (física pura, física aplicada, química pura ou aplicada, etc.) e em áreas técnicas (engenharia, computação, contabilidade, etc.). Pode ainda fornecer ferramentas a áreas artísticas, como a arquitetura ornamental (arte pura) e a arquitetura funcional (arte aplicada). Tal saber pode também ser utilizado no ensino de matemática, de física, etc. Desse modo, uma obra que veicule o conhecimento matemático para pura satisfação da curiosidade sobre essa ciência e para ilustração do público, como ocorre em livros e filmes de divulgação científica, ou para a realimentação da própria pesquisa em matemática, como ocorre em artigos e livros especializados, é uma obra de matemática pura, que põe essa ciência como um fim em si. Já em todos os exemplos acima em que a matemática serve como instrumento, como meio para outros fins, temos a matemática aplicada.

Da mesma maneira, uma arte como a música é uma atividade cultural pura se é concebida simplesmente para ser ouvida e produzir deleite. Temos, porém, também a música sacra, que serve de meio a um outro fim (o culto religioso), assim como a música militar, utilizada para marcar o andamento da marcha do pelotão, ou ainda a música dançante, quando usada para marcar o ritmo na ginástica aeróbica. A música pode ainda ser um meio terapêutico, como na biodança ou na musicoterapia, ou objeto de ensino, nos conservatórios musicais. Além disso, pode integrar a trilha sonora de um filme, e aí estará servindo de meio a um fim que é o cinema. É dessa maneira que as atividades culturais se distinguem das atividades técnicas: toda atividade cultural é primariamente uma atividade-fim, que pode também secundariamente tornar-se atividade-meio. Já as atividades técnicas são sempre atividades-meio, cujo fim é a satisfação das necessidades e a solução dos problemas do ser humano.

Muitas vezes, o caráter puro e aplicado de uma atividade cultural co-ocorrem no mesmo discurso. É o caso, como vimos, de uma obra de arte simultaneamente decorativa e funcional, ou do discurso religioso que explica os mistérios da existência ao mesmo tempo que realiza a salvação, a cura, a assistência social. É o caso também de um artigo científico que desenvolve uma teoria ao mesmo tempo que propõe aplicações práticas dessa teoria. Da mesma forma, uma prática esportiva pode ser simultaneamente recreativa e terapêutica.

É interessante notar que, na arte, no esporte e muitas vezes também na religião, a mensagem é um fim em si: nos termos da função poética de Jakobson, a mensagem volta-se para si mesma, isto é, deixa de ser simplesmente um meio de transmissão de informação para tornar-se ela própria o alvo da atenção do público. Se quando lemos uma notícia no jornal damos mais atenção aos fatos narrados do que à forma como a narrativa é feita, na literatura de ficção a narrativa é tão ou mais importante que os próprios fatos narrados, que são, por sinal, fictícios. Na poesia, sobretudo na poesia mais abstrata e formalista, a palavra é o alvo, a razão de ser, a essência mesma da arte: o poema pode nada significar, ou significar tudo, tanto faz; o que importa é a palavra em si, o som, a cadência, seus múltiplos sentidos, as imagens que cria.

O mesmo vale para o esporte: os esportistas não atuam de seu modo particular, não manipulam instrumentos como uma bola, uma raquete, um carro de corrida para produzir um significado apreensível, como se fosse uma mímica de surdos-mudos, mas a beleza plástica dos gestos (e sua eficácia, é claro) justifica sua execução. Dessa maneira, não teria nenhum sentido perguntar qual o significado de um gol de Pelé: a beleza do drible desconcertante, a precisão do chute, a alegria do gol são um fim em si mesmo.

Na religião, a mensagem possui um caráter sagrado. Fala-se a Deus ou aos deuses por meio de rituais que incluem preces, cânticos, gestos, coreografias individuais ou coletivas, em que nenhum elemento pode ser alterado, sob pena de constituir profanação. Não importa tanto *o que* se diz à divindade quanto *como* se diz. É por essa razão ainda que certas línguas como o latim e o sânscrito são consideradas sagradas: segundo algumas correntes religiosas mais tradicionalistas, a oração só tem valor se for proferida nessas línguas.

Já na ciência, assim como nos discursos utilitários, a mensagem costuma ser apenas um meio, um veículo da informação científica. Infelizmente, os cientistas normalmente se preocupam mais com a produção do conhecimento do que com a sua divulgação. Isso leva com freqüência à redação de longas e enfadonhas obras que, não obstante sua eventual relevância científica, estão fadadas à poeira eterna das prateleiras acadêmicas, tal o desestímulo à sua leitura até mesmo pelos próprios especialistas. Conforme teremos oportunidade de discutir mais adiante, o fim último da ciência, numa nova perspectiva, deve ser a transmissão do conhecimento, e para tanto a mensagem é tão importante quanto seu conteúdo. A essa conclusão já estão chegando nos dias de hoje muitos educadores que, preocupados com o desinteresse dos alunos pelo discurso pedagógico, buscam nas modernas tecnologias da comunicação meios de tornar a mensagem educativa acima de tudo atraente. Greimas[4] já alertara para o fato de que a ciência é um processo que se manifesta nos discursos que produz. Conseqüentemente, a ciência não tem um discurso, a ciência *é* um discurso e, como tal, não existe fora da linguagem. Por essa razão, a mensagem científica também deveria ser vista como um fim em si mesmo.

A NATUREZA PRÁTICA DE MUITAS ATIVIDADES CULTURAIS

Em muitos casos, as linguagens e os métodos empregados pela arte não foram concebidos especificamente para ter uma utilização estética. Se por um lado a música e a dança parecem ter sido formas de cultura desde sempre (quer como expressão artística quer como religiosa), por outro lado, a linguagem utilizada pela literatura e pela poesia – a linguagem verbal – é primordialmente e sobretudo um meio de comunicação utilitária, ou seja, o homem não inventou a língua propriamente para fazer poesia. Da mesma forma, a fotografia é antes de qualquer coisa uma técnica de registro de imagens, da qual a fotografia artística é apenas uma das utilizações possíveis.

O esporte também utiliza ludicamente em grande parte artefatos e procedimentos cuja primeira finalidade não é lúdica, mas utilitária. O automóvel, principal instrumento do automobilismo, é primariamente um meio de transporte. A natação e a canoagem, antes de serem esportes, são meios de locomoção na água. Desse modo, o esporte é em grande parte a utilização

4. Greimas, 1981.

lúdica – isto é, hedônica – de práticas originalmente utilitárias, como andar de bicicleta ou a cavalo, correr, lutar, etc., assim como a arte se origina em larga medida da descoberta de um emprego estético para objetos e linguagens que serviam inicialmente apenas para fins utilitários.

Analogamente, o discurso científico manipula com fim hedônico idéias, conceitos, símbolos e procedimentos lógicos que foram originalmente criados por razões práticas. Na matemática pura, a manipulação de números e grandezas não visa à solução de nenhum problema prático de engenharia ou de contabilidade, mas à descoberta pura e simples de relações abstratas. Obviamente, o cálculo com números não foi inventado para esse propósito. Igualmente, muitos outros procedimentos normalmente utilizados na pesquisa científica foram a princípio criados para cumprir finalidades práticas.

Algumas vezes, uma atividade pragmática pode dar origem a práticas culturais de natureza diferente. A patinação dá origem tanto a um esporte quanto a uma arte. O que determina se uma apresentação de patinadores é um espetáculo artístico ou um evento esportivo é se o que está em jogo é a complexidade ou a beleza das manobras. Na verdade, a fronteira entre o esporte e a arte é bem fluida no caso da patinação esportiva: assim como na ginástica rítmica e no nado sincronizado, as competições dessa modalidade também levam em conta a beleza da coreografia, embora seu objetivo predominante seja evidentemente o cumprimento de uma meta definida pelo regulamento.

Além disso, alguns profissionais técnicos, artísticos e esportivos acabam por se tornar estudiosos de suas profissões, fazendo delas um objeto de estudo científico. Assim, a quase totalidade dos teóricos da arquitetura é composta por arquitetos; os estetas e estudiosos da arte, em sua maioria, são também artistas plásticos; muitos musicólogos e críticos musicais são músicos, assim como muitos críticos literários são também escritores.

8 AS PRÁTICAS CULTURAIS COMO LEITURAS DO MUNDO

As atividades culturais caracterizam-se, como vimos, por serem práticas semióticas, isto é, linguagens, produtoras de mensagens dirigidas a um receptor coletivo, que chamamos público, e, em sua forma pura, são sempre atividades-fim, motivadas, pois, mais pelo querer do que pelo dever. Numa análise mais profunda, podemos dizer que a ciência, a arte, o esporte e a religião constituem sistemas de análise e interpretação do mundo pelo ser humano. São formas de linguagem criadas para dar conta da experiência humana. Por meio dessas linguagens, o homem elabora diferentes representações do mundo ao seu redor. Contrariamente às atividades utilitárias, que objetivam a realização de tarefas práticas, as atividades culturais possuem uma vocação eminentemente "contemplativa": são tentativas de explicação dos fenômenos do universo físico, psíquico e social através de diferentes óticas.

Por possuir, ao que tudo indica, uma inteligência superior à dos demais seres vivos, o homem sempre formulou perguntas sobre si mesmo, sobre sua existência e a das coisas que o rodeiam, sobre o passado de sua espécie, ao mesmo tempo que sempre buscou prever – e, se possível, controlar – seu futuro; o homem sempre procurou, em última análise, compreender a razão e o sentido de sua vida. Foi justamente para satisfazer essa curiosidade que o homem criou a religião, a arte, a ciência e o esporte. Segundo Lévi-Strauss, a necessidade espiritual que o homem tem de compreender o mundo à sua volta o leva a criar diversos tipos de narrativas míticas, como os mitos da Criação, presentes em todas as antropoculturas. A religião e a arte estão entre as mais antigas dessas narrativas. Como veremos adiante, o esporte origina-se em parte da representação igualmente mítica de uma caçada ou de um combate. A ciência, apesar de seu aparato lógico-racional, também pode ser considerada uma narrativa mítica, uma vez que constrói modelos que são representações simbólicas do mundo.

Vimos na introdução desta obra que a mente humana se relaciona com o mundo por intermédio de quatro processos básicos de cognição, que são a percepção (também chamada de sensação), a intuição, a razão (ou pensamento) e a emoção (ou sentimento). Os dois primeiros processos são os canais de entrada das informações na mente (podemos chamá-los de processos de *input*); os outros dois são responsáveis pelos processamento dessas informações (processos de *throughput*). Além disso, o homem responde a esses estímulos vindos do meio pela ação (processo de *output*). As atividades culturais são exatamente aquelas que procuram explicar a realidade, articulando, dois a dois, um processo de *input* e um de *throughput*. Já as atividades técnicas são atividades de *output*, isto é, ligadas à solução prática de problemas. Inspirando-nos num modelo proposto originalmente por Pierre Weil[1] e ilustrado na figura 8.1, podemos dizer que a arte é o processo de conhecimento e interpretação do mundo que combina a sensação e o sentimento, produzindo um discurso que apela para os sentidos com o objetivo de provocar emoções. A religião articula a intuição e o sentimento: o discurso religioso procura levar os fiéis ao estado de êxtase por meio da fé na verdade revelada. Já a ciência é o processo de conhecimento que une a percepção (isto é, a observação da realidade e a experimentação) à razão (isto é, ao raciocínio lógico). Combinando a intuição e a razão está a filosofia em seu estágio pré-científico, em que o filósofo lança mão do raciocínio lógico para trabalhar sobre axiomas e princípios gerais pelo método dedutivo, que vai do genérico e universal ao específico e particular, partindo das causas para chegar aos efeitos. É a filosofia tal qual era praticada na Grécia antiga e na Idade Média, em que os filósofos, principalmente quando se propunham explicar o mundo natural, davam pouca ou nenhuma importância aos fatos concretos, domínio da percepção, sobrepondo-lhes uma concepção idealizada do que seria a realidade, fruto de sua intuição. Assim, apenas para citar um exemplo, a órbita dos planetas, segundo os gregos, só poderia ser circular, pois o círculo é a forma geométrica perfeita. Essa perspectiva apriorística também caracteriza as filosofias orientais tradicionais.

Convém lembrar que, numa perspectiva moderna, a própria filosofia ocidental se encontra integrada ao rol das ciências. (Quanto à possível

1. Weil et alii, 1993, págs. 18-19.

polêmica, que ainda hoje agita o meio acadêmico, sobre se a filosofia é ou não de fato uma ciência, procurarei dar subsídios a essa discussão no próximo capítulo, quando abordar a definição de ciência.) Por outro lado, reconhecendo igualmente o esporte como prática cultural, podemos dizer que ele ocupa o mesmo espaço da arte no gráfico acima: é um discurso que combina sensação e sentimento, já que no esporte os estímulos são sensoriais e visam a provocar emoção.

A mais antiga das formas de explicação do mundo inventadas pelo homem foi a religião. Maravilhado e perplexo diante dos mistérios do Universo à sua volta – dos ciclos da natureza, da luz e do calor do fogo, da água tornando-se gelo e voltando a ser água, do brilho das estrelas, da velhice e da morte e do que está depois da morte – o homem pré-histórico já buscava respostas às suas indagações. Não podendo explicar pela via da razão aquilo que observava, desde cedo recorreu à imaginação e à fantasia, povoando de divindades, de espíritos bons e maus, a natureza circundante. Ele jamais vira tais divindades, mas estava convencido de que elas existiam e regiam o funcionamento harmônico da natureza. A boa sorte na caça ou a boa safra pareciam dádivas superiores, assim como as doenças, as pragas e a má colheita pareciam castigos vindos dos céus. Embora não tivesse evidências diretas da existência de entidades transcendentes, o homem desde cedo aprendeu a venerá-las, em busca de sua benevolência ou, pelo menos, de sua clemência.

A origem tanto da arte quanto do esporte parece ter sido a religião, sobretudo pelos ritos da magia mimética: de fato, desde tempos imemoriais os homens cantam e dançam para os deuses, assim como a representação pictórica de homens caçando animais nas paredes de grutas pré-históricas parece ter sido menos uma forma de documentação da vida cotidiana do que uma prática mágica para proporcionar uma boa caçada. O teatro grego, por exemplo, surgiu das festas celebradas em honra ao deus Dioniso.

Na verdade, o homem sempre encarou os signos como parte da própria realidade que representam, numa atitude que os semioticistas chamam de *concepção metonímica de signo*. Segundo tal concepção, o signo (a palavra, a imagem, o som) é a própria coisa: o nome ou a estátua de um deus são a encarnação da própria divindade; quebrar a estátua significa atrair a fúria divina, assim como pronunciar o nome da divindade é o mesmo que invocá-la. Essa confusão entre o signo e a coisa significada deu origem, com o tempo, aos mais diversos tabus e superstições: a lei mosaica proibia aos judeus pronunciar o nome de Jeová (em lugar do nome, usava-se o termo substituto *Adonai*, que quer dizer "o Senhor") ou confeccionar e adorar

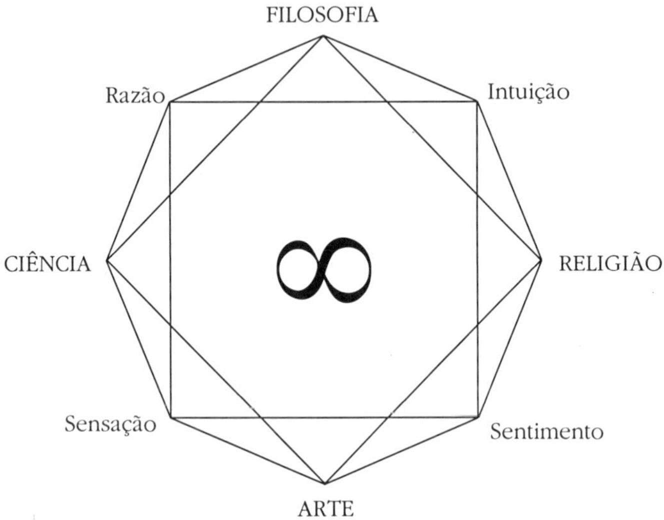

Figura 8.1: Modelo de Weil dos processos de leitura do mundo. O símbolo no centro do diagrama representa o infinito, o que procura denotar o caráter cíclico, e portanto sem começo nem fim, da cultura.

imagens; muitas pessoas, ainda hoje, evitam pronunciar o nome de certas doenças, temendo atraí-las, e assim por diante. A identificação dos signos com as coisas que representam levou, sem dúvida, à crença na propriedade mágica dos signos. Se se desejava obter sucesso numa caçada, devia-se fazer a representação simbólica da vitória do homem sobre o animal, seja por meio de uma pintura, seja na forma de uma dança, seja numa encenação teatral. É exatamente aí que se encontram também as primeiras formas de prática esportiva: a representação simbólica de uma luta entre o caçador e sua presa, encarnados por dois atores, prefigurava o destino da própria caçada; se o ator que representava o caçador vencesse a luta, a caçada teria sucesso; se o vencedor fosse o ator representante da caça, a jornada terminaria em fracasso. Além disso, o esporte também resulta do emprego lúdico da agressividade natural do ser humano, que é, em princípio, um mecanismo biológico de defesa contra predadores e de disputa com os semelhantes pelo alimento, pelas fêmeas, etc.

As práticas mágicas e as crenças animistas evoluíram nas sociedades civilizadas para verdadeiros sistemas de pensamento organizado, que são as religiões. O conjunto das crenças foi codificado na forma de doutrina. A arte foi, pouco a pouco, desvinculando-se da religião e trilhando caminhos próprios. Na Grécia antiga, surgiu a primeira forma de análise racional do mundo: a filosofia. Do seio da filosofia surgiriam as outras ciências: a matemática, a física, a astronomia, a lógica, a gramática. Convém lembrar, no entanto, que muitas religiões orientais (o confucionismo, o budismo, o taoísmo) também são uma espécie de filosofia, já que não postulam a existência de divindades. Parece que no Oriente (e também no Ocidente durante a Idade Média) a filosofia serviu sobretudo de fundamento à religião; no Ocidente moderno, a filosofia é a base da ciência.

Todas essas formas de cultura realizam uma espécie de leitura do mundo, cada qual através de seus próprios filtros. A arte procura explicar e compreender a realidade natural e social mediante a imitação dessa realidade. Cabe ao artista representar por meio dos signos das diversas linguagens (verbal, visual, sonora, gestual, etc.), de forma mais realista ou mais fantástica, a natureza circundante, buscando explicar o mundo pela via da representação simbólica. A obra de arte é, portanto, uma mensagem codificada num sistema semiótico particular, cuja função é produzir uma leitura "sensível" do mundo. Trata-se de uma leitura realizada pelos sentidos e filtrada pela emoção. O que leva o artista a lançar mão de uma linguagem particular para descrever o mundo é a busca de um prazer egolátrico. O artista procura recriar – literalmente, criar de novo – em sua obra a própria obra de Deus. O artista age como se fosse um deus criador todo-poderoso, que cria na imaginação um universo paralelo ao real. É assim que um escritor ou um dramaturgo se sentem quando manipulam seus personagens: eles têm sobre estes poder de vida e de morte, tal qual o homem comum crê tenham os deuses sobre ele.

A ciência busca a descrição e a explicação dos fatos do mundo natural e humano por meio da lógica: é uma tentativa racional de criar modelos abstratos, tão verossímeis quanto possível, dos objetos e fenômenos da realidade. A ciência procura construir um saber compreensível, logicamente articulado, temporalmente cumulativo, que, a exemplo da arte, começa pela percepção sensorial, mas, à diferença dela, é processado pela razão. O que move o cientista a pesquisar o como e o porquê das coisas é um sentimento igualmente egolátrico, um desejo de se sentir Deus, ao desvendar a origem e o funcionamento do Universo e de tudo o que nele existe.

A religião também realiza uma leitura do mundo, feita agora através do filtro da intuição e da fé. O discurso religioso não visa à construção de um saber, mas ao estabelecimento de uma crença, fundada na transcendência. A religião busca exatamente *religar* o homem à divindade, pela comunhão da consciência, conforme o revela a própria etimologia da palavra. Curiosamente, a etimologia da palavra *fé* também remonta à idéia de ligação, união: *fé* vem do latim *fides*, que por sua vez descende da hipotética raiz indo-européia *bheidh*[2], cujo significado é justamente unir, ligar. A fé seria então a ligação entre o homem e a divindade.

Finalmente, o esporte objetiva a harmonização corporal e mental do ser humano com a natureza. Na prática esportiva, o homem imita a natureza através da busca de um limite a ser superado (seja a derrota de um adversário, a quebra de um recorde ou a superação de um obstáculo). O esporte é o elo material entre o ser humano e o mundo natural, é a representação simbólica do domínio do homem sobre a natureza e sobre si mesmo. O esportista imita os deuses quando procura superar os limites impostos pela natureza. Ao suplantar os homens comuns por seus feitos extraordinários, o esportista se torna um semideus, um herói, digno da veneração dos outros homens. A pira olímpica, os louros e o pódio, assim como mais modernamente as medalhas e os troféus, são símbolos desse *status*.

A ciência, a arte, o esporte e a religião são instrumentos de pensar o mundo. Sua função é permitir ao homem compreender o mundo em que vive, ao passo que as técnicas servem para operacionalizar esse viver no mundo, permitindo ao homem interagir com o mundo em que vive. Por isso, as atividades culturais, em seu estado puro, não fornecem as chaves para essa interação, as quais são oferecidas pela cultura aplicada. Não por acaso a ciência, a arte, o esporte e a religião são sistemas simbólicos de representação do homem em seu estar no mundo. A razão de ser da cultura é justamente a contemplação do mundo: não compete aos artistas, aos intelectuais, aos pensadores e aos teólogos resolver os problemas do homem ou satisfazer suas necessidades; cabe a eles mostrar esses problemas, pensar sobre eles. As atividades técnicas são atividades da ação, do pragmatismo; as atividades culturais são atividades da contemplação, do ascetismo.

Um exemplo de como as diferentes atividades culturais realizam semelhantes leituras do mundo pode ser dado pelo modo como uma mesma questão – digamos, a origem do Universo – é tratada em diferentes narrativas cosmogônicas, como os Vedas indianos, as mitologias ameríndias, o Velho Testamento, a doutrina secreta de Helena Blavatsky, a *Gênese* de Alan

2. Sobre o indo-europeu, língua hipotética supostamente falada na Pré-História e que teria dado origem à maioria das línguas européias, falarei um pouco mais detalhadamente no capítulo 13.

Kardec, dentre outras, no âmbito da religião; *A tempestade*, de Shakespeare, e a *Sagração da primavera*, de Stravinsky, na esfera da arte; e *Cosmos*, de Carl Sagan, e *Uma breve história do tempo*, de Stephen Hawking, no domínio da ciência.

Da mesma forma, temas como o amor e a morte podem ser igualmente tratados pela ciência, pela arte e pela religião. A partir de um tema como o adultério é possível produzir um estudo filosófico ou tese sociológica, um romance (como *Dom Casmurro*, de Machado de Assis) ou uma peça teatral, ou ainda um sermão religioso. É claro que o tema em questão pode igualmente ser objeto de uma lei (no caso, o código civil) ou de um texto jornalístico, mas esses discursos, pertencentes à esfera das técnicas, não especulam sobre o adultério, não tratam de suas causas nem propõem uma reflexão sobre o assunto, como o fazem a literatura, o teatro, o cinema, a filosofia, a sociologia, a antropologia, a moral e a religião.

Quanto ao esporte, pode-se perguntar que leitura ele faz da realidade. Na verdade, o esporte, assim como a música e a pintura abstrata, é uma linguagem "não-figurativa". Por isso, falar-se de uma leitura da realidade nesse caso pode parecer uma temeridade. No entanto, assim como nada nos aconselha a excluir a música ou a pintura abstrata do contexto das artes, parece igualmente injustificável banir o esporte do domínio da cultura com base unicamente nesse critério. Ocorre que o sentido dado aqui à idéia de uma "leitura do mundo" é o mais amplo possível e é, aliás, o mesmo sentido que os estetas, críticos de arte e semioticistas vêm dando a essa expressão desde o advento da arte moderna. Uma leitura do mundo, enquanto interpretação subjetiva dos dados de nossa experiência, não precisa ser necessariamente uma tradução em palavras de nossa percepção da realidade circundante, mesmo porque a maior parte de nossas percepções – consubstanciadas em sensações e sentimentos – não é traduzível em linguagem verbal. Assim, discutir o significado dessa interpretação operada pelo esporte ou pela arte abstrata é tarefa ociosa como buscar o significado de um gol de Pelé, conforme anteriormente assinalamos. Mas, se se quiser insistir sobre a necessidade de identificar um objeto concreto como tema dessa interpretação, então podemos lembrar que o esporte é uma representação simbólica da luta do homem contra a natureza e contra os outros homens, dos conflitos do ser humano (inclusive os existenciais), da busca da superação de seus próprios limites. Esse tema, em torno do qual todas as modalidades esportivas discursam gestualmente, e que é um dos pontos centrais do drama existencial do ser humano, também está presente na religião, na arte e na ciência.

9 DEFININDO AS PRÁTICAS CULTURAIS

A gente não quer só comida, a gente quer comida, diversão e arte.
TITÃS, *Comida*
Nem só de pão vive o homem.
LUCAS, 4:4

No capítulo 3, dissemos que a finalidade básica da vida humana, isto é, a conquista e manutenção do bem-estar, oscila entre dois pólos, que são a dor e o prazer. Dissemos também que todas as atividades humanas são motivadas ou por uma necessidade ou por uma vontade. Poderíamos dizer, em outros termos, que a meta da vida humana é a permanente satisfação de necessidades de duas ordens diferentes: as necessidades materiais e as necessidades espirituais. Dentre as necessidades materiais do ser humano estão a saúde, a alimentação, o repouso, a segurança física, a locomoção e a comunicação, apenas para citar as principais. De modo geral, tais necessidades estão ligadas à própria sobrevivência do homem e, nesse sentido, não diferem das necessidades básicas de qualquer outro animal.

No entanto, diferentemente dos animais que vivem na natureza, o homem também possui necessidades não-materiais, que podemos chamar, à falta de um termo melhor, de necessidades espirituais (ou existenciais, ou transcendentes). Assim, o homem desenvolveu desde cedo certos impulsos para a satisfação de necessidades que nas outras espécies animais aparecem de forma ainda rude ou embrionária, como por exemplo a curiosidade existencial, que é o desejo de saber o como e o porquê das coisas (nos animais, a curiosidade limita-se à procura de comida ou abrigo); a sensibilidade, ou capacidade de reagir psiquicamente a estímulos sensoriais agradáveis e a conseqüente necessidade de alimentar os sentidos com esses estímulos; a competitividade, que nada mais é do que a utilização com propósitos lúdicos da agressividade natural de que todos os animais são dotados para sobreviver; a religiosidade, derivada da curiosidade, que é a tendência a acreditar na existência de forças sobrenaturais que regem a natureza e o próprio destino do homem e a sentir-se ligado a essas forças por um pacto transcendental; a necessidade de afeto, alegria, diversão, lazer. Tais necessidades estão basicamente ligadas ao prazer, e é exatamente isso o que distingue o homem dos outros animais: a necessidade de buscar outras formas de gozo além do prazer puramente sexual, bem como a capacidade de criar os meios para a satisfação dessas necessidades. Aliás, diga-se de passagem, o próprio sexo é para o ser humano uma necessidade ao mesmo tempo material e existencial, enquanto para os animais é uma necessidade puramente biológica. Desse modo, podemos dizer que o ser humano busca fundamentalmente duas coisas na vida: a sobrevivência e o prazer, ao passo que as demais espécies animais lutam fundamentalmente para sobreviver e perpetuar-se.

Então, o que chamamos de antropocultura é o conjunto das práticas criadas pelo homem para satisfazer suas necessidades materiais e espirituais e, portanto, a cultura *stricto sensu* é o conjunto das práticas criadas pelo homem para satisfazer especificamente as necessidades do espírito. Enquanto a vida dos animais se resume à mera luta pela sobrevivência, o homem conquistou o direito de sentir prazer. Nesse sentido, longe de ser algo supérfluo, como julgam alguns, a cultura é justamente o que faz o homem ser o que é e o que faz da existência humana algo mais do que uma tosca e rude luta em busca de alimento e de abrigo contra os predadores; é o que torna, enfim, a vida humana digna de ser vivida. Se as atividades culturais não existissem, mas apenas as atividades técnicas, a comunidade humana não seria mais que uma horda, e em lugar da civilização teríamos a barbárie, ou talvez nem isso.

Podemos dizer, então, numa primeira abordagem, que a ciência é o processo de produção do conhecimento para a satisfação da curiosidade existencial; que a arte é o processo de produção de objetos simbólicos para alimentar a sensibilidade; que o esporte é a competição gratuita para saciar o instinto de agressividade; e, finalmente, que a religião é o conjunto de práticas pelas quais se manifesta a religiosidade.

Antes de partirmos para uma tentativa de definição mais apurada das práticas culturais, vale a pena analisar por um momento o processo comunicativo. Na comunicação utilitária, a que visa a um fim prático, os sujeitos emissor e receptor utilizam os elementos da comunicação – o canal (o meio de comunicação), o código (a linguagem), a mensagem e o referente (o assunto da comunicação) – como meios para cumprir uma finalidade prática, utilitária. Assim, o código é o meio ou instrumento para se produzir a mensagem; o canal é o meio ou instrumento para se transmitir a mensagem; esta, por sua vez, é o instrumento pelo qual o emissor evoca na mente do receptor um determinado referente; e este último constitui-se no meio pelo qual é possível pensar o mundo e relacionar-se com ele.

Conseqüentemente, a comunicação humana, seja ela intra ou interpessoal, é o meio pelo qual o homem interage com o mundo à sua volta e dá conta de sua própria experiência. Tanto para relacionar-se com os demais seres humanos quanto para relacionar-se consigo mesmo, o homem discursa. Segundo os antigos gregos, há dois tipos básicos de discurso, o *logos* e o *mythos*. O primeiro corresponde ao discurso racional, à dissertação sobre a realidade e à narração de fatos reais, enquanto o segundo representa a narração de acontecimentos fabulosos, fantásticos ou fictícios. Podemos dizer, pois, que a comunicação cotidiana, utilitária, assim como o discurso científico, pertencem ao domínio do *logos*, ao passo que a religião e a arte são formas de *mythos*.

No *logos*, o referente ou tema do discurso pode ser um meio ou um fim em si mesmo: na comunicação utilitária, o referente é um meio; na comunicação científica pura, é um fim. Tornemos isso mais claro: o discurso publicitário, o discurso jornalístico, o discurso pedagógico, o discurso da ciência aplicada, tratam evidentemente de um tema específico – o produto anunciado, o fato noticiado, o conhecimento sobre um determinado domínio, o objeto de estudo da pesquisa aplicada, etc. –, mas o objetivo desses discursos não é pura e simplesmente abordar um tema como se ele fosse o alvo em si; a finalidade da propaganda é induzir ao consumo, a finalidade do jornal é informar e formar opinião para conferir cidadania e viabilizar a vida em sociedade, a finalidade da escola é educar para a vida, a finalidade da ciência aplicada é a geração de tecnologia, e assim por diante. Já na ciência pura, o objetivo do discurso sobre um determinado objeto é o conhecimento desse objeto em si. Não se busca o saber como um meio, mas como um fim. É nesse sentido que no discurso da ciência pura o referente é um fim e não um meio.

No discurso do *mythos*, o referente pode igualmente ser um meio ou um fim. Na religião pura, o discurso encontra na abordagem do tema (digamos, a existência de Deus) o seu próprio fim. No discurso da religião aplicada, a finalidade é a salvação da alma, a cura de doenças, o ordenamento moral da sociedade, etc. O tema do discurso (uma determinada passagem da Bíblia, por exemplo) é então convertido em meio para a pregação com fins utilitários. Além disso, no *mythos* também a mensagem pode ser um meio ou um fim: na religião, a mensagem é um meio de doutrinação; na arte pura, a mensagem é um fim em si, segundo a própria definição de função estética, de acordo com Mukařovsky (confira o capítulo 4); na arte aplicada, a mensagem é um fim e um meio.

Finalmente, se compararmos o trabalho utilitário ao esporte, veremos que naquele o uso das potencialidades biológicas (força física, rapidez de reflexos, atenção, concentração, etc.) são um meio de realizar a tarefa almejada, ao passo que neste último são a própria finalidade da prática esportiva. Da mesma forma, no esporte aplicado, tais potencialidades biológicas são a um só tempo meio e fim. Além disso, o esporte é uma forma de discurso; já o trabalho utilitário, especialmente o trabalho físico, corporal, não o é.

Poderíamos então sistematizar da seguinte forma os discursos culturais em função do uso que fazem dos elementos da comunicação:

	CÓDIGO	CANAL	MENSAGEM	REFERENTE	TIPO DE DISCURSO
arte pura	meio	meio	fim	meio	*mythos*
arte aplicada	meio	meio	meio e fim	meio e fim	*mythos*
ciência pura	meio	meio	meio	fim	*logos*
ciência aplicada	meio	meio	meio	meio	*logos*
religião pura	meio	meio	meio	fim	*mythos*
religião aplicada	meio	meio	meio	meio	*mythos*
esporte puro	meio	meio	fim	meio	*mythos*
esporte aplicado	meio	meio	meio e fim	meio e fim	*mythos*
comunicação utilitária	meio	meio	meio	meio	*logos*

OBSERVAÇÃO: na arte não-figurativa, não há referente; no esporte, o referente é a batalha simbólica travada entre os competidores.

Nos discursos da cultura, ou a mensagem ou o seu referente é um fim em si mesmo, ao passo que nos discursos utilitários, incluindo-se aí os discursos da cultura aplicada, a mensagem e o referente são ambos meios. É nesse sentido que as práticas culturais são sempre atividades-fim.

Além dessa definição teleológica, o que se busca aqui é uma definição verdadeiramente semiótica de cultura, isto é, uma definição tanto da cultura em si quanto de cada uma de suas quatro modalidades básicas – arte, ciência, religião e esporte – que leve em conta tais atividades enquanto discursos, e nos diga, portanto, de que se compõe a cultura, e não apenas para que serve. O que se pretende, em última análise, é responder à pergunta "O que é cultura?" – que aliás é o ponto de partida desta obra –, da forma mais rigorosa possível, por meio do uso do ferramental semiótico. Ora, definimos a cultura justamente como o conjunto das práticas sociais discursivas cuja função primária é a função hedônica (e tal definição implicou, por conseguinte, estabelecer o que vêm a ser função hedônica e função pragmática). Contudo, se por um lado sabemos que as quatro atividades fundamentais que compõem o quadro da cultura têm em comum a função hedônica como função principal, por outro lado falta explicar em que essas atividades diferem umas das outras. Isso equivale a dizer que a função hedônica, presente nas quatro modalidades de cultura, apresenta-se de forma diversa em cada uma delas, ou, ainda, que existem vários tipos de função hedônica, e, assim sendo, é preciso identificá-los, já que são eles que vão permitir explicar semioticamente a arte, a ciência, o esporte e a religião. Para tanto, teremos de lançar mão de alguns conceitos auxiliares, que se mostrarão bastante úteis, como veremos a seguir.

TIPOS DE FUNÇÃO HEDÔNICA

Já sabemos que a cultura atende a certas necessidades do espírito – a sensibilidade, a curiosidade, a competitividade e a religiosidade – cuja satisfação basicamente produz prazer. No entanto, a satisfação de cada uma dessas necessidades produz um tipo diferente de prazer. Em todos os casos, o sentimento de prazer surge como resposta a estímulos provocados por discursos (já que as atividades culturais são essencialmente práticas discursivas). Assim, o que vai distinguir os vários tipos de função hedônica é o tipo de estímulo que cada discurso provoca.

Os estímulos que atingem a sensibilidade são de natureza sensorial. Chamaremos então de *função estética* à capacidade que um discurso possui de provocar reações psíquicas no receptor a partir de estímulos estritamente sensoriais – visuais, auditivos, táteis, olfativos e gustativos. Note-se que a denominação *função estética* coincide propositadamente com a de Mukařovsky: ocorre que a definição acima pretende justamente substituir a do lingüista tcheco, que é insuficiente para estabelecer a distinção entre a arte e o esporte. Relembrando, segundo esse autor (e de acordo com Jakobson, criador da teoria das funções da linguagem), uma mensagem assume a função estética quando se volta para si mesma, quando chama a atenção do receptor não para o seu referente, mas sim para ela própria enquanto mensagem. Entretanto, conforme acabamos de ver, tanto na arte quanto no esporte a mensagem constitui um fim em si. Por outro lado, o tipo de estímulo produzido pelo discurso da arte é, sem dúvida, diferente do estímulo produzido pelo esporte. Por essa razão, é preferível adotar um conceito de função estética que a limite aos estímulos sensoriais.

Já os estímulos destinados a afetar a curiosidade são de natureza racional. Chamaremos de *função epistêmica* à capacidade que um discurso possui de provocar reações psíquicas no receptor a partir do estímulo à reflexão e ao raciocínio. Os estímulos provocados por essa função atuam basicamente no hemisfério esquerdo do cérebro, justamente o hemisfério responsável pela atividade lógica e racional. A função epistêmica (do grego *episteme*, "conhecimento") consiste em propor um problema ou uma questão e chegar, pela análise lógico-racional dos elementos dados, a uma conclusão: a solução do problema ou a resposta à questão.

O espírito de competição do ser humano – que chamamos de competitividade – é estimulado pela participação direta ou indireta em conflitos em que vários sujeitos disputam um mesmo objeto de valor. A competitividade humana se sente estimulada quando é submetida a uma espécie de jogo em que há vários resultados possíveis, mas apenas um desejável. À capacidade que um discurso tem de propor um conflito e de resolvê-lo daremos o nome de *função lúdica* (do latim *ludus*, "jogo"). Na função lúdica, o prazer produzido pela mensagem no receptor advém da identificação deste com um dos sujeitos da chamada *estrutura polêmica do discurso*, isto é, um dos sujeitos que disputam o objeto em jogo. Por meio de um mecanismo de transferência e projeção psicológica, a vitória do sujeito (a conquista do objeto de valor) é gratificante para o receptor da mensagem identificado com aquele sujeito, como se a vitória fosse do próprio receptor. É por isso que, numa competição esportiva, sempre torcemos por um dos competidores, ou, no enredo de um romance ou filme, nos identificamos com algum dos personagens, em geral o protagonista, e desejamos seu sucesso.

Finalmente, a religiosidade – ou espiritualidade, se se preferir –, que existe mesmo naqueles indivíduos que não seguem nenhuma doutrina institucionalizada, e cuja forma mais rudimentar de manifestação são as superstições, é satisfeita com estímulos intuitivo-transcendentais, que atuam sobre o hemisfério cerebral direito, tido como responsável pela intuição, pela sensibilidade, enfim, pela análise não-racional da experiência. Sendo a religiosidade a busca da divindade, o discurso deve ser capaz de produzir no receptor um "efeito divinizante", isto é, deve parecer-lhe dotado de propriedades mágicas ou místicas. Diremos então que a *função mística* é a capacidade que um discurso tem de provocar no indivíduo receptor reações psíquicas semelhantes às que ele teria se em contato direto com o plano sobrenatural. Essa função consiste em conduzir o indivíduo a um "estado de graça", também chamado pelos especialistas em programação neurolingüística de estado de excelência, que é um estado de espírito caracterizado pela máxima auto-estima, pela máxima autoconfiança, pela máxima autodeterminação e por uma disposição física e mental "excelentes".[1]

Esse estado de graça nada mais é do que a situação em que o indivíduo se liberta temporariamente da ditadura do ego e entra em contato com seu eu interior e verdadeiro (chamado de *self* pelos psicólogos junguianos). Como esse eu interior, "a criança primitiva que trazemos dentro de nós", é a própria essência do homem, pode-se dizer que a busca da divindade, do contato com aquilo que as religiões chamam de Deus, é a busca do próprio ser, do Deus que habita dentro de nós. Todas as religiões representam, de uma forma ou de outra, o homem como um microcosmo do macrocosmo que é o próprio Ser, o Todo: o Universo, enquanto unidade na diversidade. É nesse sentido que os discursos religiosos buscam induzir o indivíduo a entrar em contato íntimo com o Todo, ou seja, consigo mesmo. Esse estado de religação do homem com sua essência primeira recebe os mais diversos nomes conforme as diferentes doutrinas: estado de graça, estado de iluminação, nirvana, *dhyan*, zen, tao, consciência suprema, consciência cósmica, etc. Pode-se dizer que esse estado de graça produzido pela função mística é uma espécie de estado de consciência alterada, ou estado de êxtase, semelhante ao produzido pelo uso de substâncias alucinógenas ou por experiências psicodélicas[2]; logo, é um estado mental prazeroso. O estado de graça é, portanto, uma espécie de transe hipnótico.

---

1. De certa forma, o que os livros e cursos de auto-ajuda procuram fazer é induzir o indivíduo a esse estado de excelência. Embora utilizando uma linguagem mais racional, o discurso da auto-ajuda baseia-se no mesmo princípio dos discursos religiosos: o uso da crença para chegar ao estado de excelência.
2. Um fato interessante a ser notado é que, em muitas línguas, inclusive em português, a palavra *espírito* também significa "bebida alcoólica", o que revela a associação que o homem fez desde cedo entre estado alterado de consciência e espiritualidade.

Evidentemente, o grau de alteração – ou de expansão – de consciência produzido pelo discurso místico varia em função da própria intensidade mística do discurso. Conseqüentemente, há rituais religiosos muito mais eficientes em induzir a esse estado do que outros. (Compare-se, por exemplo, um ritual xamânico, um culto evangélico e uma missa católica tradicional.) De qualquer maneira, o que o discurso dotado da função mística faz é elevar o nível de auto-estima do indivíduo por meio da crença num poder ao mesmo tempo superior e interior ao homem. Na função mística, portanto, o prazer advém da própria elevação da auto-estima e da liberação do eu interior, reprimido pelo ego, num processo de catarse.

Pesquisas científicas recentes apontam o lobo temporal como a região do cérebro que entra em ação durante uma experiência mística, como, por exemplo, uma oração fervorosa. Pessoas submetidas a uma experiência de laboratório em que o lobo temporal, considerado a parte do cérebro responsável pela chamada cura espiritual, foi estimulado por ondas eletromagnéticas revelaram ter sentido uma sensação semelhante à presença de alguém, embora estivessem sós durante a experiência.

A função mística do discurso decorre da concepção metonímica de signo de que falamos no capítulo 8: o signo é concebido como parte da própria realidade que representa, ou melhor, como a parte menor, material e visível de uma realidade maior, imaterial e invisível. Nesse sentido, o discurso dotado da função mística tem a propriedade de fazer presentes ao receptor do discurso as entidades mágicas ou sobrenaturais de que fala. O discurso místico será então uma instância de mediação entre o homem e a divindade, ou, em termos psicanalíticos, entre o ego e o *self*. No limite, o encontro pleno com o *self*, a própria transformação do ego em *self*, é o estágio último da evolução espiritual, o qual uns poucos "iluminados" (os chamados budas) conseguem atingir. Nos termos da psicanálise junguiana, pode-se dizer que esse estado de iluminação é uma espécie de mergulho naquilo que Jung chamou de inconsciente coletivo, que ele definiu como o nome científico de Deus. Examinaremos mais a fundo essa questão na segunda parte do livro.

O QUE É ARTE?

O que a alma faz por seu corpo o artista faz por seu povo.
Gabriela Mistral

Já sabemos que há quatro tipos básicos de atividades humanas que se enquadram em nossa definição de cultura. É preciso agora definir semioticamente essas atividades justamente para mostrar por que elas satisfazem nosso conceito de cultura.

Definir a arte é tarefa bastante complexa, e inúmeras definições têm sido dadas ao longo da história, correspondendo a concepções diferentes de arte. Os diversos significados que o termo possui até os dias de hoje comprovam que essa noção ainda é, em grande parte, intuitiva. Por essa razão, se faz necessária uma definição conceptualmente rigorosa do que seja a arte.

O termo *arte* representou, ao longo do tempo, conceitos bastante diferentes, alguns dos quais subsistem até hoje. Na Antiguidade greco-romana, o termo grego *tekhne* e seu equivalente latino *ars* designavam um conjunto bastante heterogêneo de atividades que tinham em comum, no entanto, o fato de exigirem uma habilidade específica para ser exercidas. Assim, arte era toda atividade que envolvesse uma aptidão não inata, e cujo exercício dependia, pois, de aprendizado.

Platão, em sua obra *A república*, distingue a técnica pura e simples (*tekhne*), que para ele é mero trabalho manual, da verdadeira arte (*poiesis*), produto da engenhosidade do espírito. Todavia, põe a pintura e a escultura entre as *tekhnai*, pois vê nessas práticas mera imitação da natureza e não uma verdadeira atividade criativa. Para Platão, apenas a poesia e a música eram artes verdadeiras, ligadas muito mais ao mundo inteligível do que ao sensível. Aristóteles, na sua *Poética*, retoma essa distinção, e é por isso que essa obra, embora seja um tratado sobre a arte em geral, parece muito mais relacionada à poesia do que às artes plásticas. Não por acaso, o termo grego *tekhne* deu origem à palavra *técnica*, enquanto o termo *poiesis* deu origem a *poèsia*.

Mário Vitorino, pensador do século IV d.C., classificava as artes em *artes animi*, ou artes do espírito (poesia, música, astrologia, gramática, retórica, direito, filosofia), *artes corporis*, ou artes corporais (arremesso, salto, corrida, levantamento de peso), e *artes animi et corporis*, ou artes do corpo e do espírito (agricultura, ginástica, medicina, arquitetura). Desse modo, o que Mário Vitorino e seus contemporâneos chamavam de arte corresponde a atividades das mais diversas naturezas (estética, científica, esportiva, divinatória, técnica). Durante a Idade Média, período em que as diferentes profissões se organizavam em corporações, começou a surgir a distinção entre arte e artesanato; entretanto, o termo *arte* ainda continuava a designar atividades tão diferentes quanto o direito, a medicina, a matemática, a astronomia, a música, a teologia e a filosofia. A divisão das "sete artes liberais" em *trivium* (gramática, lógica e retórica) e *quadrivium* (geometria, astronomia, aritmética e música) baseava-se muito mais em critérios corporativos do que epistemológicos.

Apenas no Renascimento, com a aparição da ciência moderna, é que a palavra *arte* deixou de ser aplicada às disciplinas científicas, ficando então restrita às atividades de cunho estético. Contudo, persistiu o seu uso em relação a atividades que hoje classificamos como técnicas, como nas expressões *artes e ofícios* ou *artes gráficas*.

A distinção entre arte, ciência, esporte e técnica é um fenômeno relativamente moderno (uma das grandes contribuições nesse sentido foi dada pela filosofia positivista de Comte). Mesmo assim, muitas definições modernas dessas atividades ainda pecam por uma certa imprecisão terminológica, por um contorno semântico mal definido.

Portanto, se quisermos defini-la em termos rigorosos, com o auxílio do ferramental semiótico, podemos começar dizendo que a arte é todo processo de produção e de veiculação de discursos sociais cuja função predominante seja a função estética, em nossa concepção elargida dessa função, bem entendido, e não apenas nos termos da função estética de Mukařovsky. Assim, o que distingue a mensagem artística da mensagem esportiva é a natureza de sua função hedônica, vale dizer, a natureza do estímulo que tal mensagem provoca. Na arte, o estímulo é de natureza predominantemente estética, isto é, sensorial; no esporte, de natureza predominantemente lúdica. Pode-se dizer, assim, que toda mensagem – verbal, visual, sonora, gestual, cinestésica[3] ou sincrética – cuja finalidade principal ou única seja a de produzir reações psíquicas no receptor pelo uso de estímulos sensoriais é uma obra de arte.

3. Chamaremos de cinestésico, no rastro da terminologia da programação neurolingüística, o estímulo sensorial que não se dirige nem à visão nem à audição. A categoria cinestésica inclui os estímulos táteis, olfativos e gustativos. Nesse sentido, uma refeição, uma bebida ou um perfume são mensagens cinestésicas.

Todavia, há dois tipos básicos de arte: as artes narrativas e as artes não-narrativas. Dentre as primeiras estão a literatura, a poesia épica, o teatro, o cinema, a história em quadrinhos, etc. Dentre as segundas estão a poesia lírica, a música, a pintura, a escultura, a arquitetura, a gastronomia, etc. Nas artes não-narrativas, todos os estímulos dirigidos ao receptor da mensagem são de natureza sensorial. Já nas artes narrativas (nas quais, como se pode depreender da própria denominação, a mensagem narra uma história, e portanto existem personagens e um enredo, isto é, uma sucessão temporal de acontecimentos inter-relacionados), os estímulos são de duas ordens diferentes: além dos estímulos puramente sensoriais, há também os estímulos decorrentes da expectativa em relação ao desfecho da trama. Havendo um conflito entre os personagens, criador de uma tensão que pede resolução, e que é a base de toda narrativa, o interesse do receptor pelo texto recai também sobre a resolução desse conflito. O que prende a atenção do público num romance, num filme, numa peça de teatro (além, é claro, dos estímulos verbais, sonoros, auditivos, etc.) é a curiosidade de saber quem é o criminoso e como ele será preso, se o herói vai conseguir ou não conquistar o coração da heroína, e coisas assim. Nessas artes, além da função estética, está presente também a função lúdica. Nos termos de Umberto Eco, a função lúdica e a função estética da arte narrativa correspondem respectivamente à "aspiração ao prazer do enunciado e aspiração ao prazer do ato de enunciação". Ou, ainda nos termos do semioticista italiano, ao prazer do "quê" e ao prazer do "como", isto é, ao "prazer do Mundo Possível descrito na história que o texto conta" e ao "prazer pela estratégia do conto".[4]

Nos romances policiais, como os de Agatha Christie, por exemplo, a função lúdica se sobrepõe claramente à função estética. Já nos romances de Guimarães Rosa, James Joyce ou José Saramago, nos quais o trabalho formal com as palavras (sonoridade, ritmo, figuras de linguagem, evocação de imagens) chama muito mais a atenção do que o enredo, ou em filmes com belíssima fotografia, como os de Akira Kurosawa, e em musicais, a função estética rivaliza fortemente com a função lúdica e em certos casos chega a prevalecer. No cinema surrealista, a função lúdica quase não existe, já que praticamente não existe enredo.

É preciso lembrar ainda que a arte tem secundariamente a função de fazer pensar, de instigar a reflexão, de fazer o homem meditar sobre sua

---

4. Eco, 1989, pág. 101.

realidade e sobre o drama da existência. Assim, também costuma comparecer na arte a função epistêmica, embora como função secundária. Além disso, muitas vezes a arte consegue nos colocar num verdadeiro estado de êxtase: temos aí a função mística.

Quando dizemos que a arte é tanto a produção quanto a veiculação de discursos estéticos, estamos incluindo no âmbito da arte não só a instância da criação artística (a instância da autoria) mas também a instância da interpretação, que faz a mediação entre o autor e o público. No caso da música, temos na instância da criação o compositor, e na instância da interpretação, o instrumentista, o cantor, o arranjador, o regente. Do mesmo modo, no plano do teatro, temos de um lado o dramaturgo e, de outro, o diretor e os atores.

Outra decorrência dessa definição de arte é que, sendo ela bastante ampla e abrangente, inclui muitas práticas que só rara ou excepcionalmente são lembradas como formas de arte, tais como a culinária (incluindo a preparação de drinques), a moda, a perfumaria, a joalheria, a tapeçaria, dentre outras. Observe-se que, ao definirmos a arte como um discurso social, estamos dizendo que o receptor da mensagem artística é coletivo e, portanto, indeterminado. Isso não significa que todos os indivíduos que constituem esse receptor coletivo tenham de receber a mensagem artística ao mesmo tempo. Assim, um prato ou um coquetel são discursos sociais porque estão disponíveis a qualquer pessoa (ou pelo menos sua receita está), não importando quantas pessoas efetivamente vão ter oportunidade de prová-los. Da mesma maneira, uma jóia, assim como uma pintura ou uma escultura, é um discurso social porque, antes de ser vendida, está disponível ao público em geral, e mesmo depois de vendida, quando terá um único dono, será um objeto de exibição pública.

Sendo, como foi dito, ampla e abrangente, essa definição de arte inclui também as formas mais populares – e popularescas – de manifestação semiótica, tais como certos tipos de produção cinematográfica, teledramatúrgica, literária ou musical que, por seu caráter excessivamente comercial e apelativo, são vistas com preconceito pelas elites intelectuais, de modo que sua inclusão no âmbito da arte, embora tecnicamente correta, costuma causar polêmica, além de nos lançar numa infindável discussão sobre os limites da arte. A perguntas como "Cinema pornográfico é arte?" ou "Música 'brega' é arte?" sou tecnicamente forçado a responder que sim, pois tais manifestações se enquadram perfeitamente na definição de arte. A discussão sobre se este ou aquele gênero de cinema, de música ou de literatura é ou não arte é uma questão de gosto, não uma questão semiótica. A rigor, todo discurso social que busca provocar o prazer pelo estímulo dos sentidos é, por definição, uma forma de arte. Se esse discurso é ou não apelativo, massificante ou mesmo alienante, trata-se evidentemente de um juízo de valor, não de um juízo de verdade e, como se sabe, não compete à ciência fazer juízos de valor sobre seu objeto de estudo.

A definição de arte dada acima corresponde evidentemente à chamada arte pura; a arte aplicada é aquela em que além da função hedônica – estética e/ou lúdica – está presente a função pragmática, de tal forma que ambas tenham aproximadamente a mesma importância, podendo até mesmo esta prevalecer sobre aquela, como ocorre, por exemplo, na arquitetura, em que o aspecto funcional da construção sempre se sobrepõe ao estético.

Para que a criação artística se realize, é preciso que o artista seja dotado de uma qualidade particular, a qual chamamos de criatividade, que é a capacidade de produzir uma mensagem original, ou seja, diferente e, até certo ponto, surpreendente em relação às demais. Logo, uma qualidade desejável na obra de arte é a originalidade. Por outro lado, um requisito básico ao receptor do discurso artístico é a sensibilidade – a predisposição a ser emocionalmente afetado por estímulos recebidos pelos sentidos –, ou, em outros termos, a vontade ou disposição de sentir sensações e emoções.

É importante ressaltar que toda arte é um ato de criação, mas nem toda criação é arte, pois a invenção e a criatividade se encontram em todos os setores da atividade humana.

O QUE É ESPORTE?

Em todas as épocas, em todas as sociedades, sempre existiram práticas esportivas. Seja ligado ao treinamento para o combate, seja ligado aos rituais religiosos, o exercício físico com caráter lúdico é uma constante no ser humano. Sabe-se que os chineses, três mil anos antes de Cristo, já praticavam esportes. As civilizações egípcia e indiana também deixaram inúmeros testemunhos da prática esportiva. Alguns precursores dos atuais jogos de bola remontam aos maias e aos tibetanos. Os samurais japoneses, já em época remota, praticavam o jiu-jítsu como parte do treinamento de combate. Mas foi talvez na Grécia antiga que o esporte adquiriu caráter verdadeiramente sistemático. Os gregos fizeram da atividade física uma parte fundamental da educação dos cidadãos.

Na Roma antiga, o esporte já havia adquirido as características de um espetáculo de massa. As principais modalidades esportivas eram as lutas de gladiadores e as corridas de bigas. Na Idade Média, a atividade esportiva restringiu-se praticamente aos torneios de armas, as chamadas justas. Nota-se, assim, a índole eminentemente militar do esporte medieval. A partir do Renascimento, surgiu uma clara distinção entre os esportes de elite, destinados à formação cultural da aristocracia (jogo da péla, esgrima, caça à raposa) e os esportes populares, em geral coletivos (o pálio, o *gioco del calcio*, precursor do futebol, as touradas).

Podemos dizer que o esporte é toda atividade competitiva, visando à realização de um objetivo, mediante a observância a regras predeterminadas, cujo resultado não dependa principal ou exclusivamente do acaso, com função predominantemente lúdica (podemos ter também as funções estética e mística). Poder-se-ia comparar uma prova esportiva a uma peça teatral que encenasse uma batalha. O discurso esportivo é então fundamentalmente a narração de uma batalha fictícia que se trava entre soldados ou entre exércitos (no caso, as equipes esportivas). Sendo o esporte basicamente competição, isto é, conflito entre sujeitos (esportistas) pela posse de um objeto de valor (a vitória), a função característica do discurso esportivo é a função lúdica. No entanto, em algumas modalidades esportivas, tais como os saltos ornamentais, a ginástica rítmica e a patinação, há também a função estética, embora de forma secundária.

O discurso esportivo difere basicamente do discurso das artes narrativas, embora ambos apresentem a função lúdica, pois o esporte é um discurso espontâneo, improvisado, aleatório, que apresenta um conflito entre os sujeitos cujo desfecho não está predeterminado e é imprevisível mesmo para os próprios emissores do discurso, isto é, os competidores. Numa partida de futebol temos dois emissores coletivos – as duas equipes – produzindo um discurso que "narra" um conflito; cada equipe tenta produzir um desfecho favorável desse conflito – a conquista do objeto de valor que é a vitória –, porém nenhuma das equipes sabe de antemão qual será o resultado da partida. Cada jogada executada a cada momento é absolutamente improvisada e é função do próprio desenrolar da partida, assim como numa partida de xadrez cada movimento realizado por um dos jogadores é decidido em função do movimento imediatamente anterior executado pelo adversário. Já os atores de uma peça teatral sabem de cor cada frase e cada gesto, do início ao fim da peça, pois o enredo da história já está previamente determinado pelo autor.[5] Por essa razão, por sinal, os atores podem repetir a mesma peça todas as noites, mas é impossível repetir uma partida de futebol. No esporte, o discurso de um competidor é sempre dependente do discurso (atuação) dos demais competidores da prova. Por isso, o discurso esportivo exige sempre no mínimo dois emissores.

Outro ponto importante a ser destacado é que, conforme dissemos no capítulo 6, para que uma competição seja considerada um esporte, a vitória não deve depender principal ou totalmente do acaso. Embora fatores casuais possam interferir no resultado de uma competição esportiva, o fator determinante da vitória ou derrota dos competidores é sua habilidade física e/ou intelectual. É isso que distingue basicamente o esporte dos jogos de azar.

Uma decorrência dessa definição de esporte é que certas práticas lúdicas, tais como o futebol de botões, o xadrez, o gamão, os rodeios, os videojogos, os jogos eletrônicos, também são modalidades esportivas.

O que caracteriza o esporte é basicamente o princípio da competição, ou seja, a tentativa de vencer um obstáculo e atingir uma meta. (A palavra *atleta* vem do grego *athletes*, que significa "competidor", e que, por sua vez, deriva de *athlon*, "prêmio".) Assim, o que move o esportista a competir e tentar superar seus limites é um sentimento que chamamos de competitividade, isto é, a vontade de vencer, ligada à agressividade natural que tanto os animais quanto o ser humano possuem e que garante a sobrevivência de ambos. Mas devemos lembrar que, se todo esporte é competição, a recíproca não é necessariamente verdadeira. Existem competições dos mais variados tipos: competições científicas, como uma olimpíada de matemática; competições artísticas, como um festival de música ou um concurso literário; competições religiosas, como um concurso de cultura bíblica, e mesmo competições utilitárias, como os concursos para provimento de cargos

---

5. A prática do improviso no teatro ou na música, por exemplo, não retiram dessas manifestações artísticas o estatuto de discursos previamente estabelecidos e, portanto, não espontâneos. Na verdade, os atores e músicos improvisam sempre sobre um texto básico, cuja estrutura mestra é preservada, sob pena de, não o fazendo, desfigurarem a obra concebida originalmente pelo autor. Da mesma maneira, a eventual utilização de "jogadas ensaiadas" em certos esportes não destrói o caráter espontâneo e imprevisível dos discursos esportivos. No entanto, não deixa de ser interessante o fato de que certos movimentos ensaiados do esporte o aproximam da arte, assim como a improvisação na arte (por exemplo, um improviso no jazz) requer habilidade, presença de espírito e destreza física, atributos característicos do esporte.

públicos, os exames vestibulares, as eleições, as licitações, as disputas judiciais, as guerras, os conflitos sociais, e outros.

A competitividade humana (poderíamos chamá-la igualmente de belicosidade) parece ser um instinto natural, que remonta ainda aos tempos em que nossos ancestrais eram caçadores-coletores nômades. A necessidade do combate, que nos torna aptos à caça e à guerra e, portanto, à sobrevivência, ainda resiste em nós. Tendo deixado de ser caçadores-coletores para ser agricultores-criadores sedentários, os homens devem ter canalizado seu instinto de caça para outras práticas, dentre as quais o esporte. A vida civilizada tornou a guerra um acontecimento que deve ser evitado a todo custo. Por isso, o instinto natural de liberar nossa agressividade contra a presa ou contra o inimigo acabou se convertendo com o tempo numa prática simbólica. Esse ponto de vista é brilhantemente sustentado por Carl Sagan em seu artigo intitulado "Os caçadores de segunda-feira à noite". Diz o cientista norte-americano:

> Os esportes competitivos são conflitos simbólicos, mal disfarçados. Isso não é uma idéia nova. Os cherokees chamavam sua antiga forma de *lacrosse* de "o irmão pequeno da guerra" [...] As armas das primeiras guerras foram os instrumentos de caça. Os esportes de equipe não são apenas ecos estilizados das guerras antigas. Eles também satisfazem um desejo quase esquecido de caçar. Como as nossas paixões pelos esportes são tão profundas e tão amplamente distribuídas, é provável que façam parte de nosso *hardware* – não estão em nossos cérebros, mas em nossos genes. [...] Não acho que a maneira de lascar uma pedra para formar a ponta de uma lança ou o modo de emplumar uma flecha esteja em nossos genes. Tudo isso é ensinado ou inventado. Mas o gosto pela caçada... aposto que isso faz parte de nosso *hardware*.[6]

Por tudo isso, podemos colocar a atual competitividade esportiva como uma das necessidades que chamei de espirituais ou existenciais no início deste capítulo: oriundo de um instinto natural e utilitário, já que ligado à sobrevivência da espécie, o espírito de competição e de combate perdeu no mundo civilizado muito de sua razão de ser, isto é, tornou-se um fim em si, uma necessidade hedônica.

---

6. *In:* Sagan, 1998.

O QUE É CIÊNCIA?

Muitas definições de ciência vêm sendo dadas ao longo do tempo. Excetuados os empregos da palavra que, a exemplo da arte, remetem a outros conteúdos que não o propriamente científico (como em *ciências contábeis* ou *ciências ocultas*), geralmente se entende por ciência um processo metódico e racional de experimentação e observação de fenômenos, tanto da esfera natural quanto da esfera antropocultural, para o estabelecimento de um modelo mental. A ciência consiste na análise e na observação de um fenômeno, espontâneo ou induzido, cujos dados iniciais são conhecidos, mas o seu resultado final é desconhecido. Tem-se, assim, um problema cujas variáveis são todas conhecidas, com exceção de uma: o experimento consiste então em observar o comportamento da variável desconhecida em função das demais variáveis do problema, para inferir-se daí uma lei.

O processo científico envolve duas etapas "ortodoxas" e, às vezes, uma "heterodoxa": a *indução*, em que se parte de um resultado (um caso ou número de casos) para daí inferir-se uma lei (raciocínio do particular para o geral); a *dedução*, em que, conhecida a lei, faz-se a previsão de um resultado particular (raciocínio do geral para o particular); e a *abdução* (termo proposto por Peirce em seus *Collected papers*[7]), em que a formulação da lei é, de certa forma, presidida pela intuição (uma espécie de palpite ou *insight* do cientista) e confirmada pela experiência. Especialmente a indução tem sido objeto de críticas de alguns teóricos, como Karl Popper, para quem uma lei só pode ser considerada válida quando não apenas há resultados empíricos que a confirmem, mas também e principalmente quando não é possível encontrar circunstâncias que a desmintam. É o que Popper chama de *princípio da falseabilidade*.[8]

No caso das ciências formais, aquelas cujo objeto de estudo é abstrato, a experimentação consiste na aplicação de um raciocínio lógico sobre certas premissas tidas como verdadeiras, para a obtenção de certas conclusões. É o que chamamos comumente de reflexão. Portanto, é lícito dizer que todo discurso que faça uma reflexão racional sobre algum objeto, mediante procedimentos lógicos e silogísticos, isto é, todo discurso que produza um saber por meios racionais, é um discurso científico. Numa definição bastante

7. Peirce, 1931-1958.
8. Popper, 1975.

ampla de ciência, diríamos que todos os discursos da área das humanidades, inclusive a filosofia, são ciências, não importando se são experimentais, observacionais ou meramente especulativas, ou se seu objeto é factual ou formal. Eis por que não cabe aqui a velha e tradicional distinção entre o discurso "intelectual" e o discurso científico propriamente dito. A concepção de ciência aqui adotada é, pois, a mais ampla possível, englobando todas as manifestações de caráter intelectual, excluídas as manifestações estritamente artísticas. Incluem-se aí todos os discursos da "sabedoria", em que se produza e se veicule um conhecimento, seja este resultado da experimentação, da observação, da reflexão ou da sistematização de conhecimentos anteriores. Incluem-se aí, por conseguinte, a narrativa histórica e a historiografia, bem como a dissertação sobre a história, a especulação filosófica, a axiomática, a propedêutica e a taxonomia.

Assim como certas manifestações artísticas têm seu estatuto de arte questionado por alguns, também é comum que se questione se determinados estudos são efetivamente científicos. Há quem discuta, por exemplo, se a ufologia é realmente uma ciência e, conseqüentemente, se livros sobre o assunto, como *Gênesis revisitado*, de Zecharia Sitchin, merecem ser tratados como científicos. Ora, se um determinado trabalho procura oferecer uma hipótese racional – por mais fantástica que possa parecer à primeira vista – para explicar um sem-número de fenômenos observáveis, e que possa vir a ser comprovável; se apresenta um novo conhecimento e incita a curiosidade do público para, a seguir, satisfazê-la por meios exclusivamente racionais, então podemos dizer com segurança que esse trabalho é científico. Resta apenas saber se a ufologia se enquadra nessa definição. Por esse mesmo critério, podemos afirmar que a filosofia também é uma ciência, não se aplicando, pois, a antiga distinção que alguns autores fazem entre filosofia e ciência, na esteira de concepções nascidas no Renascimento ou herdadas da escola positivista.

A esse propósito, vale lembrar que a filosofia foi definida por Aristóteles como a ciência do ser enquanto ser, tomado universalmente e não em suas partes. Costumava ser dividida em três setores: a lógica, ou teoria do conhecimento; a física, ou filosofia natural; e a ética, ou filosofia moral. Para Descartes, a filosofia é como uma árvore cuja raiz é a metafísica, o tronco é a física e os ramos, as demais ciências. Assim, a distinção entre a filosofia e a ciência começa a esboçar-se justamente no Renascimento, quando o surgimento do chamado método científico – na verdade, método experimental – agregou à especulação e à reflexão a observação e a experimentação.

Distinguiram-se, desse modo, as novas disciplinas empíricas e aquelas que permaneceram exclusivamente especulativas e dedutivas. No entanto, os próprios sábios renascentistas não sentiram necessidade de separar as duas ordens de disciplinas e continuaram, por exemplo, a chamar a física experimental de filosofia natural. Em outras palavras, filosofia continuou a ser sinônimo de conhecimento racional, em seu sentido mais amplo, e, portanto, a ser sinônimo de ciência. Aliás, o próprio Descartes, fundador do método científico, era fundamentalmente um filósofo.

Quanto aos positivistas, seu conceito de ciência – herdeiro e tributário de Descartes – estava totalmente ligado à possibilidade de experimentação sobre objetos materiais e sobre a realidade factual, à capacidade de operação de uma metalinguagem lógico-matemática e sobretudo à possibilidade de aplicações práticas, isto é, geração de tecnologia (aquilo que chamamos de ciência aplicada). Era, pois, natural que não apenas a filosofia, mas todas as ciências humanas fossem banidas do quadro da ciência, tachadas de não terem atingido ainda o estágio dito positivo. Nessa concepção positivista, ciência era sinônimo de ciências naturais; o mais era simplesmente filosofia.

As coisas se complicam quando, no decorrer do século XIX, as ciências humanas começam a ganhar autonomia de métodos e de objeto, desvinculando-se da filosofia. É nessa perspectiva que Piaget distingue a filosofia das ciências, afirmando que aquela tem por objeto a totalidade do real, ao passo que estas têm por princípio básico a delimitação de um objeto. A filosofia se encarregaria, então, do todo, e a ciência, das partes. Esse critério de distinção é, ele próprio, não científico: como veremos, o que determina e individualiza um tipo específico de discurso é sua estrutura modal e não a extensão de seu objeto de estudo. Por sinal, a filosofia poderia muito bem ser definida como a ciência que estuda a consciência. Seu objeto de estudo, por conseguinte, não é a totalidade do real, mas a compreensão do homem sobre a realidade, aquilo que a mente humana julga ser a realidade. Portanto, a filosofia não estuda a realidade objetiva, como as demais ciências, mas a realidade subjetiva, tal qual vista pela mente pensante do homem. Em última análise, o objeto de estudo da filosofia é o próprio pensamento: um objeto, portanto, bem delimitado, que não se sobrepõe aos objetos das demais ciências. Dessa forma, quem procura abarcar toda a realidade é o pensamento humano, não a filosofia.

Aliás, a filosofia é, ao mesmo tempo, a ciência do ser e do pensar, pois, segundo Parmênides, filósofo grego pré-socrático, “ser e pensar são uma só e a mesma coisa". Hoje, com o advento de um novo paradigma de pensamento, o chamado pensamento complexo, a filosofia volta a ser o piloto das demais ciências, sobretudo das ciências cognitivas, dentre as quais também se encontram a lingüística e a semiótica. Conseqüentemente, apenas por força de uma concepção tradicional e equivocada, muitos ainda acreditam que as palavras *filosófico* e *científico* se opõem, do mesmo modo como as palavras *literário* e *artístico* também costumam ser opostas em expressões como "patrimônio literário e artístico" ou "incentivo às letras e às artes", como se a literatura não fosse também uma arte.

Posto isso, embora a polêmica em torno da cientificidade e da positividade das ciências humanas, aí incluída a filosofia, ainda agite os meios acadêmicos (pois o positivismo fincou raízes profundas em nossa visão de mundo ocidental), não há, do ponto de vista semiótico, nada que recomende a distinção entre a filosofia ou mesmo entre as ciências humanas e as demais ciências. Semioticamente, não há diferença relevante entre um texto filosófico e um texto sociológico de, por exemplo, Alain Touraine. Metodologicamente, qual é a diferença entre a filosofia e qualquer outra ciência teórica? Alguns dirão que a ciência, mesmo teórica, parte da observação da realidade. Ora, não é isso o que também o filósofo faz? Se é verdade, como vimos, que os filósofos antigos estavam mais interessados no mundo ideal do que no real, substituindo os deuses por princípios naturais como causas dos fenômenos, mas, de resto, postulando para esses fenômenos explicações tão dogmáticas quanto as da religião, o fato é que a filosofia hoje não ignora os dados empíricos. Todo filósofo especula sobre a realidade que ele observa (e sobre a realidade construída pelas demais ciências) e não sobre uma realidade imaginária, como fazem os ficcionistas. Nessa perspectiva, a filosofia é uma ciência puramente observacional como tantas outras. A definição de ciência, que será esboçada a partir de agora, e sua decorrência natural, a saber, a estrutura modal do discurso científico, que será apresentada na terceira parte, tornam a distinção entre a filosofia e as demais ciências não pertinente. Por isso, é bobagem tentar expulsá-la da universidade ou tentar excluir os artigos filosóficos dos periódicos científicos, se é que alguém alguma vez teve essa pretensão.

Vale lembrar, ainda, que todas as ciências, mesmo aquelas ditas "positivas" (isto é, matematizadas), contêm grande dose de reflexão e de especulação filosófica. Basta ver as diversas hipóteses cosmológicas aventadas pelos astrônomos e astrofísicos (os diversos modelos de universo propostos): embora fundamentadas em observações concretas, essas hipóteses (o infinito circular, por exemplo) são pura filosofia, ou antes, pura poesia. Como diz Umberto Eco, "há alguma coisa de artístico na descoberta científica e há alguma coisa de científico no que os ingênuos chamam de 'geniais intuições do artista'".[9]

Desse ponto de vista, não há grande diferença entre as hipóteses cosmogônicas formuladas pelos modernos físicos e astrônomos, como Stephen Hawking e Carl Sagan, e o modelo de universo proposto por filósofos como Nicolau de Cusa e Giordano Bruno. A indagação feita pelo filósofo grego Arquitas de Tarento sobre a forma e os limites do Universo continua sendo posta, em termos um pouco mais modernos, pela atual cosmologia. Aliás, as modernas teorias científicas, desencadeadas pela física quântica, trouxeram para o quadro da ciência dados até então considerados não científicos do ponto de vista da ciência institucionalizada, fundada no mecanicismo cartesiano do século XVII, segundo o qual o mundo é uma máquina que funciona de forma inteiramente previsível, cabendo ao cientista enunciar as leis gerais e imutáveis que regem tal funcionamento. O caos, o acaso, o indeterminismo, o princípio da incerteza e outros princípios outrora postos fora de cogitação pela ciência tradicional estão agora provocando o estabelecimento de um novo paradigma de ciência, em que a estática dá lugar à dinâmica, em que a perspectiva mecanicista dá lugar ao conceito de evolução e em que a "objetividade", tão cara aos positivistas, simplesmente não existe.

O novo modelo de mundo construído pela ciência atual mostra que as chamadas ciências positivas não são tão "positivas" quanto se pensava há um século e meio. Cada vez mais se chega à conclusão de que fazer ciência não é fornecer respostas; é, antes, formular perguntas, o que a filosofia tem feito desde sempre. Tudo isso deita por terra a concepção mecanicista e determinista de ciência e acaba por conduzir – afinal – à reconciliação entre a filosofia e as ciências nascidas do método experimental. Mais do que isso, parece estar levando a uma futura reconciliação entre ciência e espiritualidade. Tratarei mais a fundo essas questões na segunda parte desta obra.

Conforme vimos no capítulo 2, a definição de ciência adotada por Pais é "um processo de busca da verdade e construção do conhecimento para a

9. Eco, 1989, pág. 162.

melhoria das condições de vida do homem". Essa definição mostra-se, todavia, algo incompleta, pois a religião também é, a seu modo, um processo de busca da verdade, embora por vias não racionais; além disso, o condicionamento da produção do saber à melhoria das condições de vida do homem confere à ciência um caráter estritamente utilitarista. Ora, o conhecimento tem basicamente duas grandes utilidades: *a)* a sua aplicação na solução de problemas práticos da existência humana, pela geração de tecnologia, no sentido mais amplo desse termo, e *b)* a satisfação da sede de saber do ser humano e o alargamento de seus horizontes culturais e existenciais, pela revelação de novas realidades e de novos pontos de vista sobre o mundo à sua volta. Desse modo, o conhecimento satisfaz a dois tipos de necessidades do ser humano: as necessidades da matéria e as necessidades do espírito. Assim, é preciso atribuir ao conhecimento tanto a função pragmática quanto a função hedônica. É o discurso científico que supre essas duas ordens de necessidades e, portanto, cumpre ambas as funções antropoculturais. Nesse sentido, a condição "para a melhoria das condições de vida do homem" só pode ser mantida nessa definição se a entendermos numa perspectiva holística, isto é, se considerarmos que o prazer advindo da conquista do conhecimento e da conseqüente abertura de visão que ela provoca também contribui para a melhoria das condições de vida do homem. No entanto, se isso é verdade para a ciência – e é –, não é menos verdade para as demais atividades culturais, o que significa que também a arte, o esporte e a religião existem, dentre outros motivos, para contribuir com a melhoria da qualidade da vida humana. Em resumo, a própria razão de ser da cultura é exatamente essa: o aperfeiçoamento do ser humano em todas as dimensões de sua existência, seja ela física, moral, intelectual, afetiva, espiritual.

Por essa razão, prefiro definir a ciência como todo processo de busca da verdade e de construção e transmissão do saber, por meios exclusivamente lógico-racionais, para a melhoria das condições de vida, bem como para o deleite intelectual do homem. Surge daí a distinção entre a ciência pura e a ciência aplicada: a ciência pura será então a busca da verdade e a construção e transmissão do saber, por meios lógico-racionais, com função predominantemente epistêmica, ao passo que a ciência aplicada será a busca da verdade e a construção e transmissão do saber, por meios exclusivamente lógico-racionais, com função predominantemente pragmática. A definição de ciência pura nesses termos permite, assim, incluir perfeitamente a filosofia e outras disciplinas da área das humanidades dentro do conceito de ciência.

Como se pode ver, a motivação primeira da investigação científica é a busca da verdade, o que não significa que a ciência postule a existência da verdade absoluta, a chamada *verdade correspondencial*. Essa premissa, tão cara aos filósofos, que dela fazem um dos principais pontos de sua especulação, é para os demais cientistas apenas uma hipótese de trabalho. O que a ciência efetivamente constrói são verdades relativas, provisórias, prontas a dar lugar a novas verdades, resultantes de novas pesquisas. Se nem sabemos se existe ou não uma verdade absoluta – e, a rigor, não importa –, muito menos podemos postular que tal verdade seja atingível. Pelo contrário, é justamente por ser inatingível essa verdade que a ciência não se esgota. A ciência parece aproximar-se cada vez mais dessa suposta verdade sem jamais alcançá-la. Esse movimento assintótico da ciência em direção à verdade é, aliás, o que torna não pertinente a questão da natureza ontológica dessa verdade. A ciência tende à verdade tal como certas funções matemáticas tendem ao infinito em certas vizinhanças: assim como o infinito matemático, a verdade científica é uma situação-limite.

A ciência é fundamentalmente um processo de pesquisa, isto é, de busca do conhecimento, que deve resultar numa descoberta, que é a aquisição do conhecimento buscado. O que impulsiona o cientista a pesquisar e a descobrir é a curiosidade, a vontade de conhecer, de encontrar respostas às suas perguntas, de eliminar a dúvida. Dessa forma, toda ciência é investigação, mas nem toda investigação é científica: pense-se, por exemplo, na investigação jornalística ou policial, num exame médico, etc.

Sendo a ciência fundamentalmente um discurso, a atividade científica não se esgota na busca da verdade e na aquisição do conhecimento, mas, antes, ela só se consolida quando esse conhecimento se consubstancia em texto (verbal, não-verbal ou sincrético), ou seja, quando se torna disponível à coletividade. Por isso, mais do que realizar uma pesquisa ou uma reflexão crítica, fazer ciência é tornar pública essa pesquisa ou essa reflexão. Chamamos a atenção para esse ponto porque, hoje, a maioria dos cientistas está mais empenhada na produção do conhecimento do que na sua divulgação, sobretudo na sua divulgação entre o público leigo.

O QUE É RELIGIÃO?

Muito antes que o homem dispusesse das chaves da lógica e, por conseguinte, do pensamento racional, ele já possuía uma motivação básica, ou necessidade espiritual, que é a curiosidade. A busca da verdade, assim como a crença na existência de uma verdade absoluta, é bem anterior ao advento da ciência. Assim, sendo o intelecto humano mais habilidoso em formular perguntas do que em encontrar respostas a essas perguntas, a imensa ânsia de conhecer do ser humano gera nele um permanente estado de angústia existencial, em que a dúvida o tortura implacavelmente. Quando o homem busca respostas às suas infindáveis perguntas e não as encontra pelo raciocínio, só lhe resta recorrer às crenças. Na verdade, mesmo o conhecimento racional é fruto, em última análise, de um ato de fé: o saber nada mais é do que uma crença apoiada pela experiência, por meio do testemunho dos sentidos. Mas, dada a natural limitação de nossos sentidos e de nosso raciocínio, nem toda crença se apóia na experiência. Distingue-se então a crença no produto do raciocínio, que é a razão, da crença não-racional, que chamamos de fé. É assim que o crer propriamente dito se opõe ao saber, a fé se opõe à razão, a intuição ao raciocínio.

Kant demonstra isso na sua *Crítica da razão prática*: não havendo respostas racionais a uma pergunta, só resta ao homem o consolo das respostas não-racionais, isto é, das crenças. É por isso que o vácuo deixado pela ciência acaba sendo ocupado pela fé. É por isso também que, na história do Ocidente, a ciência e a fé sempre formaram os dois pólos de um conflito ideológico em torno da busca da verdade. É por isso, finalmente, que a cada novo avanço da ciência o domínio da fé parece recuar. Hoje, o discurso religioso se concentra principalmente nas questões metafísicas e ontológicas (o porquê das coisas), terreno em que a ciência ainda não consegue penetrar, já que nas questões físicas (o como das coisas) a ciência apresenta explicações mais convincentes que a religião.

Na verdade, tanto a ciência quanto a religião são – ou pretendem ser – processos de descrição e explicação da realidade. A ciência tenta, tanto quanto possível, explicar a realidade, mas, quando não o consegue, contenta-se em descrevê-la. Esse é, por exemplo, o espírito do famoso lema de Newton, *hypotheses non fingo*, "não formulo nenhuma hipótese", em que, diante da impossibilidade de explicar o porquê da gravitação universal, o sábio inglês não se arriscou a especular; limitou-se a descrever como a gravidade funciona, a formular uma lei matemática que descrevesse o fenômeno. Ora, a religião também foi criada – e antes da ciência – para descrever e explicar a realidade. No entanto, à medida que as descrições científicas iam-se tornando cada vez mais convincentes, exatamente pelo fato de poderem ser provadas, a religião foi-se restringindo mais e mais à tarefa da explicação em termos metafísicos, sobretudo daqueles fenômenos que a ciência não consegue explicar racionalmente. Assim, em alguns domínios, a ciência mais descreve do que explica; a religião, por sua vez, está mais interessada em explicar do que em descrever. De qualquer modo, a diferença básica entre a ciência e a religião, que as põe em territórios separados e, por conseqüência, não conflitantes (embora muitos cientistas e muitos religiosos ainda não tenham percebido), é que os objetos focalizados por elas são diferentes. Enquanto a ciência parte de uma observação externa, isto é, da realidade exterior ao homem, a religião volta-se para a observação interna, da realidade interior ao homem. Enquanto a ciência busca o conhecimento, a religião busca o autoconhecimento.

A ciência caracteriza-se por uma atitude chamada de *cientificidade*, resultante da combinação do racionalismo com o ceticismo. Em termos de lógica modal, podemos definir racionalismo como um *crer* aliado a um *saber*, isto é, como a crença naquilo que se sabe, naquilo que pode ser percebido pelos sentidos e provado logicamente; já o ceticismo pode ser definido como um *não crer* aliado a um *não saber*: é a atitude de quem não crê necessariamente naquilo que não se pode saber, ou seja, não se pode perceber pelos sentidos e apreender pela razão. A atitude cética se traduz pelo conhecido princípio "ver para crer".

Por outro lado, a religião é caracterizada por uma crença no não perceptível pelos sentidos e no não apreensível pela razão: é a combinação de um *crer* com um *não saber*. Assim, ao contrário da atitude cética da ciência, o lema da religião é "crer para ver". Essa atitude está diretamente ligada à função mística do discurso religioso, que induz o indivíduo a um estado de susceptibilidade à sugestão, semelhante a um estado hipnótico: o indivíduo que crê é capaz de influenciar pelo poder de sua mente a fisiologia de seu corpo, realizando a autocura, por exemplo. É capaz também de fazer a mente trabalhar no sentido de encontrar os recursos para a solução de um problema. Esse processo de colocação da mente num estado de excelência (de máxima abertura dos canais que conectam o ego consciente ao *self*) também é explorado por técnicas terapêuticas como a hipnose clínica e a programação neurolingüística. Segundo algumas teorias científicas modernas, a mente colocada nesse estado poderia até mesmo conectar-se com outras mentes e influenciá-las, assim como conectar-se ao inconsciente coletivo. Embora essas teorias ainda necessitem de comprovação para serem plenamente aceitas, já existem alguns indícios de que isso possa realmente acontecer.

O que caracteriza a crença é o fato de que, se ela não é demonstrável pela experiência, sua negação também não o é. Assim, a crença possui um caráter tradicional e consuetudinário: as pessoas tendem a acreditar naquilo em que outras pessoas acreditam. Por essa razão, as crenças são transmitidas de pessoa a pessoa, de geração a geração, do mesmo modo que o conhecimento. Além disso, as crenças têm sempre caráter absoluto, ao contrário do conhecimento, que é sempre relativo. Ocorre que a crença no absoluto é sempre confortadora, ainda que possa ser quase sempre enganosa. Na verdade, o ser humano anseia pela certeza, ao mesmo tempo que teme a dúvida. Muitas vezes, o pensamento racional conduz antes à dúvida do que à certeza, especialmente quando não se possuem os fatos observáveis sobre os quais apoiar o raciocínio. Nessa situação, a certeza da crença é muito mais alentadora que a dúvida da razão, ainda que essa certeza possa ser uma certeza equivocada.

O que chamamos de religião é um conjunto sistematicamente organizado de crenças que se inter-relacionam, sobretudo crenças que dizem respeito à origem e ao destino do homem e do mundo. Podemos defini-la como todo processo de busca da verdade por meios não-racionais e de construção e inculcação de uma ideologia por meio de discurso cuja função predominante seja a função mística. Se tivermos um discurso inculcador de ideologia não-racional com função predominantemente pragmática, estaremos diante da religião aplicada.

Tal definição abarca não somente as religiões tradicionais, institucionalizadas como tais, como é o caso do cristianismo, do budismo, do islamismo e do judaísmo, mas também todas as práticas místicas, como as crenças animistas, o tarô, a astrologia, a teosofia, o ocultismo e outros.

As palavras-chave da religião são fé e religiosidade. A fé, como vimos, é a crença no não-racional, no não-demonstrável, no transcendente. O que move o religioso a seguir uma doutrina é sua fé nessa doutrina, bem como o sentimento de religiosidade, que é a vontade de entrar em contato com o divino, de se comunicar com as forças sobrenaturais, de ser um só com o Todo.

Vale notar que, em certas religiões em que se recorre ao transe e à histeria coletiva pelo uso quase hipnótico de música, palavras, odores, gestos e ações corporais, a função mística vem secundada pela função estética, visto que há aí um apelo claramente sensorial.

O que diferencia em parte certas religiões das demais práticas místicas e das demais atividades culturais é o caráter institucional que elas assumem. Se tomarmos o exemplo do catolicismo, veremos que, mais do que uma prática religiosa convencional, ele é uma instituição político-burocrática, dotada de patrimônio e de hierarquia. Isso equivale a dizer que todos os sacerdotes dessa confissão estão subordinados a um poder central, representado pelo papa, e que todos os templos católicos pertencem à Igreja. Em outras religiões, ao contrário, os pregadores são autônomos e muitos são proprietários do próprio templo. Há ainda religiões que não possuem templos; nestas, a pregação é feita em praça pública ou em recintos destinados a fins não exclusivamente religiosos, como anfiteatros e centros de convenções. Nessas religiões, como é o caso de certas correntes espíritas, também não há uma distinção rígida entre o pregador, emissor do discurso religioso, e o fiel, receptor desse discurso. Conseqüentemente, qualquer professante de uma corrente dessa natureza pode, em princípio, tornar-se um pregador, sem que para isso precise ser ordenado sacerdote por um poder institucional superior.

O ASPECTO PLURAL DAS PRÁTICAS CULTURAIS

Uma característica comum à arte, à ciência, ao esporte e à religião que, ao mesmo tempo, é incomum nas atividades técnicas é a pluralidade de atividades em que cada um desses grandes setores se subdivide. Por isso, mais conveniente do que falar de arte é falar de artes; do mesmo modo, não existe ciência, existem ciências; também os esportes são muitos, bem como as religiões. É claro que é igualmente possível falar das técnicas no plural, mas, como vimos, o que se convencionou chamar de técnicas é o conjunto de todas as demais atividades antropoculturais humanas, excetuadas as atividades culturais. Assim, enquanto os quatro setores básicos da cultura constituem conjuntos razoavelmente homogêneos de atividades que efetivamente possuem muitos traços em comum, o conjunto das técnicas é um agrupamento extremamente vasto e heterogêneo, que inclui desde as atividades braçais até atividades de nível universitário. Dessas atividades, umas são discursivas e públicas, outras discursivas não-públicas, outras, ainda, não-discursivas, de modo que o único traço de união entre todas as atividades técnicas é o fato de serem práticas predominante ou exclusivamente utilitárias. Desse modo, a definição de técnica é em larga medida uma definição negativa: técnica é toda atividade que não faz parte da cultura e que, portanto, não é nem ciência nem arte nem esporte nem religião.

Assim sendo, ao agruparmos diversos tipos de discursos diferentes numa única categoria, digamos, a da ciência, estamos na verdade fazendo uma abstração em que as características diferenciais desses discursos são desprezadas e apenas o seu traço comum é levado em conta. Em outros termos, reconhecemos nesses discursos uma identidade que nos permite dizer que são todos discursos científicos. Essa característica comum a diferentes discursos que nos permite agrupá-los numa categoria é o que chamamos de estrutura modal dos discursos (confira o capítulo 2).

No entanto, se a estrutura modal é o que identifica um discurso cultural como científico, artístico, esportivo ou religioso, o que é que distingue cada espécie de discurso no interior de uma mesma categoria? É o que passaremos a examinar.

A arte é irmã da ciência.
GILBERTO GIL, *Quanta*

O que define uma arte é, primeiramente, a linguagem – o código ou sistema semiótico – na qual são codificadas as mensagens, e, secundariamente, os processos e instrumentos de produção dessas mensagens. Dessa maneira, a utilização do código verbal é o que caracteriza a literatura, assim como a utilização do código visual é o que caracteriza as artes plásticas. Dentro do que chamamos de literatura, as diferentes formas de utilização do código verbal dão origem a duas espécies de arte literária: a poesia e a prosa. Igualmente, sendo a pintura, a escultura, o desenho e a fotografia formas de arte que utilizam todas o código visual produzindo, portanto, imagens, o que as distingue umas das outras é o modo de produção dessas imagens: aplicação de tintas sobre uma tela, modelagem de uma massa sólida, uso de uma câmera fotográfica, etc.

Quanto ao papel do artista em relação à obra artística, as artes podem classificar-se em *autorais*, quando a única função possível de ser exercida pelo artista é a autoria da mensagem (por exemplo, na literatura e nas artes plásticas), ou *autoral-interpretativas*, quando o artista pode atuar de duas maneiras diferentes, a saber, como autor da mensagem ou como seu intérprete, fazendo assim a mediação entre o autor e o público. Como exemplos desse tipo de arte temos a música (cuja instância da autoria é representada pelo compositor e a da interpretação, pelo cantor ou instrumentista), o teatro (dramaturgo x atores), o cinema (cineasta x atores), a dança (coreógrafo x bailarinos), a moda (estilista x manequins), dentre outros.

Quanto ao tipo de função hedônica predominante, temos as *artes narrativas* (cuja função predominante é a função lúdica) e as *artes não-narrativas* (cuja função predominante é a função estética), que se subdividem em *figurativas* (aquelas cujos signos são do tipo icônico) e *não-figurativas* (formadas de signos simbólicos ou de não-signos). Dentre as primeiras, podemos citar a pintura e a escultura em geral, a fotografia; dentre as segundas, temos a música, a pintura abstrata, a arquitetura, a moda e outras.

OBSERVAÇÃO: assim como a pintura e a escultura podem ser figurativas ou não, também temos alguns casos de música figurativa, como os já citados exemplos da Sexta Sinfonia de Beethoven e do *Pintassilgo*, de Vivaldi.

Quanto à linguagem utilizada, as artes classificam-se em:

- *verbais*: poesia, prosa de ficção;
- *visuais*: artes plásticas, moda, arquitetura, joalheria;
- *sonoras*: música instrumental;
- *gestuais*: mímica;
- *cinestésicas*: culinária, perfumaria;
- *sincréticas*: teatro, dança, ópera, cinema, vídeo, história em quadrinhos, canção, performance.

O que define uma ciência é, em primeiro lugar, seu objeto de estudo, a saber, uma determinada classe[10] de fenômenos – objetos ou processos, pertencentes à categoria dos biofatos, dos manufatos, dos sociofatos ou dos psicofatos (confira o capítulo 5) – que constitui o alvo de suas investigações e de suas preocupações. Em segundo lugar, o que distingue cada ciência é o seu método particular de abordagem do objeto de estudo e sua terminologia, qual seja, o conjunto dos termos que constituem seu jargão particular e representam os conceitos básicos dessa ciência, nos quais todos os raciocínios e reflexões dos cientistas dessa especialidade se apóiam. Para ilustrar, o objeto de estudo desta obra é, em última análise, a linguagem, representada pelos seus discursos; aqui se estão empregando termos como *código*, *discurso*, *sistema semiótico* e *estrutura modal*, termos esses que fazem parte da terminologia semiótica, e é por isso que podemos dizer que este texto é um

10. Entende-se por *classe* um conjunto de elementos que possuem uma propriedade comum e são passíveis de ser agrupados segundo um determinado critério.

exemplo de discurso científico da área da semiótica.[11] Podemos então proceder a uma classificação das ciências com base nos elementos que as distinguem.

Em primeiro lugar, devemos lembrar que um trabalho científico pode manipular um modelo abstrato – uma representação mental e genérica – do objeto ou o próprio objeto concreto; no primeiro caso, temos uma pesquisa *teórica*, e no segundo, uma pesquisa *empírica*. A análise científica cuja abordagem é exclusivamente teórica é dita *geral* ou *explicativa*; já a análise cuja abordagem é exclusivamente empírica é chamada de análise *descritiva*.

Na análise geral ou explicativa, parte-se do princípio de que cada manifestação concreta de um objeto ou fenômeno é a reprodução de um mesmo *modelo* desse objeto ou fenômeno; se explicarmos o funcionamento do modelo, seremos capazes de explicar o funcionamento de cada ocorrência particular desse objeto ou fenômeno. Já na análise descritiva, estuda-se cada ocorrência particular do objeto ou fenômeno isoladamente, procurando então descrever tal ocorrência sem fazer generalizações ou estender suas conclusões a outras ocorrências. Pode-se dizer que a análise geral estuda uma espécie de objetos ou fenômenos, enquanto a análise descritiva estuda um espécime particular dessa espécie de objeto ou fenômeno. Desse modo, enquanto a lingüística geral se ocupa dos fenômenos comuns a todas as línguas – daquilo que é geral na linguagem humana –, a lingüística descritiva se ocupa da descrição de uma língua particular, mostrando como as características gerais da linguagem, identificadas pela lingüística geral, se manifestam nessa língua particular. É claro que a lingüística geral utiliza as descrições das diversas línguas feitas pela lingüística descritiva para estabelecer o que é geral na linguagem humana.

Algumas ciências, pela própria natureza de seu objeto, só podem estudar eventos particulares, não podendo fazer generalizações. É o caso da

---

11. Essa moderna distinção das ciências segundo seu objeto e seu método é tributária sobretudo da filosofia positivista do século XIX e do progressivo especialismo exigido pelo enorme crescimento do volume das informações científicas. No Renascimento, ao contrário, os estudiosos procuravam consagrar-se a todo tipo de conhecimento (a quantidade de informações que um homem daquele período devia dominar para ser considerado douto era relativamente pequena em comparação com hoje em dia). O sábio renascentista era versado em todos os ramos do saber, da matemática à teologia, e, assim, não havia uma separação formal rígida entre as várias disciplinas intelectuais.

história, que estuda cada fato histórico como um acontecimento único, que não pode ser repetido. Por isso, em qualquer ciência, a abordagem histórica é sempre uma abordagem eminentemente descritiva.

Algumas ciências estudam objetos concretos, palpáveis (mesmo quando não são diretamente tangíveis, como os astros, por exemplo), dos quais constroem modelos abstratos (análise explicativa) ou não (análise descritiva). Outras estudam objetos que já são, por sua própria natureza, abstratos e impalpáveis: é o caso da matemática, que estuda números e relações, ou da metafísica, que estuda o ser enquanto tal, independentemente da existência material. Assim, quanto à natureza do objeto de estudo, as ciências são *factuais* se seu objeto é concreto, palpável, ou *formais* se seu objeto tem existência meramente formal, abstrata. Podemos dizer então que a física e a química são ciências factuais, ao passo que a matemática e a lógica são formais. Nas ciências formais, a abordagem teórica é a única possível.

Se uma dada ciência é factual e, conseqüentemente, admite a abordagem empírica, então, segundo seu método de investigação, essa ciência será *experimental-observacional* se ela realiza experimentos, isto é, se submete o objeto de estudo a testes e observa o comportamento desse objeto durante o experimento; ou será puramente *observacional* se se limita a observar o comportamento do objeto de estudo sem todavia manipulá-lo ou submetê-lo a testes, seja porque o objeto não é tangível (como no exemplo dos corpos celestes), seja por razões éticas. Dentre as ciências experimentais-observacionais estão a física, a química e a biologia; dentre as exclusivamente observacionais estão a história, a astronomia e a ufologia.[12]

Podemos também classificar o tipo de trabalho de pesquisa e, por conseqüência, o tipo de texto científico que dele deriva. Desse modo, um trabalho pode ser de *descoberta*, de *revisão/sistematização* ou de *aplicação*.

O trabalho de descoberta é aquele que apresenta informação inédita, que vem falsear o conhecimento científico existente sobre uma questão e preencher o seu lugar, ou vem trazer luz a uma questão sobre a qual antes só havia dúvida e desconhecimento. O trabalho de descoberta visa a descre-

---

12. Conforme vimos no capítulo 7, uma concepção do processo científico que encare o experimento mental, próprio da pesquisa teórica, como basicamente equivalente ao experimento prático torna possível a aceitação de um *corpus* formado de objetos abstratos, de que resulta o desaparecimento das oposições *teórico* x *empírico*, *observacional* x *experimental* e *formal* x *factual*.

ver e/ou explicar novo objeto ou fenômeno (teoria sobre novo objeto) ou fazer nova análise (descritiva e/ou explicativa) de objeto ou fenômeno já conhecido (nova teoria do objeto). O trabalho descritivo inclui a classificação ou taxonomia; o trabalho explicativo inclui a especulação.

O trabalho de revisão e/ou sistematização é aquele que procura inventariar e organizar todo o conhecimento já disponível sobre uma determinada questão. Seu objetivo é repassar teorias, historiando, comparando, classificando, criticando, contextualizando o saber nelas contido.

Tanto o trabalho de descoberta quanto o de revisão/sistematização são trabalhos de natureza teórica. Já o trabalho de aplicação (não confundir com trabalho de ciência aplicada) consiste na verificação da validade de uma hipótese ou teoria científica num caso prático. Sua finalidade é testar uma teoria em um *corpus* específico para ratificá-la ou retificá-la. O trabalho de aplicação é de natureza empírica e inclui a pesquisa experimental. Pode-se dizer que a aplicação corresponde na ciência à interpretação na arte, já que não envolve a criação de uma teoria, mas o emprego de uma teoria já existente, do mesmo modo que a interpretação não envolve a criação de uma peça teatral ou musical, mas apenas sua veiculação.

Muitas reflexões têm sido feitas ao longo do tempo sustentando a unidade da ciência enquanto processo de conhecimento e mostrando que as divisões das ciências – coextensivas às divisões dos objetos de estudo – são mero resultado da divisão do trabalho intelectual, fruto da impossibilidade humana de abarcar toda a realidade de uma só vez. Ninguém discorda de que o conhecimento é uno e mesmo de que todos os fatos do Universo, da estrutura do átomo à Revolução Francesa, estão sujeitos, em última análise, a uma única lei e podem, por conseguinte, ser explicados por uma única teoria, que os cientistas naturalistas se esforçam por descobrir. No entanto, a unidade do conhecimento não implica a necessidade de unificação das disciplinas científicas, como pregam alguns teóricos, tributários do positivismo lógico. A fragmentação do conhecimento – produto da erudição e indício de caos filosófico, como condena o biólogo norte-americano E. O. Wilson[13] – é apenas aparente: o que temos, na verdade, é uma pluralidade de visões sobre um mesmo objeto, que, a meu ver, deve ser a todo custo preservada.

---

13. Wilson, 1998.

O que define um esporte é seu regulamento, isto é, o conjunto de regras que estabelecem os comportamentos obrigatórios e proibidos no âmbito da competição, o objetivo a ser atingido pelos competidores, o critério de determinação do competidor vitorioso e o espaço e o equipamento necessários à prática desse esporte.

Quanto ao tipo de competição, os esportes podem ser de três tipos: esportes de *confronto*, esportes de *comparação* e esportes de *superação*.

Nos esportes de confronto, dois adversários individuais ou duas equipes se confrontam diretamente, de tal modo que a atuação de um competidor ou equipe a cada instante interfere na atuação do competidor ou equipe adversária. O objetivo de cada competidor é cumprir uma determinada meta e, ao mesmo tempo, impedir que o adversário o faça. Exemplos desse tipo de esporte são os jogos (futebol, sinuca, xadrez) e as lutas (boxe, judô, esgrima).

Nos esportes de comparação, pode haver mais de dois competidores numa mesma prova. Cada competidor realiza sua ação independentemente da ação dos outros competidores, de forma que a atuação de cada um deles não interfere na dos demais. Cada competidor deve tentar cumprir sua meta, mas não pode impedir os demais de fazer o mesmo. Como exemplos de esportes de comparação temos as corridas, a natação, o ciclismo, a canoagem, os saltos ornamentais, a ginástica, a patinação, o atletismo, os rodeios, o surfe e outros.

Os esportes de superação são aqueles em que um competidor sozinho enfrenta obstáculos não-humanos. Nesse caso, a competição não se dá entre dois ou mais indivíduos, mas entre o indivíduo e a natureza. Nessa categoria de esporte temos o alpinismo, o pára-quedismo, as touradas, o *bungee-jumping*, etc. Aqui se incluem as expedições de exploração de territórios inóspitos e as provas de travessia terrestre, marítima ou aérea de longa distância (como a circunavegação do globo em iate, a travessia do Atlântico em avião monomotor, a travessia de um país de ponta a ponta sobre uma bicicleta). É importante observar, no entanto, que todo esporte de superação pode transformar-se em esporte de comparação; basta que os resultados obtidos pelos esportistas, individualmente, sejam comparados entre si para determinar um recorde (por exemplo, de todos os alpinistas que escalaram uma mesma montanha, qual o fez em menos tempo).

Quanto ao critério de determinação da vitória, podemos classificá-lo em *objetivo* ou *subjetivo*. O critério é subjetivo quando a determinação da vitória depende da escolha feita por um júri: é o caso de esportes de comparação como os saltos ornamentais e a patinação. O critério é objetivo quando independe da avaliação pessoal de um júri, como no caso dos jogos e das corridas. Existem esportes cujo critério é misto: é o caso das lutas, como o boxe e o judô, em que a vitória pode ser determinada tanto objetivamente, pela derrubada do adversário (o nocaute no boxe e o *ippon* no judô), quanto subjetivamente, pela pontuação atribuída por um grupo de juízes.

Quanto ao princípio que norteia a competição, os esportes podem classificar-se em:

- *jogos*: futebol, tênis, sinuca, xadrez, futebol de botão, paintball, fliperama, etc.;
- *lutas* ou *combates*: boxe, judô, esgrima, etc.;
- *corridas*: automobilismo, ciclismo, natação, maratona, iatismo, remo, autorama, etc.;
- *façanhas*: ginástica, hipismo, atletismo, nado sincronizado, alpinismo, pára-quedismo, etc.

Atualmente, com o desenvolvimento da tecnologia eletrônica, os esportes passaram a dividir-se também em *reais* e *virtuais*, constituindo-se estes últimos em videojogos que simulam jogos, lutas, corridas e façanhas.

Finalmente, a atuação de um esportista pode ser *espontânea*, como no futebol ou no atletismo, ou *ensaiada*, como na ginástica rítmica, na patinação ou no nado sincronizado, em que há uma "coreografia" a ser executada.

O que define uma religião é sua doutrina – o conjunto de dogmas, de premissas assumidas como verdadeiras, à luz das quais a realidade é analisada. Uma religião é, pois, um conjunto de ensinamentos sobre certos aspectos da existência, um conjunto de respostas não demonstráveis a perguntas do tipo: Como surgiu o Universo? Como é a divindade que rege todas as coisas? O que é a vida? Por que existimos? Para onde vamos após a morte? e outras semelhantes. A resposta particular que cada doutrina dá a essas perguntas é o que vai identificar cada religião. De modo simplificado, poderíamos dizer que o que define em última análise cada religião é a divindade (ou divindades) que ela venera, bem como, eventualmente, o avatar que representa e encarna essa divindade entre os homens. Temos, assim, o cristianismo definido por Jeová e Jesus Cristo; o judaísmo definido pelo mesmo Jeová e pelo profeta Moisés; o islamismo, por Alá e Maomé; a religião greco-romana, pelos deuses olímpicos, pelos semideuses e heróis; e assim por diante.

A prática religiosa pode ser do tipo *ritual* ou *ascético*. A prática ritual é exercida por um sacerdote, em geral no ambiente de um templo, na presença dos fiéis, e envolve todos os ritos cerimoniais de celebração de um culto. Já a prática ascética é aquela exercida por monges, em geral no interior de um mosteiro. As práticas ascéticas incluem meditação, experiências de transe e entrada da mente em estados de consciência expandida. As práticas rituais existem em todas as religiões; já a ascese não existe, por exemplo, nas seitas protestantes. Dentre as práticas ascéticas mais comuns, temos a ioga e o faquirismo.

Quanto à sua organização ideológica, as religiões podem classificar-se em *doutrinas* (o cristianismo, o budismo, o islamismo) e *mitologias* (como a mitologia greco-romana, a mitologia tupi, a mitologia maia). As doutrinas são sistemas de crenças geralmente codificados num livro sagrado, como a Bíblia, o Corão, a Torá, etc., ao passo que as mitologias são transmitidas de geração a geração pela tradição oral.

SUBDIVISÕES DAS PRÁTICAS CULTURAIS

Uma outra característica importante das práticas culturais é que elas se constituem em sistemas conceituais complexos, formados de subdivisões verticais e horizontais. Isso significa que qualquer discurso pertencente à esfera da cultura, seja ele artístico, científico, esportivo ou religioso, enquadra-se ao mesmo tempo em pelo menos dois diferentes paradigmas: de um lado, ele pertence a um certo gênero de discursos que possuem características estruturais comuns; de outro lado, ele se insere num conjunto de outros discursos que, por serem produzidos em determinado contexto histórico e geográfico, possuem uma mesma orientação ideológica. Pode-se dizer que todo discurso cultural é o resultado do cruzamento de um paradigma estrutural com um paradigma conjuntural.

Se tomarmos o exemplo da arte, veremos que toda obra artística pertence em primeiro lugar a um certo gênero, que, por abstração, é um conjunto de traços obrigatórios de uma reunião de obras. Se se tratar de uma pintura, o gênero poderá ser retrato, paisagem, marinha, natureza-morta, etc. No caso da música, teremos como gêneros a música sinfônica, o jazz, o rock, o pop, a MPB, o tango, a música sertaneja, a música sacra, a *dance music* e assim por diante. Na literatura, temos o romance, o conto e a crônica, etc., e dentro desses gêneros há subgêneros, como o romance policial, romance de aventuras, etc.

Mas toda obra de arte revela também certas marcas que caracterizam e identificam seu autor: é o que chamamos de estilo. O estilo costuma ser definido como o conjunto de elementos ou de procedimentos que na obra de um artista ocorrem com freqüência superior à média dos demais artistas. Em termos mais simples, o estilo é tudo aquilo que é próprio de um determinado artista. Se compararmos, porém, os estilos de todos os artistas de um determinado período e de um determinado país ou bloco de países, observaremos certas características comuns entre eles. É o que chamamos de estética. A estética – ou escola, ou corrente, ou movimento – é, portanto, o conjunto de elementos comuns aos estilos de vários artistas. É a intersecção entre esses estilos e, ao mesmo tempo, o grande paradigma em que todos eles se baseiam, o modelo definidor dos cânones a serem seguidos.

Desse modo, o gênero estabelece uma espécie de lei: todas as obras pertencentes a um dado gênero devem cumprir certas exigências. Por exemplo, para que uma pintura seja enquadrada no gênero natureza-morta, são obrigatórias a presença de objetos inanimados e a ausência de seres vivos. Já a estética constitui uma espécie de norma, isto é, de procedimento não obrigatório, porém usual. Assim, o uso do contorno indefinido e a luminosidade difusa são traços característicos da estética impressionista. De forma mais simples, diremos que o gênero determina *o que* o artista deve fazer e a estética, *como* ele deve fazer.

Da mesma forma que a arte se divide verticalmente em gêneros e horizontalmente em correntes estéticas, a ciência divide-se em ramos ou especialidades e em correntes de pensamento. Os ramos de uma ciência correspondem às subdivisões de seu objeto de estudo. Se o objeto de estudo da lingüística é a linguagem verbal, a cada um dos níveis de análise dessa linguagem – fonético, morfológico, léxico, fraseológico – corresponde um ramo da lingüística: a fonética, a morfologia, a lexicologia, a sintaxe. Da mesma forma, a matemática divide-se em aritmética, álgebra, análise, geometria, trigonometria, topologia, probabilística, e assim por diante. Por outro lado, os trabalhos dos pesquisadores de uma época dada costumam seguir uma determinada metateoria – um modelo ideológico no qual as diferentes teorias elaboradas se inspiram. Falar-se-á então de correntes de pensamento ou escolas, tais como o mecanicismo, o positivismo, o marxismo, o existencialismo, o estruturalismo, etc. De modo análogo à arte, na ciência o ramo ou especialidade nos diz que objeto o cientista pesquisa, enquanto a corrente de pensamento nos diz como ele pesquisa tal objeto. Se observarmos todas as catedrais góticas, veremos que todas elas são reproduções de um mesmo modelo, são variantes de um mesmo protótipo. Igualmente, os princípios ideológicos que fundamentam os trabalhos científicos pertencentes a uma determinada época e filiados a uma determinada corrente são de certa maneira reiterativas.

As religiões dividem-se em seitas ou confissões (por exemplo, o catolicismo, o protestantismo e a ortodoxia, no âmbito do cristianismo), e algumas dessas seitas se subdividem em ordens ou em igrejas (os franciscanos, salesianos, jesuítas, etc., dentro do catolicismo; e os anglicanos, luteranos, presbiterianos, batistas, etc. dentro do protestantismo). Por outro lado, os discursos religiosos também se classificam em correntes: a escolástica, o jansenismo, o quietismo e o movimento carismático são correntes religiosas da confissão católica, assim como o calvinismo e o pietismo são correntes do protestantismo. No âmbito do islã, temos duas correntes principais: o sunismo e o xiismo; o budismo divide-se no *hinayana* e no *mahayana*, e assim por diante. Da mesma forma como os ramos de uma ciência correspondem às subdivisões de seu objeto de estudo, as seitas ou confissões de uma religião correspondem às subdivisões de sua doutrina. Nesse sentido, podemos considerá-las como uma espécie de subdoutrinas, mais ou menos autônomas entre si, porém subordinadas a uma mesma doutrina primordial.

Os esportes dividem-se em categorias, em geral relacionadas a fatores como peso ou idade dos competidores, ou então, no caso dos esportes de velocidade, ligadas à distância a percorrer e à técnica utilizada. Temos, assim, os 100 metros estilo *crawl* da natação ou os 100 metros com barreiras da corrida a pé. Por outro lado, o modo particular como certos grupos de atletas praticam um esporte também costuma ser chamado de escola ou estilo: ouve-se então falar de uma "escola sul-americana" ou de uma "escola européia" de futebol, ou do estilo soviético da ginástica, e assim por diante. Além disso, sobretudo no futebol, diferentes esquemas táticos (2-3-5, 4-3-3, 4-4-2, 3-5-2) se sucedem de forma muito semelhante às modas.

O fato capital é que a criatividade humana, mola mestra da cultura, oscila dialeticamente entre a inovação e a repetição. Toda obra artística, científica, etc., apresenta algo novo, que é o que garante sua originalidade, sem o que teríamos o plágio, mas ao mesmo tempo reitera certos padrões, certas fórmulas prontas, que são as marcas do paradigma ideológico a que a obra se subordina.

O que se deve observar é que, enquanto as divisões estruturais de uma determinada atividade cultural tendem a ser mais ou menos perenes, as divisões conjunturais – as correntes ou escolas – tendem a dominar por certo período de tempo, vindo, a seguir, a ser progressivamente abandonadas e substituídas por um novo paradigma ideológico. É assim que, na arte, as diversas estéticas se sucedem, é assim também que as diferentes correntes científicas vão se sucedendo, e, de modo análogo, em relação aos esportes e às religiões. O que ocorre é que toda estética, bem como toda corrente de pensamento, oferece um certo número de possibilidades de exploração, uma série de caminhos por onde os artistas, cientistas, etc., podem seguir; com o tempo, essas correntes tendem a um esgotamento, quando praticamente todos os caminhos possíveis já foram trilhados, quando todas as possibilidades de exploração já foram realizadas. Desse modo, assim como as técnicas, as práticas culturais estão em constante evolução. Isso é um reflexo do próprio caráter dinâmico da antropocultura, da qual, como sabemos, a cultura faz parte. Dialeticamente, é o próprio exercício de uma prática intelectual que leva ao esgotamento de um paradigma: é dentro dos próprios quadros de uma determinada estética, metateoria ou doutrina que surge o germe de novas estéticas, de novas metateorias e de novas doutrinas.

No caso da arte, o que chamamos de estética é, como vimos, um conjunto de preceitos não obrigatórios, porém usuais, os quais, de certa forma, estabelecem aquilo que é considerado o belo numa determinada época e dentro de um determinado contexto ideológico. Mas vimos também que o sentido do belo está freqüentemente ligado ao sentimento de novidade, de ineditismo. Logo, no momento em que certos recursos estilísticos passam a ser padrão e, portanto, passam a ser previsíveis, sua capacidade de provocar prazer estético se vê bastante diminuída. Nesse momento, cresce a insatisfação do público em relação ao que lhes está sendo oferecido, cresce também a inquietação dos artistas, cansados das mesmas repetições, das mesmas soluções, e surgem daí as vanguardas, as experiências que vão conduzir à demolição dos paradigmas vigentes e ao estabelecimento de novos paradigmas.

No caso da ciência, é igualmente o esgotamento de uma metateoria o que leva à ruptura epistemológica, à troca de paradigmas. Assim como a arte é uma eterna busca do belo, a ciência é uma eterna busca da verdade, uma constante construção e desconstrução de modelos abstratos que tentam imitar a realidade. Ora, no momento em que todos os olhares sobre um dado objeto de estudo, que partem de um certo ponto de vista, já foram lançados, e todos os modelos daquele objeto tal qual visto daquele ponto de vista já foram construídos e se provaram insuficientes para explicar a totalidade do objeto, então é hora de mudar o ponto de vista. É por isso que, tanto na arte quanto na ciência, na religião ou no esporte, as correntes ideológicas, inicialmente muito produtivas, vão, pouco a pouco, tornando-se estéreis, tal como um campo fértil que, com o tempo e as sucessivas colheitas, se torna aos poucos cansado e frutifica cada vez menos, até que outra terra precise ser procurada para se iniciar nova lavoura.

Em todas as práticas culturais, portanto, existe uma constante tensão dialética entre tradição e inovação, entre hábito e criatividade. A todo momento, a atividade criativa, seja ela científica, artística, esportiva ou religiosa, está sujeita a forças de conservação, que visam a manter uma ligação entre a obra que está sendo concebida e todas as obras anteriormente criadas naquele campo da cultura, e forças de mutação, que têm por função induzir à introdução de elementos novos, criativos, os quais, pouco a pouco, vão mudando a feição do paradigma a que as obras estão subordinadas. Assim, há uma permanente interação dinâmica entre a obra criada e o paradigma ideológico dentro do qual ela é criada: cada novo discurso científico, artístico, esportivo ou religioso modifica o paradigma em vigor, acrescentando-lhe novos elementos, novos dados. Tal paradigma, assim modificado, dará origem, por sua vez, a novos discursos, que repetirão o ciclo, ocasionando a evolução, de forma recorrente e cumulativa.

O aspecto tradicional de um paradigma cultural – a força de conservação – é sempre transmitido aos novos praticantes de forma iniciática. As atividades culturais constituem práticas sociais auto-organizadas e auto-reguladas, isto é, dotadas de regras próprias estabelecidas pelos próprios membros da comunidade de praticantes, que formam uma espécie de corporação. As regras dessas práticas são transmitidas aos novos membros por meio de um processo de iniciação. No âmbito da religião, por exemplo, um líder religioso, iluminado por uma revelação, estabelece um "caminho" a ser trilhado. (Não por acaso, em muitas religiões, a doutrina religiosa é exatamente denominada *caminho*: no taoísmo, *tao* significa precisamente caminho; o budismo estabelece o caminho de oito ramos e a *via media* entre o ascetismo e o prazer; no cristianismo, Jesus diz "eu sou o caminho", e assim por diante.) Seguir uma religião corresponde então a trilhar um caminho, e o iniciado deve justamente trilhar o mesmo caminho já trilhado por seus mestres.

O mesmo caráter iniciático aparece nas artes: todo iniciante na prática artística é influenciado por seus mestres ou por seus ídolos (os artistas consagrados que o novato toma por modelo), passando a partilhar com eles um ideal estético comum. A combinação dos padrões estéticos aprendidos com a criatividade (sem a qual a arte seria eterna repetição de padrões, ou seja, eterno plágio do que já foi feito) é o que faz a estética evoluir. (Leia-se, a esse respeito, o interessante livro de Susan Gablik, *Progress in art.*[14])

O mesmo se dá em relação à ciência. O processo de iniciação neste caso é feito pelas universidades, que se encarregam de transmitir aos novos discípulos a visão de mundo científica vigente, que é o que Thomas Kuhn chama de paradigma científico em seu livro *The structure of scientific revolutions* (*A estrutura das revoluções científicas*).[15] Kuhn diz que cada época é marcada por uma espécie de consenso sobre como a realidade funciona e, conseqüentemente, sobre como as questões científicas devem ser abordadas. Para ele, o paradigma científico é uma forma de visão da realidade, partilhada por todos os seus adeptos, e também um modo de ação sobre a realidade, uma espécie de conduta-padrão, um "estilo" de tratamento da realidade. O paradigma mecanicista, por exemplo, concebe a natureza como uma máquina (*mekhane*, em grego) cujo funcionamento é determinado por leis fixas e imutáveis, de caráter matemático, de modo que o Universo apresenta um comportamento absolutamente previsível. Essa forma de ver a realidade conduz a um modo de ação sobre a realidade, que é o tratamento analítico da mesma – a "desmontagem" da máquina para descrever suas peças e explicar como elas se inter-relacionam.

A mudança de paradigma é, então, uma mudança na maneira de ver e de interagir com a realidade: ela compreende o estabelecimento de um novo modelo mental do mundo e de uma nova conduta. É interessante o fato de que Kuhn baseia sua teoria do desenvolvimento científico na história da arte. Para ele, o mecanismo que rege as revoluções científicas é o mesmo que rege as revoluções artísticas. A ciência, tal como a arte, está sujeita aos influxos da ideologia social vigente e não é, portanto, uma busca e acumulação neutra de conhecimentos. Tanto a pesquisa científica quanto a criação artística (e acrescentemos aqui também a doutrina religiosa) são fruto da visão de mundo predominante na sociedade numa dada época. Até mesmo no esporte podemos notar a mudança de comportamento dos atletas segundo os padrões ideológicos vigentes. (Isso explica, por exemplo, a passagem

---

14. Gablik,1977.
15. Kuhn, 1970.

do futebol-arte da década de 1950 ao futebol-técnica de hoje em dia.) Por conseguinte, a cultura evolui porque a sociedade evolui.

Da influência da ideologia social sobre a cultura decorre que os mesmos paradigmas tendem a ser reproduzidos em todas as formas de prática cultural, em especial as artes e as ciências. Assim, os mesmos cânones estéticos são seguidos pelos pintores, escultores, arquitetos, músicos, escritores, poetas, teatrólogos, etc., de uma época, da mesma maneira como os mesmos metamodelos científicos pautam o trabalho dos físicos, químicos, biólogos, de uma dada época. Se tomarmos como exemplo a ideologia vigente na Europa do século XVII, veremos que se trata de um período de turbulência social (guerras religiosas, recrudescimento da contra-reforma católica, apogeu do absolutismo, esgotamento dos valores humanistas do Renascimento), que levou o homem europeu a vivenciar um conflito existencial semelhante ao experimentado durante a Idade Média: o conflito entre corpo e alma, entre a finitude da matéria e a infinitude do espírito, entre a Terra e o Céu, entre o homem e Deus. Desse modo, a estética barroca reflete exatamente essa idéia de conflito por meio do uso recorrente de oposições: temos, assim, o claro-escuro na pintura, a alternância alto/baixo-relevo na escultura, o contraponto na música, a antítese na poesia, e assim por diante.

Similarmente, a corrente científica predominante no século XVII – o mecanicismo – representou uma busca de dominar a natureza pela razão, ou seja, pela lógica e pela matemática. A quantificação da natureza, a submissão da realidade a leis deterministas sem exceção era o princípio geral a ser seguido por todos os cientistas. Essa fascinação pela matemática e pela possibilidade que ela parecia oferecer de explicar racionalmente todas as coisas foi primeiramente sentida pelos físicos e pelos astrônomos, estendendo-se logo em seguida aos filósofos (muitos dos quais, como Descartes e Pascal, eram também físicos e matemáticos), aos historiadores (Vico, por exemplo), aos geógrafos, chegando até o domínio da gramática (a *Grammaire générale et raisonnée*, da escola de Port-Royal, de 1660, é chamada justamente de gramática cartesiana ou mecanicista).

SINCRETISMO E PRÁTICAS CULTURAIS TRANSDISCIPLINARES

Visto que uma das características mais marcantes das atividades culturais é a sua pluralidade (como vimos, as ciências, as artes, as religiões e os esportes são múltiplos), acabam existindo certas manifestações artísticas, científicas, religiosas e esportivas complexas, resultantes de uma combinação de modalidades simples. O teatro, por exemplo, é uma arte complexa resultante da união da literatura, da música, da mímica, das artes plásticas. A esse fenômeno dá-se o nome de sincretismo. Conseqüentemente, podemos dizer que, além do teatro, também o cinema, o vídeo, a dança, a canção, a história em quadrinhos, dentre outros, são formas de arte sincrética.

Exemplo clássico de sincretismo religioso é o candomblé, tal qual praticado no Brasil, em que elementos da religião africana foram fundidos a elementos do catolicismo. O sincretismo religioso é, muitas vezes, o resultado da imposição da religião de um povo dominante às populações por ele subjugadas, as quais já possuíam crenças próprias. Essas populações aceitam – ou a princípio fingem aceitar – o novo credo, sem renunciar ao antigo. Para poderem continuar a cultuar suas divindades sem levantar suspeitas, mascaram o culto tradicional com elementos da religião invasora. Outras vezes, a miscigenação de credos é resultante da própria miscigenação de etnias. Há ainda o caso dos pregadores que travestem sua doutrina com elementos da crença da população que desejam catequizar, para facilitar sua aceitação. Exemplo disso nos é dado pela catequese dos índios da América pelos padres jesuítas, nos séculos XVI e XVII, de que resultou um discurso religioso que identificava, ao menos na aparência, santos católicos às divindades animistas dos índios. Outra forma bastante conhecida de sincretismo religioso é o ecumenismo, prática em que várias religiões se unem num culto que transcende as fronteiras desta ou daquela doutrina.

No esporte, o sincretismo aparece em modalidades esportivas mistas, como o triatlo (corrida, natação e ciclismo) e o decatlo. Na ciência, o sincretismo recebe o nome de interdisciplinaridade. Pesquisas interdisciplinares são aquelas que envolvem a cooperação de pesquisadores de diversas especialidades. Muitas pesquisas arqueológicas, por exemplo, exigem a participação de historiadores, antropólogos, numismatas, paleógrafos, paleolingüistas, geólogos, geoquímicos, etc.

Fenômeno diverso do sincretismo, em que várias modalidades de prática cultural se unem para formar uma nova atividade, é a transdisciplinaridade (que aqui poderíamos chamar também de transversalidade). Neste caso, temse um paradigma estrutural (gênero, na arte; ramo, na ciência; seita, na religião; categoria, no esporte) que perpassa várias modalidades culturais. Na arte, podemos citar como ilustração o humor, que aparece como gênero em praticamente todas as manifestações artísticas (a comédia, no teatro, no cinema e na televisão; o anedotário, na literatura; a charge e o cartum, no desenho; a música humorística), e, ao mesmo tempo, constitui uma espécie de arte autônoma, visto que muitos humoristas são simultaneamente atores cômicos, autores de anedotas e de canções de humor, cartunistas.

Na ciência, um exemplo de abordagem transdisciplinar é a abordagem histórica. Temos, pois, a história política, a história econômica, a história social, a história lingüística, a história cultural, além da história natural, da cosmologia (ou história do Universo), da paleontologia (ou história da vida), etc. A abordagem histórica está presente em todas as ciências, assim como a abordagem humorística está presente em todas as artes. A história é, então, uma ciência ou, antes, um modo de abordar os fatos científicos que perpassa todas as ciências e, portanto, uma forma de análise eminentemente transdisciplinar ou transversal.

Na religião, um exemplo interessante de transdisciplinaridade é o fundamentalismo religioso: praticamente todas as religiões possuem alguma seita que se caracteriza pela ortodoxia extremada, pelo apego ferrenho aos fundamentos da doutrina e pela aversão a posições religiosas e morais mais liberais. Pode-se dizer, então, que a atitude fundamentalista perpassa todas as religiões, constituindo uma posição religiosa transdisciplinar.

No esporte, a categoria *master* ou "veterano" existe em quase todas as modalidades. Também a categoria "deficiente físico" é uma categoria transversal, que abrange todas as modalidades e até mesmo tem dado ensejo à realização das paraolimpíadas, jogos olímpicos paralelos ao evento normal, destinados aos portadores de deficiência.

10 A CRIATIVIDADE NA CULTURA

A criatividade é a mola propulsora de qualquer atividade humana. Mesmo na realização de tarefas essencialmente utilitárias, o que distingue o homem como espécie é o uso da inteligência aliada à criatividade. No entanto, é no âmbito da cultura que a criatividade ganha particular importância: esta é a capacidade que o ser humano tem de recombinar informações e conceitos preexistentes em sua mente, estruturados na forma de linguagem. Com efeito, não se pode criar a partir do nada, e, por conseguinte, toda criação é na verdade uma recombinação de elementos já existentes. Como o homem sempre cria mentalmente antes de dar ao produto de sua criação uma existência material, toda criação é antes de tudo uma elaboração mental. Sendo a matéria-prima do pensamento basicamente a linguagem, toda criação humana é, em primeiro lugar, a criação de um discurso: qualquer que seja o objeto de nossa criação, ele só ganhará vida material ou social depois que tiver sido elaborado em nossa mente enquanto discurso – seja ele formado de palavras, imagens, sons ou qualquer outra substância semiótica.

Em termos semióticos, a criação de um novo discurso se dá a partir da combinação inédita de signos e, portanto, de significados já utilizados em discursos anteriores. Dessa maneira, o que chamamos de criatividade nada mais é do que a aptidão para produzir novos discursos (verbais, não-verbais ou sincréticos) a partir do repertório que já possuímos estocados em nossa mente. É por isso que, sendo a cultura fundamentalmente discurso, a criatividade assume papel tão importante nesse domínio.

Talento, inteligência e criatividade são termos que aparecem sempre ligados às atividades culturais. Costuma-se associar a inteligência à atividade intelectual e científica, e a criatividade e o talento, à arte. Entretanto, sobretudo a partir das novas teorias sobre a inteligência, em especial a teoria das inteligências múltiplas, de Howard Gardner, e da inteligência emocional, de Daniel Goleman, tende-se progressivamente a encarar o talento, a inteligência e a criatividade como três diferentes aspectos de um mesmo fenômeno. O talento para as artes passa a ser então uma espécie de "inteligência sensível", ao passo que a inteligência racional, ou intelecto, nada mais é do que o talento para o raciocínio lógico.

Pode-se dizer, então, que talento (ou inteligência) é a capacidade de aprender e de operar um determinado sistema, seja ele lógico, semiótico, pragmático. Não há, pois, grande diferença entre a competência – inata ou adquirida – para fazer cálculos matemáticos, falar muitas línguas, tocar um instrumento musical ou manusear um equipamento esportivo, como uma raquete, por exemplo. Apenas cada uma dessas atividades recorre a um ou mais tipos particulares de inteligência. Assim, a atividade científica exige uma grande inteligência lógica, ao passo que a arte requer uma grande dose de inteligência emocional. O esporte exige a inteligência espacial e corporal e a religião, a inteligência intuitiva.

Porém, se, em seu sentido mais amplo, a inteligência é a especial aptidão para desempenhar tarefas, sejam elas quais forem, então podemos reduzi-la a dois tipos básicos: uma inteligência que chamaremos de "cerebral" e uma inteligência "corporal". A primeira é a aptidão para manipular objetos imateriais, para tomar decisões e efetuar escolhas; a segunda é a capacidade de realizar condutas motoras (desempenho vocal, manual, gestual, postural e mecânico) e manusear objetos materiais. Desse modo, se observarmos qualquer atividade humana, veremos que ela exige o concurso de ambas as formas de inteligência, em doses variáveis. Com as práticas culturais não é diferente.

Se compararmos várias formas de discurso artístico, como um concerto musical, um balé ou um desfile de moda, veremos que um músico precisa ter um bom desempenho intelectivo (a capacidade de ler uma partitura ou de memorizar uma melodia às vezes bastante complexa), além de ter a todo momento de executar escolhas que definem o estilo particular de interpretação de cada instrumentista (a maior ou menor intensidade de uma nota, uma pausa para respiração, etc.). Mas esse músico necessita também de uma grande habilidade manual para tocar seu instrumento, ou, no caso de um cantor, de um bom desempenho vocal. Igualmente, um bailarino usa a mente para criar e memorizar uma coreografia, assim como usa o corpo para executá-la.

Já um desfile de moda exige em geral pouco raciocínio do modelo/manequim: o sucesso de seu discurso depende quase exclusivamente de seu desempenho corporal (andar, postura, gestos, *timing* sobre a passarela). No outro extremo, pôr a literatura, que requer grande trabalho de elaboração mental (invenção de uma história, manipulação de personagens e situações) e nenhum trabalho corporal (até mesmo um tetraplégico pode ser um escritor).

No domínio esportivo, habilidade mental e habilidade corporal conjugam-se e interferem no desempenho do esportista em graus diversos. No futebol o jogador precisa a todo instante usar da inteligência para tomar decisões sobre como se posicionar em campo e, de posse da bola, escolher entre conduzi-la, driblando os adversários, tocá-la a um companheiro ou chutá-la a gol e coisas assim. Na corrida a pé, o raciocínio é pouco exigido; o fundamental para vencer são qualidades físicas como potência muscular, flexibilidade e velocidade. No xadrez, exige-se uma enorme aptidão lógica e nenhuma habilidade corporal.

Na religião, o sacerdote precisa em geral ter grande domínio da doutrina, o que é um atributo da inteligência cerebral. Por outro lado, em muitas seitas, o religioso também tem de realizar condutas corporais que exigem aptidão específica, como entoar cânticos, executar danças rituais, autoflagelar-se e submeter o próprio corpo a várias provações (caminhar sobre brasas, deitar sobre pregos ou cacos de vidro). Nas seitas evangélicas, principalmente, ganha cada vez mais força a figura do pregador dotado de habilidades teatrais.

Por fim, as ciências demandam sempre uma grande capacidade de raciocínio lógico e enorme dispêndio de esforço intelectual, mas em geral requerem pouca habilidade física, encontrando-se mais ou menos no mesmo patamar da literatura. Em algumas especialidades científicas, no entanto, também se exige o desempenho corporal: espera-se de um oceanógrafo, por exemplo, que seja um bom mergulhador, já que seu trabalho de campo se dá a maior parte do tempo em ambiente subaquático.

Como já sabemos, todo profissional de cultura é um manipulador de linguagens dos mais diversos tipos, e seu objetivo é sempre criar um novo discurso, uma nova mensagem, a partir da combinação dos elementos básicos. Nesse sentido, podemos dizer que o compositor manipula e ordena notas musicais para compor uma melodia, o pintor arranja as cores sobre uma tela para formar imagens, o poeta e o ficcionista organizam palavras para formar um texto, este último também manipula personagens e acontecimentos para construir um enredo, e assim por diante.

Do mesmo modo, os esportistas ordenam gestos e ações para realizar jogadas, montar estratégias e obter resultados, seja no futebol, no xadrez, ou em qualquer outro esporte. É claro que, por força do que foi dito anteriormente acerca das inteligências cerebral e corporal, o potencial criativo do futebol ou do xadrez é bem maior que o de esportes como a natação ou o atletismo, mas todo esporte exige sempre o domínio de um determinado tipo de linguagem gestual.

Finalmente, a ciência é manipulação de objetos, fenômenos, conceitos, idéias e teorias para a construção de um novo saber – além de ser, é claro, enquanto discurso, a manipulação das palavras que representam esses conceitos, idéias e teorias na construção do texto científico. Se, como vimos, a ciência é a manipulação da realidade natural ou social por meios estritamente racionais – aquilo que se costuma chamar de *método científico* –, então a ferramenta básica do cientista para realizar essa manipulação é uma linguagem, na verdade, chamada de metalinguagem científica: esta é composta de um "vocabulário" (a terminologia científica, ou conjunto de termos que representam conceitos precisos que se articulam entre si e que, de certa forma, substituem a realidade fenomênica durante o raciocínio) e de uma "gramática" que permite operar com esses conceitos, a lógica – e, muitas vezes, sua derivada natural, que é a matemática.

Entretanto, há quem negue a existência de criação na ciência. Numa visão que poderíamos classificar como "positivista", o cientista apenas traria à luz, tornando público e evidente, um conhecimento que já preexistiria à investigação científica. O papel do cientista seria o de revelar a "verdade". Ora, como vimos no capítulo 9, a verdade objetiva ou não existe ou não é tangível pelo homem. Assim sendo, toda investigação científica é necessariamente ideológica: nos termos de Saussure, "é o ponto de vista que cria o objeto".[1] Na verdade, o cientista *cria* um saber aplicando a uma determinada parcela da realidade (que não é senão uma representação simbólica e portanto ideológica da realidade em si) uma análise pessoal e ideológica. Por conseguinte, o conhecimento não independe do observador, mais ou menos como no princípio da incerteza da física quântica. Isso explica por que Saussure e Peirce, olhando para o mesmo problema – a linguagem –, criaram duas teorias do signo totalmente diferentes.

De tudo o que foi dito resulta que as atividades culturais são uma espécie de construção: utilizando-se certas ferramentas, vai-se construindo

---

1. Saussure, 1969, pág. 15.

um objeto – um "texto", no sentido mais amplo do termo – mediante a combinação dos elementos de uma "linguagem", isto é, de um repertório de elementos que se combinam segundo certas regras. Na verdade, muitas atividades utilitárias também são construções (a construção de edifícios funcionais, como hospitais ou escolas, ou a criação de um programa de computador para realizar uma determinada tarefa). A diferença é que nas construções utilitárias a escolha dos elementos a serem combinados é ditada pela necessidade. Ao planejar a disposição das salas de um edifício, o engenheiro ou arquiteto leva em conta sempre a solução mais funcional; ao conceber um sistema informatizado, o analista considera basicamente a função a ser desempenhada pelo mesmo e, dentre as *n* soluções possíveis, escolhe a que realiza a tarefa no menor tempo e com o menor custo. Em muitos casos, há uma única solução possível que satisfaça essas condições: é exatamente essa solução a que será adotada.

Já na cultura, existe a liberdade de escolha. Ao compor uma música, o compositor tem diante de si infinitas possibilidades de combinações melódicas e harmônicas; no entanto, nenhum fator objetivo estabelece de antemão qual dessas possibilidades deve ser efetivada. O critério de seleção neste caso é totalmente subjetivo – e é legítimo que assim seja. Seja o escritor em busca de um desfecho para sua trama, o poeta em busca de uma rima, o cientista que procura uma explicação racional para um fenômeno ou uma resposta a uma questão teórica, o enxadrista ou o treinador de futebol tentando elaborar uma tática vitoriosa, ou o místico atrás de respostas transcendentais para os enigmas da existência, em todos os casos temos um processo criativo não orientado ou condicionado por fatores externos ao próprio ato de criação.

Dado o caráter criativo da cultura, é freqüente o emprego do termo *inspiração* para designar a efetivação, a colocação em funcionamento, do poder criativo, de forma mais ou menos involuntária e casual. Surge assim a questão de saber se a inspiração realmente existe ou se a criação não é produto exclusivo da "transpiração", assim como, supondo-se que ela exista, se é um atributo humano ou uma dádiva divina, ou, ainda, se é de fato involuntária e casual ou pode ser induzida. Não me deterei aqui na discussão dessas questões, que me parecem, aliás, bizantinas; o que importa, de todo modo, é que se concorda em atribuir aos religiosos, aos cientistas, aos artistas e aos atletas o motor da inspiração, seja na forma do heureca do sábio, seja na forma do *insight* do artista, seja ainda na iluminação divina do crente ou na "jogada de gênio" do esportista.

Qualquer que seja a atividade cultural considerada, a especial aptidão (em geral tida como inata) para manipular os elementos constituintes de sua linguagem específica é um atributo inerente. É nesse sentido que o talento desempenha papel tão importante na cultura. Na realidade, muitas profissões utilitárias não exigem uma aptidão especial para o seu exercício; muitas outras exigem uma competência que pode ser adquirida, em princípio, por qualquer pessoa. Já as profissões da esfera da cultura só podem ser exercidas em sua plenitude por pessoas dotadas de um pendor particular para tais ofícios, o qual se manifesta com certa raridade. Contrariamente à maioria das atividades técnicas, as práticas culturais são práticas vocacionais. É claro que há vocações voltadas para atividades pragmáticas, assim como há artistas, pesquisadores, atletas e religiosos sem dotes especiais para o exercício de suas profissões, muitas vezes não indo além dos limites da mediocridade; entretanto, um engenheiro, um dentista, um policial ou um operário sem dons excepcionais podem perfeitamente ser bons profissionais. Em última análise, não se exige nem se espera deles um desempenho excepcional ou acima da média. Já no setor cultural, o talento privilegiado, a criatividade aguçada e até mesmo a genialidade são atributos não só desejados como também necessários: enquanto pode parecer descabido falar-se na genialidade de um mecânico, de um motorista, de um veterinário ou de um juiz, é exatamente o talento excepcional o que caracteriza o grande compositor, o grande pintor, o grande cientista, o grande futebolista, o grande automobilista ou o grande místico. Aliás, além do talento propriamente dito, espera-se desses profissionais o que se vê como grande qualidade também nos líderes políticos: o carisma, a capacidade de arrebatar multidões (o que não deixa de ser uma forma de talento).

Já que falamos em genialidade, é importante fazer uma distinção entre a verdadeira genialidade – aquela capaz de criar o fantástico, o surpreendente, o magnífico – e a simples habilidade para desempenhar certas tarefas com eficiência acima da média. Muitas crianças-prodígio se notabilizam por serem capazes de tocar piano como adultos ainda em idade muito tenra. De vez em quando surge alguém capaz de fazer complexos cálculos matemáticos com incrível rapidez. Ora, pessoas assim fazem algo mais cedo ou mais rápido que o normal, mas não algo *fora* do normal. Muitas crianças-prodígio tornam-se adultos medíocres: um pianista precoce não é necessariamente um pianista excepcional. Igualmente, um calculista exímio não é necessariamente um gênio da matemática. Mozart foi um gênio não porque compôs sua primeira sinfonia aos cinco anos de idade, mas porque a qualidade de sua música era indiscutivelmente superior à de seus contemporâneos. Albert Einstein era confessamente ruim em cálculos. Sua genialidade não está na destreza em calcular, mas no sentido que extraiu dos cálculos, na maneira absolutamente extraordinária como soube resolver, pela criação da revolucionária teoria da relatividade, o impasse a que a física clássica chegara. Em suma, genialidade não é sinônimo de precocidade nem de destreza; genialidade é sinônimo de criatividade acima do normal.

Se entendermos a criatividade como busca constante da originalidade, veremos que é nas atividades culturais que esta assume capital importância. Já no âmbito das técnicas, o que prevalece é o princípio determinista segundo o qual problemas idênticos requerem soluções idênticas. Ilustrando, na medicina, a mesma patologia, nas mesmas condições, deve ser tratada normalmente com a mesma terapia; no mercado de capitais, o conhecimento das tendências econômicas permite a adoção de procedimentos padronizados de compra e venda de ações. De um modo geral, nas práticas utilitárias, a possibilidade de repetição da solução em face do mesmo problema é a própria garantia de eficácia. É exatamente a previsibilidade do efeito de um medicamento ou do resultado de uma política econômica o que garante sua eficácia e o que vai, em última análise, recomendar ou não sua adoção. Já na cultura, o que vale é a originalidade, o ineditismo; nesse âmbito, a repetição é reprovada como plágio e, em muitos casos, é objeto de sanções. Em resumo, as atividades culturais são regidas fundamentalmente pelo princípio da inovação, enquanto nas atividades técnicas prevalece o princípio da repetição. É por isso que, enquanto as atividades culturais são práticas fundamentalmente criativas, as atividades técnicas são práticas fundamentalmente repetitivas.

A criatividade pressupõe sempre a busca do novo, do inédito, do desconhecido, pois só há criação onde há novidade e originalidade. No entanto, estas últimas não asseguram a criatividade; são condição necessária mas não suficiente para o fazer criativo. De fato, toda mensagem deve conter informação nova, inédita para o seu receptor, caso contrário, ela não se justificaria. Só nos interessamos em ler as notícias no jornal porque não conhecemos seu conteúdo. Nosso desejo de informação nova é o que nos leva a buscar essa informação na mensagem jornalística. Todavia, parece estranho falar em criatividade tratando-se do discurso jornalístico ou de qualquer outro discurso utilitário. (Aliás, o estilo da escrita jornalística parece cada vez mais padronizado.) Podemos dizer então que, na esfera da cultura, a inovação é fonte de prazer; no âmbito das práticas utilitárias, incluindo-se aí a comunicação utilitária, a novidade é, quando muito, condição para a eficácia.

Admitindo que a cultura está diretamente ligada ao princípio do prazer, podemos nos perguntar qual é o principal elemento responsável pela produção do prazer nos discursos culturais. Como vimos ao discutir os diversos tipos de função hedônica, existem diversas categorias de estímulos psíquicos cuja resposta mental é a sensação de prazer. Este pode provir da estimulação dos sentidos, da estimulação do raciocínio, da satisfação da curiosidade, etc. No entanto, se procurarmos analisar o que distingue uma fotografia artística de uma foto jornalística, ou o que distingue a música dos ruídos e sons que habitualmente ouvimos no nosso dia-a-dia, assim como o que diferencia a descoberta científica da simples comunicação informativa, chegaremos à mesma conclusão a que já chegaram antes de nós muitos filósofos, epistemólogos, estetas e críticos: o prazer reside no aspecto incomum desses discursos, na carga de surpresa que eles contêm. Esse elemento surpresa (que os teóricos literários russos da corrente formalista chamavam de *ostranienie*, "estranhamento") transcende o domínio da arte, território em que foi primeiramente detectado, pois está presente em todas as manifestações da cultura.

Assim, se os tratados de poética elucidam – ou ao menos tentam elucidar – o que torna uma mensagem verbal uma obra de arte (e, por extensão aos demais domínios estéticos, o que torna qualquer mensagem, codificada em qualquer sistema semiótico, uma obra de arte), esse mesmo princípio do estranhamento pode agora ser estendido aos demais setores da cultura. Se o que confere às práticas culturais seu estatuto particular no conjunto mais amplo das atividades antropoculturais humanas é a função hedônica – a capacidade de gerar prazer –, o que permite a essas práticas gerar prazer é exatamente a sua carga de *ostranienie*, a sua capacidade de produzir a surpresa, a quebra das expectativas, o agradável sentimento de desconforto e inquietação que esses discursos provocam.

Na cultura, a criatividade não se restringe à produção do novo – o que, por sinal, não é privilégio dos discursos culturais, é uma injunção de praticamente todos os discursos –, mas ela abarca todos os processos de produção do surpreendente. Eis por que a arte nos seduz tanto mais quanto mais se distancie do previsível; eis por que também o esporte só é emocionante enquanto implique a idéia de imprevisibilidade e de risco. É por essa mesma razão que a pesquisa científica e a experiência religiosa cativam e emocionam: pela busca e revelação do desconhecido. Nesse sentido, podemos colocar num mesmo patamar coisas aparentemente tão diversas quanto o desfecho de uma trama novelesca ou de uma anedota, a possibilidade quase infinita de fazer renovadas e surpreendentes leituras de um mesmo poema, de uma mesma pintura, de uma mesma música, o transe místico e a iluminação espiritual, a descoberta científica, a reflexão filosófica, a torcida e a vibração nos eventos esportivos.

É interessante notar que a busca do novo não implica a inovação absoluta: é sempre possível lançar um novo olhar sobre um velho objeto; é sempre possível perseguir o mesmo objetivo, e contudo alcançá-lo de forma sempre diversa, sempre mais perfeita.

Em resumo, se o que a técnica busca é a eficácia – que está diretamente ligada à previsibilidade do resultado –, na cultura o que se busca é o prazer, que provém sobretudo do desconhecido. Por isso, até mesmo o medo que sentimos ao andar no trem fantasma ou ao assistir a um filme de terror nos dá prazer. No extremo, a própria busca da felicidade, tida como o fim último da existência humana, justifica-se antes de tudo em face da imprevisibilidade da vida. Se fosse possível conhecer nosso destino, certamente viver seria menos prazeroso: de um lado, não teríamos motivação para lutar pelo que queremos, já que não teríamos nenhuma possibilidade de escolha; de outro lado, não teríamos como lutar contra o que tememos, visto ser inevitável. O prazer deriva, pois, da novidade: saltar de pára-quedas pela primeira vez deve ser, com certeza, mais emocionante do que saltar pela milésima vez.

A cultura é, portanto, o domínio básico do espírito criador. Talvez as únicas atividades pragmáticas em que haja espaço para o gênio criador, além da ciência e da arte aplicadas, sejam a estratégia militar e a atividade dos inventores. Aliás, o inventor é essencialmente um gênio criador a serviço da solução dos problemas práticos da humanidade.

11 CRITÉRIOS DE JULGAMENTO DOS DISCURSOS CULTURAIS

Uma das características que opõem os discursos culturais aos discursos e às práticas utilitárias é o critério utilizado pela sociedade em que ocorrem para julgá-los e sancioná-los. Enquanto as atividades técnicas, discursivas ou não-discursivas, são sempre avaliadas em função de sua eficácia, isto é, dos resultados práticos que produzem na solução dos problemas para os quais foram concebidas, os discursos da cultura são julgados em função de critérios outros que não o da eficácia. Não se destinando à solução de problemas, mas à produção de prazer sensorial, racional, lúdico ou místico, os discursos culturais são qualificados como bons ou ruins segundo atinjam ou não o objetivo que buscam e que constitui a fonte de seu tipo específico de prazer.

A finalidade básica das atividades pragmáticas é a solução de problemas do ser humano e a satisfação de suas necessidades materiais. É nesse sentido que se pode dizer que o objetivo das técnicas é a busca da eficácia: o que se espera de um tratamento dentário, por exemplo, é que ele previna ou elimine a dor; o que se espera da polícia é a manutenção da ordem pública e o combate ao crime. O mesmo ocorre em relação aos discursos utilitários: o que está em jogo no caso do discurso publicitário é se ele vende bem ou não o produto que anuncia, independentemente de suas qualidades estéticas; o discurso pedagógico é valorado positivamente pela sociedade quando contribui para formar bons cidadãos ou quando confere aos indivíduos uma competência efetiva para desempenhar uma dada atividade, e assim por diante.

Quando dizemos que a função predominante da arte é a função estética, queremos dizer que a arte é uma constante busca da beleza, que resulta da utilização de estímulos sensoriais (imagens, sons, gestos, palavras, etc.) agradáveis e organizados de maneira original e criativa. Assim, os discursos artísticos são avaliados e julgados socialmente em função do objetivo que se propõem alcançar, ou seja, relativamente à sua beleza. O critério de julgamento e de aprovação social de um discurso artístico é, pois, o critério estético, que se apóia nas categorias *belo* x *não-belo* (ou *belo* x *feio*): um discurso artístico será considerado bom se for sentido pela maioria de seus receptores como belo; caso contrário, será feio, ou de mau gosto.

É evidente que o conceito de belo depende do próprio contexto espaço-temporal em que se insere: a beleza é um conceito variável de época para época, de lugar para lugar, de uma antropocultura para outra. Algo considerado belo por uma determinada sociedade, histórica e geograficamente delimitada, pode ser tido como não-belo por outra sociedade no mesmo momento histórico, ou até mesmo por aquela própria sociedade num outro momento de sua história. Além disso, o conceito de belo varia dentro de uma determinada sociedade segundo outros parâmetros sociais, como nível socioeconômico, grupo social, faixa etária, sexo, etc. Isso faz com que certas manifestações artísticas típicas de certos grupos de indivíduos dentro da sociedade sejam muitas vezes vistas com preconceito por outros grupos. Em vista de tudo isso, a arte está sujeita a todas as flutuações do gosto.

Os estilos artísticos oscilam sobretudo em função da moda e dos costumes. Por isso, as categorias de julgamento *belo* e *feio* estão em grande parte ligadas às categorias *na moda* e *fora de moda*.[1] Tende-se a ver como uma injunção positiva, uma imposição, aquela manifestação artística que estiver de acordo com os cânones estéticos do momento. Determinado estilo passa a ser um *must*, e seus adeptos e apreciadores são vistos como pessoas *in*. Passada a moda, aquele discurso artístico pode tornar-se um clássico – assumir um caráter atemporal –, ou simplesmente tornar-se uma injunção

---

1. O termo *moda*, aplicado nesse contexto, equivale a "movimento estético", "corrente artística". Alguns autores, no entanto, reservam tal termo a certas tendências estéticas de caráter mais passageiro, isto é, a manifestações artísticas efêmeras, reservando os termos *movimento*, *corrente*, *estética* ou *escola* a tendências artísticas mais duradouras, como o barroco ou o romantismo, por exemplo. Por isso mesmo, em certas modalidades de arte, como a alta costura e a música popular, em que a tendência estética muda constantemente, não se costuma falar de movimentos (exceto em casos especiais, como a bossa nova ou a tropicália), mas sim de modas, ou mesmo de modismos, quando a tendência estética é excessivamente superficial e passageira.

negativa, uma interdição: a obra de arte torna-se *out*, e o estilo a que pertence passa a ser considerado *kitsch*, brega ou simplesmente *démodé*.

A ciência, por sua vez, foi definida como um processo racional de busca da verdade. Por conseguinte, o critério de valoração social do discurso científico baseia-se no valor de verdade da informação veiculada por ele; essa informação deverá, pois, pertencer a uma das duas categorias *verdadeiro* x *falso*. Um texto científico será tanto mais valioso em termos epistêmicos quanto mais verossímil for, ou mais próxima da verdade estiver, a teoria apresentada. Assim sendo, o texto científico perde o valor de verdade quando a informação que veicula entra em contradição com as evidências concretas, isto é, quando é falseado pela experiência ou pelos dados empíricos. Este é o momento em que uma hipótese, teoria ou análise é suplantada por outra, mais condizente com os fatos observáveis. Como a verdade científica é, conforme vimos, uma verdade provisória, todo conhecimento científico nasce verdadeiro e torna-se falso mais cedo ou mais tarde.

Percebe-se, assim, que os conceitos de beleza e de verdade, em que se sustenta o julgamento e a valoração social dos discursos da arte e da ciência, respectivamente, são relativos e mutáveis, o que explica a profusão e a sucessão histórica de correntes estéticas e de pensamento.

Já o esporte pode ser definido por seu objetivo básico, que é a busca da vitória. Nesse sentido, o critério de julgamento social do discurso realizado por um esportista ou equipe esportiva apóia-se na dicotomia *vitória* x *derrota*. O objetivo do discurso efetuado por cada competidor individual ou grupal é derrotar os discursos de seus adversários, ou seja, atribuir a si próprio o valor de vitória ao mesmo tempo que atribui aos discursos dos demais competidores o valor de derrota.

Ao contrário dos discursos artístico e científico, o discurso esportivo é irrepetível; por isso, terminada a competição, um deles é imediatamente sagrado vitorioso e os demais considerados derrotados, havendo, às vezes, também a possibilidade de empate. Entretanto, em algumas modalidades esportivas, o discurso de um esportista não compete apenas com os dos seus adversários diretos, participantes da mesma prova, mas compete com todos os discursos realizados em provas anteriores da mesma modalidade esportiva. Quando um atleta quebra um recorde, ele não apenas vence seus companheiros de prova, mas derrota sobretudo o atleta detentor da marca agora superada. Desse ponto de vista, pode-se dizer que também certos discursos esportivos estão sujeitos, com o passar do tempo, a ter seu estatuto de discursos vitoriosos mudado para o de discursos derrotados.

Na religião, o discurso se configura como uma busca constante da divindade. Por isso, todo discurso de caráter religioso será valorado como *divino* ou *não-divino*, isto é, como ortodoxo ou heterodoxo. Dessa maneira, o que se espera socialmente de um discurso religioso é que ele seja capaz de conduzir o homem à divindade, pondo-o em contato com o plano metafísico, com o transcendente, com o sagrado. O valor social de um discurso religioso será positivo ou negativo conforme esse discurso seja sentido por seus receptores como sagrado (legitimamente representativo da divindade) ou herético (ilegítimo). É natural que qualquer discurso religioso tenha seus defensores e detratores, uma vez que cada doutrina religiosa propõe uma diferente explicação para os mesmos fatos. Como todas as doutrinas reivindicam para si o monopólio da verdade – procuram se auto-atribuir um valor de credibilidade, ao mesmo tempo que buscam afetar de não-credibilidade as demais doutrinas –, e como nenhuma doutrina pode provar empiricamente a veracidade de seus artigos de fé, compete ao fiel fazer seu juízo de valor, isto é, acreditar ou não nos dogmas postulados.

Em virtude disso, as doutrinas tendem a manter seu *status* de sacralidade de modo mais ou menos estável e constante perante seus seguidores, assim como, para seus opositores, tendem a conservar seu caráter de heresia. Em tese, uma doutrina só é efetivamente proscrita quando ninguém mais nela crê, o que ocorre apenas muito raramente. Certas doutrinas acabam abandonadas quando são banidas pela autoridade religiosa superior (por exemplo, certas seitas heréticas cristãs que foram anatematizadas pelo papa), ou quando seus seguidores são fisicamente eliminados ou culturalmente assimilados, como no caso de muitas crenças de povos primitivos.

Do que foi dito até agora resulta que cada prática antropocultural, discursiva ou não, é julgada socialmente em função de seu objetivo fundamental, donde podemos dizer que o critério de julgamento dos discursos e das práticas sociais é essencialmente finalista. Se um discurso ou prática social utilitária objetiva a solução de um problema ou a satisfação de uma necessidade, esse discurso ou prática será julgado relativamente à sua eficácia na solução desse problema ou satisfação dessa necessidade. Se a função da cultura é a produção de alguma forma de prazer, os discursos culturais serão julgados em função de sua eficácia na produção dessa forma específica de prazer. Por isso, no esporte, a obtenção da vitória é mais importante que a beleza estética da exibição esportiva, razão pela qual muitos treinadores têm ultimamente preferido ao "futebol-arte" o "futebol de resultados".

Algumas práticas artísticas, como o equilibrismo e a acrobacia, encontram-se na fronteira entre a arte e o esporte: aí, a beleza provém do sucesso em realizar uma façanha (como um salto mortal, por exemplo), assim como em certas práticas esportivas, como a ginástica olímpica, a vitória depende em parte da beleza dos movimentos executados. Isso mostra que as atividades culturais não são estanques entre si, mas, antes, comunicam-se por meio de inúmeras interfaces, que veremos mais adiante.

Um outro ponto a ser destacado é que o julgamento que fazemos de um determinado discurso cultural pode variar ao longo do próprio discurso. Uma obra de arte pode ter algumas partes mais belas do que outras. Uma conseqüência desse fato é que certas óperas se tornaram famosas por algumas de suas árias e não pelo seu conjunto.

Da mesma forma, certos momentos de uma competição esportiva são mais emocionantes do que outros e, além disso, todo discurso esportivo pode ter "momentos de vitória" (como uma ultrapassagem numa prova automobilística ou um ponto marcado num jogo), mesmo que o discurso em si não chegue a ser vitorioso ao final da competição.

Também um discurso científico pode ter partes mais convincentes ou consistentes do que outras, do mesmo modo como um discurso religioso não costuma manter os fiéis em estado de graça o tempo todo, mas, na verdade, há momentos de clímax religioso, em que os fiéis são levados a uma catarse.

Como já sabemos, os discursos culturais representam um fim em si mesmo, ao passo que os discursos e práticas utilitárias são sempre um meio e nunca um fim. Dessa forma, todo discurso que busque a verdade e o conhecimento racional das coisas como um fim em si é um discurso da ciência pura; todo discurso que produza a beleza como um fim em si é um discurso da arte pura; todo discurso que busque a vitória como fim e não como meio é um discurso do esporte puro, e finalmente todo discurso que leve à transcendência e a divindade como fim e não como meio é um discurso da religião pura. Já todo discurso ou prática que busque o que quer que seja como um meio e não como um fim é um discurso técnico ou prática utilitária, cujo critério de valoração é o da eficácia: na guerra, a vitória não é um fim, mas um meio de defesa ou de expansão do Estado; na investigação policial, a busca da verdade é um meio de fazer justiça e combater o crime; no discurso de um promotor ou de um advogado de defesa perante um júri, existe a busca da verdade como na ciência, existe a beleza retórica como na arte e mesmo a tentativa de fazer crer sobre os jurados, como na religião, mas o objetivo principal desse discurso é a vitória, e não como um fim em si, mas como um meio de garantir a cada parte a defesa dos seus interesses.

Em conseqüência disso, a ciência, a arte, a religião e o esporte aplicados, que são atividades-meio, também são julgados socialmente quanto à sua eficácia: eficácia na produção de tecnologia, eficácia na produção de objetos funcionais ou na persuasão das pessoas, eficácia na restauração da saúde e da paz espiritual, eficácia no aperfeiçoamento corporal. A cultura aplicada é a interface entre a cultura e a técnica.

Faz-se aqui particularmente importante discutir a responsabilidade do cientista em face do uso que suas descobertas acabam tendo quer pela indústria, quer pelo Estado. É comum atribuir-se aos cientistas a culpa pelo mau uso da energia atômica ou da clonagem. Em certos casos, chega-se a propor uma censura ética aos trabalhos científicos ou mesmo a proibição das pesquisas em determinadas áreas do conhecimento. Ora, é preciso deixar claro que a fabricação de artefatos bélicos ou a duplicação de seres vivos não pertencem à esfera da ciência pura, são tecnologias resultantes da ciência aplicada. Assim, uma coisa é a pesquisa genética em geral, buscando conhecer a estrutura do DNA, outra coisa é a descoberta de uma tecnologia que torna possível fazer clones de seres vivos, e uma terceira coisa é a utilização dessa tecnologia para, digamos, produzir um exército de Hitlers. Da mesma forma, é preciso colocar em patamares bem distintos a pesquisa sobre a estrutura do átomo, a produção de uma tecnologia nuclear, que pode ser utilizada tanto para fins pacíficos quanto para fins bélicos, e a fabricação de bombas atômicas. Freqüentemente vemos certas tecnologias, até mesmo no domínio das ciências humanas, serem apropriadas por empresários inescrupulosos, que outra coisa não visam senão ao lucro a qualquer custo, ou por Estados, tanto totalitários quanto democráticos, que fazem uso político dessas tecnologias. Na verdade, qualquer tecnologia, por mais simples ou banal que seja, pode encontrar bons e maus usos. Todavia, seria absurdo culpar o troglodita que descobriu o fogo pela prática de incêndios criminosos. Igualmente absurdo seria proibir a fabricação de facas pelo fato de que elas podem se converter em armas.

Desse ponto de vista, é de fundamental importância reforçar a distinção entre a ciência pura e a ciência aplicada. A primeira só pode ser julgada socialmente em função de seu objetivo epistêmico, isto é, da produção do conhecimento. A segunda e seu corolário, que é a produção de tecnologia, devem, estas sim, ser julgadas socialmente em função de sua eficácia tanto na solução de problemas do ser humano quanto na geração de novos problemas. A ciência aplicada e a tecnologia devem, sem dúvida, ter seu uso controlado pela sociedade; quanto à ciência pura, deve ela gozar do mesmo grau de liberdade que se concede à arte e à religião, e que deriva do princípio da liberdade de pensamento e de expressão, um dos pilares fundamentais da democracia.

Em resumo, se a cultura é o conjunto das atividades-fim do ser humano, e se a finalidade última da existência humana é a busca da felicidade, então poderíamos dizer que a busca da felicidade é a busca da verdade, da beleza, da auto-satisfação – representada pela sensação de triunfo – e da conexão com Deus.

12 ARTE, CIÊNCIA, RELIGIÃO, ESPORTE E TÉCNICA: INTERFACES

A distinção aqui estabelecida entre o universo da cultura, ou universo das práticas hedônicas, e o universo das técnicas, ou universo das práticas pragmáticas, não implica que não haja atividades localizadas na fronteira entre ambos os universos: as atividades culturais aplicadas são uma prova disso. Por outro lado, vimos também algumas práticas culturais que se encontram no limite entre a arte e o esporte. De modo mais geral, podemos observar que as cinco grandes categorias em que se dividem as práticas humanas – a arte, a ciência, o esporte, a religião e as atividades técnicas – não são compartimentos estanques. São antes vasos comunicantes, que apresentam inúmeras interfaces entre si, em que se encontram atividades fronteiriças, as quais, embora pendam mais para um dos lados, mantêm, todavia, fortes relações com o outro lado. Essas relações podem ser de três tipos:

a) sobremodalização de um discurso sobre outro;

b) aplicação das práticas culturais;

c) semelhança de métodos e procedimentos, ou algum tipo de similaridade de práticas.

Sobremodalização é o fenômeno que ocorre quando um discurso tem como tema ou objeto outro discurso. Assim, um texto científico falando sobre arte constitui um exemplo de sobremodalização do discurso científico sobre o discurso artístico. A sobremodalização ocorre exclusivamente entre discursos; por isso, é uma interface que se estabelece sempre entre duas atividades culturais ou entre uma atividade cultural e uma atividade discursiva pragmática.

Conforme já sabemos, a aplicação de uma prática cultural se dá quando esta deixa de ter um fim em si e passa a ser um meio, isto é, um instrumento para a realização de outras práticas, sejam elas culturais ou não.

Quando uma prática cultural, dotada portanto da função hedônica, apresenta também a função pragmática – quando um discurso cultural possui também ou principalmente a missão de satisfazer uma necessidade material ou solucionar algum tipo de problema –, temos um caso de cultura aplicada. Além disso, toda vez que uma ciência é usada como ferramenta de outra ciência, ou de uma arte ou de um esporte, temos a ciência aplicada. Igualmente, a aplicação de uma arte em outra, ou de uma arte em uma ciência, são casos de arte aplicada. O mesmo raciocínio vale para o esporte e a religião. Em todas essas situações temos ciência, arte, esporte e religião aplicados. Quando uma prática cultural é utilizada tendo a função pragmática como função principal, ela, em geral, dá origem a práticas tecnológicas, discursivas ou não, que pertencem, evidentemente, ao domínio das técnicas.

A semelhança de métodos, procedimentos ou características entre certas atividades limítrofes é um tipo de interface que decorre da proximidade entre elas. Muitas vezes, a similitude entre duas práticas advém da simples presença de elementos comuns a ambas (por exemplo, o uso do movimento corporal no esporte e na meditação dinâmica); outras vezes, a semelhança resulta da ocorrência em ambas de uma mesma função (como, digamos, a presença da função estética tanto na dança quanto na ginástica olímpica, embora em doses diferentes).

Às vezes, a presença, num discurso pertencente a uma determinada categoria, de traços característicos de discursos de outra categoria pode suscitar a semelhança formal entre as duas categorias de discursos. Assim é que, às vezes, certos discursos científicos são redigidos em estilo literário, como no caso dos diálogos de Platão ou do *Diálogo sobre os dois sistemas máximos do mundo*, de Galileu. No entanto, esse caráter literário se restringe ao plano formal, pois, em relação ao conteúdo, trata-se perfeitamente de obras científicas. Tais obras encontram-se, assim, na interface entre a ciência e a arte apenas por força dessa semelhança formal, ocasionada evidentemente pelo uso intenso da função estética num discurso que, todavia, tem como função principal a função epistêmica. Já um caso diferente é o de certas obras literárias que misturam ficção e reflexão científico-filosófica em igual medida, como no *Emílio* de Rousseau, no *Candide* de Voltaire, ou nos romances de Sartre ou de Eco, em que é difícil dizer qual das funções – a estética ou a epistêmica – é a predominante.

Às vezes, duas atividades podem apresentar entre si dois diferentes tipos de interface. Um poema sobre tema religioso é um discurso artístico sobremodalizando um discurso religioso; se for declamado durante um culto, como parte integrante do ritual, será também uma forma de arte aplicada à religião. Do mesmo modo, um discurso científico sobre a arte, como o que temos na estética ou na história da arte, será também um exemplo de ciência aplicada se gerar algum tipo de tecnologia, como sucede no ensino de arte. A educação física, por sua vez, representa um caso de sobremodalização do discurso científico sobre o discurso esportivo (é a ciência cujo objeto de estudo é o esporte) e é também uma ciência aplicada, que gera tecnologia aplicável à prática esportiva.[1]

Na figura 12.1, representam-se graficamente as diversas relações que se estabelecem entre os cinco domínios da atividade humana – as quatro formas de cultura e as atividades técnicas. São indicados com a letra S os casos de sobremodalização de um discurso sobre outro; com a letra A a aplicação de uma atividade cultural em outra ou numa atividade técnica, assim como as tecnologias derivadas dessa aplicação; e com a letra E a semelhança entre duas práticas.

OBSERVAÇÕES:

1) As linhas que unem dois domínios indicam a interface entre os mesmos; a colocação de uma atividade num ou noutro extremo da linha indica se ela pertence a um ou outro domínio. Por exemplo, na linha que une ciência e arte, a teoria literária encontra-se mais próxima da ciência, pois é efetivamente uma ciência que trata de uma arte; já a literatura de ficção científica se encontra mais próxima da arte, visto ser uma forma de arte que tem por tema a ciência. Como as fronteiras entre os cinco domínios de atividade são fluidas, é possível que certas práticas se situem exatamente na zona de fronteira entre dois desses domínios; neste caso, a prática em

1. Cabe aqui uma observação mais detalhada daquilo que se convencionou chamar de educação física. De um lado, enquanto ciência pura, a educação física pode ser tanto a ciência do discurso esportivo (quando estuda, por exemplo, estratégias e táticas de jogo) quanto a ciência do desempenho físico do atleta, estabelecendo, assim, ligações com as ciências biológicas. Mas a educação física pode ser também uma ciência aplicada, que visa ao desenvolvimento de técnicas empregáveis na prática esportiva. Finalmente, pode-se entender a educação física em seu sentido literal de educação, isto é, de prática do ensino do esporte e do treinamento esportivo, referindo-se aí especificamente à formação de novos esportistas e à preparação física adequada dos atuais para a competição, tarefas que caracterizam a educação física neste caso como prática tecnológica.

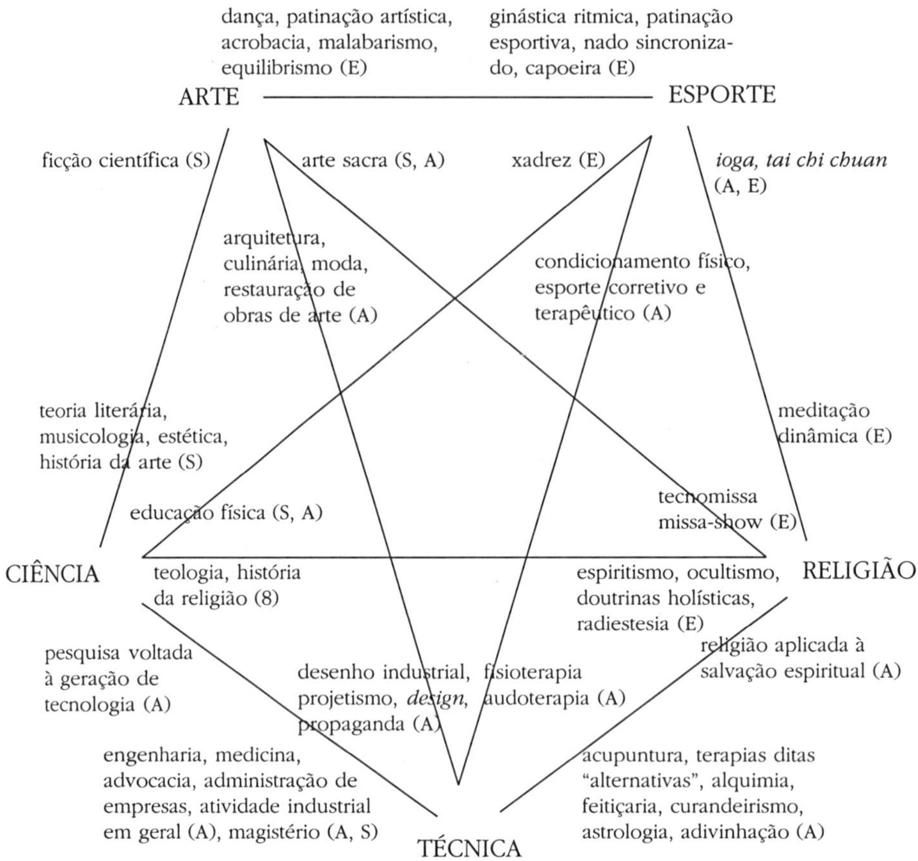

Figura 12.1: Interfaces entre a ciência, a arte, o esporte, a religião e a técnica.

questão seria colocada no centro da linha indicativa de interface, a meio caminho entre os dois domínios.

2) Uma determinada atividade pode também apresentar mais de uma interface. Assim, a fisioterapia, por exemplo, é uma técnica que apresenta interfaces com a ciência e com o esporte, já que é uma tecnologia decorrente da aplicação tanto de ciências como a biologia e a física quanto de práticas esportivas como a ginástica e a musculação. Contudo, por uma questão de simplicidade, o gráfico apresenta a fisioterapia apenas em uma de suas

interfaces. Observe-se ainda que a patinação artística e a patinação esportiva estão ambas situadas na interface entre a arte e o esporte, porém uma de cada lado.

3) A ioga e o *tai chi chuan* são esportes em nossa concepção ocidental, ao passo que, no Oriente, são um misto de prática esportiva, religião e filosofia, embora os orientais tradicionalmente não compartimentem o conhecimento em categorias como os ocidentais. Por isso, entre nós, a ioga e o *tai chi chuan* são costumeiramente classificados como esportes e ensinados no âmbito da educação física, mas, dado o seu fundamento religioso, colocam-se na interface entre o esporte e a religião. Da mesma forma, a acupuntura é uma prática médica (logo, uma técnica) reconhecida pela medicina oficial, porém seu fundamento é a religião oriental. Já a fisioterapia e a ludoterapia são técnicas terapêuticas que aplicam princípios da prática esportiva.

4) Dentre as técnicas cujo fundamento é uma doutrina mística ou religiosa temos a astrologia (que também mantém uma interface do tipo E com a ciência, já que utiliza métodos matemáticos para a leitura dos astros), as práticas divinatórias em geral (cabala, runas, tarô, búzios, I-Ching), a feitiçaria, a magia e o xamanismo, o curandeirismo, muitas terapias "alternativas" (cromoterapia, aromaterapia, tratamento com florais, com cristais, etc.), além da alquimia, antiga técnica de produção de substâncias que envolvia princípios científicos, pseudocientíficos e mágicos.

5) Por meditação dinâmica entende-se toda prática meditativa em que o estado de transe é obtido não pelo relaxamento e repouso, mas sim pelo movimento corporal, como na respiração holotrópica, em que a hiper-ventilação do organismo por meio de um ritmo respiratório excessivamente rápido conduz a um estado de consciência alterada, ou em meditações que envolvem dança e rodopios corporais contínuos, além da repetição de mantras ao som de música tântrica.

6) Dentre as atividades técnicas resultantes da ciência aplicada estão a medicina, a odontologia, a atividade judiciária, o comércio, a construção civil, a agropecuária, a administração pública e privada, a atividade financeira, a engenharia e, em decorrência dela, toda a atividade industrial, e outros.

7) Dentre as práticas místicas e doutrinas religiosas que, embora fundamentadas em dogmas, procuram revestir-se de um aparato formal aparentemente científico estão o espiritismo – que por vezes se autodenomina "ciência espírita" – e as chamadas "ciências ocultas", além de uma série de interpretações místicas dos fenômenos ditos paranormais, os quais também são estudados cientificamente pela parapsicologia.

ATIVIDADES PRAGMÁTICAS PARALELAS ÀS ATIVIDADES HEDÔNICAS

Acabamos de ver que muitas práticas humanas pertencentes a um determinado domínio mantêm interfaces com outros domínios. São particularmente interessantes nesse sentido as interfaces entre as práticas culturais e o universo pragmático, ou domínio das técnicas. No entanto, existem certas atividades técnicas que, embora não mantenham com as atividades culturais relações nem de sobremodalização, nem de aplicação, nem mesmo de semelhança estrutural, podem e costumam ser erroneamente vistas como atividades de interface, ou até mesmo como atividades culturais, dada sua proximidade às legítimas atividades culturais. Trata-se de certas atividades técnicas paralelas às atividades culturais, ou seja, atividades-meio que possibilitam a realização das atividades-fim que são as práticas culturais puras.

Por exemplo, os apresentadores de programas de televisão e mestres de cerimônias costumam ser chamados de artistas. Entretanto, a maioria deles não produz um discurso verdadeiramente artístico, nos termos rigorosos de nossa definição de arte. Na verdade, o trabalho desses profissionais é de mediação entre o artista e o público (os apresentadores, de fato, "apresentam", isto é, anunciam os artistas). Alguns até fazem gracejos, tiradas de humor, *boutades* ou *gags*; outros cantam ou fazem imitações. De qualquer maneira, o discurso desses comunicadores não constitui, via de regra, o espetáculo; constitui, na verdade, o preâmbulo do espetáculo. Dessa maneira, é muito importante estabelecermos com clareza o que, num espetáculo, é atividade-meio ou atividade-fim. Por trás dos bastidores de um show há um exército de trabalhadores que tornam esse show possível, do contra-regra ao iluminador, do operador de microfone ao técnico de som e ao sonoplasta, do *cameraman* ao diretor de elenco e ao camareiro. Esses profissionais, em que pese a importância de seu trabalho para a realização do espetáculo, não são artistas, assim como não é artista o engenheiro de som dos estúdios fonográficos, o *marchand* de quadros, o curador de museus, o produtor cultural, o empresário artístico, o editor de livros, o paginador, o revisor... Na verdade, devemos considerar artistas apenas aqueles que contribuem diretamente para a realização da obra de arte ou do espetáculo: o pintor, o escultor, o escritor, o músico, o compositor, o maestro, o dramaturgo, o ator, o diretor teatral, o cenógrafo, o figurinista, o coreógrafo, o dançarino, o cineasta, etc. Os auxiliares indiretos são profissionais técnicos, não artísticos.

Muitos profissionais que não exercem profissões artísticas acabam, aliás, sendo às vezes confundidos com artistas pelo simples fato de produzirem discursos que são veiculados nos meios de comunicação de massa. É o caso dos jornalistas, dos locutores de rádio e *disc-jockeys*, dos narradores esportivos, dos garotos-propaganda, dos jurados de televisão, dos críticos de variedades, além de uma série de consultores que costumam participar de programas de televisão dirigidos ao público feminino: conselheiros sentimentais, esteticistas, psicólogos, professores de culinária, de trabalhos manuais, e outros.

No esporte, há igualmente uma legião de profissionais técnicos que atuam paralelamente aos atletas na viabilização do espetáculo esportivo. São eles o preparador físico, o massagista, o médico desportivo, o roupeiro, o mecânico e o auxiliar de *box* no automobilismo, o *caddy* no golfe, o gandula no futebol. São efetivamente esportistas apenas aqueles que estão diretamente engajados na produção do discurso esportivo: o atleta e o treinador, este desempenhando no esporte função semelhante à do diretor teatral, que é a de orquestrar a atuação dos atletas. No Brasil, dá-se um fato curioso: o treinador, que é legitimamente um esportista, é também chamado de "técnico".

Na ciência, é importante fazer a distinção entre o cientista, teórico ou experimental, produtor direto do discurso científico, e o técnico de laboratório ou preparador. Na religião, há que separar em particular o sacerdote, pregador da doutrina e mestre dos rituais, do sacristão e do coroinha, bem como do monge e do beato, simples praticantes da religião, mas não produtores de discursos religiosos.

SINERGIA ENTRE AS DIVERSAS ATIVIDADES ANTROPOCULTURAIS (CULTURAIS E TÉCNICAS)

Não raro, duas ou mais práticas, sejam elas culturais ou utilitárias, entram em combinação para formar uma atividade complexa. No caso das atividades culturais, conforme vimos, essa combinação se chama sincretismo. Já fizemos alusão a isso a respeito do cinema e do teatro, que unem diversas linguagens artísticas e ainda várias técnicas para produzir um discurso que chamamos de sincrético. Mas, de modo geral, muitas atividades autônomas em seu princípio acabam por unir-se, às vezes de forma simbiótica, na realização de seu objetivo. Temos, assim, duas situações:

a) uma ou mais atividades, culturais e/ou técnicas, incorporam-se de forma subsidiária a outra atividade, igualmente cultural ou técnica, de modo que esta permanece a atividade principal, conservando aquelas seu caráter auxiliar ou acessório;

b) duas ou mais atividades, culturais e/ou técnicas, unem-se, com igual peso e responsabilidade, na proposta de execução de um projeto comum e passam assim a contribuir mutuamente para atingir o fim desejado, de forma sinérgica.

No primeiro caso, temos uma atividade principal e atividades secundárias que lhe servem de meios para cumprir uma finalidade. (Como veremos a seguir, entre discursos culturais essa situação constitui um caso particular de cultura aplicada.) No segundo, as diversas atividades envolvidas têm funções diferentes, mas igual importância. (Algumas dessas situações já foram abordadas a propósito das diversas interfaces existentes entre as práticas antropoculturais.)

Vejamos alguns exemplos de interação entre atividades culturais ou técnicas em que uma é subsidiária de outra. Um trabalho de física utiliza em larga escala a linguagem matemática, da mesma forma como um artigo sobre biologia emprega muitos conhecimentos de química. Igualmente, este livro, que fala sobre semiótica, usa alguns princípios da lógica das modalidades. Assim, a matemática, a química e a lógica modal acabam sendo instrumentos dos discursos da física, da biologia e da semiótica, respectivamente. Portanto, temos aí casos de matemática, química e lógica aplicadas, já que uma das aplicações possíveis de uma ciência é a alimentação de outras ciências. (Confira a esse respeito o capítulo 7.) De modo análogo, a música que constitui a trilha sonora de um filme (ou o *jingle* de um comercial de rádio ou TV, ou ainda o prefixo musical de um programa de televisão), assim como ilustrações artísticas num livro científico, pedagógico ou literário são exemplos de arte aplicada.

Dentre os exemplos de aplicação de técnicas na realização de atividades culturais temos a equitação na prática do pólo (pois para jogar pólo é preciso saber cavalgar), a natação no pólo aquático (por razões idênticas, é preciso saber nadar para jogar pólo aquático). Temos ainda o emprego das técnicas fotográficas na realização da fotografia artística, assim como o já citado emprego das mais diversas técnicas na produção de uma obra cinematográfica (filmagem, sonorização, iluminação, edição, uso de efeitos especiais). A pesquisa científica pura, por sua vez, também utiliza largamente recursos técnicos os mais diversos, donde a atuação, junto aos cientistas, de técnicos e preparadores, conforme já se mencionou.

Um exemplo de discurso religioso que é utilizado de forma subsidiária por outro discurso religioso é o já citado caso da incorporação da linguagem e das divindades do catolicismo pelo candomblé.

No segundo tipo de sinergia entre atividades antropoculturais, em que as várias atividades envolvidas têm o mesmo fim, encontramos, dentre outras, atividades sincréticas como a pesquisa científica inter ou multidisciplinar (pesquisadores de vários domínios do conhecimento trabalhando juntos, cada um na sua especialidade, na produção de um saber comum), o discurso literário (consubstanciado no roteiro) e o discurso teatral (a arte dramática) na realização de um filme, o triatlo (três modalidades esportivas unidas para formar uma quarta modalidade), a música e o teatro numa peça musical, além do ecumenismo religioso.

Sistematizando o que dissemos até agora a respeito da interação entre as diversas atividades antropoculturais – culturais (puras e aplicadas) e técnicas –, pudemos perceber que um discurso cultural pode ser utilizado como instrumento de outro (o que constitui um caso de cultura aplicada) ou pode formar com ele uma parceria igualitária. Em ambos os casos, temos simbiose ou sincretismo. Vimos também que as atividades culturais se valem em grande parte de atividades técnicas para sua execução, e que as atividades culturais puras podem ter sua contrapartida utilitária, o que constitui outro caso de cultura aplicada.

PARTE II

A CIÊNCIA E A RELIGIÃO COMO PRÁTICAS HEDÔNICAS

13 O CARÁTER HEDÔNICO DA CIÊNCIA PURA
(OU CIÊNCIA TAMBÉM É CULTURA)

Raciocinar tem de ser divertido.

RUPERT SHELDRAKE

A inclusão da ciência e da religião no domínio das atividades culturais pode causar polêmica em alguma parte. Isso se deve à falta de hábito que temos de pensar nessas práticas como atividades hedônicas. Ocorre que, em nossa antropocultura, a religião está sempre ligada à salvação do homem, à redenção dos pecados e à cura dos males do corpo e do espírito, assim como a ciência é quase sempre vista associada a suas aplicações práticas. Em outras palavras, a ciência e a religião assumiram uma imagem pública de atividades exclusivamente utilitárias. Por essa razão, esta segunda parte da obra será dedicada especialmente a fazermos algumas reflexões e tecermos algumas considerações sobre o papel específico ocupado pela ciência e pela religião no âmbito da cultura. Essas questões já foram abordadas na primeira parte; entretanto, é preciso voltar a elas agora para focalizarmos certos aspectos da ciência e da religião em que não tocamos ou tocamos apenas superficialmente naquela ocasião.

Já sabemos que o que basicamente distingue a ciência pura da ciência aplicada é o caráter hedônico daquela, por oposição ao caráter pragmático desta. A ciência pura objetiva fundamentalmente o enriquecimento mental do homem e a abertura de novos horizontes de visão através de uma leitura do mundo feita pelo filtro da razão. A ciência é, em sua essência, uma atividade genuinamente hedônica e, por conseguinte, genuinamente cultural. No entanto, a concepção utilitarista de ciência, fundada no mecanicismo e no positivismo, predominante na sociedade moderna, nos leva as mais das vezes a ver a ciência como uma atividade utilitária, cuja função seria a produção de conhecimento aplicável, isto é, capaz de gerar métodos práticos de solução de problemas para a melhoria das condições materiais de vida do ser humano, o que se costuma chamar de tecnologia. Nesse sentido, identifica-se a atividade científica com a ciência aplicada.

Em primeiro lugar, é preciso lembrar que a tecnologia surgiu muito antes da ciência: a invenção da roda é muito anterior ao advento da física; a descoberta da natureza química do fogo deu-se milhares de anos após a descoberta de suas utilidades; a própria geometria surgiu como um método prático de medição de terrenos (geometria em grego quer dizer "medida de terra"), só se tornando uma ciência quando os sábios gregos passaram a estudar as figuras e as relações geométricas abstratamente, desvinculadas de seu significado material e concreto. De um modo geral, todos os povos da Antiguidade utilizavam os astros como guias para a navegação, bem como empregavam cálculos matemáticos na arquitetura. Foram os gregos o primeiro povo a estudar a natureza de forma gratuita e a buscar o conhecimento desinteressado, inaugurando aquilo que hoje chamamos de ciência pura. Se tomarmos como marco inicial da ciência moderna o Renascimento, veremos que a técnica (por exemplo, a construção das pirâmides do Egito ou das catedrais góticas da Idade Média) lhe é muito anterior. Ainda hoje, a maior parte das invenções técnicas prescinde da pesquisa científica. Tanto que Pierre Thuillier escreve:

> Em nossa sociedade reina uma divisão do trabalho que opõe fortemente a técnica e a ciência, o engenheiro e o "sábio". E da mesma forma, no interior da história, existem repartições muito nítidas: de um lado a história das técnicas, de outro a história das ciências. Simples divisão das tarefas, dir-se-á. Mas que levanta questões delicadas (mesmo se não estão sempre explicitadas) sobre os méritos respectivos da prática e da teoria. [...] Alexandre Koyré declara que é preciso admitir "a existência de um pensamento técnico, pensamento prático, essencialmente diferente do pensamento teórico da ciência". No contexto imediato em que aparece essa frase, o autor quer de início afirmar que a técnica pôde nascer sem o socorro da ciência; a esse respeito muitos historiadores concordariam. Mas esse enunciado vai muito mais longe: ele afirma que o pensamento técnico e o pensamento científico constituem por assim dizer dois universos separados. Por essência, eles são distintos. Tal concepção, quando se estuda a história das ciências, tem importantes conseqüências.[1]

1. Thuillier, 1979.

Em segundo lugar, toda especulação sobre as causas dos fenômenos e mesmo sobre o funcionamento dos artefatos tecnológicos foi a princípio movida pela curiosidade. É impelido primeiramente pela vontade de saber que o homem pesquisa e especula; o estudo ligado de modo específico à solução de problemas práticos é lógica e cronologicamente posterior à busca de solução a questões meramente teóricas. Portanto, a ciência nasceu em nossa civilização sob o signo da especulação gratuita e desinteressada. Além disso, o interesse que a maior parte dos cidadãos tem sobre a ciência decorre da simples satisfação da curiosidade. Não é por outra razão que as pessoas comuns visitam os planetários, os zoológicos, os museus e exposições de história natural e as feiras de ciência, assim como lêem livros e revistas de conteúdo intelectual ou assistem a documentários na televisão. Para o homem comum, o conhecimento científico é essencialmente uma fonte de prazer e entretenimento.

Se analisarmos a história do homem, desde o tempo das cavernas até as viagens espaciais, veremos que o que mais impulsionou e impulsiona o ser humano em direção ao progresso é sua sede de saber, sua curiosidade, o que poderia ser considerado pelas mentes menos abertas como uma tolice. Entretanto, se só nos dedicássemos a coisas "práticas" – as que têm objetivo utilitário –, com certeza ainda estaríamos na Idade da Pedra. Descobrir as respostas para nossas perguntas, seja pela via racional (a da ciência), seja pela via não-racional (a da religião e da arte), sempre foi o grande motor da aventura humana neste planeta. Negar à ciência o seu caráter hedônico, tachar como ilegítima a pesquisa desinteressada, é um ato de miopia.

Quanto à natureza primordial da ciência, diz Bertil Malmberg:

> Toda pesquisa científica se baseia, afinal, na necessidade de o homem ver com maior nitidez o que lhe diz respeito e ao mundo em que vive. As questões sobre a aplicabilidade prática ou sobre a utilidade dos resultados dessa pesquisa ficam fora de sua autêntica esfera de interesse. Ainda que todo o nosso progresso material seja, afinal, uma conseqüência de pesquisas científicas, o próprio progresso, no entanto, nunca tem sido nem pode ser a meta principal da pesquisa. A ânsia de conhecer – a curiosidade, se se prefere – são inerentes ao homem. Toda vez que outras forças pretenderam decidir o sentido da pesquisa e influir em seus resultados – penso de um modo particular nas pressões políticas – a ciência entrou por maus caminhos, atraiçoando seus ideais e chegando inclusive ao fracasso. É necessário observar que os perigos deste

> gênero não são exclusivos dos regimes ditatoriais, mas também existem numa estrutura estatal democrática: a necessidade de apoio econômico pode determinar uma grave dependência do poder político. Tanto os pesquisadores como os governantes devem estar conscientes deste perigo.[2]

Assim, se a razão de ser da ciência aplicada é a busca do conhecimento para fins utilitários, a razão de ser da ciência pura é a simples satisfação da curiosidade. Por isso, muitos cientistas são capazes de passar anos a fio debruçados sobre uma determinada questão, sem vislumbrar qualquer aplicação prática para o conhecimento que venham a extrair de sua pesquisa. A busca obstinada e gratuita de soluções para complicados problemas de lógica ou de matemática, como a famosa questão da quadratura do círculo, é um exemplo disso. O que leva esses homens a dedicar-se abnegadamente ao estudo é a simples curiosidade. É por essa razão que o homem vem há muito tempo observando as estrelas, perscrutando o mundo microscópico, dissecando animais e plantas, refletindo e especulando sobre a sociedade e sobre a própria natureza humana. Esses conhecimentos podem eventualmente encontrar aplicações práticas mais cedo ou mais tarde, mas não é por isso que o homem os busca. Apesar das inúmeras aplicações práticas que a física newtoniana permitiu, a grande contribuição da teoria de Newton, e pela qual ele é lembrado até hoje, é a explicação racional do funcionamento mecânico do Universo. Da mesma forma, Einstein desenvolveu a teoria da relatividade para explicar de modo mais completo que a física newtoniana o funcionamento da natureza, procurando responder especialmente a certas questões que a teoria clássica deixara sem resposta, e não para contribuir na produção da bomba atômica. Os inventores da bomba atômica é que viram na teoria da relatividade uma ferramenta indispensável ao alcance de seu objetivo.

Mesmo quando o homem persegue um conhecimento com o propósito de aplicá-lo na produção de uma tecnologia, ele pode estar sendo, muitas vezes, movido muito mais pelo desejo do que pela necessidade. Foi assim que, durante milênios, o homem sonhou em voar como os pássaros e foi justamente esse simples desejo de voar que o levou a pesquisar e a construir os mais bizarros e insólitos inventos, até chegar ao avião. Os pioneiros da

---

2. Malmberg, 1976, pág. 19.

aviação, certamente imbuídos pelo espírito de Ícaro, não pretendiam criar um artefato cuja principal função fosse servir como meio de transporte mais rápido que o cavalo, o trem ou o navio, mas sim um instrumento que lhes permitisse sair do chão e, conseqüentemente, ver o mundo de outro ponto de vista, usufruindo a liberdade de escapar à gravidade. Claro que o propósito utilitário do invento não estava fora de cogitação, e o avião logo se transformou no mais rápido dos transportes, assim como também – para desgosto de seu inventor – numa arma de guerra das mais destrutivas. No entanto, para os inventores de máquinas voadoras, de Leonardo da Vinci a Santos Dumont, o objetivo principal era a satisfação de um desejo, talvez até de um capricho do ser humano.

Por tudo isso, ao supervalorizarmos o aspecto utilitário da ciência, corremos o risco de estar vendo apenas a ponta do iceberg. As descobertas científicas mais importantes não são aquelas que geram mais aplicações práticas, mas aquelas que contribuem para mudar o modo como o homem vê a si mesmo e o mundo à sua volta. É por isso que pesquisas sobre a origem do Universo, que aparentemente não têm nenhuma aplicação prática, impressionam muito mais a humanidade e terminam por ganhar muito mais destaque nos anais da História do que pesquisas sobre produtos químicos industrializáveis ou sobre a cura de doenças. É por esse motivo também que os grandes sábios – e justamente por isso eles são assim chamados – sempre se preocuparam mais com as grandes questões existenciais do ser humano do que com questões práticas e comezinhas, deixadas para os técnicos.

A filosofia, por exemplo, é uma ciência que não gera tecnologia e que, antigamente, tinha uma aplicação pedagógica: era ensinada nas escolas, com ênfase sobretudo na lógica, como disciplina auxiliar no aprendizado das outras disciplinas, já que, basicamente, ensinava as crianças a pensar. Hoje, porém, a filosofia não tem mais nem mesmo essa aplicação, tendo sido banida dos currículos escolares na maioria dos países. A despeito disso, os grandes filósofos continuam famosos exatamente porque produziram um saber suficientemente importante para ser digno de ser conhecido, um saber que influencia até hoje nosso modo de pensar. Trata-se de uma ciência cuja importância não está nas suas aplicações práticas, mas na visão de mundo que leva o homem a ter.

Os pesquisadores da ciência pura, assim como os realizadores da arte pura, são profissionais do intelecto, profissionais criadores, que se dedicam a uma atividade que tem seu fim em si mesmo, e que, portanto, só podem exercê-la em sua plenitude se desfrutarem de total liberdade.

Por isso, não se pode dizer ao cientista puro sobre o que ele deve pesquisar, mas deixá-lo pesquisar sobre o que ele quiser e sobre o que ele sabe pesquisar melhor. Essa condição é tão necessária ao desenvolvimento da pesquisa científica que até as universidades e os institutos estatais de pesquisa, onde se privilegia a ciência aplicada, reconhecem a necessidade de dar aos cientistas plena autonomia de pesquisa. É tolice exigir que os cientistas tenham mentalidade utilitarista ou que direcionem suas pesquisas a finalidades tecnológicas ou sociais. Mesmo que o resultado de seu trabalho possa ter alguma aplicabilidade prática ou social, isso não pode ser exigido do cientista nem imposto a ele como condição de trabalho. É por essa razão que há uma distância quase abissal separando o cientista puro do cientista aplicativo: o primeiro dificilmente realizaria uma pesquisa por encomenda ou sob pressão.

A busca do conhecimento pelo conhecimento é tão importante que alguns países, como os Estados Unidos, investem pesadamente em pesquisas que parecem não ter nenhuma aplicação prática, pelo menos no atual estágio de nossa civilização, como pesquisas sobre a existência de vida fora da Terra, sobre a composição química de planetas distantes, sobre a origem do Universo, ou mesmo sobre o passado remoto da espécie humana. A busca desse tipo de conhecimento – a chamada "grande ciência" – custa muito caro ao Estado e, conseqüentemente, ao contribuinte, mas ninguém em sã consciência questiona a necessidade da realização de tais pesquisas para o aperfeiçoamento e engrandecimento do ser humano.

A esse propósito, aliás, a revista científica *Nature* confronta a posição dos Estados Unidos e da Europa com a dos países latino-americanos nessa questão:

> Em organizações como o Banco Mundial e o Banco Interamericano de Desenvolvimento, que influenciam fortemente a política científica na região [da América Latina], os economistas geralmente têm reagido [...] defendendo uma ênfase maior no desenvolvimento tecnológico e menor na pesquisa científica. Dirigentes políticos, de ministros da ciência do Brasil e Argentina para baixo, estão instruindo cientistas sobre a importância de "aplicações".
>
> Essa idéia, de certa forma familiar aos estudiosos da história do "desenvolvimento" do Terceiro Mundo, está sendo difundida muitos anos depois de ter caído em desuso nos Estados Unidos, onde a pesquisa básica é a principal prioridade do governo, e na Europa, onde esforços de

"pesquisa aplicada", como os antigos programas Framework, registraram poucos êxitos apreciáveis no fomento da inovação industrial.[3]

Como se pode constatar, os países do Primeiro Mundo pertencem ao Primeiro Mundo justamente porque, dentre outras coisas, investem maciçamente em ciência pura. Quanto a nós, do Terceiro Mundo, fazemos uma ciência igualmente terceiro-mundista, isto é, nos dedicamos quase exclusivamente à pesquisa aplicada (que, por sinal, utiliza teorias científicas estrangeiras numa tentativa, muitas vezes frustrada, de solucionar problemas nacionais), que deveria gerar tecnologia para nosso uso, o que raramente ocorre (a maior parte da tecnologia utilizada no Brasil também é importada).

O fato é que grande parte das pesquisas em ciência básica traz ganhos indiretos. De um lado, a conquista da Lua, muito mais do que uma forma de afirmação da supremacia tecnológica, econômica e política norte-americana sobre os demais países do globo, representou, de fato, "um grande salto para a humanidade", tendo em vista que derrubou mitos, pôs em xeque tabus e crenças religiosas; deu, enfim, ao homem a real dimensão de seu poder e ao mesmo tempo de sua pequenez diante do Universo; e, por outro lado, possibilitou o desenvolvimento de uma série de tecnologias subsidiárias, como o invento do relógio digital. De um modo mais geral, a exploração do espaço cósmico, o estudo do comportamento dos animais na natureza, a exploração do fundo dos oceanos, as escavações arqueológicas, geram enorme massa de conhecimento que se transforma rapidamente em livros e documentários de televisão, garantindo, ao menos em parte, o retorno financeiro do investimento nessas pesquisas. Assim, fica claro que a importância maior da aquisição desse conhecimento reside no próprio impacto mental que causa ao ser humano, o impacto da satisfação da curiosidade, do fornecimento de respostas a questões existenciais do homem, e não na aplicação industrial que tal conhecimento possa ter. (Pense-se, por exemplo, no impacto das idéias anticonformistas do filósofo alemão Herbert Marcuse sobre os jovens, que deu origem ao próprio movimento *hippie*.) Se a aplicabilidade pragmática do conhecimento fosse o único critério de valoração da ciência, certamente a maior parte das pesquisas jamais teria sido realizada; afinal, qual seria a utilidade prática de sabermos a idade do Universo ou como se originaram as línguas humanas?

---

3. Science in Latin America, suplemento especial de *Nature*, v. 398, nº 6.726, 1º de abril de 1999.

Consideremos a teoria apresentada por Erich von Dänniken em seu famoso livro *Eram os deuses astronautas?*, segundo a qual a maior parte dos mitos primitivos da espécie humana, bem como muitos vestígios arqueológicos, seriam indícios da presença de civilizações extraterrestres entre nós em época remota. Mais do que isso, Von Dänniken sustenta que nossos antepassados teriam sido "colonizados" por esses extraterrestres, devendo nós a eles muito do conhecimento técnico que herdamos de nossos ancestrais. Pois bem: qual é a utilidade prática dessa teoria? Aparentemente nenhuma. Seu mérito está justamente em seu aspecto curioso, no fato de aguçar a curiosidade do homem, de provocar nele a inquietação de ver suas próprias crenças sobre o passado da espécie abaladas, de levá-lo a questionar tais crenças. A teoria de Von Dänniken, que ainda não foi provada, mas não deixa de ser plausível como hipótese científica, basicamente produz prazer por sua curiosidade e inquieta o espírito da mesma forma que as grandes obras de arte. Mesmo que no futuro pesquisas mais aprofundadas nesse campo provem de forma inequívoca a hipótese lançada por Von Dänniken (o que, particularmente, não acredito que aconteça), ela continuará a não ter outra aplicação que não o debate e a especulação sobre o tema e a conseqüente alimentação da indústria de livros e documentários de TV.

Assim como o exemplo acima, há muitos temas científicos que aparentemente não têm – nem terão – interesse prático, mas fascinam o homem há séculos. Dentre eles podemos citar:

As questões filosóficas em geral. O papel da filosofia é desvendar quem somos e qual o nosso lugar no mundo. É a ciência do ser enquanto ser. Questões existenciais do ser humano, como o que é o ser, qual o sentido da vida, o que é e para que serve o conhecimento, procuram ser respondidas pela filosofia.

As narrativas históricas. A história tem por objetivo muito mais ajudar o homem a compreender seu lugar no mundo e na sociedade do que oferecer soluções práticas para problemas. Não só a história das civilizações como um todo, mas também a história de certos detalhes da civilização (a história do vinho, do dinheiro, do automóvel ou do matrimônio, por exemplo), despertam o interesse do público leigo, como se pode constatar pelos inúmeros títulos à venda nas livrarias e documentários exibidos na televisão.

Os mistérios da vida. Por que as células se multiplicam? Que mecanismo ou lei física comanda a reprodução celular? Como de uma única célula podem surgir organismos tão complexos como o corpo humano? Como e por que os organismos vivos crescem e envelhecem, ou seja, estão em constante transformação? Mais do que ser capaz de transformar energia, possuir vida significa possuir consciência. Mas o que é a consciência, afinal? Está ela circunscrita à atividade cerebral, em termos de impulsos elétricos e reações químicas, ou é algo que transcende o corpo visível? Essas e outras questões correlatas têm inquietado o ser humano desde sempre e têm sido a grande mola propulsora das pesquisas biológicas.

Os estudos cosmológicos. Qual é a origem do Universo? Será que nosso Universo atual um dia nasceu ou foi criado, ou será que sempre existiu? Durará ele para sempre ou terá um fim? Há outros universos além do nosso? O Universo está estável, em expansão ou pulsando? Ele é realmente infinito? Trata-se de um infinito plano, circular, cilíndrico, ou nenhum deles? Essas são as principais perguntas que os astrônomos e astrofísicos procuram responder atualmente.

A vida fora da Terra e os estudos ufológicos. Existe vida fora da Terra? Mais do que isso, existe vida *inteligente* fora da Terra? Será que um dia faremos contato com seres alienígenas? O que aprenderemos com eles? Países como os Estados Unidos, por exemplo, mantêm gigantescas antenas apontadas para o espaço à espera de a qualquer momento receber mensagens enviadas por civilizações extraterrestres. Por outro lado, será que já estamos sendo visitados por seres provenientes dessas civilizações? O que são afinal os óvnis? Já existem provas inequívocas da presença desses alienígenas entre nós? Por que os governos das grandes potências fazem tanto segredo do que sabem a respeito?

O desaparecimento dos dinossauros. Por que esses seres gigantescos e certamente tão mais resistentes que o homem, que dominaram a Terra durante milhões de anos, de repente desapareceram? Que acidente climático ou cataclismo teria provocado sua extinção? A queda de um meteoro sobre a Terra ou uma brusca mudança no eixo de rotação do planeta são algumas das hipóteses atualmente consideradas pelos especialistas.

A parapsicologia e os fenômenos paranormais. A telepatia, a telecinesia, a premonição, os passeios do espírito fora do corpo, a cura pela imposição das mãos e outros fenômenos semelhantes, assustam e intrigam o homem e ainda requerem explicação científica satisfatória. Pesquisas de vanguarda na área das ciências biológicas parecem começar a apontar para a explicação racional desses fenômenos. A década passada, considerada por muitos "a década do cérebro" representou, sem dúvida, um período de grande avanço na compreensão do funcionamento do cérebro e, conseqüentemente, da mente humana, o que abre caminho para a explicação lógica dos chamados fenômenos paranormais ou sobrenaturais, os quais, na verdade, nada mais são do que fenômenos normais e naturais, cujo funcionamento ainda não compreendemos muito bem.

As pesquisas arqueológicas e a busca de civilizações perdidas. A Atlântida realmente existiu ou tudo não passa de lenda? Teria existido uma civilização no Oceano Pacífico chamada Lemúria? Que povo misterioso deixou como testemunhos de sua existência monumentos como os *moais* da Ilha de Páscoa? Qual a origem e a verdadeira função de construções como os dólmens de Stonehenge, na Inglaterra, e as pirâmides do Egito e do México (santuário, sepulcro, observatório astronômico, instrumento de medição do tempo e das estações, local de pouso de astronaves...)? Terá existido no período que hoje chamamos de Pré-História uma civilização tão avançada quanto a nossa, que teria sido destruída (ou se autodestruído), da qual inúmeros monumentos arqueológicos e relatos lendários nas mais diversas antropoculturas são os prováveis vestígios? Embora sejam essas as questões mais célebres envolvendo o passado da civilização, praticamente todos os temas pesquisados pela arqueologia despertam o interesse do público leigo.

O Dilúvio e a Arca de Noé. Dentre os inúmeros relatos bíblicos, este é sem dúvida um dos mais intrigantes. Tudo leva a crer que uma grande enchente tenha realmente ocorrido em época muito remota. (Além de evidências geológicas e paleontológicas, muitas civilizações primitivas possuem narrações míticas sobre uma enchente universal.) Resta saber se Noé e sua arca realmente existiram e se tudo se passou exatamente conforme nos diz a Bíblia. Mais ainda, resta localizar os vestígios de tal arca.

O monte Sinai e a Arca da Aliança. Vários arqueólogos têm divergido sobre qual a verdadeira localização do monte onde Moisés teria recebido de Deus as Tábuas da Lei. A própria Arca da Aliança – sacrário em que essas tábuas estariam guardadas – vem sendo procurada pelos arqueólogos há muito tempo.

Os mistérios que envolvem a vida de Cristo. Muito mais do que interesse religioso, o tema em questão desperta interesse histórico, tendo em vista que se trata de preencher lacunas – que, por sinal, são muitas – no nosso conhecimento sobre a vida do homem que mudou a história do Ocidente e, por conseqüência, do mundo.

O mistério do Santo Sudário. O tecido que teria envolvido o cadáver de Jesus Cristo é ou não autêntico? Em caso afirmativo, como a imagem de Jesus foi impressa no pano? Mesmo os mais modernos testes de laboratório a que a relíquia cristã tem sido submetida não têm sido concludentes e continuam a deixar um mistério pairando no ar.

A primeira língua do homem. Nos últimos anos, tem ganhado força entre os lingüistas a chamada teoria da torre de Babel, segundo a qual, ao contrário da teoria correntemente aceita, nos seus primórdios, o ser humano teria falado uma única língua, geneticamente codificada em seu DNA, a exemplo das linguagens dos animais. Com o tempo e a evolução histórica, essa língua primitiva teria se desenvolvido na pluralidade de línguas que conhecemos hoje. A reconstrução dessa hipotética língua primordial constitui uma das tarefas da lingüística diacrônica, também por vezes chamada de arqueologia lingüística ou de paleontologia lingüística.

O berço do indo-europeu. Sabe-se que todas as famílias lingüísticas européias, com umas poucas exceções, bem como algumas línguas do Oriente Médio (como o idioma armênio e certas línguas do Irã e da Índia) guardam parentesco entre si, o que conduz à hipótese, hoje pacificamente aceita, de que tenham tido um ancestral comum, uma língua pré-histórica chamada pelos especialistas de indo-europeu, língua-mãe das principais línguas da atualidade, como o inglês, o francês, o espanhol, o português e o russo, dentre outras. Essa hipótese leva, por sua vez, à pressuposição de que teria existido um povo – denominado os indo-europeus – que falava tal língua. Hoje, estudos interdisciplinares envolvendo lingüistas, antropólogos, arqueólogos, historiadores, paleobotânicos, etc., procuram não apenas reconstruir esse idioma pré-histórico (os estudos nesse sentido estão, por sinal, bastante adiantados), mas sobretudo localizar a região onde os indo-europeus teriam se originado e de onde teriam partido para conquistar toda a Europa e parte da Ásia.

Os estudos mitológicos. Todas as mitologias encerram grandes sistemas de descrição e compreensão do mundo – aquilo que os antropólogos chamam de cosmovisão – que fundamentam todo o pensamento de uma civilização e se constituem em sistemas simbólicos complexos, fundadores dos arquétipos em que toda a nossa atividade mental, consciente e inconsciente, se estrutura. O estudo dos mitos de fundação nos leva a compreender quem somos, porque somos como somos e porque pensamos como pensamos. Além disso, muitas descobertas recentes das ciências naturais parecem corroborar o conhecimento que os antigos mitos contêm, lançando-nos na intrigante questão de saber como foi possível a povos primitivos chegar às mesmas conclusões a que a ciência agora chega, sem os recursos tecnológicos de pesquisa de que dispomos.

Estes e muitos outros temas de investigação científica, que mobilizam às vezes grandes contingentes de pesquisadores e ensejam a aplicação de vultosas somas de dinheiro em investimentos em pesquisa, são, sem dúvida, importantíssimos, embora dificilmente encontrem aplicações práticas no dia-a-dia do homem. Se todos nós temos interesse em tais temas, é, com certeza, pela inquietação que eles despertam em nosso espírito, a qual nos leva a buscar informações sobre esses assuntos movidos pela curiosidade inerente a todo ser humano.

Se observarmos o lazer das pessoas de nível cultural mais elevado, veremos que, além das formas de divertimento comuns a todos os cidadãos, como, por exemplo, assistir a eventos esportivos, ver televisão, ir ao cinema ou ao teatro, ler livros de ficção, essas pessoas também apreciam outras formas de entretenimento, como assistir a documentários e debates científicos na televisão e ler livros de não-ficção, inclusive obras de filosofia, sociologia e outras. Pessoas assim não lêem autores como Gilberto Freyre, Darcy Ribeiro ou Milton Santos porque precisem, mas porque gostam, porque têm interesse nesse tipo de conhecimento, porque apreciam refletir sobre a sociedade, sobre o país e sobre o mundo em que vivem. Para essas pessoas, a leitura de obras filosóficas, sociológicas, históricas, antropológicas e mesmo de divulgação de ciências naturais é um exercício de puro lazer, tanto quanto a leitura de obras literárias.

Por sinal, um outro aspecto interessante a ser destacado acerca do caráter hedônico da ciência pura é a proximidade entre os textos desse tipo de ciência e a literatura. Muitos filósofos, como Rousseau, Voltaire e Sartre, foram também escritores; por outro lado, muitos autores de literatura produzem obras reflexivas que por vezes resvalam na filosofia: é o caso de André Malraux, Jorge Luis Borges, Octavio Paz, Carlos Fuentes, dentre outros. Sobretudo no caso da filosofia, mas também nas ciências sociais de modo geral e mesmo nas obras de divulgação das ciências naturais, o conteúdo científico da obra costuma confundir-se com a forma literária de sua expressão.

Quando se fala do caráter hedônico da ciência, a primeira coisa importante a considerar é que, ao contrário do que pensam os acadêmicos de formação mecanicista – que são a maioria – e os leigos desinformados, a ciência pura em geral e as ciências humanas em particular não são meros "artigos de perfumaria" – algo belo, interessante e agradável, porém inútil e, portanto, não indispensável. Aliás, essa visão preconceituosa da ciência pura só faz reforçar seu *status* de manifestação legitimamente cultural, pois, de modo geral, a própria cultura, sobretudo a arte e o esporte, são fortemente vistos em nossa sociedade como coisas supérfluas, como mero divertimento, como um passatempo prescindível. Por isso, em épocas de crise econômica, os gastos com a cultura, tanto por parte do cidadão quanto por parte do Estado, são os primeiros a ser cortados. Esse preconceito contra a cultura existe há muito tempo (lembremos que, até algumas décadas atrás, as atrizes, cantoras e bailarinas eram vistas como prostitutas, e nenhuma moça de família deveria pensar em seguir tais carreiras) e, com certeza, acentuou-se com o triunfo do capitalismo. Com efeito, a lógica capitalista é a lógica do lucro, que, por sua vez, decorre da produção. Assim, a cultura tende a ser vista nas sociedades capitalistas como um conjunto de atividades não-produtivas, já que seu produto é abstrato. Apesar do advento da indústria cultural, a maioria dos pais ainda hoje faz sérias restrições a que seus filhos sigam carreiras artísticas, intelectuais ou esportivas, preferindo que eles se dirijam a profissões técnicas, com a medicina, a engenharia e o direito no topo da lista.

No entanto, contraditoriamente, algumas das mais importantes figuras relacionadas à constituição e consolidação da nacionalidade, ao lado dos heróis militares e dos estadistas, são justamente artistas, esportistas, intelectuais e até mesmo religiosos. (Veja-se, por exemplo, a importância que nosso povo deu à canonização da primeira santa brasileira para a afirmação de nossa identidade nacional.) Quando pensamos nos grandes homens que representam nossa nacionalidade, não podemos deixar de nos lembrar de Pelé, Ayrton Senna, Tom Jobim, Jorge Amado, Carlos Drummond de Andrade, assim como nos enchemos de orgulho cívico quando um esportista brasileiro é bem-sucedido numa competição internacional ou quando um artista brasileiro faz sucesso no exterior. O mesmo raciocínio vale para homens da cultura que têm projeção em nível regional, como Luís Gonzaga, Mestre Vitalino e o padre Cícero, no Nordeste do Brasil.

Todos esses são exemplos de pessoas que, sem dúvida alguma, merecem o nosso respeito e a nossa admiração, a despeito de fazerem algo que, numa visão utilitarista tacanha, é supérfluo. Portanto, não há nenhum desdouro para a ciência em ser considerada também uma atividade cultural. É preciso tornar claro que a cultura pura está longe de ser uma simples brincadeira, que, por não ter aplicações práticas, não teria importância. A grande importância dos artistas, dos esportistas e dos guias espirituais, está na felicidade que eles proporcionam às pessoas, coisa que nenhuma atividade pragmática pode fazer. Acredito que a vocação dos praticantes da ciência pura, dos intelectuais e pensadores também seja essa. Se é verdade que produzir felicidade é tão ou mais importante que aliviar a dor, então eu me arriscaria a afirmar que a ciência hedônica é tão ou mais importante que a pragmática. A ciência não é importante porque permite às pessoas fazer coisas, mas porque permite saber coisas, e esse é o lado maravilhoso do conhecimento.

As ciências exatas em geral elaboram modelos abstratos da realidade natural e manipulam esses modelos por meio de ferramentas matemáticas com o objetivo principal de ter o domínio da natureza em benefício do homem, o que, em última instância, se chama produção de tecnologia. Pode-se dizer então que essas ciências têm uma forte vocação utilitária, e para cumprir essa vocação, precisam lançar mão de um instrumental sofisticado, de uma metalinguagem complexa e rigorosa e de teorias altamente abstratas. Já a maioria das ciências humanas é muito mais uma reflexão sobre a realidade social do que a manipulação dessa realidade. Evidentemente, essa reflexão não gera aplicações práticas nem requer o emprego de modelos teóricos e terminologia esotéricos. Ademais, sendo a finalidade dessa reflexão a conscientização do homem sobre o mundo em que vive e a ampliação de seu campo de visão sobre a realidade humana, torna-se evidente a vocação eminentemente hedônica dessas ciências. Pode-se dizer que a ciência pura explica *como* e eventualmente *por quê*, enquanto a ciência aplicada investiga *para quê*. Muitas vezes, saber como e por que as coisas acontecem é muito mais importante e fascinante do que saber para que servem. Por isso mesmo, o discurso de tais ciências deve ser livre e aberto, isto é, acessível ao homem comum, e não privativo da comunidade acadêmica.

Não é raro encontrarmos artistas ou esportistas que também se dedicam ao ensino de suas profissões e ao desenvolvimento de novas técnicas. Entretanto, em nossa sociedade, dificilmente se pensa na arte ou no esporte como atividades geradoras de tecnologia ou ligadas à educação. Quando se fala em arte, pensa-se sempre na arte pura e não na arte aplicada, o mesmo ocorrendo em relação ao esporte. Já a ciência, em nossa visão antropocultural, aparece sempre intimamente ligada à tecnologia e à educação. Supervaloriza-se a ciência aplicada, enquanto geradora de tecnologia, ao mesmo tempo em que o discurso da ciência pura praticamente se confunde com o discurso pedagógico, a ponto de os cientistas serem invariavelmente tratados como "professores". Nesse sentido, o potencial hedônico da ciência, que é sua própria essência, acaba relegado a segundo plano.

O que costuma ocorrer é que não costumamos ver algumas ciências puras, em particular na esfera das humanidades, como verdadeiras ciências. Isso decorre de um preconceito gestado por uma visão mecanicista e positivista de ciência, de que somos ainda muito tributários, como já tive oportunidade de afirmar diversas vezes. Esse preconceito não se limita ao âmbito acadêmico, mas extravasa para o senso comum. Por exemplo, a imprensa em geral costuma rotular como ciência aquilo que, na verdade, muitas vezes não passa de mera tecnologia (a construção de um membro artificial com características e funções mais próximas das de um membro verdadeiro, saudado como um prodígio da ciência, não utiliza mais do que conhecimentos básicos de anatomia e de engenharia, que qualquer médico ou engenheiro especializados tem; não há físicos ou biólogos envolvidos nesse processo); em contrapartida, rotula muitas vezes como "cultura" (no sentido não rigoroso do termo) o que, na verdade, é ciência pura, sobretudo no campo das ciências humanas e sociais (vide os "cadernos de cultura" dos grandes jornais). Assim, a imprensa desempenha um importante papel na disseminação e na reiteração de uma idéia falsa ou equivocada de ciência, extraída do próprio senso comum e responsável por grande parte dos preconceitos existentes até entre os próprios cientistas. Um exemplo desse fato é a dificuldade que o físico brasileiro Marcelo Gleiser teve em conseguir do congresso norte-americano a aprovação de um vultoso financiamento às suas pesquisas na área da cosmologia, em razão do argumento de que tais pesquisas não trazem resultados práticos. Ao fim e ao cabo, a aprovação e a liberação da verba para essas pesquisas pelos congressistas norte-americanos mostrou que ainda há alguma lucidez nas decisões políticas.

Na verdade, a ciência aplicada cada vez mais desenvolve suas próprias teorias. Um trabalho teórico que não vise a uma aplicação prática explícita no momento de sua criação tende a permanecer sem aplicação ao longo do tempo. A maior parte da produção em ciência pura não encontra aplicações práticas nem a curto nem a longo prazo; no entanto, paradoxalmente, a aplicabilidade da teoria continua sendo usada como a única justificativa da ciência pura. Vive-se, assim, um impasse: a maior parte da produção em ciência pura não encontra aplicação prática, mas essa possibilidade de aplicação prossegue como o principal argumento utilizado pela pesquisa básica no âmbito acadêmico para justificar sua existência e sua necessidade de financiamento. Parece-me mais lógico que a ciência pura deixe de lado essa posição hipócrita e assuma efetivamente seu papel hedônico. Sobretudo as ciências mais teóricas, aquelas que lidam com objetos mais próximos da vida do cidadão comum e aquelas que usam uma metalinguagem menos complexa deveriam deixar de tentar justificar o injustificável e considerar-se como formas de cultura.

As tentativas de unificar a ciência sob a égide das ciências naturais – notadamente a biologia – ou de discriminar as *soft sciences* em relação às *hard sciences*, partem de uma concepção anacrônica de ciência, que elegeu a ferramenta matemática e o determinismo físico como critérios de cientificidade. Contudo, se acreditar no uso de métodos matemáticos como sinônimo de cientificidade é um grande equívoco, acreditar que as ciências naturais possuem o monopólio da matemática é um equívoco maior ainda. As próprias designações *hard* x *soft*, ou *ciências* x *humanidades*, já denotam uma visão preconceituosa e estreita de ciência, incompatível com os próprios caminhos que as pesquisas de vanguarda em ciências naturais vêm trilhando. A idéia de que à ciência corresponde a ordem e à filosofia e às humanidades o caos revela, sobretudo, uma concepção utilitarista dc ciência, que não admite a subjetividade na atividade racional, como se a razão fosse independente do sujeito.

Por conseguinte, as ciências humanas têm tido sempre de se autolegitimar perante as ciências naturais, acusadas que são por estas de não serem capazes de gerar aplicações práticas para o seu conhecimento e de serem, por isso, mera "perfumaria", passatempo de senhoras ou ócio pequeno-burguês. É preciso, pois, que os cientistas humanistas reconheçam o caráter predominantemente hedônico da ciência que fazem e, assim, não se sintam acuados e envergonhados por não produzir um discurso utilitário, pois afinal não é esta a principal função social das ciências humanas. Aliás, se as ciências naturais puras procuram compreender o lugar do homem no Universo e na natureza, as ciências humanas puras têm a missão – que me parece ainda mais relevante – de tentar explicar o lugar do homem na sociedade e na civilização.

Portanto, longe de ser a perfumaria inútil de que são acusadas pela sociedade tecnocrática, as ciências humanas puras deveriam ser consideradas sob esse prisma as ciências mais legitimamente pertencentes ao rol da cultura, precisamente por seu caráter hedônico puro e por seu interesse social, ao contrário das ciências naturais, que estudam, em sua maioria, objetos de pouco interesse pelo cidadão leigo, e das ciências aplicadas, que, em razão de sua vocação utilitarista, se tornaram meras escravas e serviçais da indústria e da geração de tecnologia, abdicando do *status* de manifestações culturais.

A definição de ciência dada na primeira parte desta obra neutraliza a oposição *ciências* x *humanidades* ou *ciências duras* x *ciências moles*, que dá origem a certas teorias como a da consiliência, de E. O. Wilson. Se a distinção entre as "ciências" e as "humanidades" é o caráter rigoroso, lógico-matemático, exato e metódico daquelas, eis mais uma razão pela qual essa distinção não se sustenta, pois as ciências humanas estão se tornando cada vez mais "exatas", e o método científico chegou até a crítica literária (embora muitos biólogos continuem a falar de um suposto "caos" das ciências humanas, que só eles vêem). Hoje em dia, o uso de modelos matemáticos em lingüística, por exemplo, é tão comum quanto nas ciências exatas. Paradoxalmente, a mais lógica de todas as disciplinas, a própria lógica, é um ramo da filosofia.

Logo, dizer que as ciências humanas são perfumaria é o mesmo que dizer que as ciências naturais são mais importantes que as ciências humanas – que o objeto de estudo das ciências naturais é mais nobre ou mais relevante que o das ciências humanas. Mas qual é o critério para afirmar isso? Será o da aplicabilidade prática do conhecimento? Não creio. Será o estudo da origem e do funcionamento do Universo, objeto da astronomia e da cosmologia, mais "nobre" que o estudo da origem e do funcionamento da linguagem, objeto da lingüística e da semiótica? Mas qual é a aplicação prática do conhecimento sobre a origem e o funcionamento do Universo? Alguns dirão que é a possibilidade da navegação e da prospecção espaciais. E qual é a importância e a utilidade disso? Então parece que o que privilegia a astronomia sobre a semiótica é que o objeto daquela desperta maior interesse, isto é, maior curiosidade, na opinião pública em geral, ou seja, no público leigo. (Talvez o interesse maior das pessoas pela astronomia advenha não das características intrínsecas do assunto em si, mas da maior divulgação que os astrônomos costumam fazer entre o público leigo de suas descobertas, em relação aos lingüistas e semioticistas, ou ainda da maior tradição acadêmica da astronomia sobre a lingüística e a semiótica.) Assim, o critério de valoração dos objetos de estudo – e, conseqüentemente, das ciências que os estudam – é meramente subjetivo e eivado de preconceitos, que é preciso derrubar.

Apenas a título de ilustração: o público em geral tem-se interessado muito nas últimas décadas por assuntos como a cosmologia ou a física das partículas elementares. Esse interesse cresceu muito a partir da revolução causada por duas teorias científicas: a relatividade e a mecânica quântica. Desde que essas teorias e suas implicações na concepção que temos do Universo foram dadas a lume, o fascínio exercido pelo mundo do "muito grande" e pelo mundo do "muito pequeno" tem servido de estímulo à proliferação de livros e documentários de TV sobre tais assuntos, e é perfeitamente compreensível que assim seja. Afinal, a humanidade sempre quis saber como tudo começou e como tudo funciona: a curiosidade do homem sobre a origem do Universo e a estrutura mais profunda da matéria de que ele é composto sempre foi muito grande. Além disso, o homem sempre reconheceu que a natureza é organizada e regida por uma inteligência muito superior à sua, que ele convencionou chamar de Deus. Assim, tentar compreender a essência da natureza é tentar compreender a inteligência por trás dela, é algo como tentar penetrar a própria alma do Criador.

Por outro lado, se pensarmos que linguagem e pensamento são a mesma coisa (como Aristóteles já sabia), e que o universo mental do homem é talvez tão vasto e complexo quanto o universo físico, ao tentarmos compreender a inteligência humana por meio de sua linguagem estamos desvendando o microcosmo, que é uma espécie de símile em miniatura do macrocosmo – a inteligência universal. Ora, compete à lingüística e à semiótica explicar a origem e a estrutura mais profunda da linguagem. O estudo da cognição e da simbolização humanas é tão complexo e seus resultados tão fascinantes quanto o estudo da mecânica do cosmo. Teorias como a semântica cognitiva de Rastier e a teoria das modalidades de Greimas associada às chamadas lógicas paraconsistentes revelam um universo em que também o infinitamente grande é formado a partir da combinação e da interação do infinitamente pequeno. Parece-me, assim, que o relativamente pequeno interesse do público por esse assunto decorre muito mais de sua falta de divulgação do que de sua suposta pobreza ou falta de importância.

Na verdade, os cientistas deveriam trabalhar em benefício da humanidade. No entanto, hoje, a maior parte dos cientistas, acima de tudo nas ciências naturais, trabalha em favor dos interesses do Estado e de seu sócio majoritário, o grande capital. Nas universidades públicas e nas instituições estatais de pesquisa científica, as pesquisas são financiadas pelo dinheiro público, mas são direcionadas segundo os interesses e prioridades do Estado e da iniciativa privada, que raramente coincidem com os interesses e necessidades da população em geral. Apenas em alguns casos, e apenas indiretamente, esses interesses são contemplados. No Brasil, apenas 15% do investimento em ciência provêm da indústria, sendo os 85% restantes financiados pelo Estado. Em contrapartida, a maior parte da produção científica nacional corresponde à ciência aplicada e à tecnologia. Ironicamente, o setor empresarial, que pouco investe em ciência, é o seu maior beneficiário. Acrescente-se que esses dados se referem às ciências naturais; no setor das ciências humanas, que não geram conhecimentos aplicáveis à indústria, o financiamento empresarial é praticamente zero. Compete, portanto, sobretudo ao cientista humanista, aquele que não produz tecnologia, produzir ciência para a humanidade e não para o Estado ou o capital, até porque estes desprezam as ciências humanas, a ela destinando, quando muito, as migalhas do financiamento da pesquisa científica.

A propósito, é lícito perguntar se a pesquisa em ciência pura deve ser financiada pelo Estado. É claro que o dinheiro do contribuinte deve ser canalizado prioritariamente para resolver os problemas mais urgentes da população, tais como saúde, educação, transporte e segurança, mas ninguém questiona que seja dever do Estado promover também a cultura, em todos os seus aspectos. Logo, perguntar se o Estado deve ou não financiar a pesquisa básica é o mesmo que perguntar se ele deve ou não financiar a música erudita ou o balé, por exemplo. A resposta evidentemente é sim. No entanto, assim como a arte não depende somente do Estado para sobreviver, mas busca apoio no público e na iniciativa privada, também a ciência pura deve buscar esse apoio. O que realmente se questiona no financiamento estatal da ciência pura é o fato de que ela nem gera tecnologia nem o conhecimento por ela produzido chega até a sociedade. Por conseguinte, o investimento feito pelo Estado em ciência pura acaba parecendo um empréstimo a fundo perdido: não traz retorno nem econômico, nem social, nem cultural.

Por outro lado, nada impede que a mesma lei de incentivo à cultura, que permite à iniciativa privada investir em cinema ou teatro, seja utilizada para financiar pesquisas científicas (por exemplo, uma escavação arqueológica) que resultem depois em livros ou vídeos; mas, para isso, é preciso que a divulgação do conhecimento científico seja tão valorizada quanto a sua produção. O Estado deve, sem dúvida, financiar a ciência pura e, assim como ele exige das ciências aplicadas o retorno do investimento na forma de geração de tecnologia, ele deve cobrar das ciências puras um retorno com relação à produção de cultura, isto é, pela geração de conhecimento e sobretudo pela disponibilização pública desse conhecimento, por meio da divulgação científica, que é a única justificativa social para a produção de tal conhecimento. Sem isso, temos, sem dúvida, investimento a fundo perdido.

O curioso é que, para financiar a pesquisa científica, o Estado geralmente exige aplicabilidade prática; contudo, esse mesmo Estado financia produções artísticas sem exigir sequer que sejam lucrativas. É preciso lembrar que a universidade apenas oferece infra-estrutura para a produção de conhecimento, seja na área dos supercondutores, seja na teoria literária. Por força da lei, o Estado deve financiar igualmente qualquer pesquisa. É o mercado que vai dizer qual a destinação desse conhecimento. Por isso, é preciso encontrar no mercado uma destinação para o conhecimento em teoria literária, por exemplo, e essa destinação não pode ser, como ocorre atualmente, a própria universidade. Por outro lado, essa destinação não é a indústria, não é a medicina, não é nem mesmo o ensino, já que não se ensina teoria literária na escola básica, nem haveria razão para o fazer. Portanto, tal destinação só pode ser a cultura.

O fato é que ninguém questiona a importância da ciência. Existe uma verdadeira fé na ciência, e sua credibilidade hoje é comparável à da que a religião gozava na Idade Média. Entretanto, com exceção da ciência aplicada, em que a pesquisa é feita especificamente para produzir um conhecimento que satisfaça uma necessidade prática estabelecida de antemão, toda pesquisa que não resulte em aplicações definidas *a priori* – toda pesquisa pura – teria dificuldade de justificar o investimento financeiro no que diz respeito ao retorno prático e tecnológico. Defende-se tal financiamento argumentando que o conhecimento assim produzido poderá um dia vir a ter utilidade prática. Muito pouco desse conhecimento tem tido efetivamente utilidade prática; não obstante, a sociedade, por intermédio do Estado, se vê compelida a continuar seu financiamento. O argumento da possível aplicação futura do saber puro, que quase nunca acontece, me parece muito fraco: muitos defendem a pesquisa científica, sobretudo em áreas de aplicação mais obscura, muito mais em função do que a ciência *pode* fazer do que em função do que ela efetivamente faz. É preciso ter claro que a ciência pura *pode* gerar tecnologia (por meio da ciência aplicada, é claro), ela não *tem de* gerar tecnologia.

Como vimos, a função social da ciência pura é a satisfação da curiosidade humana. Todo trabalho científico que cumprir essa função já terá justificado socialmente sua existência. Por que não defender então o apoio financeiro da pesquisa pela sociedade – e diretamente, não necessariamente por meio do Estado – em função de seu retorno hedônico? No meu entender, a ciência deveria, sim, buscar principalmente no próprio público o seu sustento, da mesma forma como faz a maior parte das artes e dos esportes, assim como as igrejas e os partidos políticos. A ciência deveria ser uma atividade lucrativa não apenas para o Estado ou para as indústrias, mas também para os próprios cientistas. É o que já vem acontecendo em pequena e média escala nos países desenvolvidos. Nos Estados Unidos, por exemplo, Estado e iniciativa privada – esta em geral mais do que aquele – investem em estudos cujo único produto é o conhecimento puro e simples, como é o caso das pesquisas arqueológicas; o resultado dessas pesquisas logo se transforma em livros e seriados de televisão, como o conhecido *Archaeology*, que são também financiados, total ou majoritariamente, pela iniciativa privada. Quem investe em tais projetos sabe que não está contribuindo para a geração de conhecimento tecnológico empregável nas indústrias, mas sim para a difusão pública e aberta do saber, isto é, para a difusão da cultura.

Um argumento que poderia ser lançado para justificar a total dependência da ciência pura em relação ao Estado é a baixa popularidade dos temas científicos. Ninguém contesta que, de fato, um livro científico – mesmo um livro de divulgação, escrito já com o propósito de ser acessível a um público leigo – costuma vender menos que obras de conteúdo utilitário ou de ficção. Na área científica, *best sellers* são relativamente raros. No entanto, muitas formas de arte (como as artes plásticas, por exemplo) e certos esportes menos populares (como a canoagem, dentre outros) sobrevivem, a despeito do pequeno público, sem depender do Estado. Essas práticas culturais conseguiram criar uma infra-estrutura própria, apoiada em seu público e, além disso, contam com patrocínios da iniciativa privada. Não me parece visionário que a ciência hedônica siga o mesmo caminho. (Na verdade, isso já vem acontecendo, embora de forma ainda um pouco tímida.)

A questão central é que a ciência pura – sobretudo em suas correntes mais modernas – pode ser algo tão interessante quanto as artes ou os esportes, ainda que seja direcionada a um público mais seletivo. Basta que haja divulgação suficiente para que o hábito de consumir ciência se incorpore ao dia-a-dia do homem comum, inclusive o cidadão de cultura média. Isso requer, evidentemente, o empenho dos próprios cientistas em produzir obras (livros, vídeos, filmes) com apelo um pouco mais popular, relativamente à linguagem e ao conteúdo. No entanto, contrariamente ao que ocorre nos países desenvolvidos – e é por isso mesmo que eles são desenvolvidos –, a divulgação científica é pouco praticada no Terceiro Mundo. Nos chamados países emergentes, dentre os quais o Brasil, os cientistas escrevem pouco para o público em geral e documentários de TV sobre ciência produzidos nesses países são raros. É preciso que os cientistas criem o hábito de se comunicar com o público e, para tal, é preciso que sejam incentivados ou mesmo obrigados a isso.

Outro aspecto fundamental da ciência hedônica é o fato de que ela em geral trabalha com os "grandes temas": a origem do Universo, a origem da vida, a origem do homem, o passado da civilização (mesmo através da reconstrução hipotética de etapas históricas não documentadas), a antropocultura em seus mais diversos aspectos (mitos, tradições, línguas, comportamentos sociais), a cultura (isto é, a especulação sobre a própria ciência, sobre as artes e as religiões), o funcionamento da mente humana, a espiritualidade e a existência de Deus, as grandes questões filosóficas, etc. Já a ciência pragmática se ocupa em geral de questões muito específicas e detalhadas, de interesse exclusivo de especialistas (cientistas aplicativos e técnicos).

Em certos aspectos, o hiato entre as ciências humanas puras e as ciências naturais e aplicadas é tão grande que, do ponto de vista institucional, questões relativas àquelas ciências dizem muito mais respeito aos órgãos de fomento à cultura do que aos órgãos de gerenciamento científico e tecnológico. É o caso dos projetos arqueológicos e museológicos que, no Brasil, estão a cargo do Ministério da Cultura e não do Ministério da Ciência e Tecnologia.

A oposição *ciência pura* x *ciência aplicada* assume em certos casos o caráter de um verdadeiro antagonismo, em que militantes de ambos os lados cerram fileiras, e que tem como principal campo de batalha a universidade. Um exemplo disso é a progressiva adoção, pelas universidades, do chamado mestrado profissional, cujo tipo exemplar é o MBA (Master of Business Administration) norte-americano. Trata-se de uma nova modalidade de mestrado, mais voltada para a formação de profissionais de mercado e, por conseguinte, diferente em sua concepção e em seus objetivos dos tradicionais mestrados acadêmicos. O mestrado profissional pretende formar um pesquisador que vai atuar diretamente no mercado, exercendo atividades técnicas: um pesquisador aplicativo, portanto. (Na prática, dado o aumento da competitividade profissional no mercado de trabalho, sobretudo nas profissões técnicas, e dada também a progressiva deterioração do ensino em todos os níveis, o mestrado profissional acaba suprindo as deficiências dos cursos de especialização e aperfeiçoamento, os quais, por sua vez, procuram suprir as deficiências dos cursos de graduação, e assim por diante. Nessa perspectiva, não é de admirar que, em breve, surjam doutorados profissionais.) Desse modo, a opção da universidade pelo mestrado profissional acaba praticamente restringindo a pesquisa básica ao doutorado. Isso parece indicar um quadro em que, aos poucos, a ciência pura vai sendo expulsa até da própria universidade.

Por outro lado, o modelo atual de universidade prepara técnicos, artistas e esportistas ao nível da graduação, relegando a formação de cientistas à pós-graduação. Se um indivíduo deseja ser pesquisador, ele deveria ser preparado para isso já na graduação, sem ter de chegar até o doutorado para tal. Em suma, os cursos de graduação em ciências humanas ou naturais deveriam formar pesquisadores, em vez de essa formação ser feita só no mestrado/doutorado.

A propósito, somente o doutorado forma pesquisadores criadores – aptos a produzir um conhecimento original –, já que o objetivo do mestrado é muito mais ensinar a sistematizar e a transmitir conhecimento já existente. Não é função da chamada pós-graduação *stricto sensu* formar profissionais de mercado – atribuição historicamente pertencente aos cursos de graduação – embora isso esteja acontecendo atualmente por pressões do próprio mercado, insatisfeito com o grau de especialização dos atuais bacharéis. Tampouco é função dos cursos de mestrado ou doutorado formar professores, apesar de a atividade acadêmica incluir a docência, pois tais cursos, por sinal, não proporcionam uma formação didático-pedagógica. Toda a atividade num curso desse tipo, incluindo a defesa de uma tese, visa à formação de pesquisadores.

Por tudo isso, é preciso repensar a universidade, a vinculação da pesquisa à docência, a obrigatoriedade da pós-graduação para o exercício da pesquisa (incluindo o anacrônico ritual da defesa de tese), a função dos mestrados profissionais, etc. É preciso, conseqüentemente, definir o lugar da ciência pura, da ciência aplicada, da tecnologia e do ensino na academia. É necessário que se enfatize a diferença entre a ciência pura e a ciência aplicada/tecnologia, em face de seus diferentes objetivos sociais, não para negar a relação epistemológica entre ambas as instâncias, mas para separar suas respectivas esferas de interesse. Imagine, por exemplo, uma revista que trouxesse artigos de ciência pura e de ciência aplicada às técnicas. Teríamos, provavelmente, a filosofia pura e a cosmologia ao lado da odontologia e da gestão empresarial. Nessa revista, poderíamos encontrar artigos sobre a concepção metonímica de signo e o mito da torre de Babel, ou sobre a mitologia védica à luz da psicanálise ao lado de um artigo sobre a eficácia do xilitol no combate à gengivite – o que me parece bastante bizarro e disfuncional, para dizer o menos. Tal revista certamente não teria um público-alvo definido, dada a sua dispersão de informação. Por razões análogas, a especificidade da ciência pura a respeito de sua função e de seu interesse sociais também obriga a não confundi-la com o discurso pedagógico, o que freqüentemente ocorre. Discutiremos mais a fundo essa questão na terceira parte.

A ciência aplicada moderna, sem dúvida, tem produzido prodígios, dando ao homem uma sensação de poder quase divino, que ele nem sempre tem sabido usar em seu benefício. As conquistas da engenharia genética, por exemplo, permitirão nos próximos anos fazer clones de seres humanos. Estaremos finalmente interferindo não só na natureza à nossa volta, mas também na nossa própria natureza. Poderemos estar caminhando para a solução de muitos de nossos problemas, mas também para a destruição de nossa espécie. Evidentemente, toda tecnologia permite aplicações tanto benéficas quanto desastrosas. Todavia, como o homem é mais inteligente do que sábio, a probabilidade de o uso de uma nova tecnologia acarretar conseqüências nefastas é sempre maior do que a de proporcionar felicidade. Assim, sem perder a fé na aplicação proveitosa do conhecimento e, portanto, sem desmerecer a ciência aplicada e a tecnologia, penso que a ciência pura tem um papel fundamental a cumprir no âmbito da civilização e poderia contribuir muito mais do que tem feito até agora para o enriquecimento intelectual e espiritual do ser humano, se todos – especialmente os cientistas – compreendessem sua natureza hedônica. A ciência pura visa, dentre outras coisas, a abrir os olhos do homem para seu próprio mundo e, assim, desenvolver nele a sabedoria necessária para saber lidar de forma ética com a ciência aplicada e a tecnologia.

14 O ELITISMO DA ACADEMIA

(OU A CIÊNCIA OLHANDO PARA O PRÓPRIO UMBIGO)

Quando se discute o caráter hedônico da ciência pura, há dois aspectos básicos envolvidos. Um deles é o patrimônio cultural legado pela ciência enquanto acervo de conhecimentos fundadores da civilização, cuja missão é satisfazer a curiosidade humana, respondendo às indagações fundamentais de nossa existência e nos ensinando novas maneiras de olhar a vida e o mundo à nossa volta, ampliando, assim, nossa compreensão sobre nós mesmos, de forma análoga ao que fazem a arte e a religião. O outro aspecto, que decorre do primeiro, e também semelhantemente à arte e à religião, é a necessidade de disseminação do conhecimento científico entre o maior número possível de pessoas, já que o conhecimento só é verdadeiramente um patrimônio da humanidade se esta puder ter acesso a ele. Por conseguinte, quando se diz que a ciência é um patrimônio da humanidade, é preciso compreender bem o que isso significa. Cidades como Atenas, Roma ou Ouro Preto constituem um patrimônio histórico e artístico da humanidade porque formam um discurso arquitetônico, pictórico e escultórico ao qual toda a humanidade pode, em tese, ter acesso. Da mesma forma, a Quinta Sinfonia de Beethoven é um patrimônio cultural da humanidade porque qualquer pessoa em qualquer parte do mundo pode, a qualquer momento, ouvi-la. É claro que a maior parte da humanidade jamais visitou Atenas, Roma ou Ouro Preto, assim como jamais ouviu a Quinta Sinfonia de Beethoven, o que nos põe a questão de que nem todos os seres humanos têm, na prática, acesso aos bens culturais. Mas grande parte desses seres humanos que não têm acesso à cultura também costuma não ter acesso à educação, à higiene, à saúde, à comida, à cidadania... Em resumo, encontra-se em estado de subumanidade.

Assim, quando dizemos que a cultura é um bem social de toda a humanidade, estamos infelizmente fazendo uma generalização utópica, em que nosso conceito de humanidade acaba restrito àquela parcela da humanidade que tem a possibilidade de "escovar os dentes todos os dias". De qualquer modo, dizemos que os monumentos históricos e as obras de arte em geral estão disponíveis porque os obstáculos que os separam de parte da população humana não são intrínsecos a eles, isto é, são de ordem econômica, política ou educacional, não de ordem semiótica. Tais discursos foram concebidos para todos e todos têm o direito de usufruir deles. Se a injustiça social impede a democratização da riqueza e do conhecimento, se ainda hoje fazer turismo ou saber ler e escrever é privilégio de alguns, a culpa não é das obras de arte ou de seus criadores. Ocorre que a arte pressupõe um destinatário alfabetizado, bem-nutrido e dotado de uma condição financeira digna: um destinatário "normal". Nesse sentido, a miséria, a ignorância, a indigência física e mental são vistas como anomalias, como um estado excepcional da condição humana, muito embora afete, em graus variáveis, a maioria dos seres humanos, da mesma forma como a civilização é considerada o estado natural do ser humano, apesar de alguns bilhões de seres humanos viverem fora dela, imersos na barbárie.

Desse modo, dado um destinatário dito normal, a arte – salvo alguns casos raros – não exige dele nenhum conhecimento especial para decodificar a obra artística: um ouvinte de música não precisa ser versado em teoria musical para ouvir e apreciar uma bela sinfonia. É claro que, mesmo entre os destinatários normais, há repertórios variáveis, o que pode levar alguns desses destinatários a compreenderem melhor certas formas de arte mais simplórias, enquanto outros apreciam obras mais elaboradas. De todo modo, tanto o destinatário mais exigente, apreciador de uma arte mais conceitual, quanto o menos exigente, que prefere um repertório artístico semioticamente mais pobre, são receptores leigos do discurso artístico, isto é, nem praticantes nem estudiosos da arte. Em outras palavras, a arte é sempre concebida para o público em geral e não apenas para os próprios artistas, os críticos de arte, os semioticistas e os estetas. É, portanto, um discurso concebido para ser "aberto".

Pois bem, eu disse que o conhecimento produzido pela ciência pura só pode ser considerado um patrimônio da humanidade se esta puder ter acesso a tal conhecimento. No entanto, muitas vezes as barreiras que separam o homem comum desse conhecimento não se devem às anomalias da injustiça social, mas ao próprio caráter hermético do discurso científico.

Neste caso, o obstáculo é intrínseco: tem-se um discurso incompreensível aos destinatários normais, um discurso que só pode ser plenamente entendido por especialistas no assunto: um discurso "fechado". Como sabemos, o discurso científico hedônico é aquele que veicula um saber para a satisfação da curiosidade e para a ampliação dos horizontes mentais e espirituais do homem. Nesse discurso, o saber é um fim em si mesmo e a motivação que impele o homem a buscá-lo é o desejo de prazer e não a necessidade utilitária. Assim, o estatuto do discurso científico hedônico é o mesmo do discurso artístico ou do discurso esportivo: são todos espetáculos, no sentido mais amplo dessa palavra – são discursos concebidos para ser públicos. Infelizmente, apenas uma pequena parcela dos textos científicos publicados é destinada ao público leigo em geral. Contudo, se pensarmos que a maior parte da produção científica se refere à ciência aplicada, cuja função social é a geração de soluções tecnológicas para os problemas humanos, veremos que, se o discurso da ciência aplicada não é diretamente acessível ao homem comum, o resultado prático desse discurso – a tecnologia que ele possibilita – o é. Dessa forma, o discurso da ciência aplicada é um discurso restrito à comunidade científica, mas cumpre plenamente sua função social.

É na ciência pura – o discurso intelectual propriamente dito – que se nota o grande contraste entre duas posições diferentes: de um lado, livros, filmes e conferências públicas que tratam os mais diversos temas do conhecimento de forma clara e aberta; de outro, pesquisas acadêmicas de interesse obscuro, livros esotéricos em sua linguagem e em seu conteúdo, palestras fechadas ao seleto grupo dos iniciados ou mesmo pretensamente abertas ao público, às quais o público propriamente dito não comparece, dado o hermetismo do tema e da linguagem adotada. A ciência pura – que deveria coincidir com a ciência hedônica – parece dividida entre dois mundos aparentemente irreconciliáveis: o mundo aberto da sociedade em geral, que demanda cada vez mais a informação científica clara e acessível, e o mundo recluso e impenetrável da academia.

É certo que existem muitas atividades humanas, até mesmo na esfera da cultura, que não são "populares", no sentido de não atraírem a atenção de um grande número de pessoas; porém a ciência é, talvez, uma das poucas atividades humanas, e com certeza a única atividade cultural, que se recusa a ser popular. Nas artes, no esporte e na religião, assim como na maioria das atividades discursivas utilitárias, ter um público tão grande quanto possível não é apenas desejável; em muitos casos, é condição para a própria sobrevivência dessas atividades. Se é verdade que a música de concerto sempre guardou uma aura de elitismo e de intangibilidade, não é menos verdade que as orquestras sinfônicas têm sido bastante beneficiadas por campanhas de popularização da música erudita que visam a atrair um público cada vez maior. Aliás, é isso o que, não raro, tem impedido muitas dessas orquestras de encerrar suas atividades por falta de verba.

Igualmente, as artes plásticas não contam entre as formas mais populares de cultura. Todavia, tem havido um constante esforço de galerias e museus para torná-las acessíveis a todos, até pela redução do preço dos ingressos (chegando mesmo à entrada franca), bem como pela busca de parcerias com o empresariado para realizar projetos de divulgação da arte.

Já no meio acadêmico parece ocorrer o inverso: apesar de uma demanda social efetiva por informação científica, os intelectuais da academia têm preferido sempre – salvo umas poucas honrosas exceções – restringir seu discurso ao âmbito da própria academia. Durante os anos todos em que tenho trabalhado na universidade, não pude deixar de perceber uma atitude, às vezes inconsciente, às vezes deliberada, umas vezes mais discreta, outras vezes mais explícita, mas, de todo modo, geral, de pôr o saber científico no alto de uma torre de marfim, inatingível aos simples mortais. Os acadêmicos costumam portar-se como guardiães olímpicos do conhecimento, atentos a não permitir que o saber por eles construído e armazenado seja conspurcado pelo olhar dos não-iniciados ou profanado pela heresia da popularidade.

A pesquisa científica e a busca do conhecimento em geral só se justificam socialmente quando esse conhecimento pode chegar ao maior número possível de pessoas, seja direta ou indiretamente (isto é, quando é de livre acesso a qualquer cidadão), ou quando, pelo menos, ao ser manipulado por uma minoria (no caso, a comunidade científica e tecnológica), produz resultados cujo benefício possa ser usufruído por toda a sociedade, como é o caso da descoberta de novas tecnologias ou do aperfeiçoamento da realidade social. Pois bem, a maioria dos cientistas põe seu saber e seu discurso num nível de especulação e de abstração tão elevados e distantes da linguagem e das preocupações do homem comum que acabam produzindo um conhecimento que, por um lado, não apresenta aplicações práticas relevantes e, por outro, não contribui para o aperfeiçoamento espiritual senão de uma pequena minoria de "iniciados". A função social sobretudo do cientista humanista, do intelectual, é pensar, é analisar criticamente a realidade social e cultural à sua volta, é propor a reflexão e o debate. Essa função só se cumpre se o seu discurso chegar efetivamente até a sociedade. É por isso que o elitismo científico, em especial nas ciências humanas, é tão pernicioso.

Essa atitude de fechamento da academia para a sociedade e de encasulamento dos intelectuais parece remontar a Pitágoras, filósofo grego pré-socrático que defendia o caráter esotérico do conhecimento, considerado por ele sagrado; porém suas raízes históricas mais fortes encontram-se na Idade Média e Renascença, quando a busca da autonomia universitária era um mecanismo de defesa do pensamento livre contra o arbítrio da Igreja e do Estado. As universidades européias, em cujo modelo se baseiam todas as universidades modernas, surgiram, em meados do século XII, no âmbito da Igreja, ligadas a catedrais e mosteiros; com isso, os membros da comunidade universitária estavam diretamente subordinados às autoridades eclesiásticas, com as quais freqüentemente se chocavam, especialmente quando defendiam a liberdade de pensamento contra o dogmatismo da doutrina religiosa. Se, por um lado, a ligação das universidades à Igreja as protegia da influência do poder real, por outro lado as submetia ao controle de bispos prepotentes, pouco tolerantes para com a liberdade intelectual.

Graças ao apoio do papa, que via no atendimento dos anseios da comunidade universitária um meio de enfraquecer o poder dos bispos e assim fortalecer o seu próprio, as universidades foram pouco a pouco conquistando sua autonomia, transformando-se em verdadeiras corporações de ofício. Entretanto, com o passar do tempo essa autonomia tendeu cada vez mais a tornar-se isolamento: cavou-se um abismo intransponível entre a academia e a sociedade. Hoje, quando a Inquisição e o absolutismo já não existem e, portanto, o mecanismo de defesa do isolamento não é mais necessário, a universidade não sabe mais dialogar com a sociedade, permanecendo num monólogo neurótico. De tanto falarem para si mesmos, os intelectuais se esqueceram de como se fala para os outros, e ninguém mais entende o que eles dizem, exceto eles próprios. Desse modo, a autonomia transformou-se em autismo. O velho espírito medieval das lições *ex cathedra*, que remonta aos tempos da fundação das primeiras universidades, ainda está vivo na maioria das instituições modernas. A academia, assim como a Igreja, parece alheia ao fluxo da História e comporta-se como se ainda estivéssemos no século XII e a população ao redor da universidade fosse composta exclusivamente de camponeses iletrados.

O mais grave é que a universidade, sobretudo a universidade pública, precisa da sociedade para sobreviver. Em primeiro lugar, as universidades públicas, que em nosso país são responsáveis pela quase totalidade da pesquisa científica produzida, são mantidas basicamente pelo dinheiro do contribuinte. Por isso, é indispensável que a população que paga a conta seja informada do modo como seu dinheiro é empregado. Em segundo lugar, os recursos públicos estão cada vez mais escassos e a demanda em áreas prioritárias como saúde, habitação, segurança, transporte e ensino básico é crescente. Assim, para que as necessidades financeiras da universidade sejam supridas pelo Estado, é preciso que a população, diretamente e por meio de seus representantes no parlamento, esteja ciente do papel desempenhado por essa instituição e considere sua atuação igualmente prioritária. O que ocorre na atualidade é que a maior parte da população ignora o trabalho desenvolvido nas universidades. Em tempos de política econômica neoliberal e, conseqüentemente, de privatizações, a própria opinião pública, que desconhece a importância da produção científica saída da universidade, acaba sendo levada a acreditar que esta é um sorvedouro inútil dos recursos públicos e, para maior eficiência, deve ser privatizada. (Não é preciso dizer que a privatização das universidades públicas representará o fim da pesquisa científica, pelo menos da pesquisa científica séria.) Desse modo, por não saber comunicar-se adequadamente com a sociedade que a sustenta, além de não contar com o apoio dessa sociedade, a universidade, muitas vezes, tem nela um elemento hostil.

Pesquisas de opinião sobre o interesse da sociedade em geral por ciência e tecnologia têm mostrado uma grande procura por temas científicos dentre a população leiga. Tais pesquisas mostram que o cidadão comum tem interesse efetivo em questões de ciência e gostaria mesmo de ter maior possibilidade de acesso à informação científica. No entanto, essas mesmas pesquisas revelam que apenas uma minoria da população sabe que a maior parte da produção científica no país está a cargo da universidade. Para a maioria das pessoas, a universidade é fundamentalmente uma instituição de ensino apenas. Como se pode perceber, a divulgação da produção científica é necessária até para a própria sobrevivência da instituição universitária. Se a universidade vem tendo sua eficiência crescentemente questionada pela sociedade, é porque não tem sabido comunicar-se de modo adequado com ela. A maioria dos pesquisadores ainda não percebeu a importância de divulgar seu trabalho e, portanto, ainda não incorporou o hábito de comunicar-se com a sociedade, da qual, em última análise, depende. Seu empenho é sempre muito maior em falar para o próprio meio científico do que para o público em geral. Os cientistas agem como se a pesquisa fosse uma atividade sagrada e, dessa forma, inquestionável; procedem como se à sociedade coubesse apenas pagar a conta, tal qual o fiel que se curva contrito ante a imagem da divindade no momento de dar o dízimo à sua igreja.

O ranço academicista manifesta-se de muitas maneiras e tem várias causas, dentre as quais o preconceito, a necessidade de auto-afirmação e de autolegitimação, a camuflagem ideológica e a mistificação. Por uma deturpação de sua finalidade ou por herança de uma mentalidade retrógrada, o conhecimento, que deveria ser utilizado como instrumento de libertação da humanidade, acaba servindo como ócio da elite e como instrumento de opressão. Como quem tem o saber tem o poder, tornou-se interessante para a elite culta deter o monopólio do conhecimento em suas mãos. A linguagem esotérica utilizada pelos intelectuais acaba sendo uma ferramenta de dominação: se a massa for capaz de decodificar o discurso intelectual, poderá contestá-lo, o que, obviamente, não interessa aos detentores do saber. Embora, por razões óbvias, essa lógica perversa jamais seja explicitada (ao contrário, o que se vê são discursos inflamados a favor da democratização do saber, que não passam, contudo, de peças de retórica), é essa concepção elitista e aristocrática do saber que permeia o mundo acadêmico até hoje. Um exemplo disso é o preconceito que a maioria das universidades brasileiras tem contra a música popular (nas faculdades de música, salvo raríssimas exceções, só se ensina a música erudita): os críticos literários da academia desprezam as letras das canções populares por acharem que só a poesia literária tem valor, enquanto Vinícius de Moraes, um de nossos maiores poetas, já transcendeu essa discussão há quarenta anos, quando trocou o livro pela MPB.

Muitas vezes, a erudição serve apenas para camuflar a falta de conteúdo do discurso pretensamente intelectual, consistindo em instrumento de mistificação. A linguagem esotérica dos especialistas, principalmente quando dirigida ao público leigo, parece estabelecer uma barreira social intransponível entre a elite intelectual e a massa, numa espécie de *apartheid* cultural, ao mesmo tempo em que encobre a ausência de sentido do próprio discurso. É assim, por exemplo, que muitos economistas da área governamental escamoteiam por meio do chamado "economês" (o jargão da economia) a sua própria incompetência em resolver os problemas econômicos do país. Entre usar um jargão rigoroso mas hermético para satisfazer a seus pares e usar uma linguagem clara dirigida ao público em geral, os cientistas, via de regra, escolhem a primeira alternativa; conseqüentemente, o discurso científico acaba batendo nas paredes internas da própria academia.

Os discursos utilitários, como o publicitário, o jornalístico, o político, só atingem seus objetivos se forem amplamente difundidos, e seus produtores sabem muito bem disso. Daí a grande difusão desses discursos no meio social. Igualmente, os artistas e os esportistas têm a clara consciência de que trabalham para o público, que é, em última instância, quem paga os seus salários, pela compra de ingressos, livros, discos, fitas de vídeo, quadros, esculturas, etc., e é para esse público que dirigem seu trabalho.

A religião também tem consciência de seu caráter público, tanto porque são os fiéis que sustentam a igreja quanto por razões de proselitismo. (É preciso levar a palavra da salvação ao maior número possível de pessoas.) Aliás, no passado, a religião tinha um discurso autoritário e arrogante, apoiado no medo que as pessoas têm do desconhecido, isto é, de Deus e do além-túmulo. Com o desenvolvimento científico, muitas pessoas foram pouco a pouco abandonando a crença no inferno e na existência de um Deus castigador e juiz; foram, com isso, perdendo o medo e, conseqüentemente, se afastando da religião institucionalizada. No caso específico da Igreja Católica, o descompasso entre os valores morais modernos e as posições retrógradas defendidas pelo Vaticano – como a oposição incondicional ao aborto e a defesa do sexo apenas para procriação, dentre outros – também contribuiu em muito para afugentar das igrejas as mentes mais abertas. O dogmatismo e a arrogância do discurso religioso foram, pois, os responsáveis pelo próprio afastamento dos fiéis.

Esse erro estratégico está começando agora a ser corrigido por algumas seitas evangélicas, por movimentos ecumênicos como o liderado pelo religioso norte-americano Matthew Fox, bem como pela chamada Renovação Carismática, no âmbito do catolicismo. Todas essas seitas perceberam que, para trazer o rebanho de volta à igreja, era preciso transformar o culto num processo hedônico. Nascem assim as missas-show ou tecnomissas, até transmitidas pela televisão. Portanto, ao invés de darem aos fiéis uma motivação negativa para praticar a religião (a obrigação fundada no medo), essas seitas oferecem uma motivação positiva (o prazer). Desse modo, as pessoas começam a voltar à prática religiosa institucional, desta vez não por medo do inferno ou da Santa Inquisição, mas sim em busca do céu. Tais seitas prometem o paraíso agora, e não na outra vida, como faz o catolicismo tradicional. Além disso, usam uma linguagem mais próxima da linguagem secular dos fiéis. Trata-se de uma religião menos sacralizada, embora não menos sagrada.

Falta agora a ciência descobrir isso. A maior parte dos cientistas, especialmente os que se dedicam à ciência pura, parece não ter consciência de que quem paga a conta de suas pesquisas tem o direito de saber o que eles estão fazendo; parece não perceber que, a exemplo da arte, do esporte e da religião, também na ciência é o público quem paga os seus salários, e de duas maneiras: por intermédio do financiamento à pesquisa e do consumo de livros, vídeos, documentários, visitas a museus, etc. Mais do que tudo, os cientistas parecem não ter consciência de que a palavra da ciência, assim como a da religião, também é salvadora, já que representa a luz nas trevas da ignorância. Não devemos nos esquecer de que o fanatismo político ou religioso, a violência, o preconceito, a miséria, a injustiça, decorrem todos da falta de conhecimento, e de que ser livre é poder fazer escolhas; ora, só pode fazer escolhas aquele que conhece as várias opções. Só podemos escolher entre acreditar na narrativa do Gênesis ou na teoria do *big bang* se conhecermos as duas. É nesse sentido que a ciência é salvadora e libertadora, desde que seja acessível a todos. Falta então que os cientistas compreendam isso. Falta que compreendam que é o discurso científico que deve adaptar-se ao público e não o público ao discurso científico. A ciência comete hoje os mesmos erros que a religião cometeu no passado (e em alguns casos ainda comete); por isso, tende a pagar o mesmo preço já pago pela religião. Esta, que reinava absoluta na Idade Média como sistema de pensamento, foi pouco a pouco caindo no descrédito, em grande medida apeada de seu pedestal pela própria ciência. A partir do Renascimento, a ciência substituiu a religião em matéria de prestígio; hoje a substitui também em matéria de dogmatismo e arrogância.

No setor das ciências naturais, os pesquisadores estão em sua maioria engajados em pesquisas na área da ciência aplicada e da tecnologia. Por isso, é muito pouco provável que tais cientistas se sintam "intelectuais"; tampouco é provável que considerem seu trabalho uma forma de "cultura". Já no setor das ciências humanas, os pesquisadores costumam se auto-intitular intelectuais, até com certa empáfia, bem como costumam enfatizar a vinculação de sua produção intelectual à esfera da cultura. O que predomina, porém, é sempre um sentimento elitista: os "humanistas" da academia parecem fazer questão de manter distância da cultura popular. Para eles, a cultura popular pode, no máximo, ser objeto de estudo de suas teses acadêmicas, jamais as próprias teses acadêmicas podem se integrar à cultura popular. Desse modo, primam por manter a ciência num patamar "erudito".

Na verdade, os cursos universitários de ciência, enquanto formadores de pesquisadores, deveriam criar nos alunos uma "mentalidade de divulgação", isto é, incutir-lhes a consciência de que o cientista é um profissional público e, portanto, a divulgação é uma etapa obrigatória da atividade científica. Hoje, particularmente nos cursos de pós-graduação, o que ocorre é exatamente o contrário: não são raros os orientadores que induzem seus orientandos a elaborar teses com formato e linguagem acadêmicos, povoadas de termos obscuros, as quais mais tarde não são aceitas para publicação pelas editoras porque não são vendáveis, tendo de ser reescritas. Na verdade, essas teses, do modo como são pensadas e redigidas, não são concebidas para ser publicadas, mas sim para a poeira das estantes.

O elitismo do meio universitário revela-se não apenas na linguagem verbal empregada, mas também em vários índices não-verbais: indumentária, hábitos pessoais, atitudes assumidas em determinadas situações, etc. A formalidade do traje, mesmo em salas de aula sem ventilação, em pleno verão e em meio às costumeiras nuvens de pó de giz que envolvem a figura do professor, o tratamento formal entre pares, com rigorosa observância a títulos e dignidades acadêmicas, o protocolo excessivo em reuniões de trabalho que deveriam ser objetivas e produtivas, o distanciamento estabelecido entre professores e alunos, entre professores mais e menos graduados, o cachimbo em lugar do cigarro, o repúdio – explícito ou insinuado – à linguagem coloquial, à roupa esporte, ao uso de prenomes e apelidos e ao relacionamento informal entre colegas, a fleuma enfim com que os acadêmicos se colocam perante a sociedade, tudo isso parece um permanente ritual iniciático, feito para manter clara a todo instante a distinção entre os "representantes do sagrado" e o mundo profano.

O DISCURSO CIENTÍFICO FECHADO EM SI MESMO

Um dos maiores problemas da ciência, particularmente das ciências humanas – mas não somente destas –, é o excessivo endocentrismo. Grande parte da produção científica nas ciências humanas não tem outra finalidade a não ser realimentar as próprias pesquisas na área. Em virtude da natureza mesma do assunto, tais pesquisas em geral não resultam em produção de tecnologia; por outro lado, o costumeiro hermetismo dos textos científicos, aliado à circulação restrita dos veículos de comunicação em que são publicados, faz com que esses textos atinjam somente o público especializado – os próprios pesquisadores da área, que neste caso também só fazem pesquisa básica. Dessa forma, temos a ciência cujo único fim é realimentar-se a si mesma.

Para que serve, digamos, a análise crítica de um romance publicada numa revista acadêmica? Com certeza, tal trabalho não tem utilidade para o autor do romance ou para outros autores, pois a maioria dos escritores e poetas não se baseia em ensaios acadêmicos para produzir suas obras; mais ainda, a maioria deles escreve intuitivamente, sem grande conhecimento técnico sobre literatura. Publicado numa revista acadêmica, um ensaio crítico só será lido pelos próprios pesquisadores de literatura e críticos e, portanto, só vai servir para realimentar a pesquisa e a reflexão nessa área, levando à produção de novos ensaios, e assim o ciclo recomeça. Talvez esse tipo de ensaio interessasse aos leitores de literatura; para eles, uma análise crítica poderia levá-los a ler a obra com outros olhos, a extrair mais prazer do ato de ler. Mas, para isso, seria preciso que tal ensaio fosse publicado em veículo de fácil acesso aos leitores, como os jornais, e não num periódico acadêmico. Ora, por uma petição de princípio, quando uma ciência só serve para se auto-alimentar, ela na verdade não serve para nada, a não ser para o deleite egoísta dos próprios pesquisadores. Se estes, que em geral são subsidiados pelo Estado – ou seja, pelo contribuinte –, querem dar uma justificativa social ao seu trabalho, devem esforçar-se para cumprir o objetivo hedônico da ciência pura, que é a divulgação no meio leigo para proporcionar prazer instigando a pensar e para tornar o conhecimento um patrimônio público; daí a necessidade de divulgação da ciência.

O grande problema é que a comunidade científica, representada principalmente pelas universidades, tem feito da produção do conhecimento um fim em si mesmo, ignorando que o saber deve ter alguma finalidade, alguma aplicação, seja prática e utilitária (geração de tecnologia), seja hedônica (propagação da cultura). Defende-se intransigentemente o apoio à pesquisa, mas não se discute o que fazer com o produto dessa pesquisa, especialmente se este não tem aplicações práticas, pelo menos a curto e médio prazo. Assim, o conhecimento que não resulta em aplicações práticas acaba tendo como única destinação a realimentação do processo de pesquisa, na esperança de que tal conhecimento gere mais conhecimento, e assim sucessivamente, até que um dia, quem sabe, se chegue a uma aplicação. O que não se vê é que a maior parte do conhecimento produzido acaba desperdiçada, perdendo-se dentro da própria academia, sem cumprir nenhum papel social, quando poderia estar enriquecendo culturalmente a sociedade, se fosse divulgado. O que é pior, o sistema acadêmico exige do pesquisador uma quantidade mínima de produção científica especializada, dirigida à própria comunidade acadêmica, ao mesmo tempo em que não reconhece (ainda) a produção de trabalhos de divulgação ao público leigo como uma forma legítima de produção científica.

O fato é que o discurso científico se tornou excessivamente tecnicista. Que a ciência aplicada tenha um alto grau de tecnicidade e complexidade é aceitável, pois, como vimos na primeira parte, o critério de valoração da ciência aplicada é a eficácia na geração de tecnologias úteis à solução de problemas práticos. Na ciência pura, ao contrário, o critério não é a eficácia na alimentação da ciência aplicada, mas a obtenção de um conhecimento original, que desperte interesse, satisfaça a curiosidade e explique um fenômeno da maneira mais perfeita possível. Infelizmente, a ciência pura afastou-se demais da linguagem comum e das preocupações dos homens comuns. Já que sua contribuição é de caráter hedônico, propiciando um enriquecimento espiritual do ser humano, então essa contribuição deveria ser estendida a todos, e não apenas a uma elite culta, formada pelos próprios pesquisadores e seus discípulos.

Certa vez, deparei com uma tese pós-doutoral de mais de 700 páginas, que simplesmente esgotava – ou, ao menos, pretendia esgotar – todo o conhecimento científico sobre um determinado ramo da ciência. Na verdade, essa tese era uma espécie de compilação e sistematização de toda a produção científica de seu autor ao longo de sua vida. Era, literalmente, uma "obra de peso". A linguagem ali empregada era tão especializada e o grau de profundidade, complexidade e abstração da abordagem eram tão elevados que até mesmo os especialistas teriam alguma dificuldade de compreender. Nem é preciso dizer que essa tese jamais foi publicada. Em resumo, era uma tese escrita para não ser lida. Esse trabalho, que demonstra indiscutível erudição por parte de seu autor e valeu-lhe uma alta dignidade acadêmica acompanhada de todas as menções de distinção e louvor, e que, além disso, deve ter-lhe custado o esforço de toda uma vida, é, no entanto, o tipo do trabalho científico que só está disponível a um seleto e diminuto círculo de especialistas.

Se pensarmos que, por não ter sido publicada, existem no mundo apenas alguns exemplares dessa tese, certamente empoeirando nas prateleiras de umas poucas universidades; que, nas universidades em que eles se encontram, pode não haver nenhum especialista capaz de ler e compreender essa tese; que a probabilidade de que algum de seus exemplares tenha chegado às mãos de um dos poucos especialistas no mundo capazes de lê-la é bastante pequena; que, mesmo que um exemplar dessa tese tenha chegado às mãos de um especialista, a probabilidade de que ele se interesse em ler as mais de 700 páginas de um trabalho escrito em língua estrangeira (já que dificilmente os poucos especialistas mundiais no assunto pertencem todos ao mesmo país do autor) é ainda menor; e, finalmente, que esse especialista, tendo tido tempo e paciência de ler a tese em questão, dificilmente fará uso prático dela; chegaremos à conclusão de que, embora essa obra encerre um cabedal enorme e precioso de conhecimentos, estes estão fadados a ficar perdidos para sempre.

A história dessa tese, que até seria cômica se não fosse trágica, lembra muito o destino da música dodecafônica, inventada no início do século XX pelo compositor alemão Arnold Schönberg, a qual é difícil de se executar e mais difícil ainda de se compreender, tanto que jamais qualquer obra dodecafônica chegou a ser difundida entre o público em geral. As teses acadêmicas "de peso" e as composições dodecafônicas são exemplos de discursos que apenas um grupo muito pequeno de pessoas no mundo inteiro é capaz de produzir e um grupo igualmente muito pequeno de pessoas é capaz de compreender ou decodificar. Além disso, e o que é pior, em grande parte o conjunto dos emissores desses discursos coincide com o dos seus receptores (praticamente só os músicos dodecafonistas ouvem música dodecafônica), assim como somente os ultra-especialistas num determinado ramo da ciência lêem teses ultra-especializadas nesse ramo. Temos aí o exemplo típico do discurso fechado em si mesmo, uma espécie de monólogo neurótico.

A FORMALIDADE DO MEIO CIENTÍFICO E A IMPOPULARIDADE DA CIÊNCIA

Sem dúvida, o excesso de formalidade do meio científico pode ser apontado como uma das principais causas da impopularidade da ciência. A produção e a veiculação do conhecimento científico dentro da academia são, via de regra, regidas por uma ritualística tão sofisticada que chega a fazer inveja à maioria das liturgias religiosas, acabando, muitas vezes, por conferir ao discurso científico uma aura de sacralidade ainda maior que a do próprio discurso religioso. Se o conhecimento racional vem desde a Grécia antiga tentando contrapor-se às crendices e às explicações míticas da realidade, substituindo a crença nos desígnios de deuses caprichosos pela descoberta de relações lógicas de causa e efeito, o fato é que, à medida que a razão ia progressivamente ocupando o espaço antes reservado à fé, a academia, que de início deplorava o ritualismo das religiões, foi pouco a pouco incorporando esse gosto pelo ritual. Dessa forma, os mestres da universidade foram cada vez mais se transformando em sacerdotes da razão, em representantes do novo sagrado, e a própria universidade foi criando sua hierarquia interna, espelho da hierarquia feudal que regia a Igreja Católica, em que os vários patamares do poder são galgados mediante ritos de passagem.

O grande rito de passagem na vida acadêmica chama-se defesa de tese, e o prêmio para os bem-sucedidos nesse rito é um título acadêmico, espécie de "abre-te sésamo" para as portas que levam ao poder dentro da academia. Mas por que a defesa de tese é importante? Porque, por incrível que pareça a quem não está familiarizado com a vida acadêmica, é preciso ostentar um título para ser aceito na comunidade científica, como se esse título fosse um atestado de inteligência e de competência científica, uma espécie de passaporte com visto de entrada para o mundo da ciência. Sem ele, não se pode exercer a docência nas universidades, e sem ser docente universitário não se pode publicar em revistas científicas. (Embora o regulamento da maioria das publicações científicas não explicite essa exigência, o fato é que uma das informações básicas a serem fornecidas pelo pesquisador no ato da apresentação de um manuscrito para publicação, e que constará do próprio cabeçalho do artigo, é a instituição de ensino superior a que ele pertence.) Na prática, se o indivíduo não tiver um *locus* acadêmico, não consegue sequer publicar, por mais brilhante que seja o seu trabalho; enquanto isso, não é raro encontrar trabalhos medíocres sobre temas irrelevantes ocupando espaço nas revistas.

Teoricamente, a defesa de uma tese deveria ser um atestado inequívoco da qualificação de um indivíduo como pesquisador. No entanto, nem sempre alguém que defende uma tese se revela a seguir um bom pesquisador. Muitos dos que entram para a vida acadêmica acabam realizando pesquisas meramente "burocráticas", apenas para cumprir as exigências regimentais de suas instituições, quando não acabam por assumir cargos *efetivamente* burocráticos (sem aspas) na universidade, deixando a pesquisa de lado. Ademais, muitas vezes a própria banca examinadora age de forma contraditória, fazendo acerbas críticas à tese em defesa para depois lhe conferir a nota máxima. Desse modo, fica evidente que, ou a defesa é um cerimonial *pro forma*, ou injunções políticas e pessoais (por exemplo, o prestígio do professor-orientador) influenciam a avaliação dos argüidores. Com certeza, o corporativismo vigente no meio acadêmico pode tornar uma defesa de tese uma "ação entre amigos". O irônico é que as defesas de tese são públicas, mas quem, efetivamente, tem o hábito de assistir a defesas de tese?

O ponto fundamental é que a exigência da tese para qualificar um pesquisador é algo bastante questionável. Se o objetivo da elaboração de uma tese fosse simplesmente a produção de conhecimento, então essa tese poderia perfeitamente ser elaborada em equipe. (Em muitas áreas, o professor-orientador é uma espécie de capitão da pesquisa, coordenando uma linha de investigação científica na qual estão engajados os projetos de pesquisa de diversos pós-graduandos; não obstante, esses projetos de pesquisa são individuais e cada um deles dará origem a uma tese igualmente individual.) Por outro lado, para produzir conhecimento não é preciso possuir um título acadêmico, nem o fato de possuir um título acadêmico confere por si só ao seu portador a competência para produzir conhecimento científico original. O que se exige de um profissional da ciência aplicada é competência técnica; na ciência pura, o que se espera do profissional é talento, inteligência e aguda percepção da realidade. Se o que a indústria quer são soluções e o que o público quer é conhecimento, então em nenhum dos dois casos o título é o mais importante. Tanto assim que a indústria freqüentemente compra patentes de inventos feitos por pessoas sem nenhuma vinculação acadêmica. Da mesma maneira, ninguém lê ou deixa de ler um autor importante de uma determinada área do conhecimento em função de ele ser ou não Ph.D.

Mais ainda, devemos lembrar que nem todos os grandes gênios da ciência fizeram uma carreira universitária regular. O engenheiro Albert Einstein trabalhava num escritório de patentes quando publicou a sua teoria da relatividade em 1905. Só posteriormente ele entrou para a universidade. Eu mesmo conheci certa vez um senhor que, apesar de não ter feito nenhum curso superior, era um verdadeiro gênio da física, tendo elaborado uma espécie de "teoria geral do Universo", coisa que os físicos perseguem até hoje. Trata-se de um cientista autodidata, dotado do chamado *notório saber*, alguém que jamais fez uma pós-graduação ou defendeu uma tese, porém certamente produziu algo muito mais genial do que a maioria dos pesquisadores titulados. O problema é que, não sendo titulado nem professor universitário, esse senhor não conseguiu a atenção do meio científico para suas idéias, de modo que nunca mais ouvi falar dele. Provavelmente a academia abortou um grande talento científico e jogou no lixo uma descoberta revolucionária apenas por preconceito e arrogância.

De qualquer forma, a ciência deve muito de seu progresso a pesquisadores não acadêmicos, como é o caso de muitos astrônomos amadores, alguns dos quais chegaram a descobrir novos corpos celestes. É o caso também de pesquisadores de áreas do conhecimento que não são pacificamente reconhecidas pela academia como ciências (como a ufologia e a parapsicologia), os quais, apesar disso, continuam fazendo suas descobertas. Felizmente, na maioria dos setores da ciência que não dependem de vultosos financiamentos estatais, a pesquisa pode perfeitamente ser empreendida fora das universidades, por pesquisadores autônomos. Com o advento da internet, publicar trabalhos científicos também ficou mais fácil, sendo possível a qualquer um colocar na rede mundial de computadores um artigo ou comunicação científica sem depender da política editorial restritiva das revistas científicas impressas.

O grande problema da ciência, que chega muitas vezes a desencorajar aqueles que têm vocação para esse ofício, é o longo e difícil percurso que um indivíduo tem de trilhar para tornar-se um pesquisador acadêmico. Para tornar-se cientista, é preciso em primeiro lugar passar no vestibular de uma grande universidade (as universidades médias e pequenas em geral não oferecem cursos de ciências), o que já é muito difícil e restritivo; depois, é preciso fazer um mestrado, isto é, cursar várias disciplinas, redigir muitas monografias, submeter-se a um exame de qualificação, redigir uma dissertação e defendê-la; depois, fazer um doutorado (o processo se repete: disciplinas, monografias, qualificação, defesa de tese); aí, prestar um concorridíssimo concurso para professor (e ser aprovado) numa grande universidade, a única que oferece condições de desenvolver pesquisa em áreas científicas. Como se pode ver, o caminho a percorrer para tornar-se um cientista é muito longo e árduo, e o reconhecimento social do cientista (em termos financeiros e de prestígio) em geral é pequeno. Cabe, então, perguntar por que a ciência (ou melhor, a universidade) exige tantos sacrifícios e provações daquele que nasceu com a vocação da pesquisa, quando as demais atividades culturais exigem relativamente pouco? É muito mais fácil ingressar numa carreira artística, esportiva, religiosa ou mesmo técnica (supondo-se, evidentemente, que se tem vocação para a coisa) do que na carreira científica, não obstante as artes, as religiões e muitas técnicas sejam áreas tão complexas quanto a ciência. Na academia, é preciso matar muitos leões para provar que se é caçador.

Todos esses ritos de passagem que o candidato a cientista tem de enfrentar, somados à austeridade do ambiente acadêmico, tornam a universidade uma das instituições mais formais que existem, talvez só perdendo para a justiça, a diplomacia e algumas seitas religiosas. Num universo que deveria primar pela objetividade e simplicidade, parece ridículo que em certas cerimônias (como a posse de um reitor ou a outorga de um título honorífico) ainda se use beca e capelo. A própria denominação dos cargos eletivos dentro da universidade (reitor, decano, etc.) remete à hierarquia eclesiástica, à qual a universidade medieval estava subordinada. Essa estrutura universitária arcaica sobrevive ainda hoje não só nas universidades fundadas na Idade Média, como Oxford e Bolonha, mas é imediatamente transplantada para cada nova universidade que surge. Com isso, as instituições mais novas acabam sendo tão conservadoras quanto as mais antigas.

Esse excesso de formalidade, cerimonial e conservadorismo certamente afugenta muitos talentos criativos, que acabam dirigindo-se a outras profissões. Como resultado, aqueles que estão na academia não são necessariamente os mais talhados para a pesquisa, e sim os mais afeitos à vida monástico-burocrática da universidade. A formalidade do meio acadêmico se reflete também na formalidade do discurso científico, tornando-se um dos grandes entraves – senão o maior – à sua popularização. Nessa perspectiva, o discurso científico não é apenas não-popular (desconhecido da sociedade), mas efetivamente impopular (antipático à sociedade).

A imagem que a sociedade em geral faz do intelectual e do cientista é a de um indivíduo pedante e alienado, que vive no mundinho fechado da academia, que ignora o que se passa fora de seu casulo, e que não consegue – ou não quer – se comunicar na linguagem simples do dia-a-dia. Em resumo, o que os norte-americanos chamam de um *nerd*. Embora essa imagem, reiterada pela mídia, seja um estereótipo, os homens e mulheres da academia não têm feito muito esforço para mudá-la. Ao contrário, a formalidade do meio só faz acentuar o preconceito social contra a academia e aprofundar o hiato existente entre a classe intelectual e o povo em geral.

Se tomarmos como parâmetro de comparação profissionais de arte ou de comunicação como escritores, dramaturgos, atores de teatro ou televisão, cineastas, compositores de música popular, críticos, jornalistas, etc., profissionais enfim que costumam ser considerados, com justiça, intelectuais, e observarmos sua linguagem e seu comportamento, dificilmente perceberemos aí algum traço de pedantismo ou afetação. Ao contrário, veremos pessoas de grande projeção social que expressam opiniões, análises e visões de mundo em geral bastante sensatas, que influenciam muito mais a opinião pública do que a voz dos cientistas. No entanto, se esses homens e mulheres da arte e da comunicação usam muitas vezes de irreverência em sua atitude, em sua indumentária e em suas observações, se lançam mão de gírias ou até mesmo de palavrões quando se expressam publicamente (em todas as épocas, encontramos artistas respeitados pelo público usando de tal comportamento), o mais provável é que sejam considerados como gênios excêntricos. Mesmo quando não concordamos com sua atitude, não deixamos de achar tal comportamento normal ou pelo menos aceitável entre artistas.

Com certeza, ninguém deixaria de reconhecer a genialidade de Salvador Dalí apenas porque ele usava um irreverente bigode comprido;

ninguém negaria o talento musical e a profunda consciência ecológica de Tom Jobim só porque ele tocava piano fumando charuto e bebendo uísque; ninguém deixaria de levar a sério os comentários de Paulo Francis, a despeito de seu jeito caricato e debochado. Já na academia, esses comportamentos provocariam no mínimo constrangimento entre os pares, podendo chegar até o repúdio e a execração pública do "dissidente", sob a acusação de falta de seriedade ou coisa pior, num verdadeiro linchamento moral do indivíduo. Enquanto pessoas públicas em geral (artistas, jornalistas, políticos, esportistas e até religiosos) usam de um comportamento despojado e informal para se aproximar do público, os acadêmicos abusam da formalidade e do protocolo justamente para se distanciar dele.

As contradições da universidade

Nascida na Idade Média como uma corporação de professores e estudantes, a universidade moderna define-se como um conjunto de faculdades e institutos que têm como objetivo a produção intelectual no campo das ciências, das letras e das artes e a formação de profissionais de nível superior. A viga mestra da estrutura universitária é o princípio da indissociabilidade entre ensino, pesquisa e extensão, entendida esta última como a prestação de serviços à sociedade. Dessa forma, a universidade é concebida como o local da produção e da transmissão do conhecimento científico, tanto puro quanto aplicado, da arte pura e aplicada, da formação dos profissionais científicos, artísticos e técnicos de nível superior e da disponibilização de soluções tecnológicas para os problemas e carências da sociedade. Este último item inclui o fornecimento de novas tecnologias à indústria, a manutenção de hospitais e clínicas, a prestação de serviço jurídico, sobretudo à população carente, a atividade jornalística, por meio da edição de jornais e revistas e da manutenção de emissoras de rádio e televisão, etc. Portanto, o espectro de objetivos e de compromissos sociais da universidade é bastante amplo e ambicioso. Contudo, o próprio gigantismo do projeto universitário e a complexidade das relações que se estabelecem entre esses diversos propósitos têm sido uma constante fonte de contradições internas e de conflitos.

Em primeiro lugar, a universidade não parece ser o principal lugar de produção artística, seja pura ou aplicada. A arte se desenvolve bem mais e melhor fora do ambiente universitário, restando à universidade a pesquisa científica sobre a arte, que se enquadra no âmbito da ciência. Quanto à prestação de serviços à comunidade, a participação universitária nessa atividade é pequena, embora qualitativamente importante. Sobretudo, não é exclusividade da universidade prestar serviços médicos, odontológicos, jurídicos, jornalísticos e outros que tais. Assim, a universidade acaba reduzida praticamente ao papel de centro de produção científica e tecnológica e de ensino profissional.

O principal problema da universidade, a meu ver, é a hipertrofia do ensino profissional em detrimento de suas demais atividades fundamentais, notadamente a produção científica. Como vimos antes, a universidade é considerada pela sociedade basicamente como uma instituição de ensino. Dentro da própria instituição, o ensino profissional tem sido sempre priorizado; a pesquisa científica, apesar de importante e mesmo obrigatória, acaba sendo exercida a reboque dos interesses do ensino: a produção do conhecimento deve objetivar, em primeiro lugar, a formação profissional dos alunos. Dessa maneira, é natural que se privilegie a produção de ciência aplicada e o desenvolvimento de tecnologias que os estudantes universitários possam levar ao mercado de trabalho quando se tornarem profissionais. Conseqüentemente, a pesquisa fundamental – a ciência pura, com função hedônica – acaba relegada a um plano secundário dentro da própria universidade. Falta em nossa sociedade um lugar em que a ciência pura possa sentir-se legitimamente "em casa", como são os clubes para o esporte ou os templos para a religião.

Já que a universidade é, em essência, uma reunião de escolas profissionais onde a ciência pura é muito mais hóspede do que legítima moradora, analisemos a estrutura de funcionamento do ensino profissional universitário.

Na universidade se ensinam e se desenvolvem profissões técnicas de nível superior como a engenharia, o direito, a medicina, a administração de empresas; profissões artísticas como a literatura, a música, as artes plásticas, o teatro, o cinema; profissões esportivas de nível superior, isto é, a formação de treinadores dos vários esportes; e profissões científicas como a química, a física e a sociologia. Nas universidades confessionais, também existe o ensino superior da profissão religiosa (formação de sacerdotes versados em teologia). Portanto, a universidade forma profissionais de três tipos:

a) bacharéis que vão exercer sua atividade profissional no âmbito da sociedade;

b) licenciados que se tornarão professores dessa atividade no âmbito da sociedade, dedicando-se ao ensino básico (fundamental e médio);

c) mestres e doutores que se tornarão professores universitários dessa atividade e pesquisadores dentro da própria universidade.

Nas profissões técnicas, temos os três tipos de profissionais: médicos que trabalham em hospitais e consultórios, engenheiros, advogados e outros técnicos de nível superior que trabalham em empresas e escritórios, trabalhadores de nível fundamental ou médio que trabalham em empresas ou autonomamente, professores de ensino básico que lecionam em escolas públicas e privadas, instrutores profissionais que ensinam em escolas especializadas e, finalmente, professores universitários de medicina, engenharia, etc., que também são responsáveis pelo desenvolvimento de novas tecnologias em seus respectivos campos.

Nas profissões artísticas, também temos os três tipos de profissionais: músicos, escritores, artistas plásticos, atores, cineastas, que atuam produzindo arte; professores de arte que lecionam em escolas de ensino básico, conservatórios, academias e escolas de arte em geral; e professores universitários/pesquisadores da arte.

No caso do esporte, os praticantes de atividades esportivas em geral não possuem formação universitária. A universidade forma então professores de educação física e treinadores para atuar em clubes e academias e professores universitários/pesquisadores do esporte.

Em resumo, nas profissões técnicas, artísticas e esportivas existem profissionais de mercado e professores de nível básico e superior, estes últimos tendo por função formar os demais profissionais e realizar pesquisas tecnológicas em suas áreas. Já nas profissões científicas, só encontramos professores de nível básico e docentes universitários que são também pesquisadores em ciência pura e/ou aplicada. A propósito, deve-se notar que os licenciados em ciências só podem atuar no ensino oficial (não há escolas específicas de ciência paralelas ao ensino básico como existem escolas de esporte, de arte, de religião ou de profissões técnicas). Igualmente, não há cientistas exercendo a pesquisa diretamente na sociedade, mas apenas na academia.[1] A função social do cientista é produzir conhecimento e transmiti-lo à sociedade, mas o único lugar de produção desse conhecimento é a própria universidade, e a transmissão direta desse conhecimento à sociedade, por meio de livros e artigos de divulgação, é sempre algo esporádico e não usual na atividade acadêmica, muito mais uma exceção do que uma

---

1. Evidentemente, existem institutos de pesquisa desvinculados das universidades, mas nestes a pesquisa é sempre aplicada. Além disso, a maior parte dos pesquisadores desses institutos também atua na universidade.

regra. Desse modo, podemos dizer que a ciência não é uma atividade autônoma no seio da sociedade, mas está de tal forma atrelada ao magistério superior – em relação ao qual, aliás, ocupa uma posição secundária –, que acaba tornando-se uma atividade de segundo plano até mesmo dentro da própria universidade, teoricamente definida como o "templo da ciência".

Apenas uma pequena parte dos artistas, dos esportistas e dos profissionais técnicos dedicam-se à vida acadêmica. Ao contrário, a quase totalidade dos cientistas é composta de acadêmicos. Curiosamente, uma pergunta que os alunos de cursos técnicos, artísticos ou esportivos universitários sempre fazem aos professores de disciplinas científicas é se eles também "trabalham" ou só lecionam (como se lecionar não fosse trabalho!). Influenciados pelo exemplo dos professores de disciplinas "práticas", que também e principalmente são profissionais técnicos, artísticos ou esportivos fora da universidade, esses alunos têm clareza de que o ensino é uma atividade-meio, uma atividade paralela ao exercício da profissão (examinaremos melhor esse ponto na terceira parte), e que por isso não pode ser um fim em si mesmo, nem faz sentido que a principal função da ciência seja a de ser ensinada nas universidades.

Ora, a principal função de uma escola de ensino profissional deve ser a formação de novos praticantes de uma determinada atividade profissional e apenas secundariamente a formação de professores dessa atividade. O que se espera de um curso de engenharia é que forme basicamente engenheiros para a indústria; se posteriormente alguns desses engenheiros quiserem se transformar também em professores e pesquisadores (neste caso chamados de tecnólogos), deverão fazer um curso de pós-graduação. Da mesma forma, o que se espera de um curso de balé é que forme primeiramente bailarinos e apenas secundariamente professores de balé; se a única razão de ser de um curso de balé fosse a formação de novos professores para atuar nas próprias escolas de balé, esse curso não teria sentido. Entretanto, no setor científico é exatamente o que ocorre: as universidades formam bacharéis em ciências, cujo único destino possível é a pós-graduação e conseqüentemente a docência e a pesquisa acadêmica. É por essa razão que a ciência acaba invariavelmente vinculada ao ensino e à vida acadêmica.

Em resumo, nem todos os setores da universidade são de ensino e pesquisa científica, mas toda a atividade científica se dá no âmbito da universidade. Enquanto a maior e mais importante parte da atividade artística, esportiva e técnica se dá no próprio mercado, isto é, na própria sociedade, a quase totalidade da atividade científica se dá no interior da academia.

Enquanto na arte, no esporte, na religião e na técnica a formação superior e, mais ainda, a pós-graduação são exceção, na ciência são a regra. A ciência está ausente da sociedade. Já falei anteriormente a respeito do hiato existente entre a universidade e a sociedade. Cumpre agora acrescentar que, por ser basicamente um professor, o cientista passa a maior parte de seu tempo ensinando profissionais técnicos nos cursos de graduação ou futuros professores universitários nos cursos de pós-graduação, ou então pesquisando em função do próprio ensino. Pouco tempo resta para a atividade que deveria ser a sua principal: a pesquisa pura e a difusão pública e direta do conhecimento.

Alguns poderiam argumentar que a principal finalidade da pesquisa pura, sobretudo nas ciências humanas, é sua aplicação pedagógica, isto é, sua aplicação na formação básica dos cidadãos e específica dos profissionais. Desse ponto de vista, não existiria ciência pura, pois toda ciência teria pelo menos uma aplicação na educação. O problema é que a quantidade de informação produzida pela ciência pura é superior em muito à quantidade de informação efetivamente veiculada pelo sistema educacional, seja ele básico ou profissionalizante. Na verdade, a maior parte dos conhecimentos trazidos à luz pela ciência não tem nenhuma aplicação pedagógica: a mecânica que é ensinada nas escolas médias ainda é a mesma desde os tempos de Newton; nenhuma descoberta posterior (por exemplo, a mecânica relativística ou a quântica) faz parte do currículo escolar, nem poderia ser diferente. Embora a literatura, as artes plásticas e a música sejam ensinadas na escola básica e média, evidentemente não é para ser ensinadas que essas artes existem. Da mesma forma, certamente não é para produzir um conhecimento a ser ensinado na escola que os historiadores, arqueólogos, lingüistas, sociólogos, etnólogos, pesquisam.

Existe uma outra contradição dentro das universidades, em que profissionais com experiência de mercado mas sem titulação acadêmica lecionam ao lado de professores titulados, com perfil acadêmico e pouca ou nenhuma experiência de mercado. Esse fato é particularmente gritante nos cursos superiores de profissões técnicas e artísticas. O profissional de mercado costuma ser melhor professor dessas profissões do que o acadêmico, por conhecer a prática e não apenas a teoria, mas em geral não tem nenhuma vocação científica; já o acadêmico é melhor pesquisador do que o simples praticante da profissão, e por isso mesmo acaba sendo melhor na teoria do que na prática.

É preciso definir claramente que tipo de universidade e que tipo de professor universitário queremos. O Brasil possui desde 1996 uma nova Lei de Diretrizes e Bases da Educação (LDB), denominada lei Darcy Ribeiro, em homenagem a seu criador, a qual exige que, no prazo de oito anos a contar daquela data (portanto, até 2004) as universidades tenham pelo menos um terço de seu corpo docente com titulação acadêmica de mestre ou doutor. A nova LDB obriga os professores universitários a se titularem não para melhorar a ciência, mas para melhorar o ensino. Com isso, a pós-graduação *stricto sensu* (mestrado e doutorado) acaba sendo vista mais do que nunca como um curso de formação de professores de nível superior. Curiosamente, não há nos cursos de mestrado e doutorado disciplinas específicas de formação pedagógica (técnicas de didática, por exemplo), o que mostra que tais cursos se destinam muito mais à formação de pesquisadores do que de professores.

Na prática, a exigência imposta pela lei tem feito com que as universidades só contratem professores titulados. Por outro lado, muitos professores universitários sem titulação – e sem vocação científica, diga-se de passagem – estão sendo obrigados a acorrer aos cursos de pós-graduação *stricto sensu* em busca de um título acadêmico para não perderem seus empregos. O fato é que nem todo professor tem vocação para a pesquisa, assim como nem todo pesquisador tem vocação para a docência. Muitos jovens com talento e paixão pela carreira científica podem estar abraçando outras carreiras por não quererem entrar para o magistério. Sem dúvida, é muito mais estimulante para um cientista falar de ciência em público, em palestras e conferências às quais a audiência vai porque quer e gosta, do que numa sala de aula onde as pessoas estão por obrigação, por exigência curricular e por necessidade de um diploma. Além disso, é bastante enfadonho para um cientista ter de interromper sua pesquisa para corrigir trabalhos escolares.

Se observarmos o que ocorre no Primeiro Mundo, constataremos que lá o melhor ensino superior se encontra em instituições que se dedicam exclusivamente ao ensino, como as *écoles* francesas e os *colleges* ingleses e norte-americanos, ao mesmo tempo que a melhor pesquisa científica se dá em institutos que não oferecem ensino, como o famoso CNRS (Centre National de la Recherche Scientifique) da França. Por outro lado, as universidades, que têm ensino e pesquisa, não oferecem o melhor ensino nem produzem a melhor pesquisa. O pesquisador norte-americano Loren Popper demonstrou que a maior parte dos cientistas com Ph.D. (com titulação de doutor) dos Estados Unidos fez sua graduação em *colleges* e não em universidades.

Por tudo isso, me parece que a articulação entre ensino e pesquisa na universidade deveria ser incentivada e não imposta. O princípio universitário da indissociabilidade entre ensino, pesquisa e extensão tornou-se uma verdadeira camisa-de-força tanto para a vocação pedagógica quanto para a científica. A rigor, ninguém precisa ser professor universitário para ser um cientista, intelectual ou pensador, assim como o simples fato de pertencer à universidade ou de seguir uma carreira universitária não torna ninguém necessariamente um cientista, intelectual ou pensador. Por outro lado, o ensino de uma atividade é, sem dúvida, tão importante quanto sua prática, mas nem por isso um médico deve ser obrigatoriamente um professor de medicina ou um motorista um instrutor de direção. Por que então o cientista deve necessariamente ser professor de ciência ou, o que é pior, um formador de profissionais técnicos?

Infelizmente, não há lugar para a pesquisa, sobretudo a pesquisa pura, fora da universidade. Por conseqüência, a universidade é praticamente o único mercado de trabalho para o pesquisador. Como um instituto autônomo de pesquisa em ciência pura dificilmente teria como se manter financeiramente, a solução seria o incentivo à produção de ciência pura dentro da própria universidade. Para isso, as universidades deveriam abrir mão do princípio da indissociabilidade ensino/pesquisa, e admitir profissionais que atuassem apenas como educadores, e profissionais que atuassem somente como pesquisadores, sendo facultado – mas não imposto – a esses profissionais exercer ambas as funções. A universidade teria também como missão a disseminação social do conhecimento, obrigando-se assim a contribuir de forma efetiva e profissional para a divulgação do saber produzido por seus pesquisadores, e não da forma tímida e amadora como o faz atualmente. Uma ação agressiva da universidade (que não dispensaria técnicas de marketing) poderia tornar o conhecimento científico produzido por ela um artigo realmente vendável e quem sabe até lucrativo. Por conseguinte, a ciência acadêmica estaria participando diretamente da sociedade e não apenas por intermédio da tecnologia que gera, desfazendo assim essa anacrônica oposição entre academia e mercado, já que a atividade intelectual também passaria a fazer parte do mercado, em vez de constituir um mundo à parte, como ocorre atualmente.

Hoje, a maior parte dos livros científicos tem uma circulação tão restrita que nenhuma editora comercial se arrisca a editá-los. Conseqüentemente, esses livros só podem ser editados com o apoio financeiro de agências estatais de fomento à pesquisa, e mesmo assim a fundo perdido, pois tais edições em geral não trazem retorno financeiro. No final, a produção científica tem de ser totalmente custeada pelo Estado, pois o financiamento dos projetos é estatal, os pesquisadores são funcionários públicos, a publicação de livros é igualmente financiada pelo Estado e destina-se quase toda a um público formado pelos próprios pesquisadores.

Aliás, sobretudo após a Segunda Guerra Mundial, a maioria dos pesquisadores em ciências naturais deixou de escrever livros, preferindo publicar apenas artigos em revistas especializadas. Apenas alguns cientistas humanistas ainda escrevem livros, que, mesmo assim, nem sempre são acessíveis ao público leigo. Grande parte dos livros publicados na área científica é na verdade compilação de artigos e ensaios. A meu ver, a comunicação científica voltada para o público em geral deveria ser tão ou mais abundante que a produção de textos especializados, mas, por conta das inúmeras exigências didático-burocráticas das universidades, a maioria dos pesquisadores/docentes não tem tempo de se dedicar a ambas as formas de discurso científico. Como a produção acadêmica é obrigatória (pois é exigida pela universidade, pelas agências de fomento e pelo próprio governo, e é além disso parâmetro de avaliação oficial de um pesquisador, de um curso de pós-graduação ou de uma instituição), os pesquisadores/docentes acabam por priorizar esse tipo de comunicação. Dessa forma, a comunicação científica de divulgação só será efetivamente abundante e representativa no âmbito dos discursos socialmente partilhados quando o cientista puder dedicar mais tempo à pesquisa (e por conseqüência à divulgação dessa pesquisa, seja em nível especializado, seja em nível leigo) do que ao ensino e seus corolários.

No Brasil, assim como em outros países, os cursos de pós-graduação *stricto sensu*, sede da pesquisa nas universidades, têm de se adequar às normas governamentais, infelizmente moldadas por uma visão muito conservadora e elitista de ciência. O governo, por meio de entidades controladoras dos cursos de pós-graduação, exige que o pesquisador realize publicações científicas especializadas, porém não questiona a destinação dessas publicações, especialmente nas ciências humanas. Exige-se produção científica abundante, mas não se exige o retorno social dessa produção. O que acaba ocorrendo é que a quantidade de informações científicas produzidas pelas universidades e veiculadas pelos periódicos especializados é maior do que a capacidade dos próprios pesquisadores de assimilar essas informações. Quando assimiladas, tais informações são, na maioria dos casos, utilizadas no próprio processo de realimentação da pesquisa científica, num ciclo infinito, conforme vimos anteriormente. Ao mesmo tempo, a publicação de trabalhos de vulgarização do conhecimento científico não só não é exigida pelo governo como também não é considerada para efeito de avaliação da produção científica do pesquisador. Como resultado, a única destinação útil de grande parte da pesquisa desenvolvida nas universidades – a divulgação pública – é malvista e desestimulada pelas autoridades.

Outra grande contradição da universidade é o tempo de formação de um pesquisador, que atualmente é excessivamente longo. Computada a duração normal de um curso de graduação mais o tempo médio de duração da pós-graduação *stricto sensu* (incluindo o mestrado e o doutorado), um indivíduo deve gastar pelo menos doze anos para começar a atuar efetivamente como pesquisador. Considerando que dificilmente um indivíduo recém-doutorado consegue colocação imediata numa grande universidade, onde vai ser efetivamente remunerado para pesquisar (segundo os critérios adotados pelos órgãos oficiais de fomento à pesquisa no Brasil, um doutor só deixa de ser considerado novato cinco anos após a conquista do título), nosso tempo de preparação sobe para dezessete anos. Isso significa que alguém que tenha ingressado num bacharelado em ciências aos 18 anos de idade só vai começar a produzir aos 35. Como um pesquisador leva dez anos ou mais para começar a ser reconhecido pela comunidade científica, podemos dizer que seu período de maior produtividade começa por volta dos 45 anos. Aos 70 anos de idade, as universidades públicas brasileiras aposentam compulsoriamente seus docentes/pesquisadores. Desse modo, a carreira de um cientista duraria cerca de 25 anos. Se considerarmos que, quando entrou na universidade aos 18 anos, o candidato a cientista já havia cursado oito anos de ensino fundamental e três de ensino médio, concluiremos que ele passou quase tanto tempo estudando quanto exercendo sua profissão.

Embora tenha consciência de que a formação de um pesquisador requer tempo e dedicação, o tempo consumido na formação de um pesquisador me parece longo demais. O problema é que não existem cursos de nível médio de formação científica como existem de formação técnica, artística ou esportiva. Se existissem, um adolescente vocacionado para a ciência (em geral, a vocação científica desabrocha já na adolescência, quando não ainda na infância) poderia iniciar sua formação por volta dos 14 anos ou mesmo antes. Ademais, os cursos de bacharelado em disciplinas científicas, sobretudo na área das humanas, deveriam ser mais "práticos", iniciando efetivamente o estudante na atividade científica em vez de apenas dar-lhe erudição teórica. Se tudo isso fosse feito, os cientistas se formariam mais jovens, usariam o tempo mais fértil de sua vida trabalhando e não apenas estudando e teriam uma carreira mais longa. Evidentemente, isso demandaria uma completa reestruturação de nosso sistema educacional e, mais ainda, uma reformulação de nossos valores antropoculturais. Entretanto, não julgo que seja ocioso começarmos desde já a pensar um novo modelo de universidade e de sociedade, melhor do quc o atual.

A FALÊNCIA DA UNIVERSIDADE

A universidade, seja ela pública ou privada, possui uma série de vícios, ligados tanto às atividades-fim (ensino, pesquisa e extensão) quanto às atividades-meio, isto é, as atividades burocrático-administrativas que deveriam garantir o perfeito exercício das atividades-fim. O principal vício da universidade a esse respeito costuma ser justamente a inversão de papéis: em razão do gigantismo estrutural da maioria das universidades, a máquina burocrática acaba sendo hipertrofiada em detrimento da estrutura de ensino e pesquisa. No extremo, a burocracia torna-se um fim em si mesmo, ao passo que a atividade científica e pedagógica se transforma em atividade-meio, cuja única função é justificar a existência de uma máquina burocrática emperrada.

A universidade pública, especialmente em países como os da América Latina, herdeiros de uma centenária tradição ibérica de apego à burocracia e ao autoritarismo, acaba sofrendo os males inerentes ao serviço público em geral: baixos salários, estagnação profissional, falta de dinamismo das carreiras, excesso de mordomias (em geral garantidas pela legislação), escassez e mau gerenciamento de recursos, greves constantes, empreguismo, sinecurismo, demora na tomada de decisões por causa do excesso de burocracia, excessiva influência de sindicatos e partidos políticos na condução de questões internas, e tantos outros. Essas mazelas promovem um verdadeiro desestímulo à produção intelectual, disseminando o desprezo por aqueles que produzem, e leva, em muitos casos, à substituição da atividade científica pela atividade política em seu sentido menos nobre: surgem as "máfias" e as "panelas", cujos métodos de ação são a politicagem rasteira, a conspiração, a delação e o tráfico de influência.

O resultado disso são concursos para provimento de cargos em que prevalece a manipulação e a ação entre amigos, nos quais vence o pistolão e não a competência, distribuição facciosa dos financiamentos à pesquisa e dos postos de direção, perseguição e patrulhamento ideológicos e muitos outros males. Como conseqüência, a universidade se revela um terreno árido demais para se semear novas idéias. Prevalece assim o modelo da universidade "redoma de vidro", voltada para si mesma e dissociada da sociedade, e "torre de marfim", em que a elitização do conhecimento é uma forma de manutenção do *status quo*. Nessa universidade, dominada pela formalidade e pelo ritualismo, o conhecimento fica estagnado; temos a morte ou a fossilização intelectual. A figura dominante é a do intelectual-burocrata, mais interessado em reuniões, cargos e participação em comissões administrativas do que em produção de conhecimento útil. O saldo final é o baixo retorno social da atividade universitária e seu conseqüente desprezo pela sociedade, em contraponto com a auto-egolatria dos membros da academia.

Quanto à universidade privada, assiste-se, particularmente no Brasil, ao fenômeno contrário ao que ocorre nos Estados Unidos. Naquele país, algumas das mais célebres e importantes universidades são privadas. É o caso de Harvard, Columbia, Cornell, Yale e outras. No Brasil, os melhores cursos e a quase totalidade da produção científica estão nas universidades públicas, numa clara demonstração de que a iniciativa privada em nosso país trata a educação e a cultura muito mais como um comércio puro e simples do que como um patrimônio social. Se o que caracteriza a universidade é o trinômio ensino/pesquisa/extensão, então grande parte de nossas universidades nem sequer merece esse nome. Nessas instituições, em geral inexiste o incentivo à pesquisa, pois os docentes, contratados pelo regime horista, são remunerados pelo número de horas despendidas em sala de aula e não pelas horas dedicadas à pesquisa. Conseqüentemente, o que se tem é um corpo docente sobrecarregado em relação à atividade didática, sem tempo ou estímulo para o exercício intelectual. Nessas instituições, o imediatismo gerencial e a visão de curto prazo levam à falta de infra-estrutura, à ausência de profissionais de gabarito, ao baixo nível do ensino e ao não investimento em ciência básica. Não é por acaso que cursos como física, biologia, astronomia, filosofia, arqueologia, somente são oferecidos por universidades públicas e por algumas confessionais. Estas últimas, embora não sejam estatais, diferem das instituições privadas pelo seu caráter não comercial: seu proprietário é uma igreja ou comunidade religiosa e não um empresário ou grupo de empresários.

Dada a vinculação da pesquisa ao ensino, só há pesquisa nas áreas onde há ensino. Como a universidade privada praticamente só mantém os cursos que têm grande procura, dentre os quais evidentemente não se incluem os de ciência pura, fica claro por que não há pesquisa básica na universidade privada.

Constata-se assim que a universidade, seja pública ou privada, especialmente em nosso país, acaba não sendo um bom lugar para o trabalho científico e intelectual. Por isso mesmo, penso que os intelectuais acadêmicos sérios – existem muitos por aí – devem empenhar-se na transformação da universidade ou, então, preparar-se para abandoná-la.

A universidade sempre pretendeu ser um espaço crítico da sociedade, uma espécie de reduto pensante onde a intelectualidade possa exercer plenamente seu papel. No entanto, o que se vê geralmente é uma universidade onde há muita crítica social e pouca ou nenhuma autocrítica. Nas ciências naturais, o que predomina é o tecnicismo: a busca de novas tecnologias muitas vezes sem uma real consciência do impacto, positivo ou negativo, que elas podem causar na vida do ser humano. Se há pesquisadores na área das ciências naturais que se atrevem a refletir sobre o próprio fazer científico e suas implicações sociais, eles são franca minoria. A maior parte desses cientistas ou não pensa essas questões ou pensa mas não expressa publicamente seu pensamento. Em resumo, poucos desses cientistas são realmente intelectuais, no sentido de pessoas que pensam criticamente a realidade.

Já nas ciências humanas, o exercício intelectual, que também é minoritário, ou se dirige a questões etéreas ou advoga soluções utópicas. Na verdade, o que predomina nas ciências humanas é uma grande alienação, tanto do ponto de vista hedônico quanto pragmático: os cientistas humanistas muitas vezes não conseguem dar respostas práticas às graves demandas sociais, ao mesmo tempo em que não produzem um saber de interesse realmente público. O que mais comumente encontramos é a classe intelectual da universidade mergulhada numa utopia ingênua ou aferrada a uma atitude arrogante e dogmática de donos da verdade, sustentando posições que por vezes vão na contramão dos anseios populares. Basta dizer que a universidade parece ser, além de alguns sindicatos, o único lugar onde a crença no socialismo ainda está viva. Acresce que o engajamento político-ideológico de vários intelectuais acadêmicos, o viés partidário, que às vezes beira o radicalismo, acaba desacreditando suas análises da realidade enquanto trabalhos científicos que deveriam primar pela imparcialidade. Some-se a isso a sustentação de teses impopulares, o apego à antipática doutrina do "politicamente correto" e o conseqüente patrulhamento das consciências, a negação da realidade, o dogmatismo, a atitude messiânica desses intelectuais, e compreenderemos por que, embora falem para a sociedade, eles são ouvidos por poucos.

O fato é que esses intelectuais não estão sabendo encontrar a *via media* entre o catastrofismo radical e o idealismo ingênuo. Uma atitude muito comum entre eles é procurar adequar a realidade à sua doutrina em vez de adequar a sua doutrina à realidade. Tendo em vista que posições teóricas, originalmente modernas, não são reavaliadas em face de novas realidades, elas tendem a tornar-se cada vez mais conservadoras, quando não reacionárias. Nesse sentido, as vanguardas do pensamento vão aos poucos ficando caducas. Tal fato se torna ainda mais patético quando vemos que muitos dos defensores dessas utopias não acreditam realmente nelas, mas fazem de sua defesa uma espécie de profissão: são os revolucionários profissionais, os socialistas profissionais (alguns dos quais nunca foram realmente socialistas), os defensores profissionais de minorias (que se locupletam criando organizações não-governamentais cuja verdadeira finalidade é a captação de recursos financeiros internacionais), e assim por diante.

No campo da pesquisa propriamente dita, a universidade está repleta de trabalhos que não têm nenhuma utilidade nem do ponto de vista pragmático nem do ponto de vista hedônico. Não é raro encontrar pesquisadores, sobretudo nas ciências sociais, que se dedicam ao estudo e à descrição de fatos absolutamente irrelevantes tanto para os especialistas quanto para o público leigo. Isso ocorre toda vez que a pesquisa em si é considerada mais importante que sua função social. A geração de tecnologia e a geração de prazer são postas em segundo plano, e a luta por financiamento ou por prestígio interno passa a ser um fim em si. A universidade acaba fora de controle (sobretudo do controle do contribuinte), e a busca do conhecimento dá lugar à busca do poder e do dinheiro. A academia passa a ser um centro de egolatria, um espaço pequeno demais para egos tão inflados, embora a vaidade aí não provenha da admiração da sociedade, como sucede nas artes e nos esportes, mas da admiração dos próprios pares. A universidade, cujo nome deriva de universo, termina por se tornar o menos universal e mais mesquinho de todos os ambientes.

Outro grande vício da universidade, sobretudo da universidade pública, é o incentivo ao carreirismo, configurando aquilo que podemos chamar de "universidade funcionária pública". O regime de tempo integral dos professores, por exemplo, foi criado para que o docente universitário possa se dedicar também à pesquisa e não somente ao ensino. O objetivo desse regime é remunerar o docente não apenas pelas horas que despende em sala de aula, mas também e principalmente pelas horas de preparo de aulas, de pesquisa, de redação de trabalhos, de participação em eventos, de orientação a pós-graduandos, etc. Entretanto, nas áreas técnicas, o regime integral impede que o profissional acadêmico exerça sua profissão fora da universidade, isto é, no mercado de trabalho, onde essa profissão é realmente necessária, e com isso tenha contato com a realidade. Assim, os professores de profissões técnicas que optam por esse regime de trabalho vão ficando com o tempo desatualizados, quando não alienados.

Já os docentes das áreas científicas, em especial da ciência pura, ficam impedidos regimentalmente de exercer atividade remunerada externa à universidade, o que, em muitos casos, inclui palestras públicas e a atuação nos meios de comunicação. O pesquisador da ciência pura fica, então, impedido de divulgar o conhecimento que produz fora da universidade. Dentro dela, como já foi dito, incentiva-se a atividade burocrática, aquela que traz poder e dinheiro, em detrimento da atividade intelectual. Na aparência, a universidade é um centro de excelência e de intelectualidade; na essência, o que se encontra, salvo raras exceções, é o amor à burocracia como compensação da incompetência científica ("Quem sabe faz, quem não sabe ensina"), a luta pelo poder e por cargos, a preocupação com a quantidade e não com a qualidade da pesquisa, a formação de um *curriculum vitae* volumoso, que habilite seu portador a pleitear posições políticas importantes, etc. Nesse ambiente, tem-se a competição em vez da cooperação e do coleguismo como signo maior da mediocridade intelectual. A meu ver, a colocação de cientistas em funções burocráticas na universidade é tão absurda quanto a colocação de jogadores de futebol em funções burocráticas nos clubes.

Quanto à produção de pesquisa propriamente dita, os critérios da universidade e dos órgãos estatais que a fiscalizam são por vezes absurdos. As agências de controle dos cursos de pós-graduação, por exemplo, exigem uma quantidade mínima anual de produção científica dos docentes, mas não exigem a divulgação ampla dessa produção. Em outras palavras, avalia-se a quantidade e não a qualidade da pesquisa. Ora, a função da ciência aplicada é a produção de tecnologia, mas a função da ciência pura é a produção de cultura; por isso, não faz sentido cobrar dela produtividade. Por sinal, grande parte das comunicações feitas em congressos científicos, particularmente na área das ciências humanas puras, não produz nenhum resultado prático, a não ser para o próprio autor da comunicação, como aumentar um item em seu *curriculum vitae* e somar pontos junto às agências de fomento à pesquisa. No que diz respeito a essas ciências, o Estado deveria valorizar mais a divulgação científica em relação à comunicação especializada, que traz pouco retorno, até porque se exige freneticamente a publicação de trabalhos, mas não se verifica o retorno tecnológico ou cultural dessa comunicação.

Na ciência pura, é um desperdício inútil de esforço a academia escrever para a própria academia. Como vimos, na ciência aplicada, e em especial na área das ciências naturais, o conhecimento científico fica restrito à academia, mas o subproduto desse conhecimento, que é a tecnologia, chega até a sociedade. Na ciência pura em geral, e em particular nas ciências humanas puras, não há tecnologia a ser produzida e proporcionada à sociedade, mas, antes, o conhecimento é um fim em si mesmo; assim sendo, não faz sentido que o povo sustente com o pagamento de impostos a pesquisa em ciência pura e não usufrua do produto dessa pesquisa, pois este fica circunscrito ao meio acadêmico, conforme podemos observar pelo exemplo de revistas de cultura editadas pelas universidades e dirigidas às outras universidades. Os intelectuais que se beneficiam desse modelo de academia assumem uma posição hipócrita visto que falam *sobre* a sociedade e às vezes *pela* sociedade (alguns até se pretendem defensores da sociedade contra a tirania das classes dominantes), mas não escrevem *para* a sociedade e sim para uma pequena elite culta, que praticamente coincide com a própria comunidade acadêmica. O pior é que a própria universidade doutrina desde cedo seus alunos de ciências segundo uma visão tecnicista e utilitarista de ciência; na prática, nem a própria academia prestigia a ciência em seu aspecto cultural.

Creio que uma academia nesses moldes já não tem mais razão de ser, é um verdadeiro cadáver ambulante. A arte não precisa da academia: a legítima música do século XX não é aquela feita no departamento de música da universidade pelos mestres e doutores, nem tampouco a música sinfônica, em que pese a importância de compositores como Stravinsky e Villa-Lobos, mas aquela feita fora do ambiente acadêmico, por Pixinguinha, Tom Jobim, Chico Buarque, Paul McCartney, etc. O esporte precisa da academia ainda menos do que a arte. Portanto, é chegada a hora de a ciência sair de seu esconderijo na academia e ganhar as ruas. É hora de os verdadeiros intelectuais fazerem o que Jacques Cousteau fez durante toda a sua vida: em vez de permanecer trancado na universidade, ele, que não tinha formação acadêmica em oceanografia, levou o conhecimento nessa área ao grande público e, com isso, fez mais por essa ciência do que todos os oceanógrafos da universidade juntos. Hoje, malgrado o preconceito que os acadêmicos têm contra ele, a maioria das universidades utiliza seus filmes em sala de aula.

15 UMA NOVA REVOLUÇÃO CIENTÍFICA: A CIÊNCIA PARA TODOS

Desde o início do século XX, um novo paradigma de ciência vem se estabelecendo. A revolução no pensamento científico começou pela física, por meio da teoria da relatividade e da mecânica quântica. Essas duas teorias mudaram radicalmente o modo de ver e de pensar o mundo à nossa volta, sobretudo por nos fazer tomar consciência de dois fatos cruciais: *a)* o mundo não é exatamente como nós o percebemos pelos nossos sentidos e nossa inteligência limitados; *b)* a própria razão, principal ferramenta da ciência, nos leva às vezes a impasses insolúveis, o que equivale a dizer que talvez nem tudo possa ser compreendido ou explicado em termos puramente racionais. A teoria da relatividade, proposta por Einstein, mostrou que espaço e tempo não são entidades absolutas, independentes do estado de movimento do observador, mas, antes, formam uma entidade única quadridimensional, denominada espaço-tempo. Além disso, a teoria da relatividade também mostrou que matéria e energia são conversíveis uma na outra (ou, dito de outro modo, matéria e energia são a mesma coisa). Einstein também demonstrou que a luz (e todas as outras formas de radiação eletromagnética) se comporta igualmente como onda e como partícula. Já a mecânica quântica, de Max Planck, Niels Bohr, Werner Heisenberg e outros, mostrou que a natureza é fundamentalmente descontínua, bem como estendeu a dualidade onda–partícula a toda a matéria. Mais ainda, formulou o famoso *princípio de incerteza*, segundo o qual é impossível conhecer com precisão absoluta tanto a posição quanto a velocidade de uma partícula num dado instante. Em face dessas constatações, o homem contemporâneo contempla um mundo muito diverso daquele que imaginava habitar.

Por outro lado, o século XX marcou também um grande avanço nas ciências biológicas, com a genética à frente, desvendando pouco a pouco os mistérios de um fenômeno até então insondável e, por isso mesmo, circunscrito à esfera da crença religiosa: a vida. A melhor compreensão dos processos de evolução das espécies, dos mecanismos de reprodução e de desenvolvimento dos organismos e sobretudo do funcionamento da mente humana levou igualmente ao descortinar-se de um novo mundo.

Assim, desde o advento da nova física e da nova biologia, por intermédio de teorias como a relatividade, a mecânica quântica, a teoria das supercordas, a teoria M, a teoria do caos, o Universo inflacionário, os atratores estranhos, a hipótese Gaia e a teoria da causação formativa, os pesquisadores das ciências naturais estão sendo obrigados a repensar o paradigma mecanicista, determinista e cartesiano de ciência, herdado do século XVII, segundo o qual o Universo é uma máquina que funciona segundo leis matemáticas fixas e imutáveis, perfeitamente apreensíveis pela razão, de modo que a enunciação dessas leis nos permitiria descrever com absoluta precisão o funcionamento da natureza desde sempre e para sempre. Ora, as atuais descobertas da física subatômica, da cosmologia, da genética, etc., nos mostram um mundo bem diferente daquele imaginado por Descartes ou Comte. Hoje, perplexos, os cientistas de mente mais aberta – aqueles que não se aferram fanaticamente aos dogmas mecanicistas e positivistas –, dentre os quais eu citaria Stephen Hawking, Carl Sagan, Fritjof Capra e Marcelo Gleiser, antevêem cada vez com mais clareza o reencontro e a reconciliação entre ciência e espiritualidade, entre o pensamento racionalista ocidental e a herança de outras culturas, bem como entre a ciência positiva e a boa e velha filosofia, na constituição de uma espécie de "nova ciência", a chamada ciência holística.

Na verdade, certos mistérios como a origem do Universo ou a origem da vida têm levado os cientistas a impasses que o método cartesiano não tem conseguido desfazer. Por isso, as atuais hipóteses lançadas pelos estudiosos para responder a essas questões primordiais que inquietam o espírito humano há milênios (como a teoria do *big bang* e o infinito circular) são pura reflexão filosófica, tal qual fazia Aristóteles há dois mil e trezentos anos na sua *Física*. Esses impasses motivaram ainda a instituição de uma nova forma de pensamento científico, o chamado *pensamento complexo*, que, paradoxalmente, incorpora ao paradigma racionalista formas de pensamento características das sociedades pré-científicas.

O mais interessante de tudo – e, para muitos, o mais embaraçoso também – é que a ciência atual está descobrindo uma espantosa similaridade entre as modernas teorias científicas e os antigos mitos religiosos.[1] Parece que nossos ancestrais primitivos tinham uma aguda intuição sobre o mistério da existência e, à medida que o homem foi construindo aquilo que chamamos de civilização, foi esquecendo certas verdades fundamentais, que hoje está redescobrindo sob uma outra roupagem. A história do pensamento humano assemelha-se, pois, à relação do homem com a água: se um bebê recém-nascido for colocado numa piscina, sairá nadando como um peixe; no entanto, como não exercitamos essa aptidão inata, acabamos por esquecê-la, e é por isso que anos mais tarde temos de freqüentar uma academia de natação.

Nas ciências humanas, o cenário não é menos revolucionário. Diversas novas teorias sobre a estrutura da mente (desde a psicanálise de Freud e Lacan e a teoria dos símbolos e do inconsciente coletivo, de Jung, até os mais recentes modelos da mente humana, como a ciência cognitiva, a neurolingüística e o modelo das redes neurais), sobre o comportamento social e econômico do homem (como a teoria da terceira onda, de Alvin Toffler), sobre a organização e a comunicação humanas, em especial num mundo globalizado e num contexto de informação pós-moderno (como a teoria das catástrofes, a cibernética de segunda ordem, a cibersemiótica e a autopoiese informacional), sobre a percepção, a cognição, a simbolização e a linguagem (como a semântica cognitiva e a própria semiótica da cultura), ao lado de modernas descobertas nos campos da arqueologia e da paleolingüística (o estudo de línguas da Pré-História), dentre outras, além, é claro, das recentes tentativas de unificar sob um mesmo princípio científico a natureza física e a natureza antropocultural, têm tornado as ciências humanas um campo tão propício ao debate científico e um terreno tão fértil para o florescimento de novas idéias quanto o são as ciências naturais. Enfim, agora que a ciência já compreende um pouco melhor o universo físico, começa a tentar explicar também de forma mais clara e racional o universo humano.

Toda essa revolução ideológica que varre a ciência moderna não passa despercebida aos olhos do homem comum. Mais do que nunca, a ciência faz parte do interesse das pessoas, e cresce cada vez mais a procura por informação científica por parte do público leigo. A ciência hedônica, a ciência

1. Ver a esse respeito as obras de Capra, 1982 e 1983, Gleiser, 1998, e Schroeder, 1998.

pura voltada para a ilustração do cidadão médio, parece estar finalmente encontrando seu caminho.

Em 1959, o escritor inglês Charles Percy Snow publicou um livro intitulado *The two cultures* (*As duas culturas*). A tese fundamental defendida por Snow nesse livro é a de que existem dois tipos de cultura e, portanto, dois tipos de produtores de cultura: de um lado, os intelectuais literatos e, de outro, os cientistas. (Essa oposição é de certa forma homóloga à que fiz na introdução entre "cultura" e ciência.) Segundo o escritor, editor e agente literário norte-americano John Brockman[2], foi durante a década de 1930 que os "homens de letras" passaram a referir-se a si próprios como "os intelectuais", excluindo dessa definição os cientistas, sobretudo os das ciências naturais. No entanto, essa delimitação discriminatória da intelectualidade acabou vingando principalmente porque, enquanto eminentes cientistas como Arthur Eddington e James Jeans também escreviam livros para o público em geral, suas obras eram ignoradas pelos autoproclamados "intelectuais". Conseqüentemente, a importância e o impacto das idéias por eles propostas permanecia invisível enquanto atividade intelectual, já que a ciência não era assunto de difusão corrente. Os intelectuais tradicionais, de formação eminentemente "clássica", pertenceriam todos ao primeiro tipo de cultura. Suas bases teóricas são especulativas e não empíricas, e por isso muito mais baseadas na tradição bibliográfica do que na realidade dos fatos. Para Brockman, esses intelectuais estão se tornando cada vez mais reacionários, visto que ignoram, até com certo orgulho, a evidência científica e, assim, se põem de costas para algumas das mais importantes realizações intelectuais da atualidade. Essa intelectualidade tradicional se caracteriza, dentre outras coisas, pelo seu hermetismo, ostentado como índice de erudição.

Numa segunda edição de seu livro, publicada em 1963, Snow sugeriu que uma nova cultura, que ele chamou de *terceira cultura*, surgiria para estabelecer a ponte entre a cultura "literária" e a cultura "científica". Segundo ele, nessa terceira cultura os literatos e os cientistas estariam dialogando de igual para igual. Entretanto, o que está acontecendo na prática, atualmente, é que os literatos e os cientistas não estão se comunicando, os cientistas é que estão se comunicando diretamente com o público. Os intelectuais tradicionais estariam então ficando marginalizados. Por essa razão, Brockman toma emprestada a denominação *terceira cultura* de Snow, dando-lhe, contudo,

---

2. Brockman, 1995.

um novo significado. Para Brockman, a terceira cultura engloba os cientistas e pensadores em geral pertencentes ao mundo empírico que, por meio de seu trabalho de difusão do conhecimento, estão assumindo o papel do intelectual tradicional de mostrar o sentido mais profundo de nossa vida, redefinindo quem e o que somos. Enquanto os pensadores tradicionais escrevem para a academia e para a elite especializada, deixando aos jornalistas científicos a tarefa de traduzir em termos acessíveis ao grande público o conhecimento por eles produzido, os representantes da terceira cultura procuram eliminar a mediação do jornalista, esforçando-se por expressar até mesmo seus raciocínios mais complexos de maneira inteligível pelo público leigo.

Ainda segundo Brockman, o florescimento dessa terceira cultura é prova de que existe hoje uma grande fome intelectual e uma grande busca por ilustração. Nesse sentido, a ciência tradicional se transformou em cultura pública. Para ele, a atividade intelectual inclui a comunicação com o público: intelectuais não são apenas pessoas que pensam e que produzem idéias, são antes de tudo comunicadores de idéias, pessoas que moldam o pensamento de sua geração pela difusão de suas idéias. Os pensadores da terceira cultura são, assim, o fruto da reação contra o intelectualismo estéril da academia.

Um significativo exemplo da fome intelectual apontada por Brockman foi o debate promovido por um jornal britânico, no Westminster Central Hall, em Londres, em fevereiro de 1999, entre os eminentes biólogos Richard Dawkins e Steven Pinker, sobre o tema "Está a ciência matando a alma?". Os ingressos para o evento se esgotaram com várias semanas de antecedência, tendo o encontro reunido 2.300 espectadores, com algumas centenas de pessoas aguardando do lado de fora do auditório. Três meses antes, um outro encontro público entre os dois biólogos, com a participação também de Daniel C. Dennett e Jared Diamond, havia reunido uma audiência de mais de mil pessoas, dentre as quais pelo menos uma centena de jornalistas.

Esse exemplo ilustra bem o fato de que a ciência também pode ser um importante evento social e cultural de massas. Se isso ainda acontece com pouca freqüência, a culpa parece ser mais dos próprios cientistas do que do público. Na verdade, ainda não existe dentro do meio científico uma cultura instituída de falar ao público em geral. Entretanto, pouco a pouco essa cultura vai se formando, especialmente nos países do Primeiro Mundo, onde os intelectuais – especialmente os que se enquadram na terceira cultura de Brockman – já estão se conscientizando de que sua função é ser sobretudo comunicadores de idéias.

De fato, pouco vale o trabalho intelectual especulativo – como é por excelência o trabalho da ciência pura, seja esta natural ou humana – se ele não for conhecido pelas pessoas a quem mais pode interessar: o público em geral. Assim como a música possui duas instâncias – a autoria e a interpretação –, a atividade científica se divide em pesquisa e divulgação. Na música popular há compositores que compõem mas não interpretam, isto é, escrevem a partitura mas não a executam em público; por outro lado, há artistas que só interpretam, como os cantores que gravam discos e fazem shows, mas não escrevem suas canções[3]; há finalmente os cantores-compositores, que cantam suas próprias composições, além das de outros. No campo da ciência, igualmente, há cientistas que elaboram teorias mas não as divulgam, cientistas que elaboram e divulgam suas teorias e divulgadores científicos (professores e jornalistas) que se limitam a veicular teorias alheias. Alguns desses divulgadores, aliás, são mais didáticos que os próprios autores das teorias. Infelizmente, os divulgadores científicos, sejam eles produtores ou apenas transmissores de conhecimento, ainda são poucos. No Brasil, merece destaque a figura pioneira de José Reis, grande divulgador da ciência, que nos ensina que o discurso da divulgação científica tem de ser o mais humano possível, deixando perceber a palpitação dos seres que se empenharam nas descobertas, isto é, a emoção por trás da razão.

Se, por um lado, a ciência tende cada vez mais a tornar-se um evento cultural de massas, por outro, a reação contra essa perspectiva por parte dos acadêmicos mais tradicionais também é forte. Desde os pensadores da Escola de Frankfurt – Adorno, Horkheimer, Marcuse e outros –, a cultura de massa tem sido vista quase exclusivamente pelo seu lado negativo: aponta-se a falta de perspectiva de posteridade numa cultura massificada pelos meios de comunicação e pela multiplicação dos processos industriais em série, a qual se traduziria na busca do reconhecimento social apenas no presente, na atitude de encarar a vida como um eterno hoje. É daí que se origina a acusação de que a cultura de massa é uma cultura descartável, criada para ser superada em pouco tempo. Uma decorrência dessa perspectiva é a efemeridade do sucesso nesse tipo de cultura (os conhecidíssimos "15 minutos de fama" de que falou Andy Warhol).

---

3. Alguns cantores, aliás, interpretam canções melhor do que os próprios compositores. (Pense-se, por exemplo, em Elis Regina interpretando Chico Buarque.)

Se considerarmos a cultura de massa e sua decorrência natural, que é a indústria cultural, sob esse prisma, poderemos nos sentir compelidos a rechaçá-la e preferir a boa e velha cultura acadêmica. Todavia, não temos essa opção: a cultura de massa não é uma escolha, é uma injunção. Não me parece que seja possível continuar existindo ainda por muito tempo uma cultura fechada nos muros da universidade, à qual a sociedade não tem acesso, mas da qual deve pagar a conta. Esse modo monástico de fazer cultura já se esgotou, e pouco a pouco as pessoas vão se apercebendo disso. Até algum tempo atrás, os cientistas e intelectuais eram tidos em alta consideração, como uma espécie de heróis do progresso técnico e mental da humanidade, e sua palavra soava como verdade indiscutível. Hoje, entretanto, a ciência tradicional é cada vez mais questionada, acima de tudo por seu caráter dogmático, e o próprio interesse dos estudantes pela ciência e pela cultura institucionais é cada vez menor. Para enfrentar essa crise de credibilidade, há duas atitudes a tomar: *a)* promover a compreensão pública do pensamento científico, a fim de mostrar à sociedade que as questões tratadas pelos cientistas não estão desconectadas das preocupações e dos interesses das pessoas em geral, e *b)* abandonar a crença cega no paradigma mecanicista de ciência, que se choca frontalmente tanto com as evidências empíricas quanto com a intuição do ser humano.

A ciência institucional baseia-se justamente numa concepção maquinal da natureza, que retrata um mundo sem vida e sem alma, um mundo de autômatos programados sabe-se lá por quem. É essa filosofia científica que preside a engenharia genética, por exemplo. Por mais de três séculos, a ciência tem estado ligada a uma ideologia de dominação da natureza, que contribuiu, dentre outras coisas, para a crise ecológica mundial. O público em geral é capaz de perceber isso e rejeita esse modelo de ciência. Enquanto a ciência tradicional chega a impasses insolúveis e cai no descrédito da sociedade, que olha com desconfiança sobretudo os resultados mais maléficos de sua aplicação (poluição, guerras, acentuação dos contrastes sociais, etc.), o cidadão comum busca respostas em outros lugares, principalmente na religião e no misticismo, como reflexo do desencanto generalizado que esse modelo frio e materialista de ciência tem causado. Há um sentimento de que a existência tem um significado maior do que a ciência tem conseguido compreender. A credibilidade dos cientistas ortodoxos diminui porque as pessoas comuns percebem que sua visão de mundo se baseia muito mais na ideologia científica tradicional do que naquilo que a ciência efetivamente pode provar.

Ao mesmo tempo, como vimos, há uma grande fome intelectual nas pessoas. Documentários científicos para a televisão têm grande apelo popular, e livros de popularização da ciência aparecem como um dos grandes sucessos da indústria editorial moderna. Contudo, a ciência que o público procura não é a ciência que a academia tem a oferecer. A maioria dos pesquisadores está mais preocupada com problemas extremamente especializados do que com as grandes questões científicas. Podemos dizer que a academia produz basicamente a "pequena ciência", enquanto o público busca a "grande ciência".

Num momento em que esse tipo de pesquisa é cada vez mais questionado, em que os financiamentos à pesquisa escasseiam, em que a ciência perde prestígio e as seitas messiânicas e apocalípticas avançam, é chegada a hora de se fazer ciência numa perspectiva terceiro-cultural: uma ciência feita para o povo e com o povo. Isso implica que os intelectuais desçam de seus pedestais olímpicos e se dignem escrever e falar para o público leigo, e que a ciência deixe de ser monopólio de cientistas profissionais e envolva a própria participação popular, como já ocorre atualmente com vários projetos de pesquisa participativa. Trata-se sobretudo de uma ciência barata e inofensiva. Ao final, a ciência poderá nos mostrar uma imagem muito maior e mais nítida do mundo em que vivemos. Assim como a ciência mecanicista e materialista nos libertou da tirania dos dogmas religiosos da Idade Média, agora cumpre à nova ciência, feita pelos homens de mente aberta, nos libertar dos dogmas científicos da atualidade.

Não por acaso, a ciência é, dentre as atividades culturais, a que desfruta de menor popularidade. Além de ser, por sua própria natureza e pelas condições educacionais da maioria da população, uma atividade que desperta menos interesse no público do que a religião, muitas formas de arte e muitos esportes, ainda há poucos cientistas realmente dispostos a dedicar-se à vulgarização do conhecimento. Alguns intelectuais, embora defendam em tese a difusão irrestrita do saber, mantêm essa defesa apenas no plano retórico, enquanto outros, que criticam a cultura de massa, acusando-a de alienante, rejeitam por princípio a idéia de fazer seu discurso descer ao nível popular. Esses intelectuais apresentam em relação à cultura de massa uma atitude de alheamento, como se essa questão não lhes dissesse respeito, ou como se não fizessem parte dessa sociedade e desse processo que criticam. O problema é que essa crítica fica restrita ao círculo dos iniciados e, portanto, em nada contribui para a conscientização das massas, isto é, para o fim da alienação.

O argumento utilizado por esses intelectuais é que a ciência deve ser um espaço crítico em relação à realidade (especialmente à realidade social), devendo, pois, manter-se fora da cultura de mercado que pretende criticar. Nada mais errado. Em primeiro lugar, as artes e a literatura, que hoje são produtos da indústria cultural, também fazem um exercício crítico da realidade, e essa condição de produtos culturais de mercado em nada torna ilegítimo tal exercício. Ao contrário, a crítica feita pela literatura, pelo cinema, pelo teatro, pela música popular e até mesmo pelas telenovelas tem muito mais força e impacto social do que qualquer artigo erudito ou tese acadêmica. Questões como a reforma agrária ou o racismo, quando tratadas, ainda que de forma superficial e romanceada, pelas telenovelas, ganham as ruas e conduzem a opinião pública a uma tomada de consciência e de posição sobre o problema. Já quando essas questões são discutidas no âmbito puramente acadêmico, nada de prático acontece.

Em segundo lugar, é um equívoco dizer que toda produção cultural voltada para o mercado é alienante ou alienada. A popularização da cultura não implica a perda da capacidade crítica ou de sua legitimidade. Na verdade, a crítica da sociedade de consumo deve ser feita *dentro* da sociedade de consumo e, sobretudo, *para* a sociedade de consumo. Pôr a reflexão intelectual sobre a sociedade fora dessa sociedade e dirigi-la exclusivamente à própria comunidade intelectual que a produz é que é uma posição alienada. Assim, a popularização do discurso científico não implica a perda de sua identidade. Em outros termos, o discurso científico pode ser popular sem ser vulgar: é perfeitamente possível à ciência popularizar-se sem renunciar ao senso crítico da realidade.

A esse propósito, convém abrir um parêntese para lembrar o que diz Umberto Eco:

> Um livro obtém sucesso somente em dois casos: se dá ao público o que ele espera ou se cria um público que decide esperar o que o livro lhe dá. Ou seja, toda obra "pequena" atende às solicitações do público que individualizou, ao passo que toda "grande" obra cria as solicitações do público que decide formar.[4]

4. Eco, 1989, pág. 104.

Em resumo, o que Eco quer dizer é que há dois tipos básicos de autor: aquele que produz a obra que o público quer e aquele que faz o público querer a obra que produz. Ao primeiro tipo correspondem os autores ditos "comerciais", na verdade, oportunistas, apelativos e vulgares, que atendem aos modismos e produzem obras *kitsch* as quais, no entanto, logo se transformam em *best sellers.* Ao segundo tipo correspondem os autores que fazem a arte verdadeiramente avançar, justamente porque não fazem concessões ao lucro fácil ou às tendências do mercado, mas são eternos escravos da busca da alta qualidade. Essas considerações, tecidas a propósito do escritor de ficção, podem ser estendidas a todo artista e a todo intelectual, incluindo-se aí o cientista. Dessa forma, o que se espera dos intelectuais é que sejam capazes de formar seu público e que sejam, sobretudo, capazes de formar esse público a partir da sociedade em geral e não a partir de um seleto grupo de especialistas, isto é, de um público já formado.

O fato concreto é que, em nossa sociedade de massa, nenhuma atividade cultural pode ficar à margem do processo de massificação – faço questão de frisar que uso esse termo no sentido de "difusão entre as massas" e não no sentido pejorativo que se lhe costuma atribuir. Assim, é tolice negar a sociedade de massa ou recusá-la como se ainda fosse possível produzir cultura fora dela. Ao contrário da visão apocalíptica que muitos intelectuais têm da sociedade e da cultura de massa, o fenômeno da massificação – volto a insistir, no sentido positivo do termo – permitiu uma verdadeira democratização da cultura.

Desse modo, a massificação do esporte não representou, como acusam alguns, a deturpação ou a corrupção da prática esportiva, mas, ao contrário, fez dela uma forma genuína de cultura, tornando o esporte acessível a todos, e não apenas a uma pequena elite. Graças à massificação, a prática esportiva nunca esteve tão difundida e fortalecida em nossa sociedade como atualmente.

Da mesma maneira, o advento do disco e a difusão da música popular não representaram o fim da arte musical, mas, antes, propiciaram o enriquecimento dessa arte, antes restrita a um seleto círculo de privilegiados. (Quem vai negar, por exemplo, a grande contribuição dada pelo jazz até à música erudita?) Portanto, se encararmos a massificação não apenas como um processo de alienação e de "pasteurização" do ser humano, mas como um fenômeno inevitável de inserção da massa – ou povo, se preferirem – em todos os processos sociais, aí incluídos os processos culturais, veremos que ela está longe de ser o demônio profetizado pelos filósofos da Escola de

Frankfurt. Afinal, estamos vivendo em plena sociedade de massa e muito poucas pessoas deixariam de pôr filhos no mundo por causa disso.

Se entendermos o termo *massificação da cultura* como democratização do acesso aos bens culturais, veremos que ela nada tem de negativo. Mesmo que, na sociedade capitalista, os meios de comunicação dêem mais destaque a certas formas de cultura que poderíamos considerar simplórias, alienantes e mesmo pobres ou vazias de conteúdo, não devemos nos esquecer de que a cultura mais refinada também está disponível, neste momento, a quem deseje acessá-la: tanto a boa música quanto a música ruim podem ambas ser ouvidas no rádio e encontradas nas lojas de discos. É claro que continua a haver uma divisão social entre a massa e a elite; é claro que a elite continua a ter suas próprias formas de cultura. Só que, no passado, tínhamos, de um lado, uma pequena elite culta que considerava sua cultura única e universal, não admitindo sequer a existência de uma cultura popular, e, do outro lado, uma multidão de pessoas abandonadas à mais completa indigência mental, a quem o acesso aos bens culturais era vedado, ao passo que hoje se reconhece à massa uma identidade cultural própria, que por vezes chega a constituir modelo até para a cultura da elite, como no supracitado exemplo do jazz.

Outro ponto importante a ser ressaltado é que o fato de algo ser produzido para o consumo não implica necessariamente que não possa ser bom. Na verdade, a cultura de massa tem produzido inúmeros artistas talentosos e até mesmo geniais, capazes de criar obras ao mesmo tempo comerciais e de qualidade, obras que atendem às exigências do mercado sem prejuízo do bom gosto e do valor estético. A negação desse fato por certos críticos e intelectuais só revela sua visão preconceituosa em relação a qualquer produto da indústria cultural e, em especial, à ciência. O que não se deve esquecer é que a própria semiótica só conheceu o atual desenvolvimento graças ao *boom* das comunicações de massa. Foi exatamente o surgimento dos meios de comunicação de massa e da indústria cultural que deu o impulso decisivo à consolidação da semiótica como disciplina científica.

Diante disso, e tendo em vista que a sociedade de massa é um fato consumado, um caminho sem volta, não existe popularização da ciência possível fora do processo de massificação. Toda tentativa de manter a ciência refratária a esse processo só contribui para o isolamento da classe intelectual, como se ela constituísse uma sociedade à parte, e para o progressivo desaparecimento da ciência como forma de cultura, subsistindo, talvez, apenas a ciência aplicada, como serviçal do grande capital.

Além disso, é preciso frisar que, quando me refiro à divulgação da ciência entre as massas, evidentemente não estou pensando numa penetração uniforme do discurso científico em todas as camadas da sociedade. Afinal, o principal público desse discurso estará sempre circunscrito à camada mais culta (embora, em grau menor, as classes menos escolarizadas também possam se interessar pelo tema *ciência*). No entanto, penso em um público culto mas não especializado (não formado por profissionais de ciência e tecnologia), sobretudo um público que busca o conhecimento não necessariamente para aplicá-lo no seu dia-a-dia profissional, mas principalmente para enriquecer sua cultura geral. Para esse público, a aquisição de conhecimento é uma forma de prazer, de entretenimento – e o que é mais importante, conforme veremos mais adiante, esse público já existe, bastando produzir para ele.

Portanto, dando por assentadas essas questões, devemos constatar que o mercado cultural é muito grande e a participação da ciência nesse mercado relativamente a livros, revistas, séries de TV, palestras, etc., é muito pequena, mas pode ser aumentada com o auxílio do mesmo instrumento já utilizado pelas outras formas de cultura: o marketing.[5]

É preciso lembrar que a ciência nem sempre foi exclusividade da elite. Na Grécia antiga, por exemplo, muitos filósofos ensinavam abertamente, pregando suas idéias em praça pública (na chamada ágora), e suas academias aceitavam livremente qualquer indivíduo interessado em adquirir conhecimento. Sócrates, um dos homens que mais influenciaram o pensamento ocidental, por sinal jamais escreveu um livro; ele ensinou o tempo todo no meio da rua e nunca numa academia. Segundo o escritor romano Cícero, "Sócrates convidou a filosofia a descer dos céus".[6]

Não obstante, em todas as sociedades divididas em classes, existe uma cultura erudita, pertencente à aristocracia, por oposição à cultura popular das classes mais baixas. Essa oposição entre erudito e popular foi particularmente significativa no Ocidente até o século XIX. Com efeito, até então a noção de cultura confundia-se com a de cultura erudita; como foi dito há pouco, a cultura popular era vista com desprezo pelas elites, não sendo sequer considerada como uma forma legítima de cultura. Era, antes, vista

---

5. Sobre a utilização do marketing na popularização da ciência falarei na terceira parte.
6. Lloyd, citado por Gleiser, 1998, pág. 66.

como uma forma de barbárie. É por essa razão que, quando pensamos na música dos séculos XVIII ou XIX, nos vem à mente a música de concerto e não a música folclórica. Igualmente, a prática esportiva foi até o século XIX exclusividade da aristocracia e era representada por esportes de elite, como o tênis, a esgrima, a equitação, a caça à raposa. Até mesmo o futebol surgiu e era praticado em aristocráticos colégios ingleses, freqüentados por jovens de famílias abastadas. Quanto à religião, a palavra de Deus deveria ser ouvida por todos, mas apesar disso a missa era rezada em latim.

Tudo isso mostra a barreira intransponível que separava a cultura da elite da cultura da massa. Esse quadro começa a mudar em fins do século XIX e princípios do século XX com o advento dos meios de comunicação de massa (fonógrafo, cinema, rádio). Com a difusão desses meios de comunicação e, conseqüentemente, o triunfo da indústria cultural, foi a cultura popular a mais beneficiada, até porque a nova organização do trabalho, decorrente da moderna tecnologia e das conquistas sindicais, permitiu às classes mais baixas o acesso a um tempo livre destinado ao lazer que antes era privilégio das classes mais altas. Assim como o início do século XX marcou a popularização da arte e do esporte, as últimas décadas têm assistido a uma popularização da religião, principalmente através da difusão no Ocidente das religiões orientais, sobretudo a partir da década de 1960, bem como da atuação de algumas seitas protestantes e do trabalho de renovação ideológica ocorrido no interior do catolicismo.

Por outro lado, a ciência ocidental tem feito parte da cultura erudita desde seu surgimento. (Devemos nos lembrar, por exemplo, de que o discurso científico foi produzido predominantemente em latim até o século XVIII.) Durante todo esse tempo, tentativas de popularização do conhecimento científico têm sido sempre tímidas e isoladas. Parece que só agora esse panorama começa a ser alterado. Os cientistas começam a comportar-se como verdadeiros escritores, não apenas produzindo livros, mas preocupando-se com quem vai lê-los. Um exemplo disso é o livro *O mundo de Sofia*, de Jostein Gaarder, que trata de filosofia em forma de literatura, acessível até às crianças. Da mesma forma, os romances de Umberto Eco são verdadeiros tratados de semiótica travestidos de literatura. Mesmo dentre os livros propriamente científicos, podemos encontrar vários exemplos de obras de grande sucesso editorial justamente pelo aspecto didático e agradável da linguagem utilizada. Ao mesmo tempo, o número de produções científicas para a televisão vem crescendo muito nos últimos anos, e já existem até algumas emissoras de TV a cabo especializadas em ciência. Tudo isso parece mostrar que, se o discurso científico ainda não é tão popular, a culpa não é da ciência em si, mas dos cientistas: não há nada intrinsecamente na ciência, sobretudo nas ciências humanas, que impeça sua popularização, até porque as ciências humanas dizem respeito diretamente à vida cotidiana do ser humano.

Algumas descobertas científicas são tão fantásticas e foram feitas de forma tão genial que chegam a ser emocionantes. No entanto, durante muito tempo pouquíssimas pessoas puderam sentir essa emoção, pois para compreender a linguagem da ciência era preciso ser um "iniciado". O prazer de ter acesso a esse conhecimento era comparável ao prazer de poder ler a *Ilíada* em grego arcaico. O grande argumento contra a popularização do discurso científico era a suposta impossibilidade de traduzir em termos simples o complexo jargão científico, sustentáculo maior da cientificidade. Essa atitude se intensifica sobretudo a partir do século XIX, com a especialização progressiva, o aumento da complexidade das teorias científicas e a busca de maior rigor, que geravam uma metalinguagem científica cada vez mais complexa e abstrata, cada vez mais distante da linguagem comum. Enquanto nos outros setores da cultura o erudito e o popular se aproximavam cada vez mais, no domínio da ciência ia ocorrendo exatamente o contrário: do sábio que caminhava entre o povo e ensinava nas ruas foi-se passando pouco a pouco ao gênio eremita e misantropo trancafiado em seu laboratório, falante de um dialeto desconhecido, que as pessoas comuns não entendem, chamado jargão científico.

Evidentemente, nem todo texto científico é traduzível em termos leigos, mesmo porque o significado de muitos termos técnicos se apóia em definições axiomáticas e, portanto, pressupõem toda uma cadeia de relações que envolvem outros tantos termos técnicos e definições. Mas é preciso lembrar que nem todo texto científico interessa ao público leigo. O texto destinado à divulgação científica difere do texto dirigido aos especialistas não só no vocabulário ou na profusão de fórmulas matemáticas, gráficos e tabelas, mas também e principalmente nos assuntos abordados ou no enfoque dado a determinada questão. Se observarmos os textos da maioria dos filósofos e cientistas sociais, veremos que a dificuldade maior de compreendê-los não está na terminologia utilizada, mas no próprio grau de abstração do raciocínio do autor, que costuma elevar a discussão de questões por si sós pouco familiares ao cidadão comum a níveis estratosféricos.

Outro grande empecilho à compreensão de textos da maioria dos autores em ciências humanas é sua excessiva erudição, chegando por vezes às raias do pedantismo, tal é o vício que esses autores têm de falar exclusivamente à academia. Não que o texto científico deva ser verbalmente indigente, muito pelo contrário. Acredito que o texto científico, mesmo o de divulgação, deva ser bem escrito, numa linguagem elegante e digna da boa literatura, até em respeito ao próprio leitor. O que me parece abominável é o abuso de artifícios lingüísticos, de construções rebuscadas e de complicadas figuras de retórica por simples exibicionismo. Infelizmente, o texto dos autores pertencentes às ciências naturais é, em geral, bem mais palatável que o dos intelectuais humanistas, o que significa que os cientistas naturalistas estão mais sensíveis e atentos à demanda popular por cultura e informação do que seus colegas da área de humanidades. Dito de outra maneira, há mais representantes da terceira cultura nas ciências naturais do que nas humanas.

Talvez o grande problema dos humanistas, que em sua maioria têm uma formação "clássica", seja justamente o fato de eles não conseguirem – ou não quererem – libertar-se dessa formação, ou, o que é até mais razoável, adaptá-la aos tempos modernos. Se, por um lado, o fato de esses intelectuais terem sido iniciados na retórica aristotélica, na prosa ciceroniana e na cultura das belas-letras não deixa de ser louvável, é preciso lembrar, por outro lado, que essa formação greco-romana e beletrista não foi acompanhada pelo cidadão médio da atualidade, muito mais interessado em informática do que em mitologia grega. Para esses intelectuais, tão ciosos da forma de seu discurso que sacrificam e obscurecem o conteúdo, deveria valer o lema de um clássico da literatura latina, Santo Agostinho:

> Melius est reprehendant nos grammatici quam non intelligant populi.
> [*Antes ser repreendido pelos gramáticos do que não ser compreendido pelo povo.*]

Exemplos interessantes de ciências que, por serem discriminadas dentro dos meios acadêmicos, acabaram indo buscar seu público fora da academia são a parapsicologia e a ufologia. Enquanto a cientificidade dessas disciplinas ainda é questionada pela comunidade acadêmica institucionalizada, o público leigo sempre demonstrou grande interesse pelos chamados fenômenos paranormais e pela possível existência de vida extraterrestre, o que explica o sucesso dessas ciências do ponto de vista hedônico. O fato é que tanto a parapsicologia quanto a ufologia são ciências que têm objeto e método definidos, teorias inferidas da análise dos dados da experiência, fazem uma abordagem lógico-racional dos fatos estudados, obedecem ao princípio de generalização do particular, ao princípio do determinismo científico (a mesma causa produzindo sempre o mesmo efeito), etc., e, por conseguinte, se encaixam perfeitamente na definição tradicional de ciência.

Infelizmente, é verdade, por tratarem de assuntos que são tabus em nossa antropocultura e por envolverem o conhecimento sobre realidades ainda fora do alcance de nossos sentidos, essas disciplinas também estão sujeitas à mistificação e ao charlatanismo. Por essa razão, ao lado da pesquisa séria e responsável sobre paranormalidade e vida extraterrestre, existe a pesquisa fajuta, a fraude, além de abordagens pouco científicas desses temas, tendendo às vezes ao misticismo e a um fanatismo quase religioso. Mas me parece que é justamente por serem populares que essas ciências pagam tal preço. Ademais, há bons e maus profissionais em todas as áreas, e nas profissões culturais em particular, em que o sucesso se traduz em glória, dinheiro e poder, a tentação de chegar ao sucesso fácil por vias inescrupulosas é maior. Isso explica por que, ao lado dos artistas, religiosos e cientistas sérios, temos os artistas apelativos e mistificadores, os falsos profetas e até mesmo os impostores científicos, como aqueles que falsificam resultados, chegando a descobertas espetaculares que ganham as manchetes dos jornais, até serem desmascaradas como fraudes.

De qualquer maneira, o caminho trilhado pela parapsicologia e pela ufologia pode ser bastante ilustrativo para todas as disciplinas que costumam ser discriminadas no meio científico tradicional, como vimos, dominado pela ideologia mecanicista. Já dissemos mais de uma vez que as ciências humanas, especialmente algumas delas, sofrem muito preconceito dentro da academia e costumam ser vistas como meros artigos de perfumaria justamente por não se destinarem a aplicações práticas ou por não comungarem dessa concepção cartesiana da realidade. Por isso, creio que os cientistas humanistas, em vez de insistirem em reivindicar um lugar de respeito na academia, que os despreza, deveriam procurar levar as ciências humanas cada vez mais para fora dela: deveriam perceber que a verdadeira vocação dessas ciências é a massa e não a elite acadêmica.

Em suma, as tentativas de divulgação científica existem desde que a ciência se tornou esotérica. Apesar de seu manto de sacralidade e de seu aspecto de doutrina iniciática, a ciência nunca deixou de despertar a curiosidade do homem comum. Aliás, conforme vimos na primeira parte, a curiosidade é o impulso natural de uma das necessidades espirituais do homem, a necessidade de conhecimento. É essa curiosidade o germe tanto da ciência quanto da religião. Se o homem é o único animal a se sentir torturado pelo desconhecido, então é a curiosidade um dos principais atributos da espécie humana, é aquilo que nos torna homens. A sede de conhecimento do ser humano é tão grande que beber na fonte do saber não pode ser privilégio de uns poucos. A nova revolução científica consiste na conscientização cada vez maior que os cientistas estão tendo da necessidade de divulgar o conhecimento científico, o que leva a prever que, em breve, a divulgação da informação científica para o público em geral se tornará uma etapa obrigatória do trabalho do cientista.

A ciência produz constantemente novos conhecimentos. No entanto, esses acontecimentos não estão contribuindo para tornar a humanidade melhor ou mais sábia, uma vez que ficam restritos a uma pequena elite de iniciados. Hoje, mais urgente do que produzir novos conhecimentos é difundir entre as massas os já existentes, da mesma maneira como mais premente do que desenvolver técnicas artificiais de reprodução humana é proporcionar condições de vida digna aos seres humanos já existentes.

16 A RELIGIÃO HEDÔNICA

Não somos seres humanos tendo experiências espirituais,
somos seres espirituais tendo experiências humanas.
BRIAN WEISS

Eu me lembro de que, durante minha infância e adolescência, sempre que entrava numa igreja, invariavelmente acompanhado por meus pais, era invadido por uma estranha sensação de contrição. O ambiente das igrejas, com suas imagens de santos, com passagens da Bíblia pintadas nas paredes ou no teto, com seu odor de rosas e seu silêncio, parecia algo intemporal, como se ali o tempo não passasse e o turbilhão do mundo lá fora não atingisse a calma milenar que se abrigava naqueles templos. O ambiente certamente me inspirava um sentimento de paz interior, mas também um sentimento de culpa, como se ali eu estivesse submetendo minha vida ao julgamento de Deus, tal qual alguém que vai pedir um empréstimo e que tem, primeiro, de quitar seus antigos débitos.

À semelhança de todo católico não-praticante – se é que um não-praticante pode se considerar católico –, eu só ia à igreja quando precisava de algum favor divino, como pedir cura para alguma doença ou solução para algum problema pessoal, ou então para pagar alguma promessa feita por uma graça que tivesse sido alcançada; e mesmo nesses casos só ia à igreja porque minha mãe, mais devota do que eu, embora também não-praticante, me levava. Como somente ia à igreja para pedir uma graça ou para agradecer por graças alcançadas, e já que esses pedidos em geral diziam respeito a algum problema pessoal ou familiar que me estivesse afligindo, era natural que aquele ambiente, apesar de toda a paz que transmitia, sempre evocasse em minha mente a idéia de sofrimento. Quando ia pedir alguma coisa, estava sendo movido por uma necessidade, por uma busca de alívio para uma dor, e quando ia agradecer ou pagar uma promessa, era movido por uma obrigação. Assim, a prática religiosa, para mim, estava irrecusavelmente ligada aos conceitos de dor, necessidade e obrigação.

Quando me tornei adulto e, portanto, deixei de ser influenciado por meus pais, renunciei a toda prática religiosa, parei de rezar (antes fazia isso todas as noites) e passei a alimentar dentro de mim uma concepção mais pessoal e mais filosófica de Deus, que prescindia de rituais religiosos: enfim, uma concepção "agnóstica" de Deus, se me permitem o paradoxo.

Creio que minha vivência religiosa não é muito diferente daquela da maioria dos católicos não-praticantes – e mesmo da de muitos católicos praticantes. Na verdade, em nossa antropocultura ocidental e cristã, a prática religiosa sempre foi um misto de necessidade e obrigação, nunca uma fonte de prazer. Basta lembrar que até fins do século XIX praticamente não havia católicos ou protestantes não-praticantes. Até a conquista, relativamente recente, do direito à liberdade religiosa – que inclui, é claro, a liberdade de não professar nenhuma religião –, todos eram obrigados a ter uma religião, no caso a religião da maioria. Nos países católicos como o Brasil, protestantes, judeus e principalmente ateus e agnósticos eram malvistos e até mesmo perseguidos. Isso dá bem a medida do caráter obrigatório da prática religiosa em nossa sociedade. Para o devoto, orar todos os dias, ir à missa todos os domingos e guardar uma atitude de reverência ao sagrado e de estrita observância aos preceitos morais é dever de todo cristão.

O fundamento básico da vida religiosa é a crença de que o mundo é um lugar perigoso, onde a alma do cristão está permanentemente sujeita a tentações e a provações de toda espécie, onde o demônio anda sempre à espreita e onde, fora do ambiente eclesiástico, o mundo é um torvelinho de atribulações e sofrimentos, um verdadeiro vale de lágrimas. Desse modo, quem aspira à beatitude e à bem-aventurança deve buscar na palavra de Deus a salvação de sua alma e afastar-se dos prazeres mundanos. A religião é, assim, fonte de salvação para os que sofrem e garantia de proteção contra a dor para todos aqueles que a praticam. Além disso, é a forma que os mortais têm de reverenciar o seu Criador e de conquistar Sua simpatia e benevolência.

Portanto, o que move o religioso nessa concepção de vida herdada da Idade Média é o sentimento de medo – seja o medo da dor causada pelos perigos da existência, seja o medo da ira divina. Nessa perspectiva, a raiz da religião é a necessidade humana de controlar o próprio medo. Vemos com isso que o espírito da prática religiosa em nossa civilização sempre esteve diretamente ligado ao prover e não ao prazer, daí o caráter eminentemente pragmático de nossas religiões. Será então que a religião não pode também ser uma prática hedônica, será que ela não pode ser uma fonte de prazer que se busca, não por medo ou por necessidade, mas por uma motivação positiva, como se busca o entretenimento na arte e no esporte? Será que, como a ciência, ela não pode ser também uma fonte de conhecimento e de sabedoria?

Na verdade, como já foi dito na primeira parte, a origem da religião está na necessidade de encontrar explicação para os fenômenos do mundo, especialmente aqueles que transcendem nosso poder de compreensão pela via racional. Mas se o mundo à nossa volta nos parece tanto mais assustador quanto menos o compreendemos, então a religião é mais do que uma simples tentativa de explicação do mundo, é uma tentativa de apaziguar esse mundo que nos parece tão hostil. A prática mística, que remonta aos primórdios da espécie humana, busca satisfazer a necessidade de crer na vida e na felicidade após a morte, quando a existência terrena é dura e infeliz; de crer no consolo da justiça divina, quando a justiça humana é falha e o destino parece premiar os maus e punir os bons, e assim por diante. Enfim, o medo do desconhecido leva o homem a criar a religião como forma de autoproteção. Não é à toa que, tendo como origem o medo, a religião tenha assumido uma índole pragmática em praticamente todas as antropoculturas.

No entanto, todas as atividades humanas tiveram uma motivação pragmática em sua origem, o que não impediu que algumas delas também desenvolvessem uma vocação hedônica, chegando esta, no caso da arte e do esporte, a suplantar aquela. Sendo a religião, a exemplo da ciência e da arte, um sistema de explicação do mundo, não pode ela também ser encarada como uma atividade hedônica? O fato é que estamos tão acostumados a ver na religião uma necessidade e uma obrigação que quase não nos damos conta de que ela também pode ser uma fonte de prazer. Como muitas doutrinas condenam o prazer, ligando-o à esfera do pecado, sentir prazer na própria religião parece um verdadeiro sacrilégio. Apesar disso, devemos lembrar que alguns dos maiores santos do catolicismo, como São Francisco de Assis e Santa Teresa de Ávila, viveram tão intensamente sua fé religiosa que, para eles, o cristianismo era antes de mais nada uma grande ventura, e a busca de Deus era a busca do êxtase.

Toda religião possui essa dualidade de objetivos – alívio da dor e busca do prazer –, que em termos cristãos pode ser traduzida como fuga do inferno e busca do paraíso. Como vimos na primeira parte, os dois pólos dessa dualidade configuram a dicotomia *religião pura* x *religião aplicada*. O fundamento da religião pura, ou religião hedônica, é exatamente a busca da transcendência e do autoconhecimento, a busca do contato direto com a divindade. As diferentes concepções da divindade e os diferentes caminhos para atingi-la são o que distingue as diversas doutrinas.

Dada a sua própria motivação original, está claro que a religião não mostra ao homem o mundo tal qual ele é, mas sim o mundo tal qual o homem quer vê-lo. O paraíso não é mais do que uma ficção idealista: a partir da constatação de que a vida, do modo como a conhecemos, possui prazeres e belezas, mas é também cheia de dor, sofrimento e injustiças, o homem passa a sonhar com um lugar fora da Terra, e com uma vida, após a morte, em que não haja dor, tristeza ou injustiça, um lugar ideal, chamado paraíso, e uma vida eterna feita só de alegria e prazer. Como o homem não pode ter esse lugar e essa vida na Terra, ele sonha e passa mesmo a crer na existência desse lugar e dessa outra vida. É por não aceitar as mazelas da vida e sobretudo por não aceitar a morte que o homem se refugia no sonho, na ficção, na ilusão, seja na forma de religião, seja na forma de arte.

Vimos anteriormente que a ciência se fundamenta na modalidade do *saber*, tendo como processo cognitivo principal a razão, ao passo que a religião se apóia no *crer*, cujo principal processo é a intuição. Dessa maneira, a ciência e a religião se opõem basicamente pelo modo como apreendem a realidade: se a ciência busca o conhecimento do real por meio do pensamento, a religião busca esse mesmo conhecimento pelo processo exatamente oposto, isto é, pelo não pensar. Mas o que é esse não pensar, se aparentemente pensamos o tempo todo?

William James, filósofo norte-americano que foi um dos fundadores da moderna psicologia, definiu o objeto de estudo dessa nova ciência como o fluxo da consciência, entendido como o conjunto de todos os pensamentos, sentimentos, desejos e impressões que passam o tempo todo pela mente, enquanto estamos acordados ou sonhando. Para James, não era possível estudar cientificamente a alma ou a essência mental, por se tratar de objetos não palpáveis e não observáveis. Já o fluxo da consciência era algo palpável e observável, e sobre ele deveriam recair os estudos psicológicos. No entanto, segundo o médico e pensador indiano Deepak Chopra, "James deixou de perceber um aspecto mínimo da mente que parecia irrelevante: o fluxo da consciência não é feito apenas de objetos flutuando ininterruptamente; entre cada pensamento existe um lapso de silêncio".[1] Esse lapso de silêncio, embora dure uma pequena fração de segundo, não é um simples vazio (se assim fosse, teríamos de admitir que a sucessão de nossos pensamentos é absolutamente aleatória, e seríamos, portanto, criaturas completamente imbecis e irracionais); é, antes, um intervalo repleto de inteligência em estado puro, a inteligência que enlaça nossos pensamentos um ao outro e determina a direção que nossa mente deve seguir. Por ser intangível, esse intervalo não tem sido estudado pela psicologia, mais interessada nos conteúdos da mente do que no que há entre eles.

Por outro lado, a tradição do pensamento oriental, que, ao contrário da do Ocidente, pauta-se muito mais pela intuição do que pelo raciocínio lógico, encara a realidade sob outro prisma. Enquanto a ciência racionalista ocidental só pode estudar e compreender o que é palpável, a sabedoria oriental escolheu justamente o impalpável, o "vazio", como fonte de todas as respostas. Os Vedas, livros sagrados da Índia antiga, foram escritos pelos *rishis*, sábios que "penetraram no vazio em busca do conhecimento": buscaram na vida espiritual e na meditação as respostas para suas perguntas existenciais. Segundo os Vedas, em qualquer momento de sua vida o indivíduo se encontra em um dos três estados básicos de consciência: vigília, sono ou sonho. Em cada um desses estados, a percepção da realidade é obviamente diferente. Chopra diz que

> os *rishis* analisaram mais a fundo e detectaram, entre esses três estados, um vazio que atua como um agente, enquanto uma realidade se transforma em outra. Por exemplo, pouco antes de adormecer, a mente vai pouco a pouco abandonando o estado de vigília, recolhendo os sentidos, deixando para fora o mundo acordado; porém, no ponto de junção antes de a mente adormecer, abre-se um rápido vazio, idêntico ao que ocorre num átimo de segundo entre dois pensamentos. É como uma pequenina janela que se abre para o campo que se situa além tanto do estado de vigília como do sono. Essa compensação abriu a possibilidade de se deixar para trás as fronteiras comuns dos cinco sentidos, mergulhando-se no vazio.
>
> [...]

---

1. Chopra, 1998, pág. 169.

> Do ponto de vista subjetivo dos *rishis*, o campo unificado [da realidade] só poderia ser um outro estado de consciência, ao qual deram o nome de *turiya*, ou "o quarto", para deixar claro que ele não fazia parte dos três estados – vigília, sono e sonho. Eles também se referiam a ele como *para*, ou "além", significando que esse campo unificado transcendia a experiência ordinária. Mas como poderia existir um quarto estado? A resposta era dupla. Primeiro, os videntes disseram que o quarto estado existe em todos os lugares, mas está oculto pelos outros três estados, que funcionam como uma divisória. (Alguns textos antigos declaram que o quarto estado foi misturado aos outros três, como leite na água, e que descobri-lo é tão difícil como separar o leite da água.) Segundo, que o quarto estado pode ser vivenciado diretamente apenas depois que a mente tenha transcendido sua atividade normal, o que exige técnica especial de meditação.[2]

Assim, poderíamos definir a experiência mística como um mergulho no vazio, uma busca do autoconhecimento através da penetração da mente no quarto estado. As experiências místicas, não importa dentro de que religião ou doutrina filosófica se dêem, têm sempre por objetivo levar o indivíduo a esse estado expandido de consciência, que poderíamos chamar de "estado de iluminação". Uma das características básicas descritas por aqueles que atingiram esse estado é a sensação de tornar-se um com o todo, de perder a identidade pessoal e integrar-se numa realidade maior, plena, eterna, de não mais estar confinado ao próprio corpo, mas ser tão infinito quanto o Universo. O psicólogo Abraham Maslow estudou esse transe místico que chamou de "experiência de pico", e assim o descreve: "Esses momentos foram de pura e positiva felicidade, quando todas as dúvidas, todos os medos, todas as inibições, todas as tensões e todas as fraquezas ficaram para trás. Em seguida, a autoconsciência se perdia. Toda a separação e distância do mundo desapareceram..."[3]

O médico norte-americano Robert K. Wallace provou a existência do quarto estado da consciência ao estudar as reações fisiológicas do organismo durante a prática da meditação transcendental. Wallace verificou que a freqüência cardíaca, a pressão sangüínea, a taxa de consumo de oxigênio e

---

2. *Op. cit.*, págs. 200-201.
3. Citado por Chopra, 1998, pág. 184.

o padrão das ondas cerebrais dos praticantes de meditação estudados diferiam de qualquer resultado obtido com pessoas acordadas, dormindo ou sonhando, o que o levou a admitir que os meditadores conseguem entrar efetivamente num estado de consciência diferente dos estados de vigília, sono e sonho.

O método mais comum de se tentar viver uma experiência de pico e atingir o quarto estado é justamente a meditação. Essa prática, muito comum no Oriente, é conhecida na Índia como *dhyana*, e visa a conduzir ao *samadhi*, estado de silêncio interior e êxtase em que a alma (*purusha*) conhece a si mesma, em que o conhecedor e o conhecido se confundem. Uma vez liberta pelo *dhyana*, o *purusha* transforma-se no em-si absoluto, que não realiza outra atividade além de ser e conhecer-se, isto é, de integrar-se ao Ser em toda a sua plenitude. No *Bhagavad-Gita* ("Canto do bem-aventurado"), famoso poema épico indiano, a ascese mística é apontada como forma de conduzir o Eu interior (*atma*) a uma diluição no Absoluto, ou *Brahma*. O *samadhi* hindu equivale ao nirvana budista, estado em que a Luz da Consciência conhece a si mesma e reconhece como sua verdadeira essência o vazio (*sunya*). O zen-budismo (a palavra japonesa *zen* provém do sânscrito *dhyana*) busca a iluminação na revelação do Eu verdadeiro, que se confunde com o Vazio, que é ao mesmo tempo ser e devir, Uno e Múltiplo. O tantrismo prega o uso do sexo como forma de dissolver o eu individual no Todo absoluto indiferenciado e assim conferir ao homem a imortalidade, libertando-o do ciclo interminável das reencarnações, chamadas de *samsara*.

O Todo, o Absoluto, o Vazio, o Ser, *samadhi*, nirvana, *Brahma*, são designações que de certa forma remetem aos conceitos ocidentais de Universo e Deus. Na própria concepção cristã, Deus é o Todo, a fonte de todo o Ser, e por isso, Deus simplesmente *é*. Assim, a busca da identificação do eu com o Todo não é outra coisa senão a busca de Deus. Na história das religiões, nunca houve uma distinção clara entre a religião hedônica e a religião pragmática; em todas as práticas religiosas, pertencentes a todas as antropoculturas, estão sempre presentes a busca da conexão com Deus e a busca da salvação, como um único e mesmo processo. No entanto, é possível reconhecer nas religiões do Médio e Extremo Oriente um caráter hedônico mais forte do que nas religiões do Oriente Próximo e Ocidente – judaísmo, islamismo e cristianismo. Sobretudo, parece ser a Índia o berço da prática religiosa hedônica, tendo em vista que as várias correntes místicas indianas (o bramanismo, a ioga, o budismo, etc.) são muito mais uma busca da iluminação e do autoconhecimento do que da salvação pessoal. Assim como a

Grécia foi o berço da ciência hedônica, já que os gregos foram o primeiro povo a especular e a pesquisar sobre a natureza de forma gratuita e desinteressada, a Índia pode ser considerada o berço da religião hedônica por ter feito da busca da divindade um fim em si mesmo. Ao contrário dos povos bíblicos, os orientais não praticam a religião apenas por medo do castigo divino ou para aliviar a dor, mas, antes, para conquistar o supremo conhecimento que o Ocidente persegue por meio da ciência. Nesse sentido, existe uma prática religiosa oriental perfeitamente hedônica. Mesmo quando visa a aliviar o sofrimento do corpo ou a salvar a alma, ela o faz por meio do prazer. (Como vimos, o tantrismo chega a utilizar o prazer sexual como ponte para a divindade.) A busca da transcendência – a religação do homem com o divino que está em tudo, até nele mesmo, o (r)estabelecimento da conexão homem–cosmo – é a razão primeira e o fim último de toda religião. Antes de ser uma forma de remédio para o corpo e para o espírito, a religião é o conjunto de representações – e, portanto, de discursos – que visam a levar o homem ao autoconhecimento e à integração com o todo da existência.

Enquanto discursos cujo papel é colocar o indivíduo em contato com a divindade, os discursos religiosos – verbais ou não-verbais – são dotados da *função mística*, conforme foi exposto na primeira parte. Nem toda prática religiosa ou mística é discursiva (a meditação, por exemplo, não o é) e nem todo discurso religioso é um discurso social (a confissão no catolicismo e o diálogo entre o guru e seu discípulo no hinduísmo são discursos individuais), mas quando temos um discurso religioso hedônico (dotado da função mística como função primária) aberto a quem quer que seja, como é o caso dos Vedas, temos seguramente uma forma de cultura.

O princípio básico da religião hedônica é o de que a prática religiosa não precisa ser uma obrigação ou uma necessidade, e o homem não precisa buscar Deus apenas quando sofre. Todos os discursos (livros, discos, sermões, pregações, rituais, etc.) produzidos com esse espírito configuram manifestações culturais equiparáveis às artes e aos espetáculos, às exibições esportivas e aos discursos da divulgação científica. É bem verdade que esse tipo de prática religiosa com fins hedônicos ainda é pouco comum entre nós e tende mesmo a ser rejeitado pelas correntes religiosas tradicionais, acostumadas a identificar o prazer com o pecado. Todavia, essa possibilidade existe no plano teórico e já dá pequenas mostras de estar surgindo no plano prático, conforme veremos mais adiante.

Os cultos evangélicos, as missas católicas promovidas pelo Movimento de Renovação Carismática e os rituais religiosos afro-brasileiros (como a umbanda e o candomblé), por exemplo, demonstram uma dupla vocação: visam a salvar o homem da dor e do pecado, mas também representam manifestações sociais de grande riqueza cultural, assemelhando-se muito a algum tipo de festividade. É ilustrativo observar que sobretudo os evangélicos vivem sua fé intensamente e sentem verdadeiro prazer no ato da glorificação de Deus. Essas pessoas não praticam a religião apenas quando precisam, mas, antes, fazem da prática religiosa, individual ou coletiva, um exercício hedônico como ouvir música ou ir ao cinema. Mais do que isso, o momento do culto é uma oportunidade de aproximação social, e os fiéis fazem do templo um local de encontro de amigos para rezar, cantar e ouvir palavras de estímulo e de elevação da alma, um lugar enfim de diversão. Um indício de que a religião também é uma atividade cultural – e conseqüentemente hedônica – é o fato de que em ocasiões comemorativas (como o aniversário de fundação de uma cidade) é comum realizarem-se espetáculos artísticos, torneios esportivos e também cultos religiosos, e igualmente são comuns as festas religiosas.

A religião hedônica ou religião pura compara-se à ciência pura no sentido de que procura explicar o mundo à nossa volta em sua totalidade. Como vimos, a religião difere da ciência quanto ao processo cognitivo utilizado para realizar essa explicação. Assim, podemos opor duas diferentes maneiras de apreender o mundo: pela via racional e pela via não-racional. Essa oposição entre racionalidade, ou primado da razão, e não-racionalidade, ou primado da intuição, remonta ainda aos filósofos pré-socráticos, mas tomou sua forma mais acabada com Platão. Este concebia o mundo como dividido em dois: o mundo real, ou mundo das aparências, e o mundo ideal, ou mundo das essências. Para Platão, a realidade, enquanto domínio das Coisas, é apenas a manifestação concreta e imperfeita de um plano superior, domínio das Idéias. Nessa concepção, os diversos objetos esféricos que conhecemos (uma laranja, o Sol, a Lua) não são senão a corporificação material da forma esférica perfeita, que só pode ser atingida pela mente. O mundo ideal é, assim, um mundo de formas *(eide)* sem substância, ao passo que o mundo real é o resultado da projeção dessas formas sobre a substância, isto é, sobre a matéria *(hyle)*, donde surgem os objetos *(onta)*.

Essa dualidade *universo fenomênico* x *universo ontológico* ou *numenal* perpassa todo o pensamento ocidental e também se manifesta em algumas filosofias orientais, sob outra linguagem. Mundo inteligível e mundo sensível, mundo apolíneo e mundo dionisíaco, universo imanente e universo transcendente, são apenas algumas das diversas manifestações que essa concepção original da existência assume nas diversas correntes filosóficas. De qualquer modo, em todas as antropoculturas, desde as mais primitivas até as mais civilizadas, existe essa concepção dual da natureza, bipartida entre o plano da realidade empírica, que pode ser apreendida pelos sentidos, e o plano da realidade transcendente, formada de arquétipos abstratos, o que explica que todas as antropoculturas possuam um discurso "transcendental" (mágico, místico ou religioso, como se queira chamar). Mesmo as concepções monistas da natureza, que pregam a unidade de todas as coisas sob um único princípio (como o materialismo e o idealismo), são tanto lógica quanto cronologicamente posteriores às concepções dualistas, até porque não deixam de reconhecer, ao menos no nível da aparência, a oposição entre matéria e espírito.[4] Essa dicotomia é, portanto, a base da divisão do mundo entre o divino e o humano, entre o sacro e o profano.

Historicamente, a religião e a filosofia pré-científica (que na Antiguidade quase não se distinguiam) buscavam fornecer todas as respostas às indagações humanas, fossem elas de caráter físico ou metafísico. A partir da instituição do método científico, ou método empírico, no século XVII, a explicação da realidade fenomênica passou cada vez mais a ficar a cargo da ciência, cuja eficácia em compreender e descrever a natureza – e, mais do que isso, em dominá-la – era nitidamente superior à da religião, restando a esta, por conseguinte, a explicação da realidade transcendente, ontológica. Em outras palavras, a ciência deveria explicar o como, e a religião, o porquê das coisas. Ainda hoje, todas as teorias científicas, mesmo as teorias cosmológicas mais avançadas, não conseguem ultrapassar a fronteira que separa o mundo material do mundo ontológico. Embora a lógica e a matemática constituam boas chaves para tentar compreender o funcionamento do Universo, a questão fundamental do grande mistério da existência ainda permanece insolúvel. Desse modo, a religião pura é, antes de tudo, um sistema de explicação do mundo comparável à ciência pura, porém com objeto e método diferentes. Por isso mesmo, o velho conflito entre razão e fé, entre ciência e religião, só faz sentido quando um desses dois domínios da compreensão humana tenta invadir o outro. Assim como durante muito

---

4. Para o materialismo, a única realidade objetiva é a matéria, sendo o próprio pensamento produto dela; já para o idealismo, a matéria é uma mera ilusão produzida pelo pensamento. Em ambos os casos, a unidade parte da dualidade matéria x pensamento.

tempo a religião pretendeu aniquilar a ciência, chegando até a queimar cientistas no fogo da Inquisição, durante muito tempo também a ciência tem tentado aniquilar a religião, opondo ao espiritualismo fanático dos religiosos conservadores um materialismo às vezes igualmente fanático e, por isso mesmo, igualmente cego. Depois da *grande mente* de Laplace[5], do império do mecanicismo, do determinismo e do positivismo, a ciência moderna – ou ao menos parte dela – parece já não olhar com tanto desprezo para as doutrinas religiosas, e fala-se mesmo de uma convergência entre o pensamento racional e o pensamento místico. (Discutirei esse tema mais adiante.)

Em resumo, a religião pura é hedônica em dois sentidos. Em primeiro lugar, enquanto explicação da natureza metafísica, por oposição à explicação da natureza física levada a cabo pela ciência, a religião pura também busca satisfazer a curiosidade do ser humano, oferecendo respostas alternativas às respostas da ciência ou preenchendo as lacunas deixadas pelas perguntas que a ciência (ainda) não consegue responder. Em segundo lugar, a religião pura é o caminho para o prazer do encontro e da fusão do Eu com o Uno, fonte de todo autoconhecimento e de toda revelação. Assim, a arte e o esporte proporcionam o prazer do corpo pelos sentidos, a ciência propicia o prazer da mente, e a religião, o prazer do espírito, contemplando-se dessa maneira as três dimensões básicas da existência humana, o que é, em última análise, o papel fundamental da cultura.

Em todas as religiões, a busca da união homem–Deus é por si só prazerosa, mas a forma de conduzir o homem a essa união e a esse prazer difere de uma religião para outra. Como vimos, para as doutrinas do Oriente a melhor forma de chegar ao Ser é a meditação. Para muitos doutores da Igreja, influenciados pela filosofia neoplatônica, como Santo Agostinho, a alma atinge o Uno por meio de uma experiência inefável, em que os sentidos são arrebatados pelo êxtase, à qual se pode chegar pela meditação ou

5. O astrônomo francês Pierre Simon, marquês de Laplace (1749-1827), sustentava que, se existisse uma inteligência capaz de conhecer num dado instante as posições e as velocidades de todas as entidades do Universo, seria possível prever as posições e as velocidades dessas entidades em qualquer momento do passado ou do futuro. Essa inteligência era o que Laplace chamava de "a grande mente". Assim, o Universo seria uma imensa máquina (a *machina mundi*) na qual não haveria lugar para o livre-arbítrio: as leis da física por si sós seriam a causa e a explicação última de tudo.

pelo jejum. Em algumas seitas, o transe místico é obtido por drogas alucinógenas (essa prática também é comum no xamanismo); em outras, chega-se a utilizar técnicas aparentemente bizarras, como a indução ao riso ou ao choro. Finalmente, nas doutrinas espiritualistas e animistas, o transe (natural ou induzido) é explicado como a incorporação de espíritos, sejam eles entes elementais da natureza, como no ocultismo, ou espíritos de antepassados, como no budismo e no espiritismo.

A tendência à busca da divindade, que constitui a religiosidade do ser humano – também chamada por muitos de espiritualidade, malgrado vários sistemas conceituais façam distinção entre esses dois termos – é uma característica tipicamente (e, ao que parece, exclusivamente) humana. Talvez o hominídeo mais primitivo não fosse religioso, como os animais aparentemente não o são. Na verdade, não se sabe ao certo se outras espécies animais possuem, ainda que de forma embrionária, alguma preocupação de ordem metafísica, alguma noção de divindade ou algum sentimento de reverência ao sagrado. (Podemos, no entanto, pensar nos cemitérios de elefantes, locais escolhidos por esses animais para morrer e por onde os outros elefantes evitam passar.) De qualquer maneira, a religiosidade do homem parece ser uma decorrência de sua própria condição de ser pensante: a concepção de um Deus, ou de deuses, bem como a crença numa vida após a morte, resulta, sem dúvida, da própria curiosidade existencial do ser humano. Não parece aos cientistas que outros animais além do homem se interroguem sobre o sentido da vida, a origem do Universo, o destino final das criaturas, e coisas assim. Essas parecem inquietações genuinamente humanas que apenas uma mente racional e autoconsciente pode ter.

Dessa forma, a religiosidade pode ser traduzida por uma angústia existencial decorrente da própria capacidade humana de formular perguntas que nem sempre têm respostas evidentes. A religião e, posteriormente, a ciência são os meios que o homem criou para buscar essas respostas. É por isso que, apesar de diferentes entre si, todas as doutrinas religiosas têm certos universais em comum: a crença na existência de um Deus todo-poderoso, na imortalidade da alma, na premiação dos bons e na punição dos maus, etc. Com efeito, não há nenhuma religião ateísta ou materialista. Deve-se notar que o fato de todas as doutrinas concordarem nesses pontos não significa que elas estejam certas ou que esses dogmas sejam verdades absolutas, pois, não havendo nenhuma evidência material que os comprove, eles permanecem dogmas. Contudo, é próprio da religião postular afirmações que tenham o estatuto de verdades absolutas.

Esses universais constituem o fundamento da religião, sua própria razão de ser. Entretanto, assim como a ciência, a arte e o esporte, a religião também é uma atividade plural: não há religião, mas religiões. Por isso mesmo, afora esses universais comuns, cada religião elabora sua própria doutrina, com seus próprios dogmas. As divergências entre as doutrinas religiosas nas outras questões mostram que nenhuma delas é detentora do monopólio da verdade, embora todas se arroguem esse atributo.

Como a verdade religiosa não decorre da experiência e sim da crença (até porque a religião nasce num momento da pré-história humana em que a verificação empírica dessas verdades não era possível e nem sequer imaginável), só restam ao homem duas alternativas: acreditar ou não acreditar. É claro que, para consolo próprio, o homem escolhe sempre acreditar no que lhe é mais favorável. Afinal, é bastante mais reconfortante acreditar que alguém nos protege e governa nossas vidas, que o bem sempre triunfa sobre o mal e que nossa alma é eterna, do que pensar que nosso destino se encontra ao sabor do acaso cego, que nossa bondade não nos garantirá a felicidade eterna e que viemos do nada e a ele retornaremos. (Os existencialistas costumavam dizer que a vida é apenas um intervalo entre duas inexistências.)

O fato é que o homem tem uma necessidade fundamental de buscar a verdade que o leva a depositar sua crença em certos postulados, necessidade essa que é exatamente o que estamos chamando aqui de religiosidade. Para o psiquiatra austríaco Viktor Frankl, criador da logoterapia, o ser humano tem necessidades espirituais tão fortes quanto as de sexo ou de comida.[6] Sua teoria é a de que existe em nós um "instinto religioso" que, quando não satisfeito, gera uma série de distúrbios emocionais de caráter patológico. A teoria de Frankl, elaborada na década de 1940, não diz, porém, qual é a origem desse "instinto": é ele de natureza orgânica ou antropocultural?

A necessidade de transcendência, se é produto do intelecto, possui no entanto sua contrapartida material no cérebro, mais precisamente na atividade do lobo temporal, segundo suspeitam os cientistas. Como essa região do cérebro está freqüentemente associada aos chamados fenômenos paranormais, sua relação com o lado místico do homem é inevitável. Desse modo, a religiosidade pode até ter uma explicação biológica: talvez tenha sido origi-

6. Citado por Carnegie, 1980.

nalmente uma decorrência da inquietação metafísica da razão, que, com o tempo e a evolução, se incorporou ao código genético. (Cabe aos biólogos responder a essa questão.) Pode, portanto, ser igualmente fruto da genética ou do ego. Seja como for, essa necessidade dá origem a um sem-número de doutrinas e práticas místicas, de tal sorte que a religião é uma constante no homem – não há nenhuma antropocultura que não apresente algum sistema religioso. Assim, o ateísmo, o agnosticismo, o existencialismo e o materialismo são produtos de um longo cultivo intelectual, em que o homem se adestra por meio do estudo e da erudição a não deixar sua consciência e razão serem dominadas pelo impulso primordial da religiosidade, quer seja este biológico ou ideológico.

A religiosidade é uma força extremamente poderosa do homem, levando-o, às vezes, a dominar seus próprios instintos e a modificar sua própria fisiologia. O homem que crê é capaz até de curar suas próprias doenças (como já o sustentaram desde Jesus Cristo até Dale Carnegie), embora o que cure na verdade não seja a divindade em si, mas a fé nessa divindade, o que de certa forma reforça a doutrina segundo a qual Deus não é exterior ao mundo, mas está em tudo, até no próprio homem.

Já sabemos que aquilo que define a religião pura ou hedônica é o predomínio do que chamei de função mística do discurso. Conforme foi exposto na primeira parte, a função mística é aquela que visa a conduzir o receptor do discurso religioso ao *estado de graça*, que, em última análise, é o quarto estado da consciência. É evidente que não só o discurso religioso tem o poder de conduzir o indivíduo a esse estado "superior" de consciência (a meditação e certos alucinógenos também têm esse poder), assim como nem todo e qualquer discurso religioso pode conduzir todo e qualquer indivíduo a tal estado. O que ocorre é que alguns indivíduos, por seus dons inatos ou por um processo de longo adestramento da mente, conseguem atingir esse estado e nele conseguem ter maravilhosos *insights*, tornando-se por isso seres "iluminados". Ora, o que o discurso religioso hedônico procura fazer é transmitir, pelos limitados recursos da linguagem verbal (e às vezes das linguagens não-verbais), a sabedoria e o conhecimento transcendentes obtidos por um *insight*. Um discurso religioso, seja ele o sermão de um pregador ou um livro escrito por um teólogo ou um guru, procura, de todo modo, levar o destinatário desse discurso a algum grau de iluminação.

Evidentemente, alguns discursos religiosos – ou, antes, alguns métodos de discursar sobre religião – são mais eficazes do que outros em seu propósito de levar a iluminação da sabedoria mística ao seu público. É natural, pois, que, dado o próprio balanceamento das diversas funções presentes num discurso religioso, haja discursos mais puramente místicos e outros em que a função mística sofre forte concorrência, digamos, da função epistêmica. Um livro cujo tema seja a discussão da doutrina cristã, escrito por um teólogo católico, tem certamente uma carga de racionalidade acoplada ao seu conteúdo místico muito maior do que o sermão de um pastor evangélico pentecostal. Resta, portanto, reconhecer a existência de variados graus possíveis de iluminação, desde o racionalismo quase científico de um frei Leonardo Boff até o puro êxtase do nirvana budista, em que a consciência do eu se perde na infinitude do Todo.

Seja como for, o que importa perceber é que a busca do estado de graça é um processo pelo qual o indivíduo procura libertar-se da ditadura do ego para entrar em contato com seu eu interior, que, conforme vimos, é o que Jung chamou de *self*. O exercício hedônico da espiritualidade consiste em desaprisionar o *self*, "aquele que realmente somos", que se encontra permanentemente sufocado pelo ego, isto é, pelas máscaras sociais que aprendemos a usar desde nosso nascimento. Trata-se de um profundo exercício de autoconhecimento e de catarse. E como o *self* corresponde à própria essência primitiva do homem, o "microcosmo dentro do macrocosmo", autoconhecer-se significa conhecer o Todo.

A teoria psicanalítica não é a única maneira possível de explicar o processo místico, mas como, de modo geral, todas as teorias convergem razoavelmente na explicação desse processo, apesar de certas diferenças conceptuais e terminológicas, opto aqui por descrever a função mística do discurso religioso hedônico em termos da oposição entre ego e *self* da psicanálise de Jung. Enquanto o ego é individual (portanto, há tantos egos quantas são as pessoas), o *self* é postulado como universal (isto é, o mesmo para todas as pessoas). Isso equivale a dizer que a essência de todos os homens é a mesma, que há uma consciência universal dentro de nós, da qual cada consciência individual não é senão uma manifestação. Essa consciência universal é, em última análise, o que as religiões chamam de Deus; é assim que a busca de Deus se dá pela busca do *self*. Dessa forma, conduzir o homem à divindade, atributo da função mística, é conduzi-lo a si mesmo.

O *self* preexiste à formação do ego. Pode-se dizer, assim, que os animais vivem no *self*, do mesmo modo como o homem também viveria se não fosse um ser antropocultural. Por conseguinte, a criança nasce no *self*, embora não tenha consciência disso – ou justamente porque não tem consciência disso. (O *self* poderia ser ilustrado alegoricamente como o estado de

Adão no paraíso.) A formação da personalidade passa pelo nascimento do ego, enquanto instância mediadora entre o impulso biológico (que Freud chama de id) e as regras estabelecidas pelo convívio social (que ele chama de superego). O ego é, então, o produto de uma série de interdições que o indivíduo sofre no contato com a realidade, o que faz com que seu *self* seja progressivamente recalcado, isto é, forçado a tornar-se inconsciente. Desse modo, o ego se desenvolve à custa do *self*. O homem só descobre o *self* quando o perdeu, como o Adão caído: ele só passa a saber o que é prazer quando conhece a dor. É nesse sentido que a função mística é um tipo de função hedônica, já que visa a devolver ao homem o seu *self*, o seu paraíso perdido. Para Jung, o *self* contém o ego, mais ou menos como na figura 16.1.

Portanto, quanto mais o homem aceita o seu *self*, quanto mais se aproxima dele, mais seu ego se expande, incorporando os aspectos do *self* que não fazem parte do ego (o que Jung chamou de *sombra*). No caso da iluminação absoluta, o ego cresce até abranger todo o *self*. Pode-se dizer que os "iluminados" – os chamados budas – são aqueles que conseguiram transformar seu ego em *self*. Conseqüentemente, a finalidade de toda prática hedônica da religião é conduzir o homem a Deus (não ao Deus antropomorfo que condena e perdoa e que tem sentimentos, mas ao Deus imanente tal qual concebido por Giordano Bruno ou Baruch Spinoza), à iluminação absoluta, que, na verdade, é o encontro com o *self*.

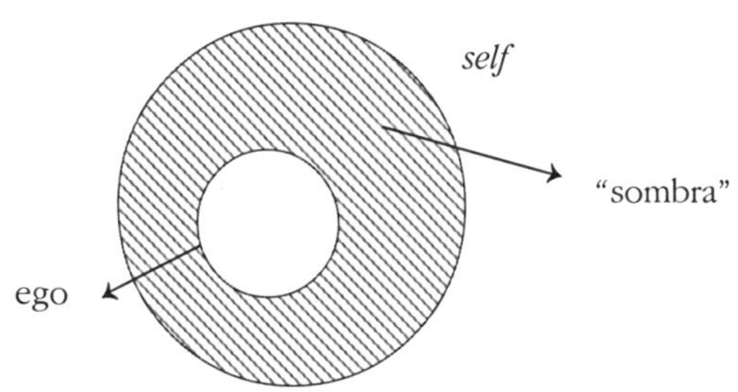

FIGURA 16.1: O ego e o *self*.

Das três dimensões essenciais do homem – corpo, mente e espírito –, a menos conhecida cientificamente é o espírito. Atribuem-se-lhe muitas propriedades, dentre elas a imortalidade e a capacidade de reencarnação (fenômenos como a memória de vidas passadas, por exemplo, costumam ser explicados como processos pertencentes exclusivamente à esfera espiritual), mas, dado seu caráter aparentemente imaterial, ele escapa à observação e a experimentação científicas. Não obstante, algumas especulações no âmbito da ciência têm procurado aventar hipóteses sobre a natureza do espírito e dos fenômenos espirituais. Freud concebeu a psique humana como formada de um nível consciente, um nível pré-consciente ou subconsciente e um nível inconsciente, ao qual a consciência não tem acesso direto, mas transparece por meio dos sonhos e dos atos falhos. O inconsciente corresponderia à maior parte da atividade da mente, e nele estariam depositados não só os conteúdos recalcados, mas também conteúdos mentais herdados geneticamente. Com base nesse conceito, Jung postulou a existência de um nível ainda mais profundo que o inconsciente individual, que ele chamou de *inconsciente coletivo*. Esse inconsciente coletivo seria universal – o mesmo para todos os indivíduos – e constituiria uma espécie de ponte que liga todos os inconscientes individuais. Essa ponte formada pelo inconsciente coletivo explicaria, dentre outras coisas, o fenômeno da telepatia.

Mais recentemente, outras teorias têm retomado de certa maneira o conceito junguiano de inconsciente coletivo, dentre as quais a teoria da memória da matéria, de Fritjof Capra, e a teoria da causação formativa, do biólogo inglês Rupert Sheldrake. Esta última apresenta um conceito de memória coletiva bem similar à idéia do inconsciente coletivo de Jung. A principal diferença é que, enquanto o modelo de Jung se aplica primariamente ao domínio humano, a teoria de Sheldrake, assim como a de Capra, estende o fenômeno a todo o domínio da natureza.

Todas essas teorias remetem à idéia básica de um "banco de dados universal" ao qual a mente humana tem acesso. Entretanto, no estado consciente, cada mente individual só pode acessar os arquivos da memória universal que dizem respeito àquela individualidade; já num estado de consciência alterada – que poderíamos chamar de hiperconsciência –, a mente individual pode em tese acessar todos os arquivos. Isso significa ter acesso ao conjunto de todo o conhecimento disponível, até aquele ainda não vivenciado pela experiência sensorial e racional. Assim, durante um transe, o indivíduo poderia ver o passado e o futuro, percorrer regiões distantes do Universo e ter os mais diversos *insights*. Essa seria a explicação dos fenômenos de clarividência, de premonição, bem como a explicação daquilo que as religiões chamam de revelação: uma sintonia com conhecimentos ainda não descobertos pelos sentidos e pela razão.

Se tais teorias têm fundamento, então de fato o que chamamos de dimensão espiritual do ser humano está ligado a esse nível hiperprofundo de consciência – ou de inconsciência – que é a noção elargida do inconsciente coletivo de Jung. É nessa perspectiva que devemos entender a afirmação do psicanalista suíço de que o inconsciente coletivo é o nome científico de Deus. O estado de iluminação é o estado de ligação com esse inconsciente coletivo e, por conseguinte, o estado de ligação com Deus, como prega a religião. Mais uma vez a ciência e a religião parecem confluir, senão na linguagem, pelo menos no conceito.

No entanto, aqui é preciso fazer uma observação importante: por um lado, todas as religiões monoteístas concebem Deus como o Ser absoluto, como a fonte de toda a existência e, portanto, como algo infinitamente transcendente a toda capacidade humana de percepção ou de entendimento; por outro lado, muitas religiões vêem no transe místico a ponte que une o Eu ao Todo, o indivíduo a Deus. Como vimos, o estado de transe – ou estado de graça, ou ainda estado de iluminação – é fundamentalmente um dos estados da consciência, no caso o quarto estado e o mais raro de todos, mas, ainda assim, um estado natural da mente que, como os outros três, é produto da própria atividade psíquica e, desse modo, muito provavelmente é fruto dos mesmos processos que originam os demais estados da consciência. De um ponto de vista estritamente materialista, todos esses processos estão ligados a fenômenos puramente biológicos que consistem basicamente em estímulos do sistema nervoso, reações químicas e impulsos elétricos agindo no cérebro, sobretudo no lobo temporal – em suma, processos físico-químicos determinados geneticamente. Por isso, ainda que hoje os próprios neurofisiologistas caminhem para o consenso de que a mente transcende em muito o sistema nervoso e de que a atividade psíquica não se resume à atividade cerebral, nada nos garante, contudo, que a experiência que o ser humano tem durante um transe místico seja realmente um contato com o Todo da existência. É preciso reconhecer que, mesmo que o quarto estado represente a abolição do ego, a libertação do *self* e a fusão da mente individual na grande mente coletiva, isso ainda não é Deus tal qual postulado pelas religiões.

Na verdade, o próprio vislumbre da grandeza do Universo que a física moderna nos proporciona nos leva a questionar se a mente humana, mesmo em seu estado de maior abertura, é realmente capaz de apreender essa grandeza em todas as suas dimensões. Afinal, o homem só consegue pensar o mundo por meio de sua lógica binária e com base na experiência dos sentidos. Pode-se dizer que somos prisioneiros de uma forma de perceber e de pensar o mundo que está condicionada em nossos genes e, conseqüentemente, não podemos ver o mundo tal qual ele é, mas estamos condenados a ver – e ainda assim de forma distorcida – uma parcela ínfima do real. Em virtude dessa percepção e desse raciocínio extremamente limitados, a compreensão do mistério da Criação vê-se em face de uma barreira intransponível. Por isso, o Universo e seu Criador tendem a permanecer para sempre realidades transcendentes. Como quer que seja, o êxtase diante da visão do cosmo proporcionada pela ciência, bem como o êxtase da iluminação mística e o êxtase do prazer estético da arte, são, sem dúvida, o mais próximo que conseguimos chegar de Deus.

Religião hedônica e religião pragmática

Conforme vimos na primeira parte, as sociedades ditas primitivas apresentam apenas dois universos de discurso: o profano, responsável pela comunicação utilitária do dia-a-dia, e o sagrado, que corresponde em nossa sociedade aos discursos teológico-religioso, filosófico-científico, tecnológico e jurídico. Mesmo as civilizações mais antigas, como a indiana, ainda não faziam uma distinção muito clara entre os diversos discursos antropoculturais. É por isso que os Vedas e os poemas épicos indianos são verdadeiros compêndios do conhecimento daquela civilização, trazendo desde a explicação metafísica da origem do mundo e do homem até regras de conduta e explicações técnicas sobre agricultura e cura de doenças. Dessa maneira, o discurso sagrado de tais sociedades é ao mesmo tempo hedônico e pragmático.

Nas sociedades modernas, com a individualização dos discursos científico, tecnológico, jurídico, etc., restaram à religião ainda duas grandes funções: a explicação metafísica do mundo e o conforto espiritual (mesmo esta segunda função da religião sofre atualmente a concorrência das psicoterapias e dos livros de auto-ajuda), além, é claro, do controle social (ainda hoje a crença em possíveis prêmios às boas ações e em castigos horríveis às más é o que refreia a maior parte dos impulsos agressivos do ser humano). De qualquer modo, a função hedônica e a função pragmática continuam a conviver intimamente na religião moderna. O que ocorre é que o contato estabelecido pelo discurso religioso entre Deus e o homem é, em princípio, prazeroso, só que este sempre aproveita tal contato – especialmente se se trata de um contato superficial, e não de um estado de transe profundo – para pedir alguma graça (a cura de uma enfermidade, a solução de um problema financeiro, o perdão de um pecado), o que torna a religião também pragmática (vale lembrar que a palavra *prece* vem do latim *precari*, "pedir"). Em suma, a função hedônica da religião (ou função mística) conduz ao estado de graça, ao passo que a religião pragmática traduz-se em moral (equivalendo a um discurso jurídico/ético) e cura (equivalendo à medicina e às ciências biológicas aplicadas).

Assim como a ciência, a religião também procura satisfazer a curiosidade humana, tentando de certa forma substituir a ignorância por algum tipo de conhecimento – neste caso um conhecimento não-racional, que chamamos de crença, por oposição ao conhecimento racional da ciência. Portanto, a função primeira da religião, enquanto instrumento de satisfação da curiosidade, é a função hedônica. Entretanto, a partir do momento em que o homem passa a acreditar na existência de um Deus, passa a sentir-se na obrigação de venerá-Lo, de oferecer-Lhe sacrifícios; passa a temer Sua ira e Seus castigos e a recorrer a Ele em seus momentos de dificuldade ou de necessidade. Desse modo, desde muito cedo a religião vai desenvolvendo uma vocação pragmática que é quase indissociável de seu propósito original hedônico. É por isso que em quase nenhum lugar e em nenhuma época conseguimos encontrar a religião em estado puro.

Segundo o pensador norte-americano Ken Wilber, existem dois tipos de religiões, que ele chamou de *religiões horizontais* e *religiões verticais*. Wilber tem procurado mostrar que a religião vem ao longo da História desempenhando duas funções diferentes. A primeira delas é a de criar sentido para o *self*, oferecendo mitos, narrativas, doutrinas e rituais que tentam dar sentido e auxiliar a resistir às adversidades e desventuras da vida. Essa função da religião não costuma alterar o nível de consciência nem conduzir a uma transformação radical do indivíduo ou a uma libertação do *self*, mas serve, antes, para consolar, fortalecer e defender o *self*. Enquanto o indivíduo acreditar nos mitos, abraçar os dogmas e realizar os exercícios espirituais próprios da religião (preces, rituais, jejuns), seu *self* – sua alma – estará salvo, tanto nesta vida quanto numa vida eterna após a morte.

A segunda – e bem menos freqüente – função da religião é a de conduzir a uma transformação e uma libertação radicais. Ainda segundo Wilber, essa função da religião não visa a fortalecer o *self*, mas a rompê-lo, a transcendê-lo; não visa a reforçar e confortar a consciência, mas a provocar uma transformação e uma revolução da consciência em seu nível mais profundo. Na religião vertical, o que se busca não é a perpetuação do ego, mas sua transcendência.

À primeira função da religião Wilber chama de *translação* e à segunda, de *transformação*. As religiões horizontais são, portanto, aquelas em que predomina a translação, enquanto as religiões verticais são aquelas que conduzem à transformação.

Na translação horizontal, que é de longe a função mais comum e mais difundida da religião, o espírito busca encontrar algum sentido para a realidade, que sirva, ao menos temporariamente, para aplacar o medo inerente à própria condição humana, proporcionando conforto espiritual ao substituir o desespero pela esperança, a culpa pelo perdão, a incerteza pela certeza.

Já na transformação vertical do espírito, o próprio processo de translação é posto em xeque, as certezas são substituídas pelas incertezas, o conforto enganoso em que o *self* se encontra é ameaçado pelo desconforto de um desafio mais profundo e mais intenso, embora talvez mais autêntico, que é, em última análise, a própria abolição do *self*. Em outras palavras, a translação visa a entorpecer e a anestesiar o espírito, enquanto a transformação visa a acordá-lo, a sacudi-lo para que desperte para a verdadeira iluminação.

Uma vez que a função translativa da religião tem por finalidade legitimar o *self*, suas crenças e sua visão de mundo, essa função tem tido o papel histórico de garantir a coesão do tecido social. (Wilber refere-se a essa função pelo sugestivo nome de "cola" social.) Dito de outra maneira, a função da religião horizontal é manter o indivíduo adaptado à sociedade e, com isso, evitar tanto o colapso mental e a conseqüente dispersão neurótica dos indivíduos quanto o caos social. A crença num ordenamento superior da realidade física e social, incluindo uma justiça superior – isto é, divina –, é a garantia maior da não desintegração da sociedade no vício, no crime e na loucura. Paradoxalmente, é preciso manter a sociedade num estado de alienação coletiva para evitar a alienação individual. A prática horizontal da religião é que se encarrega dessa função.

No entanto, enquanto a religião horizontal oferece legitimidade ao *self* e à realidade, a religião vertical oferece autenticidade. A espiritualidade vertical não pretende legitimar nenhuma visão de mundo; pretende, antes, romper qualquer visão de mundo tida como legítima, buscando pôr em seu lugar uma visão que não seja simplesmente legítima, mas verdadeiramente autêntica. Por essa razão, em vez de tentar enquadrar o indivíduo na realidade, a religião vertical procura levá-lo a conhecer a dimensão mais profunda desta, na qual não há fronteiras nem limites nem regras estabelecidas, o que constitui um verdadeiro processo de libertação. Em vez de mitos e dogmas, a religião vertical oferece a espiritualidade em estado puro; em vez de certezas enganosas, dúvidas reais; em vez de acomodação, crescimento. Por isso mesmo, enquanto as práticas religiosas horizontais costumam ser coletivas, apoiadas pelo grupo social, e tendem a inibir qualquer tentativa de busca espiritual individual, as práticas verticais são predominantemente individuais, fundadas em exercícios como a meditação. Mesmo que haja guias espirituais – aqueles que chegaram à iluminação – indicando o caminho a seguir, esse caminho deve ser trilhado individualmente, de forma solitária.

Por tudo isso, visto que questiona as crenças e visões de mundo do *self*, instaurando a inquietude e a dúvida onde havia calma e certeza, e propondo a busca individual da iluminação em lugar da alienação coletiva, o processo transformativo proposto pelas religiões verticais é considerado por muitos como uma ameaça à integridade social. Isso explica, por exemplo, por que o governo e a polícia secreta dos Estados Unidos viram no estabelecimento do líder espiritual indiano Osho Rajneesh em seu território e na conseqüente difusão de suas idéias e ensinamentos entre os norte-americanos um perigo potencial para o Estado e para a sociedade daquele país, o que motivou a prisão e a posterior eliminação física de Rajneesh em circunstâncias ainda hoje não totalmente esclarecidas. (Durante sua permanência na prisão nos Estados Unidos, Rajneesh teria dormido noite após noite sobre um colchão recheado de lítio, elemento químico altamente radioativo, o que o levou a morrer de câncer tempos depois.)

Mas Wilber mostra que, mesmo no Oriente, onde a tradição religiosa parece ter estado sempre mais ligada à função transformativa, apenas uma ínfima parcela da população efetivamente pratica esse tipo de religião. Basta ver o número reduzidíssimo de gurus e líderes espirituais verdadeiramente "iluminados" para perceber que a enorme maioria da população está engajada, na verdade, em rituais mágicos, crenças místicas, preces de caráter peticionário e egóico, enfim, em práticas religiosas puramente horizontais. No Ocidente, a tendência à religião transformativa é ainda menos significativa. Por conseguinte, a verdadeira espiritualidade é algo extremamente raro, e tem sido assim em todos os lugares, em todas as épocas.

De qualquer maneira, o que Wilber sustenta é que alguns poucos indivíduos que se iniciam na prática horizontal da religião acabam por sentir-se cada vez mais insatisfeitos com as respostas que esse tipo de religião tem a oferecer e decidem, mais cedo ou mais tarde, transcender a barreira do *self*. Esses indivíduos permanecem na religião horizontal até o momento em que surgem perguntas que sua doutrina não é capaz de responder. Nesse momento ocorre o rompimento. Nesse momento, o indivíduo começa sua caminhada rumo à iluminação, não sem vivenciar primeiro uma crise, como é de esperar numa transição desse tipo. Ao final, ele renuncia aos deuses míticos das doutrinas religiosas e de suas narrativas fundadoras para buscar o Deus absoluto, sem forma e sem essência, exatamente o Deus de Bruno e Spinoza, ou então o que os indianos chamam de *Ati*.

Dentre as diferenças básicas entre a religião pragmática e a religião hedônica, podemos citar:

a) na religião pragmática, a doutrina consiste num conjunto de injunções positivas e negativas, isto é, de leis, que implicam o sentido de um dever. Já na religião hedônica, as injunções dão lugar a possibilidades: em vez de ordens, conselhos; em vez de um sentido de dever, um sentido de poder;

b) a religião pragmática promete o paraíso em outra existência (na vida eterna após a morte ou em outra encarnação), enquanto a religião hedônica busca o paraíso nesta existência;

c) a religião pragmática enfatiza muito mais a punição ao pecado do que a premiação da virtude; já para a religião hedônica, não há boas ou más ações, há apenas ações e suas reações;

d) para a religião pragmática, pecado é fazer os outros infelizes; para a religião hedônica, pecado é não ser feliz;

e) a religião pragmática concebe Deus como superior ao homem e, portanto, inatingível, embora dotado de qualidades humanas (Deus antropomorfo), ao passo que a religião hedônica concebe Deus como interior ao homem e, por conseguinte, acessível, além de não possuir atributos humanos. Por isso, a religião pragmática vê em Deus o juiz de nossas ações, enquanto a religião hedônica vê Nele o mestre e o guia;

f) para a religião pragmática, a vida é basicamente perigo; para a hedônica, é basicamente oportunidade[7];

g) a religião pragmática procura levar o homem à ação pelo medo (isto é, fazer para não sofrer), enquanto a religião hedônica procura levá-lo à ação pelo prazer (isto é, fazer para gozar);

h) segundo a religião pragmática, ganha-se o céu pelo sofrimento (penitência, caridade, arrependimento); para a religião hedônica, ganha-se o céu pelo prazer (na verdade, o prazer já é o céu);

---

7. Curiosamente, o mesmo ideograma chinês que significa crise também significa oportunidade.

i) a doutrina pragmática é a doutrina do não: não pecar, não desejar o mal, não sofrer (vide os Dez Mandamentos, por exemplo). A doutrina hedônica é a doutrina do sim: desejar o bem, gozar, ser feliz.[8]

Como não podemos conhecer a realidade *em si*, a única realidade para nós é o que acreditamos acerca da realidade; em outras palavras, somos aquilo em que cremos. Por isso, é uma pena que a maioria dos discursos religiosos, que lidam diretamente com as crenças humanas, incutam nas pessoas mais crenças negativas do que positivas.

Quando as pessoas buscam a religião por razões hedônicas, a prática religiosa passa a ser salutar. Em vez de serem guiadas pelo medo e levadas a crer em dogmas, elas têm a oportunidade de elevar seu nível de consciência e de abrir sua percepção para uma realidade mais sutil. A religião hedônica é a religião do autoconhecimento e, como tal, não conduz à crença cega em dogmas absurdos e no poder de seres sobrenaturais, mas sim à crença em nosso próprio poder interior. A religião hedônica não é alienante; ao contrário, é (auto)conscientizadora.

Mas a prática hedônica da religião não consiste apenas na busca do transe místico. A religião hedônica é fundamentalmente a busca da iluminação, e essa iluminação pode ser também proporcionada pelos mesmos meios utilizados pela ciência. Hoje, mais do que nunca, há um sem-número de livros cujo ensinamento básico é a religação do homem com sua essência, escritos tanto por líderes religiosos do Ocidente e do Oriente quanto por autores leigos, não vinculados a nenhuma religião particular, que tratam da espiritualidade como fim e não como meio de salvação. Assim como os livros de ciência são os livros do conhecimento, os livros de espiritualidade são os livros da sabedoria.

Não obstante as funções hedônica e pragmática caminhem quase sempre juntas quando se trata do discurso religioso, e por isso muitos livros de espiritualidade pura se confundam com livros de auto-ajuda, o fato é que qualquer livro cuja proposta seja a condução do leitor a algum nível de iluminação por meio da exploração de sua espiritualidade pode ser considerado

8. Segundo a programação neurolingüística, a mente não reconhece a negação: se você ordenar a alguém que não pense num elefante, ele imediatamente pensará num elefante. Por isso, uma doutrina que diz o tempo todo o que não devemos fazer é uma doutrina que nos faz pensar o tempo todo no mal e não no bem.

um livro de religião pura, hedônica – mesmo que seus ensinamentos não estejam vinculados a nenhuma religião institucionalizada em particular.

Um outro exemplo de manifestações puramente hedônicas da religião são as chamadas tecnomissas que muitos pregadores vêm realizando. Seu pressuposto básico é que a divulgação do conteúdo místico do discurso será muito mais eficiente se seu destinatário sentir prazer em recebê-lo. Assim, as tecnomissas e os cultos hedônicos em geral agregam manifestações artísticas como a música, a dança, a poesia, o teatro, incorporando às vezes até mesmo DJs, artistas de *rap* e efeitos de vídeo e multimídia para criar um ambiente em que a elevação espiritual – o prazer místico – provenha do estímulo conjunto produzido pelo prazer estético. Temos dessa maneira uma situação em que a arte aplicada à religião tem por finalidade a produção do prazer religioso. O culto transforma-se, então, na expressão do êxtase e da alegria de estar vivo e na celebração de Deus como a fonte de toda a vida e de todo o prazer. A religião hedônica procura trazer a arte ao centro do culto religioso, criando uma experiência que evoque todos os chacras. Segundo Matthew Fox, um dos pioneiros das tecnomissas, o culto religioso deve ser uma prática ativa, e não passiva. A energia que circula num culto desse tipo é bem diferente da que se tem simplesmente sentando num banco de igreja ouvindo uma pregação monótona.

Um fato fundamental, que não deve ser desprezado por nenhuma doutrina, é que as pessoas estão mais do que nunca buscando algum tipo de experiência transcendental. Hoje, muitas pessoas, sobretudo jovens, buscam essa transcendência nas drogas, dentre outros motivos por falta de uma alternativa religiosa hedônica. Apesar de perigosa, por causar dependência e até mesmo a morte, não podemos negar que a droga produz prazer ao abrir a mente para novas realidades, por um estado alterado de consciência. Sob o efeito da droga, o indivíduo se sente mais feliz, mais criativo, mais autoconfiante, mais "iluminado" e tem *insights* que não é capaz de ter em seu estado normal. Por que então não proporcionar às pessoas esse prazer transcendental de um modo mais sadio e menos penoso socialmente? Esse é exatamente o espaço a ser ocupado pela religião hedônica. Qualquer abordagem religiosa que tente resgatar o usuário de drogas pela via pragmática – pelo sentido do dever e do medo – falhará em seu propósito. O indivíduo que anseia freneticamente por transcendência só trocará as drogas – aí incluídas não apenas as drogas químicas, mas também todas as formas alienantes e autodestrutivas de diversão – pela religião se lhe for oferecida alguma perspectiva de prazer. Nesse sentido, até mesmo a religião pragmática, aquela que pretende salvar a alma das pessoas e curá-las dos vícios, deveria dar mais importância ao prazer.

Por sinal, aí reside a grande diferença entre as culturas do Oriente e do Ocidente. A civilização ocidental é o fruto do cruzamento de três diferentes ideologias: o racionalismo da civilização greco-romana, o idealismo fantasista da antropocultura germânica e o fatalismo judaico-cristão. Se devemos a maior parte de nosso progresso científico e humanístico ao legado greco-romano e nosso espírito heróico-cavalheiresco, aos mitos fundadores da tradição germânica medieval, devemos, sem dúvida, nossa visão de mundo pessimista à herança judaica que nos chegou pelo cristianismo. A idéia de um Deus único todo-poderoso, que governa o destino dos homens e julga suas ações e até mesmo seus pensamentos, castigando e perdoando, assim como a idéia da existência de um paraíso e de um inferno, de um pecado original (donde a crença de que somos todos filhos do pecado e de que o sexo é um ato impuro) e, sobretudo, a concepção do fim dos tempos e do Juízo Final, são produto da ideologia judaica. A própria história do povo hebreu, com sua sucessão de tragédias, da escravidão no Egito, passando pelas várias diásporas, até o recente holocausto nazista, explica em parte essa visão fatalista e pessimista do mundo. Assim, é natural que, por derivarem do judaísmo, as demais religiões abraâmicas – o cristianismo e o islamismo – possuam esses mesmos traços ideológicos.

A essa visão de mundo religiosa opõe-se a visão do outro grande bloco de religiões: as do médio e extremo Oriente, que poderíamos chamar de indo-chinesas, visto que suas origens se encontram principalmente na Índia e na China, daí irradiando-se para o resto do Oriente. Essas duas diferentes visões de mundo, que hoje repartem o planeta, deram origem a dois tipos básicos de sociedade: a sociedade do fazer, tipicamente ocidental, e a sociedade do ser, que procura resistir no Oriente, apesar de séculos de colonização ocidental.

O binômio racionalismo/fatalismo, que caracteriza nossa civilização do fazer, explica por que valorizamos tanto o aspecto material da vida e por que, mesmo em termos estritamente religiosos, somos tão "horizontais", como diria Wilber. Acontece que o domínio da razão nos permitiu subjugar a natureza, que, para o racionalismo greco-romano, é puramente material, ao passo que a crença de que somos julgados por nossas ações e de que caminhamos para o apocalipse nos leva a tornar-nos grandes empreendedores. Ao contrário, a crença oriental num Universo essencialmente vazio, onde não há metas a serem cumpridas, mas apenas ciclos intermináveis de vida e morte, leva o homem oriental tradicional a centrar-se mais na vida espiritual do que na material. Pode-se dizer, então, que, mesmo apesar de todo o progresso técnico de que desfrutamos, somos de modo geral bem mais pessimistas do que os orientais. Uma testemunha desse fato é a apreensão com que muitas pessoas no Ocidente aguardaram o dia 11 de agosto de 1999, suposto dia do "fim do mundo". O mesmo fenômeno já havia ocorrido antes por ocasião da chegada do ano mil.

Assim, o mundo pré-racionalista ou intuitivo, do qual bons exemplos são a cultura indo-chinesa tradicional e as sociedades não-complexas, usualmente chamadas de "primitivas", está de certa forma para a sociedade como o *self* está para o indivíduo. Desse modo, o racionalismo mecanicista é o ego da sociedade, ou, antes, gera uma sociedade guiada pelo ego, enquanto máscara.

A partir do colonialismo cultural ocidental sobre o Oriente e os povos "primitivos", a visão de mundo materialista-racionalista passou a dominar também esses povos. (De que outro modo Índia e China poderiam construir armas atômicas hoje?) Em contrapartida, nossa civilização ocidental entrou em contato, sobretudo a partir da década de 1960, com o misticismo oriental e, por meio dele, com uma nova filosofia de vida que inclui até mesmo novos hábitos alimentares e indumentários. Hoje, tende-se a uma espécie de simbiose de ambas as antropoculturas, em alguns casos mais superficial, em outros, mais profunda. O resultado dessa simbiose no Ocidente é que hoje o cristianismo já não é a religião única; pela primeira vez na história ocidental a pluralidade religiosa tem permitido o exercício da liberdade de escolha, garantida pela democracia, além do interessante fenômeno do surgimento de novas religiões, seja *ex nihilo* ou a partir da fusão de elementos de outras religiões. Esse fenômeno da pluralidade religiosa, vindo na esteira das conquistas liberais na política e na economia, contribuiu para a secularização e para a vulgarização do conhecimento esotérico, dando origem ao movimento que alguns autores chamam de Nova Era, cuja principal característica é talvez a busca religiosa independentemente de religiões instituídas.

Não sei que espécie de civilização seríamos se a cultura greco-romana tivesse sofrido a influência das religiões indo-chinesas em lugar da influência judaico-cristã. Talvez não tivéssemos vivido a longa noite da Idade Média, talvez não houvesse tanto obscurantismo em nossa sociedade ainda hoje e nem se teria estabelecido a famosa rivalidade Ocidente–Oriente, a qual tantas vezes abalou a história do planeta. Seja como for, caminhamos hoje mais do que nunca para a constituição de uma civilização global que tende a apagar os traços mais gritantes dessa oposição duas vezes milenar. É nesse contexto de pluralidade religiosa e de fusão de ideologias, pela quebra do monopólio das grandes religiões, que verificamos desde já a existência de religiões mais hedônicas e religiões mais pragmáticas.

Se, como disse, as religiões orientais são tradicionalmente mais hedônicas, acentuando a importância dos exercícios espirituais, como a meditação e a busca do nirvana, enquanto no Ocidente a religião teve sempre uma função mais pragmática, hoje podemos encontrar as facetas hedônica e pragmática da religião tanto no Ocidente quanto no Oriente. Na verdade, as religiões orientais têm um forte componente hedônico, porque seu discurso está muito próximo da filosofia pura (que, como sabemos, é hedônica). Assim, o pragmatismo ocidental não parece ter acrescentado muito à religiosidade oriental, mas o hedonismo hindu e budista parece estar provocando uma verdadeira revolução religiosa no Ocidente.

Isso se deve, sem dúvida, ao esgotamento do paradigma religioso em que se apóia o cristianismo tradicional. O complexo de culpa pelo pecado original e pelo sacrifício de Jesus em prol da humanidade, a idéia de que devemos reprimir nossos instintos biológicos – sobretudo o mais sublime, nossa sexualidade – por medo do castigo divino, o medo do julgamento de Deus e do Juízo Final (até os conceitos orientais de *karma* e de reencarnação foram incorporados pelo espiritismo cristão com a conotação implícita de prêmio ou castigo) são a marca da civilização cristã. Nesse sentido, religiões como a cristã são neurotizantes, na medida em que inculcam muito mais valores negativos do que positivos (a fuga do inferno em vez da busca do paraíso). Muitas dessas religiões pregam que o fiel deve colocar-se perante Deus em posição de tal humildade que chega a beirar a humilhação, devendo reconhecer-se pequeno, fraco e pecador, para ser digno da misericórdia divina. Religiões desse tipo induzem o indivíduo à autopiedade e à autodesvalorização, cujo resultado mais evidente é um sentimento de baixa auto-estima, porta de entrada para as neuroses. Não é à toa que boa parte da clientela dos psicoterapeutas tem traumas ligados a crenças religiosas pouco construtivas. Dessa maneira, a busca de alternativas hedônicas em outras reli-giões é também uma forma de catarse de todos os sentimentos maus e complexos introjetados por doutrinas religiosas cujo principal propósito pragmático não tem sido sequer a salvação da alma, conforme apregoam, mas a conservação do poder, pela manutenção da massa sob o império da culpa e do medo.

Na religião pragmática, o prazer pode estar presente como meio de aliviar a dor e de operar a salvação do espírito, e ainda como meio de atrair os fiéis para uma determinada seita. É o que sucede nas igrejas que utilizam a música e a oração para chegar ao transe coletivo e também operam curas espirituais e exorcismo. Já na religião hedônica, o prazer é um fim em si mesmo, o que significa que nem toda prática religiosa hedônica tem uma contrapartida pragmática. Por isso mesmo, os diferentes sacerdotes – o padre católico, o médium espírita, o *rishi* e o guru hindus – exercem funções diferentes segundo o propósito a ser alcançado. Um guru, por exemplo, é um indivíduo que atingiu o estado de iluminação e cuja função social é conduzir outros indivíduos à iluminação. Muitos gurus não se dedicam a realizar curas nem a auxiliar na resolução de problemas pessoais de seus discípulos, pois sua função é conduzir ao nirvana. Nesse caminho para o nirvana, os discípulos aprendem muitas coisas que podem ajudar a aliviar a dor, tanto a física quanto a emocional, e, mais ainda, a prevenir ambos os tipos de dor. Mas esses ensinamentos têm como objetivo principal manter serena e feliz a mente sadia, e não propriamente curar a mente atribulada. Desse modo, pessoas que conseguem atingir a iluminação, que meditam e estão em permanente contato com seu eu interior, são pessoas que não sofrem, mesmo quando têm problemas materiais, ou são capazes de transcender a dor, como os faquires. A busca espiritual dessas pessoas não se dá apenas quando existe dor, como no caso da religião pragmática, até porque elas raramente sentem dor. Nesse sentido, o guru oriental está muito mais ligado à religião hedônica do que o padre ou o pastor ocidentais, e igualmente o seguidor de um guru ou de um *rishi* é alguém que está muito mais em busca de sabedoria do que de soluções, diferentemente do fiel cristão, por exemplo.

Ciência, religião e espiritualidade

Se você não quer ter uma experiência mística, vá a uma missa.

Carl Jung

A religiosidade, também chamada de espiritualidade, é, conforme vimos na primeira parte, uma das necessidades básicas não-materiais do ser humano, de tal sorte que todo indivíduo possui uma espiritualidade latente (os adeptos de certas religiões dirão que todo indivíduo possui um espírito), bem como possui uma curiosidade, uma agressividade e mesmo uma sensibilidade estética (um senso do agradável/desagradável) inatos. Possivelmente, essas características de nosso comportamento estão determinadas em nossos genes. Por isso, todo homem nasce potencialmente predisposto a alimentar crenças de natureza transcendente ou não-racional. No entanto, nem todo homem canaliza esse potencial para uma religião. Do mesmo modo como a arte é um canal de expressão da afetividade humana, o esporte, de sua agressividade, e a ciência, de sua curiosidade, a religião é o canal mais natural de expressão da espiritualidade. Mas, assim como a arte não é o único canal de expressão da afetividade ou da subjetividade, nem o esporte em relação à agressividade ou a ciência em relação à curiosidade, a religião não é a única forma de dar vazão à espiritualidade. Convém, pois, não confundir a espiritualidade, ou religiosidade, com a religião. Esta última é um sistema social instituído para congregar a religiosidade dos indivíduos e alinhá-la numa direção comum. A religião é a religiosidade institucionalizada.

O caráter institucional da religião, que abordaremos mais adiante, é o que a leva a desejar conquistar o poder político – o chamado poder temporal – e a tentar constranger os indivíduos a professar uma determinada religião e não outra qualquer, ou eventualmente nenhuma. Se religião e religiosidade não são a mesma coisa, pode-se perfeitamente encontrar uma sem a outra. Já há bastante tempo, alguns sábios como Giordano Bruno perceberam que a comunicação do homem com seu Deus não precisa de intermediários, uma vez que, de certa forma, Deus está dentro de cada um. Muitos desses sábios pagaram caro – às vezes com a vida – por essa descoberta.

Por outro lado, seria proveitoso se toda atividade religiosa fosse voltada para o espírito, mas às vezes a religião se prende de tal forma às suas estruturas ideológicas e políticas que perde sua própria essência divina. Em vez de canalizar a energia espiritual das pessoas, certas religiões se corrompem na dimensão material, dando mais atenção ao ego do que ao *self*. Essas religiões estão, na verdade, muito distantes de Deus, qualquer que seja a concepção de Deus que se adote. Um claro exemplo desse fato é o famoso julgamento de Galileu. A longa discussão sobre se a Terra é ou não o centro do Universo não era nem nunca foi uma discussão legitimamente teológica. Essa questão não tem nada a ver com espiritualidade. A Igreja Católica estava tão-somente defendendo uma doutrina que, a rigor, não está na Bíblia; tratava-se puramente de uma disputa de poder entre a ciência e a religião.[9]

---

9. Se a Terra não é o centro do Universo nem o homem é a imagem e semelhança de Deus, por que motivo, então, Ele teria enviado Seu filho aqui para salvar a

Efetivamente, a espiritualidade consiste muito mais em sentir Deus com todos os sentidos do que em falar sobre Ele. Por isso mesmo há tão pouco Deus nos discursos religiosos tradicionais.

O rompimento entre a ciência e a religião, por força de estúpidas disputas políticas e ideológicas, também tem representado um grande prejuízo para a humanidade, pois a ciência e a religião tradicionais se consideram mutuamente exclusivas. O lema bíblico "Quem não é por nós é contra nós" foi levado às últimas conseqüências por ambas as partes, e fileiras se cerraram como se o combate final entre o bem e o mal, profetizado no Apocalipse, fosse travar-se entre os partidários da ciência e os da religião. Na verdade, a ciência eleita como inimiga de Deus é a ciência mecanicista, assim como a religião eleita inimiga do esclarecimento é a religião horizontal, translativa e institucional, que pouco ou nada tem a ver com a verdadeira religiosidade humana. O fato é que a ciência mais esclarecida não exclui a espiritualidade; antes, precisa dela e tem nela uma aliada. Do mesmo modo, a religião mais engajada na busca da verdadeira iluminação não renega o conhecimento científico; ao contrário, aproveita-o naquilo que ele tem de melhor, que é a possibilidade de realizar a abertura da mente humana para outras realidades que não apenas a nossa comezinha realidade cotidiana.

A ciência constrói modelos que descrevem o mundo; assim, ela explica *como* e não *por quê.* (Newton resumiu esse pensamento em sua célebre divisa *hypotheses non fingo*, já mencionada na primeira parte.) Não compete ao cientista ou ao discurso científico explicar por que o Universo existe, ou quem o criou. A ciência contenta-se em poder descobrir, com alguma aproximação, como o Universo surgiu. Os cientistas hoje já têm algumas certezas sobre o que aconteceu algumas frações bilionésimas de segundo após o *big bang*, mas não conseguiram ainda explicar o próprio *big bang* e muito menos o que havia antes da grande explosão que deu origem ao Universo. Dessa forma, a explicação dos porquês ainda pertence ao terreno do metafísico, da filosofia pré-científica, da teologia, da religião hedônica e da espiritualidade em geral. A ciência não só não pode, no presente momento, explicar o porquê das coisas como, eventualmente – e provavelmente –, jamais poderá. Portanto, não há conflito entre o pensamento científico e a

---

humanidade? As idéias de Galileu, embora tenham sido posteriormente provadas pela ciência, punham sob suspeita a própria divindade de Jesus, e por isso mesmo eram tão perigosas para a Igreja.

espiritualidade, quer a espiritualidade de uma religião, quer a espiritualidade leiga, que alguns tacanhos confundem com o ateísmo.

A curiosidade científica e a espiritualidade são dois processos complementares de busca da verdade, respectivamente pelas vias do racional e do não-racional. A compreensão completa da realidade, se é que isso é possível ao homem, só se dá quando ambos os canais estão abertos. É por essa razão que a maioria dos cientistas não tem religião, mas poucos se consideram ateus. Não crer num Deus institucionalizado não significa não crer em nenhuma forma de divindade, sobretudo aquela divindade mais subjetiva. Por isso, o divórcio entre a vida intelectual e a vida espiritual não deveria existir. Se a função dos cientistas é explorar a natureza e a Criação, e se esta última é igualmente o fundamento da espiritualidade, então tudo o que soubermos sobre a Criação nos trará informações importantes sobre o Criador. Segundo Matthew Fox, se Deus é o artista da natureza, então pode-se aprender muito a respeito do artista examinando-se sua obra. Fox se questiona mesmo como é possível separar a exploração científica da natureza da busca espiritual para entender a fonte de toda a vida. Se pensarmos de forma mais ampla nos processos culturais como instrumentos que o homem criou para compreender e explicar o próprio mundo que o rodeia, veremos que nenhum desses processos fornece uma visão completa do mundo, e que, por conseguinte, eles são complementares e não mutuamente excludentes.

Pode-se concluir do que foi dito que a religião que se afastou da ciência é a mesma que também se afastou da espiritualidade. E essa religião é muito mais pragmática do que hedônica.

OS PECADOS DA RELIGIÃO

Já vimos a diferença estabelecida por Wilber entre as religiões translativas ou horizontais e as transformativas ou verticais. Especialmente em sua forma translativa, a religião possui certas características que a distanciam bastante das demais manifestações culturais, isto é, da ciência, da arte e do esporte. A prática religiosa horizontal – a qual, como sabemos, engloba a quase totalidade das práticas religiosas – apresenta uma série de aspectos negativos que, vistos a partir da ótica de uma sociedade moderna, democrática e esclarecida, podem ser considerados como verdadeiros vícios, a maioria dos quais está profundamente arraigada nos hábitos sociais desde os primórdios do homem, uma vez que a religião é provavelmente a mais antiga e a mais primitiva das formas de interpretação e de conhecimento do mundo de que a humanidade dispõe, e com certeza a que menos evoluiu ao longo do tempo.

Em primeiro lugar, nem toda prática mística de caráter hedônico constitui uma religião. Sobretudo se entendermos a religião em seu sentido semiótico – enquanto sistema produtor de discursos cuja função primária seja a função mística e cujo estatuto semiótico seja o *fazer crer* e, ao mesmo tempo, enquanto conjunto dos discursos assim produzidos –, restringiremos a religião a práticas discursivas de caráter coletivo, isto é, a discursos sociais, por sinal, único objeto cuja análise é significativa do ponto de vista de uma semiótica da cultura.

Existem evidentemente práticas místicas não-discursivas e/ou não-coletivas, como a meditação (que em geral tem função hedônica) e a adivinhação (que tem função pragmática). Essas práticas, no entanto, estão para a religião mais ou menos como a tecnologia está para a ciência: são aplicações de uma doutrina religiosa. Assim, as religiões propriamente ditas têm um caráter institucional e um estatuto semiótico de discursos sociais, do mesmo modo que as artes, as ciências e os esportes.

A diferença básica entre as religiões e as demais manifestações culturais é que, mais do que entidades puramente semióticas – e, portanto, instituições sociais abstratas –, muitas religiões são instituições sociais concretas e, acima de tudo, instituições políticas. Na verdade, as grandes religiões do mundo – o cristianismo, o islamismo, o judaísmo, o budismo – se constituem em "igrejas" que são, por sua vez, grandes organismos supra-estatais e supranacionais. Embora haja uma distinção entre igreja e religião, pode-se dizer que a igreja é a instituição política que pretende deter o monopólio de uma determinada religião. O exemplo mais acabado desse fato é a Igreja Católica em relação ao cristianismo. A Igreja de Roma é uma instituição político-burocrática, dotada de patrimônio próprio – aliás, imenso – e de uma complexa hierarquia interna. É proprietária de seus templos e detém certas prerrogativas exclusivas, como ordenar seus sacerdotes e canonizar seus santos. Não seria errado dizer que a Igreja Católica é, na verdade, uma instituição política travestida de instituição religiosa. De certa forma, é a última monarquia absoluta do Ocidente. O catolicismo está organizado de modo que não seja possível praticar socialmente essa doutrina fora dos quadros da Igreja. Seu aparato mercadológico faz com que o papa seja um dos líderes políticos mais populares do mundo, e que este seja capaz, aonde quer que vá, de dizer aquilo que, no fundo, todos desejam ouvir.

Da mesma forma, outras religiões também estão organizadas em igrejas ou federações que, de todo modo, funcionam mais ou menos como empresas ou corporações (como as forças armadas, por exemplo) dotadas de uma administração central, que detêm a propriedade sobre os templos e o poder hierárquico sobre os sacerdotes.

Nada de semelhante ocorre em relação às artes, às ciências e aos esportes. Para entendermos melhor o funcionamento das religiões-igrejas, façamos uma analogia com uma instituição artística: o teatro. Imagine que todas as casas de espetáculos do mundo pertencem a uma determinada companhia teatral, cuja sede fica, digamos, em Roma. Todos os atores teatrais são empregados dessa companhia, e cada ator ou grupo de atores trabalha de forma fixa num único teatro. Se um ator quiser atuar em outra sala de espetáculos, terá de se mudar para outra casa da mesma companhia. Além disso, quem determina a peça que cada ator ou grupo vai encenar naquele teatro é o presidente da companhia. É exatamente isso o que ocorre com a maioria das religiões. O mais pernicioso na religião-igreja é que ela acaba se desviando da função hedônica, que é conduzir a Deus, e também de sua função pragmática primeira, que é salvar o corpo e a alma, para entregar-se à atividade política. No limite, a religião-igreja se organiza como um Estado superior a todos os Estados, interferindo em questões políticas, jurídicas, morais, sociais e culturais mais do que qualquer outro agente político. Em muitos países, igrejas estão por trás de movimentos político-partidários, sindicais, estudantis, etc., por vezes desvirtuando-os. As igrejas em geral repelem a interferência científica ou política em questões de natureza transcendente, mas não hesitam em interferir em questões científicas ou políticas.

O autoritarismo parece ser o traço mais marcante e distintivo das religiões-igrejas. Novamente um exemplo emblemático desse fato é a Igreja Católica. Diante da evidência escandalosa de certas comprovações científicas, o papa viu-se recentemente forçado a se desculpar pelos erros cometidos pela Igreja no passado, como a condenação de Galileu e Giordano Bruno, mas essa mesma Igreja, guiada pelas mesmas crenças fundamentalistas e pela mesma sede de poder de sempre, continua cometendo erros hoje, como o combate ao uso de preservativos em tempos de AIDS e a oposição incondicional a qualquer tipo de aborto ou de eutanásia. (Embora sejam questões polêmicas, sua discussão deve se dar de forma democrática, ouvidos e respeitados todos os pontos de vista, inclusive os não religiosos. Toda posição incondicional e intransigente é, por princípio, uma posição burra.) Além disso, a Igreja continua condenando pensadores que discordem de seus dogmas à moderna fogueira da Inquisição, que é a proscrição pública de suas obras. Só nos resta esperar que daqui a quatrocentos anos o papa – se ainda houver um – não tenha de se desculpar novamente pelos erros do presente.

Outro grande vício da religião translativa diz respeito à sua própria natureza semiótica. Na primeira parte vimos que o discurso religioso, seja ele horizontal ou vertical, pragmático ou hedônico, apóia-se na modalidade do *crer*: é uma forma de apreensão da realidade por vias não-racionais e sem o concurso da experiência e da percepção sensorial. Particularmente no discurso religioso horizontal, a fronteira entre o mito e a mentira é muito tênue, e o risco de se tomar por realidade o que é mera ideologia é muito grande. Nesse sentido, a religião é sempre mais alienante do que a arte, o esporte ou a ciência.

Ocorre que a ciência não trabalha com verdades absolutas, mas com verdades relativas, com hipóteses. Como sabemos, toda teoria científica é um modelo mental que procura retratar da forma mais fiel possível a realidade. Todavia, como tal modelo é construído a partir de nossa observação e segundo nossa compreensão particular da realidade – que são sempre muito limitadas –, todo cientista tem (ou pelo menos deveria ter) consciência de que as teorias não são a realidade, são apenas aproximações da realidade[10] as quais, por isso mesmo, estão permanentemente sujeitas a ser reformuladas e substituídas por novas teorias, à medida que novas observações e novas experiências são realizadas. Acrescente-se a isso que o cientista não só deve ter consciência de que trabalha com hipóteses, mas deve ter a honestidade de alertar o público destinatário de seu discurso (especialmente se se tratar do público leigo) sobre esse fato. Pode-se dizer então que a ciência honesta (a ciência desonesta, na verdade, não é ciência, e sim mistificação) "vende" ao seu público hipóteses como hipóteses e não como verdades. Embora haja alguns poucos cientistas dogmáticos, que pregam suas teorias como verdades absolutas, a culpa não é da ciência, mas desses cientistas. O público consciente (e, felizmente, o público da ciência sempre o é) sabe reconhecê-los e rechaçá-los.

Da mesma forma, pode-se dizer que a arte "vende" a ficção como ficção. O trabalho do artista é exatamente representar uma ficção, criar um universo ilusório paralelo à nossa realidade cotidiana. A literatura, a música, a pintura, o teatro, o cinema, as histórias em quadrinhos, enfim, todas as formas de arte são sempre narrativas ou descrições ficcionais mais ou menos

10. Segundo Karl Popper, as teorias científicas não são verdadeiras, são verossímeis, isto é, parecem-se com a verdade, não são a verdade. Aproveito para lembrar que a ficção artística igualmente não pretende ser real, mas sim realista.

verossímeis que o artista propõe ao receptor de seu discurso. E esse receptor (o público) tem plena consciência disso. Qualquer pessoa que leia um romance ou assista a uma peça de teatro sabe que a história contada é fictícia e que os personagens são simulacros de seres humanos. Do mesmo modo, ninguém é bastante tolo para confundir a representação pictórica de uma árvore com uma árvore de verdade, por mais realista que seja o traço do pintor.

Já na religião, especialmente na translativa, o que freqüentemente ocorre é que a ficção é vendida como realidade. As doutrinas tradicionais constituem-se de dogmas que, como sabemos, são proposições apresentadas como verdades incontestáveis, embora não possam ser provadas. Na religião, a credibilidade de uma afirmação não se apóia na experiência comum que qualquer um pode ter; ao contrário das teorias científicas, cuja veracidade (ou conformidade aos fatos) pode ser testada e posta à prova, os dogmas religiosos não podem ser testados justamente por tratarem de questões de natureza transcendente. Dessa maneira, a credibilidade dos dogmas não provém deles próprios, mas da autoridade daquele que os profere, que em geral se diz mensageiro de Deus (embora isso também não possa ser provado, sendo, pois, mais um dogma). O sacerdote é tido pelo grupo com o qual interage como uma pessoa sobrenatural, que tem o dom de comunicar-se diretamente com a divindade e de falar em nome dela como se a própria divindade falasse por sua boca.

Obviamente, para que esse esquema funcione é preciso que haja um contrato social entre todos os membros do grupo, e para que tal contrato se estabeleça é preciso existir um ingrediente essencial: a ignorância. Por que os membros de uma tribo primitiva acreditam que seu xamã é de fato o mensageiro dos deuses? Provavelmente porque ele seja capaz de fazer coisas que somente um homem com poderes sobrenaturais poderia fazer, como caminhar sobre brasas, por exemplo. Talvez creiam nisso porque esse homem seja capaz de curar as enfermidades do grupo com rezas e rituais, além, é claro, da administração de infusões de ervas com supostos poderes mágicos. O ponto básico é que os membros da tribo não têm como (nem por que) questionar a divindade do xamã; eles não sabem que qualquer pessoa pode condicionar-se a não sentir dor e que a cura das doenças não provém do poder mágico das ervas, mas de suas propriedades químicas. Por isso, enquanto as poções e os conselhos ministrados pelo xamã continuarem eficazes, não há por que questionar sua divindade.

Em sociedades mais complexas, o domínio do discurso religioso sobre as mentes das pessoas apóia-se igualmente na ignorância, na falta de informação. Foi assim que a Igreja Católica reinou absoluta durante os mil anos da Idade Média sobre uma sociedade constituída basicamente de camponeses pobres e analfabetos, cuja sobrevivência, a despeito da guerra e da peste, parecia um milagre. A Igreja manipulava justamente o que essas pessoas tinham de mais precioso: a esperança. Existiam, contudo, incômodos burgueses que não estavam dispostos a acreditar ser a pobreza uma virtude e por isso tratavam de viver confortavelmente e de cercar-se de cultura. Foi assim que, pouco a pouco, o pensamento científico, fundamentalmente possibilitado pela ascensão da burguesia e pelo retorno da vida urbana no final da Idade Média, foi solapando as bases da até então inabalável fé católica. Como a Igreja não podia submeter as mentes mais esclarecidas por meio da ameaça do inferno e do castigo divino, tentava submetê-las pela ameaça do castigo corporal. Desse modo, a Igreja aliava à manipulação da ignorância do povo um novo ingrediente, talvez ainda mais persuasivo: a força bruta. A tortura e, no limite, a eliminação física dos descrentes do dogma cristão, foi a forma encontrada de manter o contrato social referido há pouco.

Como se percebe, o discurso religioso horizontal anda freqüentemente de mãos dadas com o discurso tirânico, cuja modalidade, conforme apresentado na primeira parte, é *fazer fazer*. Trata-se de um discurso cuja eficácia se apóia na ignorância de alguns e no medo de todos; um discurso que diz libertar a alma, porém escraviza o corpo e a mente. Enquanto a religião vertical e hedônica oferece ficção como ficção, da qual é possível extrair sabedoria e prazer da mesma forma que na arte, a religião horizontal, especialmente em sua faceta pragmática, impõe mentiras como se fossem verdades, e ameaça aqueles que tentam exercer o direito legítimo de não aceitar como verdadeiro aquilo que não pode ser provado. Quando penso que em muitos lugares o obscurantismo tem triunfado sobre a razão simplesmente porque as pessoas foram de tal modo aliciadas pelo discurso religioso tirânico, tornando-se cegas para qualquer outra realidade ou hipótese de realidade que não seja a da sua doutrina, chego às vezes a duvidar de que o homem seja realmente um ser racional.

Um trágico exemplo disso é o fato de que, em muitos estados norte-americanos, pais ultraconservadores pertencentes a seitas cristãs fundamentalistas ditas *criacionistas* (adeptas da doutrina bíblica da Criação, por oposição à teoria científica da evolução das espécies, de Charles Darwin) têm conseguido junto à justiça e ao poder legislativo desses estados que as escolas públicas em que seus filhos estudam sejam obrigadas a retirar a teoria da evolução do currículo e a ensinar em seu lugar a doutrina do

Gênesis. A alegação desses pais é que a evolução das espécies não merece crédito por ser apenas uma hipótese, isto é, uma provável ficção. Ora, o que está implícito nessa atitude é que, para esses pais e suas igrejas, a teoria da evolução é uma ficção (o que os próprios cientistas jamais negaram), mas a narrativa bíblica é uma verdade absoluta, mesmo que haja diversos indícios concretos da evolução (a existência de fósseis de animais e plantas é um deles) e nenhum da Criação. Assim, rejeita-se uma hipótese razoavelmente plausível por uma ficção totalmente implausível, mediante um ato de força (o famoso *lobby* das igrejas junto aos políticos). O mais grave de tudo isso é que uma decisão como a de alterar o currículo escolar para satisfazer uma seita religiosa, tomada pelo poder público, afeta todos os membros da comunidade usuários do bem público que é a escola – que pagam por esse bem por meio de seus impostos – e não apenas os filhos dos criacionistas. Como vemos, o discurso desse tipo de religião é sempre autoritário e não sabe conviver com a pluralidade ideológica, baluarte maior dos regimes democráticos.

A religião pode ser, sem dúvida, uma grande fonte de sabedoria. Mas, para isso, é preciso que o discurso religioso seja interpretado com o mesmo espírito com que foi produzido, isto é, *metaforicamente*. É claro que, quando confrontados com a realidade objetiva, os mitos religiosos parecem absurdos. É que todo discurso religioso deveria ser lido da mesma forma que a arte: como uma ficção alegórica que encerra algum tipo de visão de mundo. As fábulas não foram feitas para convencer as crianças de que existem cigarras e formigas falantes, mas para diverti-las, transmitir-lhes ensinamentos e inculcar-lhes preceitos morais. Assim como seria uma completa estupidez fazer uma leitura literal das fábulas e crer na existência real de animais antropomorfizados, que pensam e agem como seres humanos, é igualmente insensato interpretar o discurso religioso ao pé da letra. No entanto, lamentavelmente, muitos pregadores não só fazem isso como ainda transmitem essa visão tacanha da religião aos seus seguidores. É exatamente o que se conhece por fundamentalismo religioso (o apego fanático aos fundamentos da doutrina). É por isso que em pleno limiar do terceiro milênio, e apesar de todo o progresso intelectual que nossa civilização experimentou até hoje, ainda há pessoas que acreditam que Adão e Eva realmente existiram.

Do mesmo modo que o discurso da arte, o discurso religioso tem seu fundamento na metáfora. Por essa razão, é um erro ler denotativamente textos que foram escritos com sentido conotativo. A função do sacerdote, por isso mesmo, é interpretar o texto sagrado: traduzi-lo em linguagem denotativa, adaptando uma sabedoria universal a cada momento e contexto social particular. O pregador que propõe a interpretação literal das metáforas religiosas está, na verdade, renunciando ao seu papel de mediador. Se o texto religioso se explicasse a si mesmo, a figura do sacerdote seria desnecessária. Tal qual o texto jurídico, o texto religioso só faz sentido quando interpretado, submetido a uma exegese; esse é o papel dos sacerdotes e dos juízes. E assim como um juiz precisa usar de bom senso para que a administração da lei seja justa, um religioso precisa usar de bom senso ao pregar sua doutrina a fim de que sua pregação leve realmente à iluminação e à sabedoria e não ao obscurantismo e à alienação. A má interpretação dos mitos e dos dogmas religiosos é ainda mais perniciosa tendo em vista que envolve um discurso que se apóia basicamente na fé, um discurso freqüentemente confundido com a própria verdade. A interpretação do sacerdote deve filtrar o texto sagrado, separando o que é ensinamento útil e expressão de sabedoria do que é apenas mito e superstição. Os grandes teólogos do cristianismo, como Santo Agostinho e Santo Tomás de Aquino já sabiam disso.

Todavia, se por um lado a interpretação da doutrina é necessária para evitar que o discurso religioso se torne alienante, por outro lado a própria divergência de interpretações costuma ser um problema igualmente freqüente e pernicioso, já que leva a conflitos entre facções religiosas, cada uma das quais defendendo com unhas e dentes o seu ponto de vista justamente por acreditar que a sua interpretação particular é a mais correta. A luta pelo monopólio da interpretação religiosa passa a ser mais um item na disputa política dentro da religião-igreja. No limite, este é o germe das guerras religiosas, o que poderíamos chamar de *síndrome da guerra santa.*

Aliás, no mundo atual pós-guerra fria, em que questões político-ideológicas já não dividem mais o mundo, a religião parece despontar como o novo grande motor dos conflitos entre os povos. Mesmo alguns conflitos de raiz aparentemente étnica são, na verdade, conflitos religiosos, como o ódio secular entre os católicos e os protestantes irlandeses, ou entre os sérvios (cristãos ortodoxos), os croatas (católicos) e os bósnios (muçulmanos). Não havendo diferenças raciais, lingüísticas ou ideológicas entre esses povos, a diferença religiosa passa a ser o pivô das desavenças.

O fundamentalismo religioso, presente em muitas religiões horizontais e pragmáticas, tem em si certas características que, por sua própria natureza, são contrárias aos princípios da democracia. Senão vejamos.

Em primeiro lugar, a democracia baseia-se no direito de os membros da sociedade escolherem suas leis e de decidirem, diretamente ou por seus representantes, quais as melhores leis para aquela sociedade. Para os fundamentalistas, a Lei está determinada para sempre no texto sagrado e é, portanto, uma lei estática, que não acompanha a evolução social, mas, antes, a impede.

Outro princípio importante da democracia é o direito à liberdade religiosa, o que garante a pluralidade de credos religiosos numa mesma sociedade. A liberdade religiosa é precisamente o que os fundamentalistas mais temem, já que defendem o monopólio de seu credo particular sobre toda a sociedade. De um modo mais geral, os fundamentalistas são contra todo tipo de liberdade, inclusive a de pensamento e de escolha, pois, para eles, é Deus quem deve decidir o que é melhor para todos. Como, evidentemente, Deus não se comunica de modo direto com os homens comuns, os sacerdotes são os porta-vozes legítimos da vontade de Deus. Outra liberdade inaceitável pelos fundamentalistas é a liberdade de expressão, donde a utilização do instrumento da censura. (Note-se que, nas sociedades democráticas, não podendo o clero impor a censura religiosa a todos os cidadãos, ela o faz aos seus próprios membros. Por isso, muitos teólogos católicos têm seus livros censurados pela própria Igreja.)

Os fundamentalistas desejam uma sociedade teocrática, na qual Estado e Igreja sejam uma única e mesma instituição e a casta sacerdotal seja a elite dirigente. Num Estado teocrático, os delitos civis e as transgressões morais são crimes contra Deus, e o código penal é a escritura sagrada. Num Estado teocrático, os próprios governantes são escravos da doutrina e nem mesmo eles podem ir contra os mandamentos da Lei. Numa sociedade teocrática, os homens de hoje são governados pela vontade dos homens que, milênios atrás, escreveram a Lei. (Alguém duvida de que os livros sagrados foram escritos por homens de carne e osso que nunca realmente conversaram com Deus?)

O aspecto mais hediondo da deturpação supersticiosa e fundamentalista da religião, a crença cega nas verdades absolutas, é o que leva os religiosos de visão estreita a tentar impor os seus pontos de vista a toda a sociedade. E não há nada mais abominável do que a arrogância de certos indivíduos que julgam saber melhor do que os outros o que é o melhor para todos.

A atitude fundamentalista, que nasce da má interpretação do discurso religioso, é o embrião em potencial de seitas antidemocráticas, que põem em risco conquistas que custaram à humanidade séculos e séculos de luta.

Por isso mesmo, não é à toa que sociedades teocráticas como o Irã atual são governadas por regimes autoritários. A bem da verdade, não há nem pode haver teocracia democrática. Democracia e teocracia se opõem até etimologicamente: teocracia é o poder exercido exclusivamente pelos representantes de Deus (*theos*, em grego), isto é, os membros do clero, enquanto na democracia o poder é exercido pelos representantes do povo em geral (*demos*, em grego). O desejo dos religiosos fundamentalistas é transformar toda democracia em teocracia, não hesitando para isso em usar a força, já que, segundo crêem, Deus assim o quer e aprova suas ações, e tudo o que se faz em nome de Deus é justo, até mesmo torturar, matar, escravizar e tiranizar.

Aliás, aqueles que não respeitam a democracia não costumam ter escrúpulos de sonegar, falsear ou camuflar a verdade para atingir seus propósitos. É assim que muitas seitas religiosas fundamentalistas e fanáticas não hesitam em falsificar informações científicas na tentativa de confirmar seus dogmas, dando-lhes suposto embasamento científico, ou de desacreditar as teorias científicas que de alguma forma contrariam seus dogmas religiosos. Como a maior parte do público destinatário desse tipo de discurso religioso desconhece a ciência ou não tem acesso à informação científica (infelizmente por culpa dos próprios cientistas), ela acaba sendo desinformada por pregadores inescrupulosos e levada a ter uma visão distorcida da realidade. Não é preciso dizer o perigo que a democracia corre quando uma multidão de pessoas ignorantes é manipulada pela desinformação ou falsa informação por fanáticos desprovidos de qualquer bom senso. Todas as vezes que cidadãos sem informação suficiente para formar um juízo sensato e isento se deixam guiar inadvertidamente por pregações ideológicas mentirosas, em especial quando feitas por loucos e fanáticos, a humanidade se vê reduzida a massa de manobra, e todos sabemos como isso termina. A insanidade do nazismo é um triste exemplo desse fato. Aqueles que prezam a democracia devem ter claro que a prática religiosa horizontal e pragmática é, por sua própria natureza, terreno muito mais fértil ao surgimento e desenvolvimento do fundamentalismo, com seus deploráveis e perniciosos corolários, do que a religiosidade vertical e hedônica.

Outro grande perigo oferecido pelo discurso religioso diz respeito à mistificação. É bastante difícil mistificar um discurso científico, já que afirmações científicas exigem provas, mas mistificar um discurso que se baseia única e exclusivamente na modalidade do *crer* sem o apoio do *saber* é relativamente fácil. A característica do discurso religioso translativo de impor dogmas como verdades e exigir que os fiéis acreditem neles sem jamais questioná-los e sem jamais receber provas de sua veracidade abre um perigoso espaço para a manipulação política da massa por indivíduos inescrupulosos. O fato é que, no momento atual de nossa civilização, as pessoas estão cada vez mais buscando respostas às suas dúvidas existenciais e soluções para os seus problemas na espiritualidade e, conseqüentemente, na religião. Sobretudo aqueles que buscam a religião por razões pragmáticas, isto é, aqueles que sofrem (e nesse caso buscam sempre as religiões horizontais), tornam-se presa fácil de um sem-número de oportunistas ávidos de lucro que tentam aproveitar o momento para conquistar espaço político, fazendo mais e mais adeptos. O pior é que muitos desses falsos profetas procuram travestir suas doutrinas com uma roupagem falsamente vertical, como é o caso de certos místicos *new age* que ocupam espaço na mídia e mantêm até serviços de aconselhamento espiritual por telefone ou internet.

Como se pode perceber, o indivíduo que crê em dogmas corre o risco de tornar-se um joguete, seja nas mãos de líderes religiosos ensandecidos, seja nas mãos de espertalhões e vigaristas. A melhor defesa contra o fanatismo e a mistificação religiosa é, sem dúvida, a adoção de uma posição cética. Não se trata, evidentemente, de uma atitude de descrença generalizada, mas, antes, de uma crença cautelosa e esclarecida, tal qual pregava o poeta e pensador romano Lucrécio, mestre do ceticismo, para quem a razão deve sobrepujar a superstição gerada pela ignorância.

Um outro aspecto negativo da religião horizontal é o fato de que, ao contrário da prática religiosa vertical, à qual o indivíduo sempre chega por opção e por decisão própria, a crença religiosa horizontal não é fruto de uma escolha consciente do indivíduo, mas de uma imposição do grupo a que pertence, da qual ele não tem consciência. É assim que as crianças são doutrinadas desde a mais tenra idade, de início pelos próprios pais, a seguir pelos sacerdotes e professores de educação religiosa, até chegarem à idade adulta tão alienados que são incapazes de discernir entre realidade e ideologia, tornando-se escravos das verdades absolutas. De fato, ainda hoje, e apesar de toda a liberdade religiosa, muito poucas pessoas escolhem consciente e livremente seu credo particular; a maioria segue o credo de seus pais sem jamais questioná-lo, aceitando os dogmas que lhe são impostos apenas porque seus antepassados também o fizeram.

A filiação do indivíduo a uma determinada doutrina que ele não escolheu, mas acredita ser a verdade, tem uma implicação bastante importante: o princípio da exclusividade religiosa. Enquanto as artes, os esportes e as ciências não exigem que seus seguidores e aficionados sejam exclusivos, as religiões (as horizontais, bem entendido) estabelecem com seus fiéis uma espécie de contrato de exclusividade. Desse modo, um indivíduo pode perfeitamente gostar ao mesmo tempo de pintura e de música, pode ser leitor assíduo de livros de astronomia e de sociologia, e torcer por um time no futebol e por outro no voleibol. Em suma, a prática ativa (no caso do artista, cientista ou esportista) ou passiva (no caso do público) de uma atividade artística, científica ou esportiva não é incompatível com a prática ativa ou passiva de outra atividade artística, científica ou esportiva. Entretanto, ninguém pode ser simultaneamente cristão e muçulmano, judeu e budista. Isso se dá porque cada religião produz um discurso que procura revestir-se da máxima credibilidade, ao mesmo tempo em que procura destituir de credibilidade os discursos das demais religiões. Existe, assim, uma espécie de concorrência entre as religiões, o que não sucede entre as ciências, entre as artes ou entre os esportes.

O que ocorre é que o fundamento da religião horizontal é a crença numa doutrina proposta ao fiel como expressão da verdade absoluta e indiscutível. Ora, por um princípio primário da lógica bivalente que remonta a Aristóteles, dadas duas proposições contraditórias, ambas não podem ser verdadeiras. Assim sendo, toda verdade absoluta deve ser única, de tal modo que, ao impor sua doutrina como artigo de fé – como verdade absoluta –, uma determinada religião deixa implícito o pressuposto de que todas as demais doutrinas devem ser falsas. Por essa razão, todo discurso religioso afirma sua própria veracidade e ao mesmo tempo nega a veracidade dos demais discursos religiosos. Como vimos, os discursos religiosos fundamentalistas negam também a veracidade dos discursos científicos.

No caso das religiões horizontais, em que a filiação se dá por uma crença positiva numa determinada doutrina e uma crença negativa nas demais doutrinas, não se concebe que um mesmo indivíduo possa professar duas ou mais religiões concomitantemente, já que isso implicaria a aceitação como verdade de proposições contraditórias entre si. Embora hoje a pluralidade religiosa seja um fato concreto nas sociedades democráticas, os discursos religiosos freqüentemente combatem-se uns aos outros. Basta para isso vermos a guerra ideológica lançada por certas seitas evangélicas contra a Igreja Católica, contra o candomblé, a umbanda e o espiritismo, ou observarmos os seculares conflitos opondo cristãos, judeus e muçulmanos. O fato é que, ao contrário do que ocorre com as ciências, as artes ou os esportes, os públicos das religiões horizontais são mutuamente exclusivos.

Por conseguinte, o crescimento de uma religião se faz em geral às custas de outras, pois todas disputam o mesmo público e todas buscam a exclusividade desse público como única forma de sobrevivência. O que se tem aí é, na verdade, uma disputa velada pelo poder, semelhante à disputa política ou econômica. Na religião translativa, não pode haver complementaridade, mas somente exclusão; por isso, não há coexistência possível, apenas concorrência.

Se, na sociedade atual, o princípio da tolerância conduziu à pluralidade religiosa, isso de modo algum eliminou a competição entre as religiões, pois o confronto nasce do próprio estatuto do discurso religioso horizontal, que por sua própria natureza não admite a pluralidade ideológica, assim como não admite a reflexão crítica, o questionamento ou a subjetividade. As religiões horizontais e sobretudo as religiões-igrejas anseiam por deter o monopólio da verdade. Desse modo, numa sociedade democrática parece que as diferentes igrejas estão obrigadas a uma convivência pacífica forçada: se não houvesse garantias jurídicas da liberdade de culto, muitas delas rapidamente entrariam em confronto direto, tentando aniquilar-se umas às outras.

Mas o aspecto mais deplorável da religião pragmática é que ela freqüentemente causa dependência, mais ou menos como certas drogas químicas. Em todas as religiões existem indivíduos ou grupos que se caracterizam por um apego excessivamente rigoroso às obrigações religiosas, como certos carolas que levam a prática religiosa a um tal exagero, a ponto de não conseguirem mais viver independentemente da religião que praticam. Ilustram bem esse fato os adeptos de certas seitas cristãs que vão ao culto todas as semanas, lêem a Bíblia todos os dias, casam-se exclusivamente com membros de sua própria seita, só freqüentam festas de sua comunidade religiosa e só lêem livros que falem de sua religião. Sem dúvida, essas pessoas se sentem felizes agindo dessa maneira, mas o problema é que elas só conseguem ser felizes assim. Do mesmo modo que portadores de doenças crônicas conseguem viver uma vida normal e ser felizes desde que tomem certos medicamentos diariamente, os beatos de todos os credos dependem da religião para viver. Muitas vezes chegaram a ela em momentos de puro desespero e, se a abandonarem, cairão no desespero novamente, à semelhança do toxicômano durante a abstinência da droga.

Fica claro então que grande parte dos pecados da religião se deve a uma concepção translativa, horizontal, de religião, aliada a um uso predominantemente pragmático do discurso religioso. Ao mesmo tempo, a prática hedônica da religião não conduz a conflitos políticos e ideológicos ou à dominação da massa pela fé, pois na religião verdadeiramente hedônica não há igrejas nem dogmas, apenas metáforas; por conseqüência, ninguém é dono da religião ou da verdade. Antes, cada um tem sua verdade pessoal e busca não um conhecimento universal, objetivo, mas o autoconhecimento. Acima de tudo, na religião hedônica não há um Deus absoluto e onipotente, mas um Deus pessoal que é, em última instância, o próprio *self*.

Assim, seria muito bom, sobretudo para nós, ocidentais, dominados pelo materialismo e pelo racionalismo, bem como para nossa saúde física e mental, praticar intensamente a espiritualidade em seu sentido mais puro e mais elevado. Nessa perspectiva, a prática hedônica da religião, isto é, enquanto fonte de prazer e de sabedoria, é legítima e salutar. O princípio básico dessa forma de religiosidade é a prática da espiritualidade também e principalmente quando se está feliz e não apenas quando se tem problemas. A prática religiosa hedônica é sempre libertadora e esclarecedora, nunca alienante ou neurotizante. Por essa razão, quando o homem puder vivenciar em toda a sua plenitude a religião hedônica, ele raramente precisará recorrer à religião pragmática.

Vimos anteriormente que a religião nasce do medo do desconhecido. Em sua visão primitiva, o homem vê o mundo à sua volta como um ambiente hostil, repleto de enigmas e de fenômenos que ele não compreende, um mundo em que as coisas parecem ser dotadas de espíritos que precisam ser aplacados. Para o homem primitivo, deve haver um Criador, responsável pela ordem e pelo funcionamento do mundo. Para conquistar sua graça e gozar de sua piedade, deve-se reverenciá-lo com sacrifícios e rituais. Essa é a gênese da religião pragmática.

Mas a religião tem sido também para a maioria das pessoas a única fonte de explicação do grande mistério do ser. Perguntas como "De onde viemos?", "Por que o Universo existe?", "Como e quando surgiu?", "Será que um dia deixará de existir?" foram o mote tanto da religião quanto da ciência hedônicas. Dividido o mundo em dois domínios, o da natureza imanente e o da natureza transcendente, a ciência se ocupou daquele e a religião, deste último. À medida que a ciência foi trazendo para o domínio do imanente mais e mais fenômenos que antes pertenciam ao domínio do transcendente, o objeto da religião foi ficando cada vez mais estreito, mas não menos instigante.

Hoje, a ciência já ameaça penetrar no domínio das causas primeiras, do porquê de nossa existência. Os físicos já esboçam algumas teorias sobre a estrutura do cosmo que apontam para um modelo de Universo que é a um só tempo finito e sem fronteiras, excluindo, assim, dois conceitos igualmente incômodos ao pensamento humano: o infinito e o nada. O próprio mistério do tempo, a mais fugidia das dimensões da existência, começa a ser sondado. As teorias cosmológicas em geral já apontam para uma de duas possibilidades de explicação: *a)* o Universo é como é porque é o único possível, ou seja, se não fosse assim, não estaríamos aqui para contemplá-lo, ou *b)* existem incontáveis universos, cada um com sua configuração particular e leis próprias; o nosso é apenas um deles.

A primeira possibilidade é o que se chama comumente de princípio antrópico. Segundo ele, um mundo diferente poderia ser até muito bonito, mas seria desabitado, pois não ofereceria condições para o desenvolvimento de seres complexos como nós, dotados de inteligência e de consciência para fazer a pergunta "Por que o Universo existe?". E um Universo desabitado, desprovido de consciência, é o mesmo que um Universo inexistente.

Qualquer que seja a teoria cosmológica que porventura venha a provar-se definitiva, ela certamente será o que os físicos chamam de uma teoria unificada. Nela, todas as forças que comandam os fenômenos físicos (as forças gravitacional, eletromagnética e nucleares forte e fraca) se reduzirão a um único princípio, e o Universo será autocontido, isto é, finito e sem limites no tempo e no espaço. Será um Universo que, por não ter limites, prescinde de um Criador. Se no futuro chegarmos a uma teoria assim, talvez cheguemos à conclusão de que Deus não existe objetivamente tão-só porque não precisa existir. (Como diria Laplace, essa não é uma hipótese necessária.) Tal será certamente o fim da ciência pura (porque não haveria mais nada a ser descoberto), bem como o fim da religião (porque o transcendente ficaria reduzido ao imanente, domínio da ciência). O homem terá finalmente compreendido a mente de Deus, como diz Stephen Hawking, e então a única razão de ser da pesquisa científica será a geração de tecnologia para o progresso, atributo da ciência aplicada.

No entanto, como a natureza nunca deixa de nos surpreender, não creio que estejamos assim tão próximos da "morte de Deus" anunciada por Nietzsche. Penso que ainda há muito para a ciência pesquisar e muito que a ciência jamais compreenderá e que permanecerá, por isso, no terreno da metafísica e da religião. Além disso, a religião hedônica continuará a existir como possibilidade porque continuará a existir sempre o Deus subjetivo, que mora dentro de cada um, perceptível na experiência mística.

PARTE III

UMA NOVA SEMIÓTICA DA CULTURA

17 A ESTRUTURA MODAL DOS DISCURSOS SOCIAIS A PARTIR DE UMA CONCEPÇÃO FUNCIONAL DE CULTURA E ANTROPOCULTURA

Vimos no capítulo 2 que a descoberta fundamental da sociossemiótica foi a possibilidade de descrever a estrutura e a função de um discurso social a partir do uso da lógica modal. A pedra angular dos estudos sociossemióticos é, portanto, a determinação e a análise das estruturas modais dos discursos, entendidas como uma espécie de sentenças algébricas formadas da combinação de verbos modais, representantes das modalidades lógicas. Essas sentenças expressam de maneira objetiva o que cada discurso faz, para que serve, que resultados produz e que papel exerce na sociedade. Poderíamos mesmo dizer que a estrutura modal está para o discurso assim como a equação matemática que descreve um fenômeno físico está para esse fenômeno. Da mesma forma como os físicos estudam os fenômenos da natureza representando-os abstratamente por meio de equações e gráficos, o semioticista estuda os discursos utilizando, dentre outros meios, a sua estrutura modal.

Por outro lado, procuro apresentar aqui uma nova concepção antropocultural, baseada na dicotomia *pragmático* x *hedônico*, mostrando com isso que a diferença básica entre as atividades culturais (científicas, artísticas, esportivas e religiosas) e as atividades técnicas (todas as demais atividades humanas) reside em sua finalidade, em sua função. Nesse sentido, podemos dizer que essa é uma concepção finalista ou funcional da cultura (*lato* e *stricto sensu*). É evidente que, sendo a noção de função o próprio cerne desse modelo de cultura, a introdução de tal noção deve necessariamente repercutir na estrutura modal dos discursos. Por essa razão, fica fácil ver que o modelo de estrutura modal dos diversos discursos sociais apresentado no início deste livro, tal qual proposto por Pais, merece ser revisto e aprimorado, justamente por não levar em conta o aspecto funcional das práticas sociais. Por isso, a partir de agora, vamos procurar estabelecer as novas estruturas modais dos discursos sociais, sejam eles culturais ou utilitários, já numa perspectiva funcional, agregadas aí, portanto, as noções de função pragmática e hedônica.

OS DISCURSOS DA CIÊNCIA PURA E DA CIÊNCIA APLICADA

A definição de cultura como o conjunto dos discursos científicos, artísticos, esportivos e religiosos com função predominantemente hedônica, por oposição às práticas utilitárias, nos obrigou a considerar pertinente a distinção *puro* x *aplicado* existente no âmbito da ciência e da arte, e a estender essa distinção também aos domínios do esporte e da religião. Por isso, não se pode mais falar da estrutura modal do discurso científico pura e simplesmente, como o faz o modelo de Pais, mas tem-se de considerar uma estrutura modal do discurso da ciência pura e uma estrutura modal do discurso da ciência aplicada. É evidente que as estruturas modais dessas duas modalidades de ciência têm uma parte comum, que é o que nos permite classificar tanto um quanto outro discurso como científicos, e uma parte distinta, que é exatamente o que individualiza a ciência pura e a ciência aplicada.

A estrutura modal de um discurso é de certa forma uma tradução em termos lógico-modais da própria definição desse discurso. Assim, para chegar às estruturas modais dos discursos da ciência pura e da ciência aplicada, vamos partir da definição de ciência dada no capítulo 9, que vale a pena aqui recordar.

Segundo essa definição, a ciência pura é um processo de busca da verdade e de construção e transmissão do saber, por meios exclusivamente lógico-racionais, com função predominantemente hedônica (epistêmica), e a ciência aplicada é um processo de busca da verdade e de construção e transmissão do saber, por meios exclusivamente lógico-racionais, com função predominantemente pragmática.

Todo discurso científico, seja ele puro ou aplicado, constrói e difunde um saber, entendido este como toda informação que satisfaça a curiosidade humana e crie no espírito uma convicção, por meio do apelo à razão e do recurso à experiência e à observação. Desse ponto de vista, o conhecimento racional (que em lógica modal se denomina *saber*) opõe-se ao conhecimento não-racional, ou crença (o *crer* da lógica modal), fruto da intuição ou de uma “revelação”. É interessante notar que, em muitas línguas, dentre elas as línguas indo-européias (das quais o português faz parte), a etimologia dos verbos correspondentes à noção de *saber* está freqüentemente ligada a verbos que denotam o uso dos sentidos[1]; por conseguinte, o saber é entendido desde sempre como produto da experiência e da percepção. O discurso científico é, então, um discurso que faz saber, donde a estrutura modal desse discurso deve iniciar-se por *poder fazer saber*.[2] A expressão *poder fazer saber* tem aqui um duplo significado: é o poder que o discurso científico tem de fazer (de construir) um saber, de produzir um novo conhecimento; e também é o poder de fazer alguém saber alguma coisa, isto é, de informar alguém sobre algo. É nesse sentido que o discurso científico é um processo de construção e de transmissão do saber. Ambas as tarefas da ciência estão, por conseguinte, contempladas no enunciado modal *poder fazer saber*, ou, de forma simplificada, *fazer saber*. (A partir de agora, vamos eliminar o termo *poder* que inicia todas as estruturas modais por uma questão de simplicidade.) O discurso científico é o lugar da produção do saber e o meio de transmissão desse saber.

A esta altura, é necessário distinguir dois tipos de discurso científico: o discurso voltado para a própria comunidade científica e o voltado para a divulgação pública. Na prática, a maior parte dos discursos científicos, orais ou escritos, dirige-se à chamada comunidade acadêmica, composta de pesquisadores, alunos e professores universitários. Apenas uma pequena parcela dos discursos científicos é originalmente dirigida a um público não-especializado, o chamado público leigo. O discurso científico dirigido à comunidade acadêmica é um discurso endocêntrico, isto é, voltado para si próprio, tendo em vista que os emissores desse discurso – os pesquisadores – são também seus próprios receptores. Já o discurso da divulgação científica é um discurso exocêntrico: nele, a comunidade científica fala a uma outra comunidade, maior do que ela, e da qual ela mesma faz parte, que é a sociedade como um todo.[3]

---

1. Em grego, por exemplo, a raiz *eid-* dá origem a derivados tanto com o sentido de ver (*eidos*, "aspecto") quanto com o de saber (*synéidesis*, "consciência"); em sânscrito, *saber* se diz *veda*, literalmente, "eu vi". O verbo português *saber*, do latim *sapere*, significa tanto "ter conhecimento" quanto "ter sabor".
2. Note-se que o que para Pais é a própria estrutura modal do discurso científico é, na verdade, apenas a primeira parte dessa estrutura.
3. No domínio da música, também temos um discurso endocêntrico e outro exocêntrico. Uma partitura, por ser escrita em linguagem técnica, só pode ser lida por quem conheça tal linguagem, ou seja, basicamente os próprios músicos; é, portanto, um discurso endocêntrico. Por outro lado, o objetivo de quase toda composição musical é ser gravada em disco e executada em público. Temos aí o discurso musical exocêntrico.

Esses dois gêneros de discurso científico apresentam diferentes características, relativas ao tipo de linguagem utilizada, ao uso de terminologia especializada, ao emprego de referências bibliográficas e, muitas vezes, à própria escolha do tema abordado. Há certos temas que podem ser tratados tanto de forma esotérica, como o faz o discurso científico especializado, quanto de forma exotérica, como o faz o discurso da divulgação científica. Já outros temas, por sua particular esfera de interesse, destinam-se exclusivamente aos estudiosos do assunto. Nessa perspectiva, poderíamos comparar esse gênero de discurso científico a certas composições musicais – os estudos – destinadas especificamente aos estudiosos de música, por oposição às composições dirigidas ao público em geral. Além disso, enquanto o artigo especializado é publicado num único lugar (de preferência, um periódico de grande circulação e prestígio) por razões de indexação e de referência bibliográfica, o artigo de divulgação pode – e, a rigor, deve – ser veiculado em vários lugares e mídias, a bem da própria difusão do conhecimento.

Como vimos no capítulo 7, o saber produzido por uma determinada ciência pode ter quatro funções diferentes: realimentar a própria especialidade científica a que pertence, já que fica disponível para servir de base a posteriores pesquisas na mesma área do conhecimento; alimentar outras especialidades científicas, servindo de base a pesquisas em outras áreas do conhecimento; gerar aplicações na solução de problemas práticos do ser humano (tecnologia); e, finalmente, satisfazer a curiosidade do homem e ampliar seus horizontes mentais. O discurso científico endocêntrico tem por finalidades básicas a realimentação da própria ciência e de outras ciências, tarefa da ciência pura, e a geração de novas tecnologias, tarefa da ciência aplicada. O discurso científico exocêntrico tem por objetivo fundamental a disseminação desinteressada do saber para a satisfação da curiosidade humana, a ilustração e o crescimento intelectual do homem, e, assim, pertence sempre à esfera da ciência pura. Além disso, esse discurso também pode, às vezes, levar a opinião pública a tomar posição diante de uma dada questão, como, por exemplo, os perigos oferecidos pela poluição ambiental ou pela clonagem de seres humanos.

Dessa maneira, compete à ciência pura realimentar a si própria e alimentar as ciências aplicadas, bem como saciar a curiosidade e, eventualmente, conscientizar a opinião pública, ao passo que à ciência aplicada compete gerar tecnologia. Em termos modais, podemos dizer que saciar a curiosidade de forma desinteressada, objeto da função hedônica, se traduz por *fazer gozar* ou, mais simplesmente, *aprazer*. Realimentar o processo científico significa fazer com que outros pesquisadores possam produzir outros discursos científicos a partir de um discurso dado, ou, em termos de modalidades, *fazer fazer saber*: o discurso da ciência pura faz com que outro discurso científico faça saber, isto é, produza novo conhecimento, reiniciando o ciclo. Quanto à conscientização da opinião pública e à incitação, direta ou velada, à tomada de posição, podemos dizer que o discurso científico informa para persuadir ou convencer, isto é, faz o público saber para fazê-lo querer algo (como o combate à poluição ou o fim dos testes nucleares).

Podemos definir assim a estrutura modal do discurso da ciência pura:

Ciência pura = *fazer saber* para { *aprazer* / *fazer fazer saber* / *fazer querer* }

A ciência aplicada tem basicamente por missão a produção de tecnologia para a solução dos problemas do homem. Produzir tecnologia significa descobrir uma técnica para se fazer alguma coisa. Isso vale tanto para as grandes aplicações industriais e médicas da tecnologia quanto para qualquer aplicação doméstica. Produzir tecnologia significa então fazer com que alguém possa e saiba fazer alguma coisa. Se um problema prático é a impossibilidade de fazer algo (*não poder* ou *não saber fazer*), solucionar o problema é *fazer poder fazer* e *fazer saber fazer*. Como o objetivo da geração de tecnologia é a solução de problemas, objeto da função pragmática, traduziremos tal função por *fazer não sofrer*, ou, mais simplesmente, *prover*.

Em termos da estrutura modal do discurso da ciência aplicada, teremos então:

Ciência aplicada = *fazer saber* para { *fazer saber fazer* / *fazer poder fazer* } para *prover*

Caberia perguntar se a ciência aplicada não realimenta a ciência pura, o que implicaria evidentemente a inclusão na estrutura modal do discurso da ciência aplicada de um termo *fazer fazer saber*. Ora, a ciência aplicada busca efetivamente seus modelos de base tanto na ciência pura quanto na própria ciência aplicada (com mais freqüência nesta última), mas a ciência pura não busca modelos senão na própria ciência pura. Quando um pesquisador se debruça sobre os resultados de uma determinada aplicação prática da ciência para daí tentar extrair algum novo conhecimento, ele não está, verdadeiramente, fazendo outra coisa senão lançar seu olhar sobre a realidade à sua volta para a partir dela fazer suas reflexões. Portanto, não é a ciência aplicada que realimenta a ciência pura, é a realidade global – da qual a tecnologia e suas realizações fazem parte – que a alimenta, não com modelos, mas com dados. A propósito, no capítulo 7 já havia sido estabelecida a distinção entre ciência aplicada e experimentação. É esta última – a qual, por sinal, pode perfeitamente dar-se no âmbito da ciência pura – que efetivamente testa uma hipótese, uma teoria, para confirmá-la ou refutá-la. Possíveis deficiências no desempenho de uma tecnologia não realimentam a ciência pura, mas sim a ciência aplicada que criou essa tecnologia; é esta que, em última análise, vai reestudar o problema e propor uma nova solução, mais eficiente. Por tudo isso, não cabe na estrutura modal do discurso da ciência aplicada um eventual termo *fazer fazer saber.*

OS DISCURSOS DA ARTE PURA E DA ARTE APLICADA

Na primeira parte deste livro, dissemos que a arte é todo processo de produção e de veiculação de discursos sociais cuja função predominante é a função estética. Assim, toda mensagem criada para ser por si só um objeto de prazer sensorial é uma obra de arte. Duas características fundamentais identificam a arte: em primeiro lugar, seu aspecto estético; em segundo lugar, seu caráter ficcional. Toda obra de arte é antes de tudo um objeto concebido para ser percebido, um objeto que se mostra e cuja razão de ser é provocar sensações e sentimentos ao expor-se, é causar reações físicas e psíquicas no receptor que a percebe. Ao mesmo tempo em que o objeto de arte se expõe, ele apresenta uma espécie de simulacro da realidade, mais ou menos verossímil, mas, ainda assim, uma realidade, paralela a esta nossa realidade existencial. O objetivo de toda arte é mostrar uma realidade paralela e virtual, um universo potencial, um universo não de essências, mas de aparências. A palavra-chave da arte é *aparência.* Na arte, as coisas parecem e aparecem. Por isso, a modalidade básica subjacente ao discurso da arte é o *(a)parecer.* No discurso da arte, o signo, representante do mundo, é um fim em si mesmo. E o signo se caracteriza por essa dualidade: o signo aparece, visto que sua parte material, o significante, se mostra aos nossos sentidos e precisa ser percebida para que ele cumpra sua função de representante; mas, se o signo representa, então ele parece, isto é, ele evoca em nossa mente o objeto representado.

Nas artes figurativas, narrativas ou não, o que temos é uma representação do mundo, uma *imago mundi* formada de signos que imitam a realidade. A imagem pintada, desenhada, fotografada ou esculpida de um objeto não é o objeto, é apenas uma imagem. A vida fictícia dos personagens de um romance ou de uma peça teatral não é uma vida de verdade, é uma imitação da vida.

Nas artes não-figurativas, como a música e a pintura abstrata, a mensagem artística também parece, já que evoca algo, embora de forma mais subjetiva; mas a mensagem, sobretudo, aparece. Se não há um significado evidente ou objetivo, há pelo menos um significante que é um fim em si mesmo, cuja missão é justamente aparecer.

Esse fenômeno de aparecer e ao mesmo tempo parecer, de ser percebido e de representar, expressa-se em nossa língua pelos verbos *parecer/ aparecer*, ambos remetendo à idéia de aparência. É interessante notar que algumas línguas expressam esses dois conceitos por uma única palavra, como no caso do latim *parere* ou do inglês *appear*, que significam indiferentemente parecer ou aparecer.

Em termos de lógica modal, o verbo *parecer* denota ambos os significados, a aparência enquanto aspecto e enquanto perceptibilidade. Para acentuar, porém, ainda mais essa dualidade, sempre que se referir à arte, tal modalidade será indicada como *(a)parecer*. Dessa forma, a estrutura de poder de todo discurso artístico, seja puro ou aplicado, se inicia por um *(a)parecer*, isto é, o discurso mostra aos sentidos *(aparecer)* e cria uma ilusão *(parecer)*.

No plano da arte pura, esse *(a)parecer* tem como função primária a função hedônica (somente estética ou, no caso das artes narrativas, estética e lúdica). Desse modo, teremos uma estrutura do tipo *(a)parecer* para *aprazer*. Por outro lado, vimos que a arte não só estimula os sentidos e os sentimentos, mas também faz pensar, instiga a reflexão, leva o homem a meditar sobre a realidade e a questioná-la, atributos da função epistêmica. Como a ciência, a arte também denuncia, também critica, também induz a uma tomada de posição, a um querer, e tem sido esse o motivo mesmo de os artistas serem perseguidos e suas obras censuradas nos regimes de tirania. No entanto, nas artes narrativas, esse querer pode também representar a torcida do público em favor de um determinado desfecho da trama. A estrutura de poder da arte pura será:

Arte pura = *(a)parecer* para { *aprazer* / *fazer querer* }

A arte aplicada é aquela em que a um fim estético se soma um fim utilitário. Nela, ao *aprazer* vai unir-se um *prover*. Entretanto, a função hedônica e a função pragmática podem combinar-se de duas maneiras diferentes, de modo a termos dois tipos de arte aplicada. No primeiro caso, a função hedônica e a função pragmática ocorrem paralela e simultaneamente, isto é, a obra de arte é ao mesmo tempo bela e útil, ao mesmo tempo adorna e presta serviço. É o caso das construções arquitetônicas, das peças de vestuário, das obras de ourivesaria e dos pratos da culinária. A estrutura de poder desses discursos é:

Arte aplicada = *(a)parecer* para { *aprazer* / *fazer poder fazer* para *prover* }

Existe um outro tipo de arte aplicada em que as funções hedônica e pragmática não são simultâneas, mas sucessivas, não propriamente do ponto de vista cronológico, mas, na verdade, do ponto de vista lógico. Neste caso, a ocorrência da função hedônica é, por sinal, condição necessária da ocorrência da função pragmática. Exemplos desse tipo são a arte terapêutica, a biodança, o psicodrama. Aqui, é preciso que o discurso provoque prazer para que, por intermédio desse prazer, se chegue à solução do problema, isto é, a cura da patologia, o alívio do sofrimento. O prazer é, portanto, um meio para se atingir um fim utilitário. A estrutura modal desse tipo de discurso é:

Arte aplicada = *(a)parecer* para *aprazer* para *fazer poder fazer* para *prover*

Já sabemos que o discurso científico realimenta a si mesmo, uma vez que todo trabalho científico publicado é obra de referência para outros cientistas. E quanto à arte? Será que ela realimenta a si própria? Em princípio, eu diria que não, haja vista que a arte não objetiva produzir conhecimento e sim sensações; por conseguinte, a recuperação por um texto artístico das informações produzidas por outro texto artístico não seria de maior interesse. Contrariamente ao que acontece nas ciências, o ponto de chegada de uma obra de arte não é necessariamente ponto de partida para outra obra de arte. Isso não quer dizer que seja impossível o resgate do conteúdo de uma obra de arte por outra. Inúmeros são os casos de intertextualidade entre obras de arte, em que um livro cita, explícita ou veladamente, outro livro, uma música faz alusão a outra (por exemplo, a *Marselhesa* sendo incorporada pela *Abertura 1812*, de Tchaikovsky, ou por *All you need is love*, dos

Beatles), ou um filme remete a um livro, e assim por diante. Entretanto, é importante frisar que a arte *pode* fazer isso, ela não *precisa* obrigatoriamente fazê-lo. Por essa razão, não sendo a realimentação de si mesmo uma das funções do discurso da arte, sua estrutura modal não tem por que dar conta desse fenômeno. A rigor, qualquer discurso, cultural ou utilitário, pode, por assim dizer, dialogar com outros discursos, culturais ou utilitários, mas apenas no discurso científico isso é uma coerção.

OS DISCURSOS DA RELIGIÃO PURA E DA RELIGIÃO APLICADA

Vimos que o discurso religioso também produz uma espécie de ficção, pois se baseia em dogmas, afirmações não comprováveis através da experiência, e em mitos, relatos de acontecimentos não documentados. Diferentemente da arte, porém, a religião depende basicamente de que o fiel acredite nesses dogmas e mitos. É por isso que afirmei que, enquanto a arte vende a mentira como mentira, a religião vende a mentira como verdade. Enquanto a arte dá ao receptor a plena consciência de que se trata de ficção, o discurso religioso só funciona se o receptor aceitar seu conteúdo como verdade, isto é, se não tiver essa consciência. Assim como o discurso científico, o discurso religioso cria uma convicção, só que agora não fundamentada na percepção e na experiência, e não apoiada na razão, mas na intuição e na fé.

Dessa maneira, o discurso religioso inicialmente propõe a ficção *(parecer)* para, em seguida, induzir à crença nessa ficção *(fazer crer)*. Na religião pura, esse *fazer crer* tem por finalidades conduzir ao estado de graça (função mística) e, muitas vezes, fazer pensar, levar à reflexão, da mesma maneira que a ciência e a arte (função epistêmica). Além disso, o discurso religioso tem em geral um caráter proselitista, que também se traduz por *fazer querer*. Em resumo, a estrutura modal do discurso religioso puro é:

Religião pura = *parecer* para *fazer crer* para { *aprazer* / *fazer querer* }

Na religião aplicada, a apresentação da doutrina *(fazer parecer)* e a indução à crença nessa doutrina *(fazer crer)* – processo a que se dá o nome de doutrinação ou catequese – tem objetivos pragmáticos, quais sejam, o de resolver os problemas e aflições do fiel, bem como o de incutir nele o respeito e o temor pela divindade. O primeiro desses objetivos, semelhantemente ao que ocorre nas demais práticas culturais, traduz-se por um *fazer poder fazer*, ou seja, por tornar o fiel capaz de fazer algo que ele antes não podia. O segundo objetivo corresponde à imposição de uma obrigação, representada por um *fazer dever fazer/ não fazer*, isto é, por fazer com que o fiel se sinta na obrigação moral de fazer certas coisas (como orar, jejuar, comungar, oferecer sacrifícios) e de não fazer outras (cometer pecados) para não sofrer as conseqüências da ira divina. Teremos, então, uma estrutura modal como esta:

Religião aplicada = *parecer* para *fazer crer* para { *fazer poder fazer* / *fazer dever fazer/ não fazer* } para *prover*

O termo *prover*, representante da função pragmática, o qual, como sabemos, significa *fazer não sofrer*, tem dois sentidos nessa estrutura modal: combinado com *fazer poder fazer*, ele representa o alívio da dor, a mitigação do sofrimento; já, combinado com *fazer dever fazer*, ele representa a isenção do castigo. No primeiro caso, o *não sofrer* refere-se a livrar-se do sofrimento inerente à existência terrena; no segundo, refere-se a não estar sujeito aos castigos sobrenaturais por não ter transgredido as leis divinas (representadas pelo *dever fazer/ não fazer*).

Em algumas seitas religiosas, o prazer místico é usado como instrumento de salvação. Nessas seitas, o discurso religioso visa a levar o fiel ao estado de graça para, a partir dele, sanar os males do corpo ou do espírito. É o caso dos rituais evangélicos ou católicos carismáticos, em que uma série de recursos prazerosos (música, dança, etc.) são empregados para conduzir o público a um sentimento de prazer e de auto-estima que facilita a operação de "milagres". Neste caso, teremos a seguinte estrutura modal:

Religião aplicada = *parecer* para *fazer crer* para *aprazer* para *fazer poder fazer* para *prover*

OS DISCURSOS DO ESPORTE PURO E DO ESPORTE APLICADO

Chamamos de esporte a toda atividade competitiva que visa à realização de um objetivo, mediante a observância a regras predeterminadas, com função predominantemente hedônica. Pode-se dizer então que todo esportista discursa para o público por meio de seus gestos e suas ações, como se dissesse: "Eu posso fazer isso", "eu posso vencer", "eu posso ser o mais rápido", "eu posso levantar mais peso", etc. É exatamente nisso que consiste o discurso esportivo, no constante desafio de fazer algo, especialmente algo que é considerado uma proeza. Desse modo, todo esporte é um *fazer*. Se esse fazer for um fim em si mesmo, temos o esporte puro; se for um meio para conseguir um fim utilitário, temos o esporte aplicado. O esporte puro é um fazer que proporciona prazer, donde teremos uma estrutura *fazer* para *aprazer*.

Por outro lado, o discurso esportivo produz no espectador o desejo de vitória, daí nascendo a torcida por um determinado competidor ou equipe. Essa torcida traduz-se pelo termo *fazer querer*. Dessa forma, o esporte, tal qual as demais atividades culturais puras, também induz a um querer, embora neste caso o querer não seja produto da reflexão e sim da emoção, como no caso das artes narrativas, em que o querer representa o desejo do público de que a história tenha determinado desfecho.

O esporte puro tem a seguinte estrutura modal:

Esporte puro = *fazer* para { *aprazer* / *fazer querer* }

Analogamente ao que ocorre na arte aplicada, no esporte aplicado há duas diferentes estruturas modais, uma em que a função hedônica e a pragmática são simultâneas e independentes, e outra em que a função pragmática sucede à função hedônica e é uma conseqüência lógica dela. No primeiro caso, temos, por exemplo, o automobilismo, que oferece prazer ao público e também auxilia no desenvolvimento de novas tecnologias aplicáveis na indústria automotiva. No segundo caso, temos a ludoterapia, em que a prática esportiva deve produzir prazer para que, por este, se chegue à cura. Teremos, assim, respectivamente, as seguintes estruturas modais do esporte aplicado:

Esporte aplicado = *fazer* para { *aprazer* / *fazer poder fazer* para *prover* }

ou

Esporte aplicado = *fazer* para *aprazer* para *fazer poder fazer* para *prover*

OS DISCURSOS NORMATIVOS

Chamamos genericamente de discursos normativos aqueles discursos que estabelecem normas a ser seguidas; discursos, portanto, cuja modalidade de base é *fazer dever*. Dentre esses discursos, podemos destacar o discurso da lei, ou discurso jurídico, o discurso moral – evidentemente, quando não esteja incorporado ao discurso religioso –, a gramática normativa e as normas técnicas em geral (tais como as normas ISO, ABNT e outras). A estrutura modal desses discursos é:

$$\textbf{Discursos normativos} = \textit{fazer dever} \left\{ \begin{matrix} \textit{fazer} \\ \\ \textit{não fazer} \end{matrix} \right\} \text{para } \textit{fazer não sofrer}$$

Isso quer dizer que tais discursos têm o poder de impor aos seus receptores o dever de fazer algo (injunção positiva, ou obrigação) e o dever de evitar fazer algo (injunção negativa, ou proibição). Tal como na religião aplicada, nos discursos normativos o termo *fazer não sofrer*, representante da função pragmática, tem um duplo significado: prevenir ou resolver um problema e isentar de uma punição. Por conseguinte, os discursos normativos nos dizem que, se fizermos o que eles ordenam que façamos – ou que não façamos –, teremos a garantia de uma vida sem problemas, ao passo que, se fizermos o contrário do que eles ordenam, seremos punidos, isto é, teremos o sofrimento.

Exemplificando, o discurso jurídico estabelece obrigações, como o pagamento de impostos e o serviço militar, e proibições, como o roubo e a bigamia, e além disso estipula sanções às suas transgressões. A razão de ser do discurso jurídico é o ordenamento social: a partir do momento em que o homem passou a viver em sociedade, tornou-se necessário limitar a liberdade de cada indivíduo para garantir a liberdade de todos. Assim, cada membro da sociedade passou a ter deveres (*dever fazer* ou *dever não fazer*) e direitos (*não dever fazer* ou *não dever não fazer*, o que equivale a *poder fazer* ou *poder não fazer*). O cumprimento dos deveres e o exercício dos direitos passou a ser a garantia de um funcionamento social harmônico, sem o qual a ordem social daria lugar ao caos, e a civilização, à barbárie. Dessa forma, no discurso jurídico, *fazer não sofrer* significa, em primeiro lugar, garantir a ordem e a tranqüilidade no convívio social. Mas àqueles que transgridem a ordem social, deixando de cumprir seus deveres ou cerceando os direitos alheios, a lei reserva suas penalidades (pagamento de multas, encarceramento, trabalho forçado). Agora, *fazer não sofrer* significa também que o cidadão deve obedecer às leis, se não quiser sofrer suas penas. Portanto, o não cumprimento da lei conduz, por um lado, ao caos social, que é o sofrimento coletivo, e, por outro, ao castigo, que é o sofrimento individual.

Enquanto na democracia o discurso da lei tem ambas as finalidades, nos regimes tirânicos, em que a lei é feita pelo poder dominante para garantir não a segurança e o bem-estar do cidadão, mas a segurança e o bem-estar de quem ocupa o poder, o termo *fazer não sofrer* refere-se apenas às punições à transgressão da lei.

Observe-se que, na prática, o discurso jurídico é um discurso endocêntrico, uma vez que, embora todo cidadão devesse conhecer a lei para poder cumpri-la, não há canais de comunicação voltados à divulgação pública da lei. Acresce que o jargão jurídico é tão hermético que muitas vezes impede que o cidadão comum compreenda o seu significado. Por isso, esse discurso acaba direcionando-se à própria comunidade jurídica, formada de advogados, juízes, juristas, professores e estudantes de direito, únicas pessoas que efetivamente têm acesso aos textos legais e competência técnica para compreendê-los.

No discurso moral, em grande parte incorporado pelo discurso religioso, o *dever fazer/ dever não fazer* não tem um caráter absoluto como no discurso jurídico, mas representa um conjunto de normas de boa conduta (como nos códigos de ética das corporações) que visa a garantir a convivência pacífica entre os membros do grupo e evitar o constrangimento de um membro por outro, bem como assegurar a atuação ética dos membros do grupo no interior da sociedade. Esse tipo de discurso também prevê, de forma explícita ou implícita, sanções às transgressões (por exemplo, o indivíduo cujo comportamento não se compatibiliza com o de seus pares acaba marginalizado ou mesmo excluído do convívio do grupo).

A gramática normativa, como o próprio nome diz, é um conjunto de regras que presidem o uso da chamada norma culta da língua: todos aqueles que precisam utilizar essa norma devem respeitar tais regras. A norma culta foi instituída para uniformizar o uso lingüístico, especialmente nos meios de comunicação de massa. Desse modo, o termo *fazer não sofrer* aplicado ao discurso da gramática representa o bem social que a uniformização lingüística proporciona; por outro lado, representa também as possíveis sanções a que o transgressor das regras gramaticais está sujeito, tais como risco de malentendidos na comunicação, reprovação pública, chacota, etc.

O mesmo raciocínio vale para qualquer outro discurso social que tenha por objetivo algum tipo de normativização (como as regras de etiqueta): a obediência às normas deve trazer benefícios, enquanto sua inobservância pode causar transtornos e sujeitar o transgressor a prejuízos e sanções.

OS DISCURSOS INDUTIVOS

Chamamos de discursos indutivos aqueles discursos que visam a provocar no receptor um impulso à ação. A modalidade básica desses discursos é o *fazer querer*: são discursos que instilam no receptor uma vontade, um desejo, direcionado seja a um objeto, seja a uma pessoa, seja a uma idéia.

Como vimos, os discursos culturais (científico, artístico, esportivo e religioso) possuem todos em suas estruturas modais o termo *fazer querer*. No entanto, nesses discursos, essa é uma modalidade secundária e opcional, o que equivale a dizer que a função principal desses discursos é produzir prazer (*aprazer*) e não propriamente persuadir; aliás, nem todos os discursos da esfera da cultura possuem esse caráter persuasivo. Se por um lado existem textos artísticos, científicos ou religiosos "engajados", chegando às vezes até as raias do panfletário, por outro lado, a maior parte dos discursos da arte, da ciência ou da religião não tem o objetivo declarado de convencer, de persuadir, de induzir à ação. Ou seja, os discursos culturais podem secundariamente persuadir, mas não têm necessariamente essa função. Já os discursos indutivos – o discurso publicitário e o discurso político – têm na persuasão sua função principal. São discursos utilitários de um tipo especial, pois prestam um serviço não ao receptor, mas ao emissor desses discursos.

Nos discursos hedônicos, o emissor envia uma mensagem cujo objetivo é proporcionar prazer ao receptor. Nos discursos pragmáticos, o emissor envia ao receptor uma mensagem cujo objetivo é fazê-lo não sofrer. Já, nos discursos indutivos, o emissor envia uma mensagem cujo objetivo é fazer o receptor querer algo (um produto ou serviço, no caso do discurso publicitário; um candidato, um partido ou um programa de governo, no caso do discurso político). Deve-se observar que, embora esses discursos façam crer ao receptor que ele será beneficiado se consumir o produto ou serviço anunciado, ou se votar no candidato ou partido emissor do discurso, o que esses discursos realmente objetivam é o benefício de quem os enuncia, qual seja, o aumento das vendas de um produto, com o conseqüente aumento do lucro do fabricante e do comerciante, ou a vitória do candidato ou partido nas eleições e sua conseqüente conquista ou manutenção do poder. Nos discursos indutivos, a função pragmática, representada pelo poder de prover o receptor, é apenas aparente. Na verdade, tais discursos acabam sendo utilitários para o emissor.

O discurso publicitário utiliza-se dos mais variados recursos verbais e audiovisuais, tomados de empréstimo à arte, tais como o uso de *slogans*, imagens (fotos, vídeos) e sons (música, ruídos) com forte apelo poético, para capturar a atenção do público-alvo de suas mensagens. Pode-se dizer que o discurso da propaganda incorpora o discurso artístico, fazendo da função hedônica da arte – *(a)parecer* para *aprazer* – um instrumento, um meio de chamar a atenção do provável consumidor para o conteúdo da mensagem publicitária. Nele, há duas modalidades em jogo: o *saber* e o *crer*. Dizemos que o discurso publicitário faz o consumidor tomar conhecimento do produto/serviço e de suas características, informa sobre a existência e o desempenho da coisa anunciada. Ao mesmo tempo, a mensagem publicitária procura agregar à imagem dessa coisa uma espécie de imponderável, o chamado "algo mais", as características diferenciais do produto ou serviço, aquilo que ele oferece a mais do que os seus concorrentes, e que em geral são qualidades não comprováveis pelos meios racionais (por exemplo, pela experimentação). Por esse motivo, o discurso da publicidade lança mão dos chamados argumentos emocionais. É assim que um simples automóvel pode oferecer mais do que economia, conforto, potência, segurança, qualidades comprováveis; ele oferece *status*, oferece o prazer de dirigir, oferece ao motorista a sensação de poder absoluto, de não haver limites nem barreiras para seu desejo de conquista.

Em suma, o discurso publicitário faz saber, isto é, informa, por meio de dados comprováveis, e faz crer, mediante um processo de sedução comparável ao do discurso religioso. Esse saber e esse crer são incutidos no público com o objetivo de fazê-lo querer o produto ou serviço oferecido. O desejo de consumo nasce, portanto, do emprego de argumentos tanto racionais quanto emocionais. A estrutura modal do discurso publicitário será, então:

$$\textbf{Discurso publicitário} = \textit{(a)parecer} \text{ para } \textit{aprazer} \text{ para } \left\{ \begin{array}{c} \textit{fazer saber} \\ \\ \textit{fazer crer} \end{array} \right\} \text{ para } \textit{fazer querer}$$

O discurso da publicidade tem algumas características peculiares que são interessantes de notar. Em primeiro lugar, a mensagem publicitária tem um emissor real e um emissor aparente: o emissor real é o publicitário ou agência publicitária que realiza a campanha; já o emissor aparente é o anunciante. Ocorre que este, o que fabrica ou vende o produto a ser anunciado, não detém o *know-how* específico para divulgar o produto e, por isso, recorre à figura do publicitário. Este, por sua vez, embora seja o emissor efetivo do discurso publicitário, apaga sua própria presença da mensagem produzida, criando no receptor a ilusão de que quem lhe fala no anúncio é o próprio anunciante.

Outra característica digna de nota é o fato de o discurso publicitário freqüentemente criar nas pessoas o desejo de possuir e, por conseqüência, o impulso de comprar coisas de que elas efetivamente não precisam. Embora muitos publicitários se defendam dessa crítica com a afirmação de que apenas põem o consumidor em contato com os produtos existentes no mercado, sendo a decisão final de compra do consumidor, o fato é que a utilização estratégica de recursos estéticos e de argumentos emocionais com o intuito de seduzir o público tem efeito altamente persuasivo. O discurso publicitário utiliza, ao mesmo tempo, dois tipos de função hedônica – a função estética e a função mística – como meio e não como fim. Por outro lado, não há nenhuma função pragmática voltada para o receptor: como dissemos, nesse discurso a função pragmática está voltada para o emissor.

Assim como o discurso publicitário, o discurso político caracteriza-se igualmente por ter como modalidade principal o *fazer querer*. Chamamos de discurso político a todo discurso cujo objetivo seja conquistar apoio para conduzir alguém ao poder. A política nasce quando o homem decide disciplinar a luta pelo poder. No momento em que as sociedades humanas se organizam, surge a necessidade de administrar os conflitos sociais e de regulamentar as disputas pelo poder, substituindo o uso da força pelo uso da linguagem. À medida que a organização social vai se tornando mais complexa, o poder já não pode ser exercido por um único indivíduo, nem esse indivíduo pode chegar ao poder sem o auxílio do corpo social ou, pelo menos, de parte dele. Desse modo, a luta pelo poder passa a ser um procedimento semiótico, cujo instrumento principal é o discurso político. Onde quer que haja disputa pelo poder institucionalizado, há política e discurso político. Por conseguinte, o discurso político não está circunscrito ao domínio do Estado, não é só o discurso dos membros da classe política em campanha eleitoral ou no parlamento, mas é todo discurso social de caráter exortatório visando à mobilização social em torno de um certo objetivo. Por exemplo, o discurso do líder sindical incitando seus companheiros à greve é genuinamente um discurso político.

Em princípio, qualquer um que deseje mobilizar um grupo de pessoas a fazer algo, especialmente algo que requeira sua liderança, utilizando para isso apenas o discurso, precisa lançar mão de argumentos convincentes, precisa fazer o grupo acreditar na necessidade e na oportunidade de se fazer esse algo. Logo, o pretenso candidato a liderar o grupo nessa empreitada deve expor os motivos que tornam necessária a ação proposta, quais sejam, os problemas que essa ação se propõe resolver. Se ele for um indivíduo honesto, exporá aos companheiros os fatos reais que exigem deles a ação em questão, e somente estes. Então, nosso "líder político", se podemos assim chamá-lo, fará saber aos seus liderados as razões que o levam a propor aquela ação e a maneira como esta deverá se dar. Mas, para que os membros do grupo passem efetivamente à ação, eles precisam em primeiro lugar querer essa ação. E só quererão entrar em ação se acreditarem que esta é realmente a melhor solução para resolver o problema apresentado. Dessa forma, o discurso político ideal aponta à sociedade os problemas que a afligem, propõe soluções para esses problemas (*fazer saber*), tenta convencer a sociedade da importância dos problemas, da necessidade de aplicar as soluções propostas e do benefício que tais soluções trarão (*fazer crer*), para, então, finalmente incitar a sociedade a aceitar essas soluções e, portanto, a conferir poder de ação àquele que irá implementá-las (*fazer querer*).

Mas, na prática, nenhum discurso político funciona como o discurso ideal. Na verdade, os enunciadores do discurso político fazem o público acreditar – e muitas vezes eles próprios acreditam – que a adoção das medidas que defendem trará reais benefícios à sociedade como um todo, o que equivale a dizer que eles crêem, ou pelo menos fazem crer, que seu discurso é um discurso pragmático, porém o que o discurso político de fato objetiva é fazer prevalecer a tese defendida por seu emissor. Nesse sentido, de modo análogo ao discurso publicitário, o discurso político é apenas aparentemente utilitário para o público, quando, efetivamente, ele é realmente utilitário para o seu emissor e para o grupo que ele representa. Além disso, no discurso político ideal, o emissor limita-se à verdade. Já no discurso real, o emissor não hesita em falsear ou em manipular as informações para conseguir a adesão da sociedade. Por isso, paralelamente ao *fazer saber*, existe nesse discurso um *parecer*, isto é, a elaboração de uma ficção – de uma mentira, se se preferir –, de modo que a crença do receptor poderá recair tanto sobre verdades quanto sobre inverdades. Sendo a política um contrato entre desiguais, e sendo o discurso político essencialmente o discurso da ocultação, fica evidente a utilização de estratégias discursivas similares às do discurso religioso: inculcação de ideologia, doutrinação, dogmatismo, imposição de crenças de origem não-racional (pense-se, a esse respeito, nas pregações políticas de cunho racista), etc. Teremos então:

Discurso político = { *fazer saber* / *parecer* } para *fazer crer* para *fazer querer*

O discurso político tem o condão de persuadir a opinião pública a querer um determinado programa de ação e a lutar por sua adoção. É assim que o discurso político, no âmbito do poder legislativo, dá origem a um discurso jurídico, isto é, a vontade do grupo que o parlamentar representa, expressa em seu discurso, transforma-se em lei. No âmbito do poder executivo, a vontade do grupo, representada pelo discurso do administrador público, dá origem ao discurso burocrático, que é um discurso interno à máquina administrativa, e que vai pôr em prática as ações necessárias à execução do programa. Entretanto, a finalidade do discurso político é conduzir alguém ao poder pela promessa de que as ações desempenhadas por esse alguém representarão as soluções dos problemas da comunidade, e não resolver os problemas da comunidade. Em outras palavras, o discurso político é o discurso da promessa de ação e não o discurso da ação. Por isso, um político bom de discurso, isto é, dotado de boa competência retórica, não é necessariamente um bom administrador ou legislador. Igualmente, um candidato sem grande talento retórico pode perfeitamente se revelar um bom administrador ou legislador. Os eleitores deveriam refletir muito sobre esse ponto antes de votar em alguém apenas em virtude de seu discurso.

O DISCURSO JORNALÍSTICO

Em qualquer sociedade humana, o indivíduo precisa ter um conhecimento mínimo para poder integrar-se socialmente e para poder sobreviver nas condições que lhe são dadas pelo meio. Como vimos no início deste livro, a maior parte das informações que um homem precisa ter para viver em sociedade não é transmitida geneticamente, mas é adquirida por meio da linguagem. Esse acervo de informações é o que chamamos de antropocultura. Nas sociedades primitivas, esses conhecimentos básicos incluem o domínio da língua comum, técnicas de caça e pesca, técnicas de cultivo da terra, utilidade medicinal das plantas, costumes, tradições, mitos e lendas do povo,etc. Numa sociedade civilizada, a bagagem de conhecimento que um indivíduo precisa ter para integrar-se na sociedade – para ser considerado um cidadão – é bem maior do que numa sociedade tribal. Para efetivamente fazer parte da sociedade, o homem precisa de uma série de conhecimentos que lhe são transmitidos pela educação e, além disso, precisa manter-se continuamente a par de tudo o que ocorre em sua sociedade. O discurso pedagógico e o discurso jornalístico são os responsáveis pela formação do cidadão, pela inserção e pela integração do indivíduo na sociedade moderna, tendo em vista que fornecem o conhecimento básico e a informação necessária a permitir ao indivíduo viver socialmente, interagir com os outros indivíduos e não ficar à margem da sociedade. Nas modernas sociedades civilizadas, então, quem fornece aquele conhecimento mínimo que todos os seus membros devem partilhar para serem cidadãos é a escola e a imprensa.

O discurso jornalístico existe para manter o cidadão informado sobre o que se passa em sua cidade, em sua região, em seu país e no mundo. É por intermédio dessas informações que o indivíduo poderá efetivamente conhecer e exercer seus direitos, conhecer e cumprir seus deveres, defender-se dos perigos do meio físico ou do meio social, ter acesso ao trabalho e ao sustento, ter acesso ao lazer, etc.

Estabeleçamos um conceito amplo de discurso jornalístico: será jornalístico todo discurso social de veiculação de informações sobre a atualidade. Essa definição inclui não apenas os jornais, as revistas e os telejornais, mas abrange também certos discursos veiculados pelos meios de comunicação de massa que não costumam ser vistos como jornalísticos. A exibição pela televisão de um cantor cantando é uma veiculação de discurso artístico, mas se o artista estiver sendo entrevistado (mesmo que informalmente e por um não-jornalista), teremos discurso jornalístico; igualmente, a música executada no rádio constitui um discurso artístico, mas um programa de rádio sobre a história do rock é um discurso jornalístico; a pregação de um pastor evangélico é um discurso religioso, mas um debate sobre religião na TV é um discurso jornalístico, e assim por diante.

O jornalismo apóia-se no binômio *informação* e *prestação de serviço*. A informação jornalística é uma das bases do acesso à cidadania e da preservação e do aperfeiçoamento da democracia. (Como vimos, o outro pilar de sustentação da cidadania e da democracia é a educação.) Já nos regimes autoritários, são instrumentos de sustentação do regime. Segundo José Luis Martínez Albertos[4], a informação de atualidade (ou jornalismo) tem como

4. Albertos, 1992.

fim específico a difusão objetiva de fatos, por meio da informação, interpretação e comentário dos acontecimentos que são notícia. Essa definição apresenta como modalidades de base do discurso jornalístico o *fazer saber* (informação) e o *fazer crer* (interpretação e comentário da informação). Vê-se logo de saída que o discurso jornalístico é um discurso informativo e formador de opinião. Como o discurso científico, ele possui um caráter de *episteme*; como o religioso, possui um caráter de *doxa*.

Quanto às suas finalidades, o discurso jornalístico pretende habilitar o cidadão a participar ativamente da vida social pelo acesso à informação. Nesse sentido, o discurso jornalístico presta um serviço ao cidadão, tornando-o capaz de agir socialmente (trabalhar, estudar, ter lazer, etc.), o que se traduz por *fazer poder fazer*. Esse discurso também faz o cidadão ser livre, respeitado, o que se traduz por *fazer poder ser*, bem como permite ao cidadão ter o poder de decisão sobre sua própria vida *(fazer poder querer)*, o que evidentemente não seria possível sem a informação. Todas essas missões o jornalismo cumpre para prover o cidadão, ou seja, para livrá-lo do sofrimento decorrente da falta de informação.

Por outro lado, o discurso jornalístico não é neutro nem imparcial, até por força do seu caráter doxológico *(fazer crer)*. Por isso, ele exerce sobre o cidadão uma influência ideológica que é exatamente o que se costuma chamar de formação de opinião e que se representa logicamente por *fazer querer*. Muitas vezes, aliás, o querer induzido por esse discurso é, na verdade, o querer dos agentes sociais que exercem seu poder de pressão sobre os órgãos de imprensa (governos, empresas, anunciantes). É o jornalismo a serviço do poder político e do poder econômico.

Esquematicamente teremos:

$$\textbf{Discurso jornalístico} = \left.\begin{array}{r} \textit{fazer saber} \\ \\ \textit{fazer crer} \end{array}\right\} \text{para} \left\{\begin{array}{l} \textit{fazer poder} \left\{\begin{array}{l}\textit{fazer}\\ \textit{ser}\\ \textit{querer}_1\end{array}\right\} \text{para } \textit{prover} \\ \textit{fazer querer}_2 \end{array}\right.$$

Observe que na estrutura de poder acima a modalidade *querer* aparece duas vezes. De um lado, a imprensa dá ao cidadão o poder de decisão, pela transmissão do conhecimento que lhe permitirá fazer escolhas ($\textit{querer}_1$). De outro lado, ela tenta influenciar essas escolhas, induzindo o cidadão por meio de um viés ideológico o qual, no entanto, nenhum discurso jornalístico explicita ($\textit{querer}_2$). Preserva-se assim o mito da imparcialidade da imprensa, que, por sinal, não passa mesmo de um mito. O fato é que a interferência desse *querer*$_2$ sobre o *querer*$_1$ é inevitável e faz também do discurso jornalístico um discurso indutivo. Esse *querer*$_2$ representa, da mesma forma, o estímulo à reflexão sobre a realidade e à tomada de posição sobre as questões propostas, o que os discursos científico, artístico, religioso e político também fazem.

O discurso jornalístico ademais assume, ocasionalmente, um papel de entretenimento, que seria representado pela função hedônica *(aprazer)*; entretanto, essa é uma função eventual, não sistemática, que, por conseqüência, não faz parte de sua estrutura modal.

A propósito, enquanto discurso que faz saber (informa) e que pode produzir prazer, o discurso jornalístico pode, às vezes, confundir-se com o discurso científico. Isso ocorre particularmente numa especialidade desse discurso, o chamado jornalismo científico. Por essa designação se entende a modalidade de jornalismo que tem por objeto a ciência. Temos assim um discurso jornalístico falando de um discurso científico, ou, em termos mais técnicos, um discurso jornalístico sobremodalizando um discurso científico.

Mas nem sempre a diferença entre esse tipo particular de jornalismo e o discurso científico propriamente dito é muito evidente, especialmente no caso do discurso de divulgação científica. Poderíamos dizer que a relação existente entre o discurso científico e o discurso do jornalismo científico é a mesma que existe entre uma obra literária e uma resenha dessa obra, com a diferença de que tanto o discurso científico de divulgação quanto o discurso do jornalismo científico visam a informar a opinião pública sobre novas descobertas da ciência, decorrendo daí a sua semelhança. Se é verdade que existe uma diferença óbvia entre o discurso literário e o jornalismo sobre literatura, assim como entre o discurso esportivo (digamos, um jogo de futebol) e o jornalismo esportivo (a narração radialística do jogo ou a página de esportes dos jornais), a diferença entre um artigo de divulgação científica publicado num jornal ou revista e um artigo jornalístico dando conta de matéria científica nem sempre é tão visível. Muitas revistas de divulgação científica, como *Ciência Hoje, Scientific American, La Recherche*, etc., trazem artigos de divulgação científica escritos por pesquisadores, ao lado de artigos sobre os bastidores ou a história de uma descoberta, de um cientista ou de um acontecimento importante do meio científico, além de matérias de alerta sobre doenças, desastres ecológicos, e resenhas de artigos científicos, matérias estas cuja função é informar e formar a opinião pública. Todos esses artigos, escritos por jornalistas, pertencem ao domínio do discurso jornalístico muito mais do que ao domínio do discurso científico. No entanto, a confusão ocorre porque, conforme dissemos, ambos os discursos têm como modalidade básica *fazer saber*. A diferença é que, na ciência, o *fazer saber* recai sobre a realidade (natural ou antropocultural), enquanto no jornalismo científico recai sobre o *fazer saber* do discurso científico.

Outra confusão costuma se dar entre o discurso jornalístico e o discurso literário no gênero chamado crônica. De fato, muitos cronistas e articulistas de jornais são também escritores; por outro lado, a maioria dos livros de crônicas reúne textos publicados originalmente em jornais, como é o caso das crônicas de Carlos Drummond de Andrade ou de Fernando Sabino. A rigor, a crônica é um gênero literário que participa da natureza do discurso jornalístico. As crônicas medievais, como as de Jean Froissart, pretendiam ser narrativas históricas (*khronos* em grego significa tempo) de fatos notáveis, tanto os presenciados pelo autor quanto aqueles que já faziam parte da tradição à época em que foram narrados. A crônica era mais elaborada em termos literários que os anais, e mais subjetiva que a história. Por isso, não se enquadrava perfeitamente em nenhum desses gêneros. De certo modo, a crônica precedeu e antecipou o discurso jornalístico. O curioso é que, tratando igualmente de acontecimentos contemporâneos ou passados, a crônica não tinha o compromisso da informação de atualidade que o jornalismo moderno possui. A repartição dos fatos notáveis em atuais e não-atuais conduziu à moderna divisão entre o discurso jornalístico e o discurso científico da história.

Essa divisão põe o problema de saber onde termina um discurso e começa o outro. Uma definição simplista poderia dizer que o jornalismo consiste no relato e na análise dos fatos presentes e a história, no relato e na análise dos fatos passados. Cabe perguntar, então, onde termina o passado e começa o presente. Qual a diferença entre uma biografia de Pelé, personagem vivo, e uma biografia de Colombo, personagem da história? E o que dizer de um recorte de jornal do século XIX: estamos diante de um texto jornalístico ou histórico? Os textos jornalísticos se tornam históricos à medida que envelhecem? Sabe-se, por um lado, que os periódicos são fonte recorrente de pesquisa histórica. Por outro lado, é perfeitamente possível escrever uma história da atualidade (é a chamada história contemporânea). Vê-se logo que essa relação entre história e passado, assim como entre jornalismo e presente, parte de um falso critério.

Na verdade, a história pode ser considerada a contrapartida diacrônica de outras ciências sociais, como a sociologia, a política, a economia, etc., e é, portanto, uma atividade transdisciplinar ou transversal (confira a esse respeito o capítulo 9). Temos, desse modo, uma história social, uma história política, uma história econômica, e assim por diante.

Todo objeto de estudo pode ser encarado sob dois pontos de vista diferentes: o ponto de vista sincrônico, que considera o objeto como estático e estuda sua configuração e seu comportamento num dado momento, e o ponto de vista diacrônico, que estuda a evolução do objeto ao longo do tempo. Pode-se, por exemplo, estudar o Universo do ponto de vista de sua evolução ou do ponto de vista de seu funcionamento: é o que fazem, respectivamente, a cosmologia e a física. Analogamente, a história social não é senão uma espécie de sociologia diacrônica; a história econômica, uma economia diacrônica, e assim por diante. Toda ciência diacrônica é a aplicação de modelos gerais a casos particulares. Portanto, a história científica – aquela que não se limita a narrar os fatos, mas procura explicá-los à luz de alguma teoria – é a aplicação de modelos sociológicos, econômicos, antropológicos, etc., a eventos específicos. A história científica – que convém não confundir com a história tradicional – não apenas procura saber como e quando algo aconteceu, mas por que aconteceu: busca relações de causa e efeito entre os fatos, e procura mostrar que cada fato histórico particular é produto de uma lei geral, formulada pelas teorias sincrônicas.

O que distingue a história e o jornalismo é o fato de aquela ser uma ciência e, logo, um processo de produção de saber racional pela criação de modelos e aplicação destes a objetos particulares, no caso, os fatos históricos. Já o jornalismo apenas apresenta os fatos e eventualmente os discute e analisa, sempre de um ponto de vista assumidamente subjetivo e calcado no senso comum, sem aplicar modelos. No jornalismo, o objeto é sempre o particular e não o geral. Pode-se dizer, em última análise, que a história explica o presente a partir do passado, e o jornalismo explica o passado a partir do presente

O DISCURSO PEDAGÓGICO

Dissemos que, para viver em sociedade, o ser humano precisa de uma certa carga de conhecimentos que, não sendo herdados geneticamente dos antepassados, precisam ser transmitidos por meio da linguagem e constituem a antropocultura. Foi dito também que, nas sociedades modernas, os instrumentos normais de transmissão da antropocultura são a educação e a informação jornalística. Podemos dizer, pois, que a função da educação, tanto numa sociedade primitiva quanto numa sociedade civilizada, é a transmissão do conhecimento de que o ser humano precisa para viver antropoculturalmente em sociedade e não como selvagem.

O conhecimento tem três finalidades básicas:

a) satisfação da curiosidade;

b) domínio da natureza para a solução dos mais variados problemas da existência humana;

c) formação do ser social, capaz de conviver socialmente e de interagir com os demais membros da sociedade nas mais diversas situações.

A primeira finalidade do conhecimento é cumprida pela ciência pura, especialmente por meio dos trabalhos de divulgação científica. A segunda finalidade do conhecimento é o que chamamos de geração de tecnologia, entendida esta como todo e qualquer procedimento metódico para se obter um determinado fim. Sua produção fica a cargo tanto da ciência aplicada quanto da experimentação heurística, e a transmissão desse tipo de conhecimento se dá pelos mais diversos meios (escolas, meios de comunicação de massa, manuais de instruções de aparelhos e equipamentos, etc.). Finalmente, a terceira finalidade do conhecimento é cumprida principalmente pela família e pela escola. Portanto, o ensino tem duas incumbências principais:

a) transmitir conhecimentos básicos (como ler, escrever, fazer cálculos, ter noções gerais de história, geografia, ética e cidadania) que permitam ao indivíduo realizar as mais diversas atividades sociais, como trabalhar, constituir família, usar a tecnologia disponível, manter-se informado, exercer e reivindicar direitos, cumprir deveres, etc.;

b) transmitir conhecimentos especializados que permitam ao indivíduo executar tarefas específicas e, conseqüentemente, exercer funções sociais específicas.

Dessa maneira, podemos dizer que há dois tipos de ensino: o ensino geral, destinado a todos os cidadãos, que corresponde em nossa sociedade ao ensino básico, e o ensino especializado, destinado a uma parcela específica dos cidadãos, correspondendo ao ensino superior, ao ensino técnico-profissionalizante, ao ensino de artes, de esportes, de religião e de técnicas pessoais específicas (línguas estrangeiras, informática, etc.). O ensino geral, ministrado pelas escolas de ensino básico, públicas ou privadas, é aquele que vai formar o cidadão e torná-lo apto à sobrevivência no meio social. O ensino especializado, a cargo dos mais diversos institutos de ensino (escolas técnicas, universidades, escolas de idiomas, conservatórios, academias de belas-artes, academias esportivas, clubes, seminários, catecismos), visa sobretudo a transmitir conhecimento específico sobre uma determinada prática social (cultural ou técnica) com vista à formação de novos praticantes.

A modalidade semiótica básica do ensino geral é semelhante à modalidade principal do discurso jornalístico: *fazer saber* para *fazer poder* (*fazer*, *ser* e *querer*) para *prover*, isto é, informar, instruir, para conferir cidadania para viver em sociedade. A modalidade básica do ensino especializado é *fazer saber fazer* para *prover*, ou seja, ensinar o indivíduo a fazer algo, a desempenhar uma atividade que exija conhecimento e adestramento específicos, para que ele possa justamente exercer essa atividade, profissional ou amadoristicamente, por necessidade ou por lazer. A estrutura modal do discurso pedagógico será então a seguinte:

$$\textbf{Discurso pedagógico} = \textit{fazer saber} \text{ para} \left\{ \begin{array}{l} \textit{fazer saber fazer} \\ \textit{fazer poder} \left\{ \begin{array}{l} \textit{fazer} \\ \textit{ser} \\ \textit{querer} \end{array} \right. \end{array} \right\} \text{ para } \textit{prover}$$

OBSERVAÇÃO: em termos semióticos, todo discurso cujo objetivo principal seja o ensino de uma prática qualquer é um discurso pedagógico. Por conseguinte, os guias de bricolagem (livros do tipo *faça você mesmo*) e os manuais em geral (de etiqueta, livro de receitas culinárias), os de auto-ajuda inclusive, fazem parte do discurso pedagógico.[5] Por mais chocante que isso possa parecer, até mesmo livros como o *Kama Sutra* ou *O sexo tântrico* podem ser considerados livros didáticos, pelas razões aqui expostas. Desse modo, livro didático não é somente aquele que se usa nas salas de aula, como se costuma pensar, mas todo e qualquer livro que tenha por objetivo principal ensinar alguma prática. Também são exemplos de discurso pedagógico as chamadas obras de referência – dicionários e enciclopédias –, já que transmitem informação com propósitos utilitários (esclarecer dúvidas, orientar pesquisas) e, portanto, fazem do conhecimento um meio e não um fim.

---

5. Os manuais de auto-ajuda voltados para a cura de problemas físicos ou emocionais também podem ser considerados como exemplos de discurso terapêutico. Este, porém, não costuma ser um discurso social, mas individual, restrito aos consultórios médicos e psicológicos. O surgimento de livros e vídeos de apoio psicológico deve levar os semioticistas a considerar essa nova espécie de discurso social.

Uma pergunta que pode surgir a esta altura é: o ensino de música ou de natação, por exemplo, a pessoas que tenham por finalidade exclusiva o lazer, é uma prática pragmática ou hedônica? Ora, a atividade artística ou esportiva pura é, evidentemente, hedônica. No entanto, o ensino de artes ou de esportes é uma atividade-meio, por intermédio da qual o indivíduo adquire aptidão ou competência para o exercício da atividade-fim, no caso, a música ou a natação. O discurso pedagógico aplicado à arte ou ao esporte provê, isto é, fornece os meios para a prática dessas atividades; já o discurso artístico ou o esportivo têm por objetivo primeiro proporcionar prazer, seja em quem os produz, seja em quem os recebe. Se fizermos uma analogia com um manual de culinária, veremos que o que dá prazer é a degustação do prato e não a leitura da receita.

Decorre daí uma das características fundamentais do ensino: ele é sempre uma atividade-meio e jamais pode ser uma atividade-fim. É verdade que há indivíduos que estudam para ser professores e que, portanto, aprendem para ensinar; não obstante, se aprender e ensinar formassem um círculo que se fecha em si mesmo, a educação simplesmente não teria sentido. Teríamos um caso de petição de princípio idêntico ao dos trabalhos científicos cuja única utilidade é realimentar a própria ciência pura, descrito no capítulo 13. Se há escolas que formam professores, é porque a sociedade precisa de mestres que formem em primeiro lugar os cidadãos e os profissionais das mais diversas áreas para, em segundo lugar, formar outros mestres.

O ensino é, pois, sempre uma prática auxiliar, subsidiária e paralela, o que não quer dizer que seja uma atividade profissional menos importante que as demais, e sim que é uma atividade derivada delas, já que o ensino é sempre ensino de alguma coisa (por exemplo, de música, natação, matemática, etc.), a qual é a atividade principal, primária ou primitiva. Sem a existência da atividade primária, o ensino dessa atividade não existiria.

Freqüentemente, o discurso pedagógico tem como objeto outro discurso: este é o caso do ensino de ciências, de artes, de esportes ou de religião. Além disso, inúmeras atividades técnicas, como o jornalismo e a publicidade, também são discursivas. Assim, o ensino dessas práticas constitui sobremodalização, já que temos um discurso falando sobre outro. Quando isso ocorre, temos o encaixamento da estrutura de poder do discurso objeto dentro da estrutura de poder do discurso pedagógico, gerando assim estruturas de poder bastante complexas. Apenas a título de curiosidade, apresentaremos de forma simplificada a estrutura modal do ensino de ciências.

Neste, temos *fazer saber* sobre *fazer saber*, ou *fazer saber fazer saber* (ensinar a fazer saber, vale dizer, ensinar a produzir conhecimento, ensinar a pesquisar). Decorre daí que a função dos cursos de mestrado e doutorado não é transmitir conhecimento científico *(fazer saber)*, mas transmitir competência *(fazer saber fazer)* para a pesquisa científica e a reflexão intelectual. Logo, o que se pretende nesses cursos é formar novos cientistas; o lugar da transmissão de conhecimento acabado – o lugar do discurso científico propriamente dito – são os congressos científicos, no caso do discurso científico endocêntrico, e as palestras e cursos abertos ao público leigo, no caso do discurso exocêntrico.

Mas e o ensino de ciências na escola básica? Esse ensino não visa, evidentemente, a formar novos cientistas, e sim novos cidadãos. Nesse caso, o discurso pedagógico *(fazer saber)* não tem por objeto um discurso científico (igualmente *fazer saber*), mas um conhecimento acabado, um *saber* puro e simples. Teremos então um *fazer saber* sobre um *saber*, que se reduz simplesmente a *fazer saber*. A estrutura modal do ensino de ciências na escola básica é a mesma do discurso da ciência aplicada: *fazer saber* para *fazer poder fazer* para *prover* (informar para habilitar para a vida).

Conseqüência desse fato é que o ensino de uma determinada disciplina científica (a história, digamos) não é, ao contrário do que muitos pensam, uma aplicação tecnológica da história, enquanto ciência pura, mas, na verdade, é uma aplicação tecnológica da ciência aplicada chamada pedagogia. O ensino de qualquer ciência, como de resto o ensino de qualquer coisa, é sempre um exemplo do discurso pedagógico, e não do discurso da ciência aplicada. É evidente que o ensino de línguas constitui uma das aplicações da lingüística aplicada (além de ser uma das aplicações da pedagogia), mas o ensino de história jamais será uma aplicação da "história aplicada" (se é que existe uma história aplicada). Tampouco será o ensino de lingüística uma aplicação da própria lingüística. Enganam-se, pois, aqueles que pregam ser a principal aplicação prática das ciências humanas o ensino dessas ciências na escola básica. Se uma dada ciência, seja ela natural ou social, não tem aplicações na geração de tecnologia, no sentido mais lato desse termo, é porque se trata de uma ciência pura e não de uma ciência aplicada. O ensino dessa ciência não é uma aplicação tecnológica nem a torna uma ciência aplicada; sua vocação social, com certeza, não está na função pragmática, mas na função hedônica.

Como foi dito há pouco, a estrutura modal do ensino de ciências na escola básica é a mesma do discurso da ciência aplicada. Por outro lado, a própria estrutura modal do discurso pedagógico é bastante semelhante à da ciência aplicada. Em ambos os casos, temos uma transmissão de conhecimento, isto é, um *fazer saber* (na ciência aplicada, temos também e primeiramente uma produção de conhecimento) para habilitar alguém a fazer algo (*fazer saber fazer* e *fazer poder fazer*) com finalidade utilitária (*prover*). Isso explica a freqüente confusão entre o discurso científico e o discurso pedagógico, sobretudo no âmbito da universidade. Como tivemos a oportunidade de discutir na segunda parte, o lugar da produção científica, tanto pura quanto aplicada, tem sido tradicionalmente a universidade. Contudo, esta é, principalmente, o lugar de formação dos profissionais técnicos, científicos e artísticos de nível superior e, portanto, um dos lugares por excelência do discurso pedagógico. O princípio universitário da indissociabilidade do ensino e da pesquisa faz dos cientistas da universidade professores e dos professores universitários, pesquisadores. Nesse contexto, pressupõe-se ainda que os conhecimentos resultantes das pesquisas efetuadas pelos docentes-pesquisadores sejam por eles ministrados em sala de aula.

Por outro lado, o modelo da universidade pública sustentada pelo dinheiro dos contribuintes sempre incentivou a existência de uma pressão social para que a produção científica da universidade tivesse larga aplicabilidade prática na solução de problemas emergenciais da sociedade, e que, por via de conseqüência, a prioridade do financiamento à pesquisa recaísse sobre a ciência aplicada. Nessa perspectiva, o perfil do profissional acadêmico tem sido sempre o do docente formador de novos profissionais e pesquisador utilitarista, que dedica sua vida à busca de soluções científicas para os problemas humanos. Como a contribuição da universidade para a difusão desinteressada do conhecimento em ciência pura entre o público leigo costuma ser pequena, e o diálogo direto dos acadêmicos com a sociedade, infreqüente, a universidade passou a ser identificada como o templo do saber aplicado, seja na solução direta dos problemas da humanidade, seja na formação profissional dos novos técnicos, que, em última análise, também servirão a essa mesma causa.

As profissões científicas só formam profissionais em nível de pós-graduação, instância em que a atividade de pesquisa está indissociavelmente ligada ao ensino. Por isso, não há cientistas na universidade que não sejam professores. Em áreas técnicas como a engenharia e a publicidade, por exemplo, a pesquisa na pós-graduação é exclusivamente em ciência aplicada e tecnologia, jamais em ciência pura – nem poderia ser diferente. O curioso é que o princípio da indissociabilidade de ensino e pesquisa na universidade obriga professores de atividades artísticas ou esportivas a produzir ciência aplicada, mas nenhum outro princípio exige deles produção artística ou esportiva propriamente dita.

O resultado de tudo isso é que os discursos científico e pedagógico, por força de sua considerável semelhança estrutural e de sua convivência siamesa na universidade, acabam se amalgamando e por vezes interferindo mutuamente. (Sobre a interferência entre discursos falarei mais adiante.) Aos olhos do observador leigo, esses dois discursos parecem um só. Por essa mesma razão, é comum associar-se a prática da educação ao domínio da cultura, vendo na figura do professor um "profissional da cultura". Isso se dá em virtude da proximidade entre o discurso científico e o discurso pedagógico. Todavia, em que pesem as semelhanças entre esses dois discursos, apenas o discurso científico pertence efetivamente ao domínio da cultura; o pedagógico é um discurso utilitário.

As coisas ficam ainda mais complicadas quando se compara o discurso da ciência aplicada, o do ensino de ciências e o do jornalismo científico. A confusão entre esses discursos se dá porque todos eles são basicamente discursos informativos, cuja modalidade de origem é *fazer saber*. O ensino de ciências e o jornalismo científico sobremodalizam, ambos, o discurso científico. No entanto, ainda que as estruturas modais desses três discursos possam coincidir em muitos pontos, não devemos esquecer que uma estrutura modal é uma fórmula abstrata e esquemática, uma espécie de esqueleto do discurso. Ora, mesmo corpos humanos muito diferentes costumam ter esqueletos semelhantes. É assim que modalidades lógicas como *fazer saber*, *fazer poder fazer* e *prover*, presentes em todos esses discursos, assumem significados bem diferentes quando passamos de um discurso a outro.

É interessante o fato de que, especialmente no âmbito das práticas culturais, todo profissional dotado de grande conhecimento e talento, cuja obra se tenha tornado referência para os demais profissionais, costuma ser chamado de mestre. Fala-se, assim, de mestres do futebol, do xadrez, da música, etc. Os grandes líderes religiosos, como Cristo ou Buda, bem como os grandes cientistas, também são comumente chamados de mestres, mesmo não sendo professores no sentido literal. Até mesmo profissões pragmáticas produzem os seus "mestres". É claro que muitos desses mestres tiveram ou têm discípulos. As mais das vezes, porém, o epíteto de mestre é meramente honorífico. O que mostra que a figura do mestre está muito mais ligada ao domínio e à disseminação pública do saber do que à atividade pedagógica num sentido estrito.

O DISCURSO DA CRÍTICA

Costuma-se entender por crítica todo discurso que contenha algum tipo de avaliação ou julgamento sobre algo. Mais especificamente, emprega-se o termo *crítica* em relação a certos ensaios que têm por fim realizar reflexões sobre obras do espírito humano, em especial obras de arte ou de ciência. Assim, a crítica pode ser mais ou menos subjetiva, mais ou menos "científica", pode conter juízos de valor ou apenas juízos de fato. De qualquer maneira, é muito comum falar-se de crítica em relação a todo discurso cujo tema seja uma obra pertencente ao domínio da cultura.

Todavia, existem duas diferentes abordagens que um texto pode fazer de outro texto (ou conjunto de textos): uma abordagem "objetiva", isto é, calcada em algum critério de análise que seja tido como aceitável pelo público a que se destina à crítica (por exemplo, uma teoria científica); e uma abordagem subjetiva, em que os critérios de análise são puramente pessoais e em que o juízo de fato dá lugar ao juízo de valor. Evidentemente, todo exercício crítico situa-se entre esses dois pólos, às vezes tendendo mais a um deles, às vezes mais ao outro, mas em nenhum caso concreto tocando um ou outro extremo. A crítica absolutamente objetiva ou absolutamente subjetiva devem ser encaradas como situações ideais, como posições-limite, jamais realizáveis na prática. Em todo caso, a tendência a uma maior ou menor objetividade ou subjetividade nos permite reconhecer dois tipos básicos de crítica: a crítica científica e a crítica jornalística. Esses dois tipos de crítica diferem não apenas no grau de objetividade empregado, mas também e sobretudo no objetivo prático a que visam.

À guisa de exemplo, a reflexão sobre uma obra literária será dita científica se se basear em teorias científicas, como a semiótica, mas principalmente se tiver como objetivo a produção de conhecimento novo sobre essa obra ou sobre a literatura em geral, seja para a realimentação dos próprios estudos sobre o tema, seja para o enriquecimento cultural do público. Se, por outro lado, a reflexão sobre uma determinada obra literária se apóia em critérios de gosto ou tendência social, como a moda, e sobretudo se tem um fim utilitário, como o de orientar e de influenciar o público consumidor de literatura, então temos uma crítica não-científica.

Como se pode depreender dessas definições, o conceito de crítica científica baseia-se no de ciência pura, bem como a estrutura modal da crítica não-científica – analisar (*fazer saber*) e/ou opinar (*fazer crer*) para orientar (*fazer poder*) com um fim utilitário, isto é, para *prover* – coincide com a do discurso jornalístico. Podemos, então, classificar a crítica em duas categorias: científica e jornalística. Uma análise sobre música popular brasileira é jornalística se pretende prestar um serviço ao leitor-ouvinte, orientando-o sobre os novos títulos disponíveis no mercado, o tipo de música que ele irá encontrar em tais discos, que outros discos o autor gravou, etc. Já um ensaio sobre a importância da bossa nova ou da tropicália para a história da MPB, discutindo aspectos melódicos, harmônicos, temáticos, bem como a influência social e os desdobramentos políticos desses movimentos, e, o que é mais importante, com o fim de satisfazer (ou suscitar) a curiosidade do leitor interessado em MPB, serve para ilustrar a crítica científica.

Por extensão, costuma-se chamar de crítica jornalística a toda análise ou comentário feitos sobre assunto de interesse público, de caráter mais ou menos objetivo, visando a orientar o leitor sobre o assunto. Conseqüentemente, o comentário político ou econômico dos jornais e telejornais, feito por jornalistas ou por especialistas convidados, assim como os livros que se propõem orientar o leitor acerca da melhor maneira de aplicar o dinheiro, são textos de crítica jornalística. É preciso notar, contudo, que a fronteira entre o científico, o jornalístico e até mesmo o literário no domínio da crítica é às vezes muito tênue.

Especialmente no domínio da ciência, o termo *crítica* tem sentido um tanto nebuloso, referindo-se às vezes a uma ciência pura, às vezes a uma ciência aplicada, e às vezes a uma técnica. Muitos teóricos da literatura costumam fazer distinção entre a teoria literária, a análise literária e a crítica literária. Segundo eles, a teoria literária constrói modelos abstratos de literatura, isto é, pesquisa o que há de comum entre todas as obras literárias para chegar a uma teoria geral da literatura, que identifique o que faz de um texto verbal qualquer uma obra literária. Já a análise literárias é a aplicação dos modelos elaborados pela teoria literária a um *corpus* determinado (uma obra ou conjunto de obras literárias específicas). Finalmente, a crítica literária é o julgamento de uma dada obra literária segundo certos cânones estéticos ditados pelo gosto. Portanto, a teoria e a análise literárias, sendo disciplinas descritivo-explicativas, se encontram na esfera da ciência, ao passo que a crítica literária é uma atividade não-científica, de caráter normativo, que avalia as obras literárias relativamente à sua adequação ou não aos cânones estéticos inferidos pela teoria e pela análise literárias. A crítica seria, assim, uma tecnologia decorrente dessas disciplinas.

Dando a essas definições um tratamento mais rigoroso, podemos admitir a existência de uma *ciência literária*, ou *ciência da literatura*, que, como a maioria das ciências, apresenta uma faceta teórica e uma faceta empírica. A ciência literária teórica corresponde àquilo que designamos por teoria literária[6]; a ciência literária empírica, que consiste na aplicação da teoria a um *corpus*, é o que chamamos de análise literária. Essa ciência literária experimental será pura, se a análise do *corpus* tiver um fim em si, ou aplicada, se visar ao fornecimento de técnicas e cânones à crítica literária ou ao ensino de literatura, por exemplo. Quanto à crítica literária, ficaria restrita ao domínio técnico, constituindo-se num tipo de discurso jornalístico ou normativo.

O caráter jornalístico da crítica pode ser reconhecido por sua estrutura modal: *fazer saber* (analisar a obra) para *fazer querer* (formar opinião contra ou a favor da obra) para *prover* (orientar a escolha do lazer literário do leitor). Seu cunho normativo reside na prescrição de uma conduta a ser adotada pelo leitor: dever ler ou deixar de ler tal ou qual obra.

Em resumo, a denominação *ciência literária* substitui com precisão e concisão a denominação *teoria e análise literária*. Quanto à denominação *crítica literária*, deve-se restringi-la à prática tecnológica do julgamento estético das obras literárias, evitando-se, pois, designar por crítica literária o estudo científico da literatura.

Analogamente, teremos para as demais atividades culturais uma ciência e uma crítica correspondentes. Falaremos, por exemplo, de uma ciência musical (ou musicologia) e de uma crítica musical, de uma ciência cinematográfica e de uma crítica cinematográfica, e assim por diante. Teremos, também, a ciência da ciência (a epistemologia) e a crítica da ciência (dentro do jornalismo científico), a ciência do esporte (educação física) e a crítica esportiva (também chamada de crônica esportiva) e, finalmente, a ciência da religião (teologia) e a crítica da religião (hermenêutica).

DESVIOS E INTERFERÊNCIAS ENTRE DISCURSOS

Como vimos até agora, cada espécie de discurso social tem uma estrutura modal própria, que traduz em termos de lógica das modalidades a definição mesma desse discurso. Dessa forma, podemos dizer que cada discurso social desempenha um papel específico na sociedade e, no que se refere à sua finalidade, os discursos sociais são pragmáticos ou hedônicos para o receptor e alguns deles – os discursos indutivos – são pragmáticos

6. O que chamamos em língua portuguesa de teoria literária os alemães chamam de *Literaturwissenschaft*, literalmente “ciência da literatura”.

principalmente para o emissor. Todavia, a comunicação humana é bem mais complexa do que qualquer tentativa científica de reduzi-la a modelos abstratos. Por isso, se em teoria é possível – e mesmo desejável – separar os discursos e tratá-los como compartimentos estanques, na prática os discursos tendem a misturar-se. Sobretudo nos meios de comunicação de massa, fica cada vez mais difícil exigir que cada tipo de discurso guarde sua pureza, sem ser contaminado por outras espécies de discurso. É comum encontrar na televisão programas jornalísticos que também entretêm, programas que misturam música, informação, prestação de serviço, e outros semelhantes. Por outro lado, muitos discursos se desviam de seu propósito original por ação, deliberada ou não, consciente ou inconsciente, do próprio emissor. Não é difícil encontrar discursos pretensamente científicos que indisfarçadamente fazem propaganda em favor de uma certa posição ideológica, com prejuízo do rigor científico; ou exemplos de arte engajada em que a finalidade propagandístico-panfletária chega quase a encobrir os propósitos estéticos; ou, ainda, discursos religiosos impregnados de conteúdo político.

Às vezes, um desvio de função num determinado discurso pode ter caráter positivo; outras vezes, tem caráter negativo, de dissimulação e manipulação, pela mentira ou ocultação da verdade, bem como de expedientes persuasivo-sedutivos emprestados de outras espécies discursivas. No primeiro caso, enquadram-se certas obras literárias, teatrais, musicais, que são, ao mesmo tempo, objetos de entretenimento e manifestos de um movimento estético-ideológico, ou discursos pedagógicos que utilizam recursos artísticos (música, personagens) para prender a atenção dos alunos e fixar melhor na memória o conteúdo da aula. Outro exemplo interessante de desvio positivo ou neutro é o uso de recursos teatrais no discurso jornalístico, como fazem certos locutores de crônica policial, para transmitir mais emoção aos seus relatos. Temos ainda um caso particularmente notável de desvio positivo nas telenovelas que embutem em seu enredo campanhas humanitárias ou de utilidade pública, como fazem alguns teledramaturgos, que veiculam em suas obras mensagens de prevenção à AIDS ou ao uso de drogas, e outras do gênero.

Dentre os desvios de função que considero negativos estão a prática do *merchandising* e o uso da propaganda subliminar no cinema e na televisão, em que se procura estimular o público ao consumo num momento em que ele deseja – e pensa estar recebendo – apenas entretenimento.[7] Nessa

---

7. *Merchandising* é a alusão a produtos reais existentes no mercado e às suas qualidades feita dentro do texto de uma obra artística (em geral, literária, teatral,

categoria de desvios estão também certos discursos científicos ou jornalísticos que lançam mão de informações imprecisas ou incorretas para tentar provar falsas teses e, conseqüentemente, induzir o público a assumir diante de uma determinada questão certas posições que não assumiria se tivesse acesso à verdade. Outro exemplo de desvio negativo são os discursos em que políticos em final de mandato prestam contas à população, enaltecendo de forma muitas vezes mentirosa suas realizações e ocultando de modo descarado as mazelas de sua gestão. Temos ainda o discurso religioso que faz proselitismo por meio de falsos milagres e de promessas enganosas de solução para os problemas humanos. Finalmente, temos uma forma perigosíssima – porque dirigida a um público inocente e indefeso – de manipulação discursiva no ensino inculcador de ideologia, presente na maioria dos regimes totalitários, em que o governo, detentor do poder sobre as escolas, procura doutrinar as crianças desde a mais tenra idade em favor do Estado e da classe dirigente, como é o caso das aulas de alfabetização ministradas sob ordens do governo invasor chinês às crianças tibetanas, as quais aprendem a ler e escrever com frases como "Eu amo o Partido Comunista Chinês".

O tipo mais freqüente de interferência se dá entre discursos por natureza informativos e discursos por natureza indutivos ou doxológicos. O *fazer crer* e o *fazer querer* acabam surgindo em discursos cuja modalidade dominante deveria ser o *fazer saber*. (Um exemplo típico disso e que todos conhecem são as "reportagens" que certos telejornais costumam fazer sobre os próprios programas da emissora, as quais têm caráter muito mais publicitário do que jornalístico.) A explicação desse fenômeno é que o homem discursa muito mais para convencer-se a si próprio e aos outros do que propriamente para comunicar idéias. Por mais neutros e imparciais que tentemos ser, nossos discursos vão sempre refletir nossas crenças íntimas, nossos valores pessoais, nossa particular visão de mundo, quer queiramos ou não, quer nos demos conta disso ou não. Ademais, todo ser humano tem a tendência a absolutizar seu ponto de vista, isto é, a acreditar que está sempre mais próximo da verdade do que os outros seres humanos. O máximo que podemos fazer é ter consciência desse fato, que parece fazer parte da própria condição humana.

---

cinematográfica ou teledramatúrgica). A propaganda subliminar, que atualmente está proibida na maioria dos países, consiste na inserção num texto de mensagem publicitária não perceptível pela consciência, que fica gravada no inconsciente do espectador.

Um alerta importante: não se deve confundir a interferência entre discursos culturais e utilitários com os discursos da cultura aplicada. Os mistérios medievais são um exemplo de arte aplicada, já que eram representações teatrais encenadas com o propósito deliberado de propagar e reiterar o discurso religioso. Nesse caso, o teatro e suas componentes hedônicas constituíam um instrumento – portanto, um meio – para se chegar a um fim utilitário: a doutrinação religiosa. Ao contrário, um discurso sofre desvio ou interferência quando assume, deliberadamente ou não, a estrutura modal de outro discurso, de forma camuflada ou de maneira que isso pareça não intencional.

O UNIVERSO DAS PRÁTICAS HUMANAS – SISTEMATIZAÇÃO

O esquema a seguir procura traçar de forma sistemática o panorama geral das práticas humanas, que se divide, numa primeira etapa, no universo da natureza, lugar do instinto e da determinação biológica; e no universo da antropocultura, lugar do aprendizado e da comunicação, o qual se compõe, por sua vez, das práticas discursivas e não-discursivas. As práticas discursivas podem ser sociais ou não-sociais, e as práticas discursivas sociais podem ser culturais ou técnicas.

- universo das práticas humanas
  - natureza
  - antropocultura
    - discursos sociais culturais
      - discurso da ciência pura
      - discurso da arte pura
      - discurso do esporte puro
      - discurso da religião pura
    - discursos sociais técnicos
      - discurso da ciência aplicada
      - discurso da arte aplicada
      - discurso do esporte aplicado
      - discurso da religião aplicada
      - discurso político
      - discurso publicitário
      - discurso jornalístico
      - discurso pedagógico
      - discurso terapêutico[8]
      - discursos especializados
        - discurso jurídico
        - discurso médico
        - discurso tecnológico
        - discurso burocrático
        - discurso econômico
        - ...
    - práticas não-discursivas e discursos não-sociais

8. O discurso terapêutico aqui arrolado entre os discursos sociais é o dos livros, vídeos, palestras e cursos de auto-ajuda dirigidos ao grande público e não o discurso terapêutico individual, confinado aos gabinetes psicanalíticos, que é, evidentemente, um discurso não-social. (Ver a nota 5 deste capítulo.)

Por discursos especializados entendemos aqueles discursos técnicos (utilitários) característicos de uma determinada atividade profissional que, por serem freqüentemente dirigidos ao público e veiculados nos meios de comunicação de massa, assumem o caráter de discursos sociais. O discurso da lei, embora tenha sido criado para ser um discurso social (já que o conhecimento da lei deve ser de domínio público), foi tão contaminado ao longo do tempo pelo jargão jurídico que se tornou um discurso especializado. Da mesma forma, os discursos da medicina, da engenharia, da economia, bem como os jargões policial, burocrático, diplomático, etc., também são exemplos de discursos especializados que, por força de sua divulgação nos meios de comunicação de massa, tornaram-se discursos sociais.

Se nos ativermos agora apenas às atividades culturais, podemos sistematizar suas características numa tabela como a da figura 17.1, que procura resumir as idéias aqui apresentadas sobre o assunto.

ATIVIDADE CULTURAL	Ciência	Arte	Esporte	Religião
ATITUDE SOBRE A REALIDADE	descrever/ explicar o mundo imanente (natural e social)	imitar/emular o mundo imanente/ transcendente (ficcional)	imitar/emular o mundo imanente (natural e social)	descrever/ explicar o mundo transcendente (sobrenatural)
OBJETIVO	conhecimento	beleza	vitória	autoconhecimento
PROCESSOS COGNITIVOS UTILIZADOS	percepção e razão	percepção e emoção	percepção e ação	emoção e intuição
PRINCIPAL INTELIGÊNCIA UTILIZADA	inteligência lógica (raciocínio)	inteligência emocional (sensibilidade)	inteligência motora (agilida-de)	inteligência intuitiva (espiritualidade)
OBJETO	geral e abstrato	particular fictício	particular fictício	geral e abstrato
PONTO DE VISTA SOBRE O OBJETO	objetivo (veridicção)	subjetivo (verossimilhança)	subjetivo (verossimilhança)	objetivo (veridicção)
TIPO DE LINGUA-GEM UTILIZADA	predominante-mente verbal	várias	gestual	predominante-mente verbal
MODALIDADE DE BASE	saber	parecer	fazer	crer
PROCESSO BÁSICO	descoberta	criação	competição	revelação
NECESSIDADE EXISTENCIAL BÁSICA	curiosidade	criatividade/ sensibilidade	competitividade/ agressividade	religiosidade/ espiritualidade
FUNÇÃO PREDOMINANTE	epistêmica	estética	lúdica	mística
INSTÂNCIA DE CRIAÇÃO	pesquisador	autor	treinador	místico
INSTÂNCIA DE EXECUÇÃO	divulgador	intérprete	competidor	pregador

FIGURA 17.1: Quadro geral da cultura.

18 A CULTURA E SUA RELAÇÃO COM O PÚBLICO

A PAIXÃO NAS ATIVIDADES CULTURAIS

Como as atividades culturais estão diretamente ligadas ao princípio do prazer, é natural que nelas, muito mais do que em qualquer outra atividade, a mensagem exerça um apelo emocional em relação ao seu receptor. Os discursos da esfera da cultura têm a propriedade de induzir a certos estados de alma que discursos de outra natureza não têm por função suscitar. É claro que qualquer discurso pode provocar emoções: uma notícia de jornal narrando uma tragédia pode ser bastante comovente. Além disso, vimos que o jornalismo também assume às vezes um caráter mais hedônico. Mesmo a política, que é uma atividade pragmática por excelência, tem um forte viés passional. Os comícios políticos são eventos de massa que atraem um público que vibra, aplaude, vaia, grita. Muitos eleitores até mesmo tornam-se militantes políticos e atuam de forma engajada nas campanhas por pura paixão por uma causa, que julgam personificada por um candidato ou partido.

Entretanto, é nas atividades culturais que esse fenômeno da mobilização emocional das massas ocorre de maneira mais freqüente e visível. Os espetáculos artísticos e os eventos esportivos, em especial, são exemplos de acontecimentos sociais que congregam centenas, às vezes milhares de pessoas, como é o caso de certos shows de música popular ou partidas de futebol, que lotam grandes estádios. Outros eventos culturais de menor magnitude, mas não por isso menos significativos com respeito à concentração social, são os espetáculos teatrais, os concertos de música erudita, os chamados "programas de auditório" da televisão, as partidas de basquetebol e de tênis, as provas automobilísticas, os cultos religiosos e algumas palestras científicas.

Paralelamente a essas manifestações de afluência de público, se dá a organização dos apreciadores dessas práticas culturais em torno de agremiações como fã-clubes, torcidas organizadas, confrarias religiosas, sociedades científicas, etc. Essas agremiações contribuem muito para difundir uma determinada prática cultural e promover a imagem de seus praticantes. Algumas delas mantêm até mesmo acervos documentais sobre a história de determinado artista, esportista, time, etc. A organização dos aficionados em volta dessas agremiações leva, amiúde, ao surgimento de uma rivalidade entre facções comparável à dos militantes políticos, mas por vezes mais animosa e agressiva. É nesse quadro que se inserem desde a rivalidade entre fãs de artistas até os conflitos entre torcidas organizadas de futebol, as guerras de gangues de funkeiros, as agressões praticadas por membros de uma seita religiosa a membros de outras seitas, etc.

Outro fenômeno importante ligado às práticas culturais é o culto à personalidade, ou idolatria, que se traduz na elevação do emissor do discurso à condição de ídolo. A idolatria surge a princípio no discurso religioso, em que a veneração de um ídolo é parte da própria prática mística. No entanto, esse ídolo é originalmente um ser sobrenatural, uma divindade etérea que se manifesta nos fenômenos meteorológicos (relâmpago, trovão); mais tarde, passa a ser uma divindade antropomorfa de existência lendária, e depois um ser humano elevado à condição de divindade, como os imperadores romanos e os santos católicos. Finalmente, algumas religiões adoram personalidades vivas como o Dalai Lama, que são vistas como encarnações da divindade. Além disso, com o advento da cultura de massa, muitos pregadores, como Rex Humbard ou o Padre Marcelo Rossi, acabam por tornar-se uma espécie de *pop stars.*

Nas artes, pode-se dizer que a admiração do público por músicos, atores, bailarinos, escultores, etc., existe desde que existe a arte. Todavia, é a partir do século XIX, com o movimento romântico e o triunfo da sociedade burguesa, que o artista passa efetivamente a cultivar junto ao público a imagem do gênio criador, do homem sensível e por vezes temperamental, do "eleito dos deuses" para levar a alegria e a felicidade à humanidade. Isso se retrata na própria imagem pública cultivada por muitos artistas daquele período (homens beberrões, boêmios e doentios, de cabelos longos e desgrenhados). O fato é que, durante a Idade Média e até o século XVIII, os artistas eram em geral membros da corte – os monarcas e nobres costumavam manter em seu séquito poetas, músicos, dançarinos, etc. –, freqüentemente equiparados a criados e servos. (Na corte austríaca, por exemplo, era comum que músicos como Mozart e Haydn trajassem libré.)

A partir do Renascimento, muitos artistas passaram também a ser apadrinhados por mecenas, os quais eram em geral grandes aristocratas ou burgueses opulentos. Após a Revolução Francesa, com o fim do Antigo Regime, os artistas se tornaram trabalhadores autônomos, e a perda do patrocínio aristocrático os obrigou a vender sua arte diretamente ao público. Como a arte é uma atividade hedônica, isto é, uma forma de entretenimento, e, portanto, algo prescindível (embora, como já disse mais de uma vez, a vida sem entretenimento seria insuportavelmente entediante), o artista precisa seduzir seu público para poder vender-lhe seu produto, tal qual faz hoje o discurso publicitário. Assim, o artista precisa induzir no público algum tipo de culto à sua personalidade pela via do apelo à emoção. Já que a obra artística é fundamentalmente o produto da expressão dos sentimentos do artista (não importa se verdadeiros ou fictícios) com o objetivo de provocar no público outros tantos sentimentos, é natural que o artista seja visto pela sociedade como alguém que faz de sua própria subjetividade o objeto de seu trabalho, alguém cuja profissão é falar de si mesmo. Para muitos, não apenas a obra, mas a própria vida do artista é um objeto digno de contemplação.

Apesar de ter suas origens no século XIX, foi com o advento da cultura de massa, no início do século XX, que a adoração de artistas (sobretudo nas artes cuja difusão está ligada às mídias de massa, como a música popular e o cinema) tornou-se fenômeno significativo do ponto de vista social. O estímulo pela indústria cultural ao culto à personalidade do artista passou a ser garantia de boa vendagem dos produtos culturais. A idolatria deixou de ser um fato marginal e paralelo à atividade artística, mas tornou-se componente intrínseco da própria manifestação das modalidades de arte mais populares.

Também ao início do século XX remonta a explosão de certos esportes como fenômenos de massa. Isso fez com que a figura do esportista fosse pouco a pouco assumindo perante o público o mesmo *glamour* de que desfrutam os atores de cinema e os cantores populares. Não que os bons gladiadores romanos ou cavaleiros medievais não cativassem também a simpatia do público por seus feitos admiráveis, mas, sem dúvida, o mundo jamais conheceu efervescência social ligada ao esporte comparável à que vivemos contemporaneamente. O atleta moderno substitui o herói antigo, e seus feitos na arena esportiva comparam-se às grandes façanhas militares do passado. Numa época como a nossa, em que o avanço tecnológico torna as guerras cada vez menos românticas e, portanto, palcos cada vez menos propícios à prática do heroísmo, a belicosidade do ser humano parece ter-se transferido para as disputas esportivas; conflitos, por sinal, bem mais saudáveis que a guerra.

Nos esportes grupais, venera-se a equipe como se fosse o exército pátrio em combate contra o inimigo. De certa forma, o que une o torcedor ao time é um sentimento comparável ao patriotismo, ao amor à nação (daí se falar em nação corintiana, nação rubro-negra e coisas desse gênero). Por essa razão mesma, os times possuem bandeiras, hinos e uniformes. Esse sentimento se torna mais evidente quando quem está em campo é a seleção do país, a própria encarnação da nacionalidade, tanto que é praxe nos certames esportivos de âmbito internacional o hasteamento das bandeiras e a execução dos hinos nacionais dos países participantes.

Na arte e no esporte, atividades predominantemente hedônicas, a obra está irrenunciavelmente ligada ao autor. Por isso, o prazer produzido no público pela obra artística ou pela façanha esportiva converte-se em paixão e idolatria pelo criador ou pelo herói, alçados ao posto de ídolos populares. Tal fato sucede porque o público tende a ver na figura do emissor a fonte de prazer que, na verdade, emana do próprio discurso. Muitas vezes, como no caso do cantor em relação ao compositor, o emissor do discurso não é seu autor, mas seu intérprete, o qual, por dar vida a esse discurso e por sua exposição direta ao público, acaba tornando-se um fetiche, uma espécie de objeto sexual (ainda que o apelo sexual não esteja explícito). Dessa forma, o prazer que o ídolo artístico ou esportivo proporciona ao público converte-se em amor do público para com esse ídolo.

Na arte, o público, não raro, confunde ator e personagem. Mesmo que o espectador tenha consciência de que se trata de uma obra de ficção, tende a ver no sujeito do discurso o próprio sujeito da mensagem, tende inconscientemente a associar à personalidade do ator traços da personalidade do personagem. Não é à toa que os atores que representam heróis – os chamados galãs – desfrutam sempre de mais popularidade que os intérpretes de vilões. Essa simbiose mágica ator–personagem não se restringe às artes dramáticas, como o teatro e o cinema, mas ocorre também na literatura, na música, na fotografia e outros.

Em certas religiões, o processo de idolatria pode dar-se em sentido inverso. No cristianismo, o alvo da adoração não é o verdadeiro autor-intérprete do discurso (o sacerdote), mas a figura do Cristo e dos santos. Mesmo os pregadores carismáticos, que realizam milagres e incitam à histeria coletiva, são cultuados sempre como porta-vozes da divindade. Quando um pregador passa a ser venerado em si mesmo e não pelo deus que representa, temos uma situação que é tida por muitas religiões como desvio e, portanto, como pecado.

O culto à personalidade também ocorre na ciência, embora de forma no mais das vezes tão discreta que chega a passar despercebida como fenômeno social. Uma exceção a essa regra é Albert Einstein, o cientista mais popular de todos os tempos, praticamente guindado à condição de *pop star*, a ponto de aquela sua famosa imagem com a língua de fora ter-se tornado um ícone da cultura de massa, comparável às fotos dos Beatles ou de Che Guevara.

O fato é que, em maior ou menor grau, todos os grandes pensadores da humanidade fizeram adeptos e seguidores, não só entre seus pares, mas também entre o público em geral. É evidente que os discípulos de Sócrates tinham no mestre um ídolo; é igualmente evidente o séquito de adeptos e admiradores que filósofos como Kant, Nietzsche ou Marx fizeram ao longo do tempo (e fazem ainda hoje).

Embora menos freqüentemente, expoentes das ciências naturais também têm sido alvos da admiração e do culto de seus seguidores. Aqueles que amam uma ciência, mesmo sem ser praticantes, acabam inevitavelmente reverenciando os homens que fizeram dessa ciência o que ela é. Basta assistir a qualquer conferência aberta ao público proferida por algum cientista importante para se ver uma discreta multidão de curiosos – leigos porém ávidos de conhecimento – se aglomerar em auditórios e anfiteatros às vezes muito pequenos para a dimensão desse tipo de evento; ao término deste, muitos se dirigem ao conferencista para pedir um autógrafo, mais ou menos como os fãs fazem com os artistas.

Ao contrário, no âmbito da ciência aplicada e da tecnologia, dado o seu caráter utilitarista, é natural que as pessoas não dêem grande importância às descobertas científicas e menos ainda a seus descobridores. Todos utilizam diariamente a eletricidade, mas quem se lembra de Thomas Edison quando acende a luz? Para o cidadão comum, é o progresso material possibilitado pelas descobertas da ciência aplicada o que realmente importa, e não o discurso científico que as produz e, por conseguinte, proporciona esse progresso. Fica claro, portanto, que a idolatria na ciência se restringe à ciência pura e particularmente àqueles cientistas que têm a ousadia de dedicar-se à divulgação do conhecimento entre as massas.

Toda sociedade tem três tipos fundamentais de líderes: os líderes políticos (estadistas, guerreiros, heróis nacionais), que governam os destinos do povo; os líderes econômicos (como os senhores feudais na Idade Média e os empresários modernos), que impulsionam a vida econômica e muitas vezes são os vetores do progresso material; e os líderes espirituais (artistas, esportistas, intelectuais e religiosos), que fornecem modelos de comportamento e de pensamento. É acima de tudo sobre estes últimos que recai a idolatria das massas.

O ídolo, seja ele o herói esportivo, o galã do cinema, o avatar ou o gênio pensador, representa de toda forma um elo entre o homem e a divindade, entre o natural e o sobrenatural. É alguém que, sendo homem e mortal, possui atributos ou habilidades que o diferenciam dos homens comuns e que o tornam, pela fama, imortal e exemplo a ser seguido. Os ídolos, especialmente os artistas e os esportistas, desempenham importante papel na adolescência, fornecendo aos jovens modelos de comportamento – nem sempre recomendáveis, por sinal. Seja como for, o ídolo é a criatura, nem sempre real, em que o ser humano se inspira quando ainda está formando sua personalidade. Psicanaliticamente falando, o ídolo possui aquilo que falta ao seu admirador: é aquele que completa, é o falo, a representação paterna, o objeto da libido.

Pode-se dizer que a paixão do fã por um ídolo é da mesma natureza que a paixão entre um homem e uma mulher. Embora o desejo sexual não esteja explícito (principalmente se o fã e seu ídolo são do mesmo sexo), ele existe, de tal modo que a idolatria não deixa de ser uma projeção da libido. Não por acaso, a palavra *paixão* deriva de *padecer*: a paixão é um estado mórbido, embora prazeroso, do psiquismo. O "agradável sofrimento" representado pela paixão resulta de um processo de identificação entre o sujeito e seu objeto de desejo, ou seja, é uma tentativa de incorporação do objeto pelo sujeito. Em termos mais simples, amar ou idolatrar alguém é, em última instância, desejar ser essa pessoa. "Transforma-se o amador na coisa amada..." diz o famoso verso de Camões, que sabiamente identifica a paixão a uma tentativa de transformação ou de transubstanciação do amador na coisa amada. Como, na prática, essa transformação é impossível, paixão torna-se sinônimo de dor. Em alguns casos patológicos, a constatação da impossibilidade de se transformar na pessoa amada conduz o sujeito ao suicídio ou ao assassinato do ser amado (respectivamente, destruição do sujeito ou do objeto de desejo).

Às vezes, a idolatria pode resultar num quadro psicótico em que o sujeito crê de tal modo ser o próprio objeto de seu desejo que este passa, por sua vez, a ser visto como um simulacro. Um caso típico de psicose idolátrica é representado pelo assassinato de John Lennon. Mark Chapman, o assassino, acreditava ser o próprio Lennon; conseqüentemente, o verdadeiro Lennon era visto pelo psicopata como um impostor que devia ser destruído.

Em muitos casos, a identificação do fã com seu ídolo conduz a uma espécie de perda da própria identidade: é o caso de certos fãs de Elvis Presley ou de Michael Jackson que se travestem como seus ídolos. A verdade é que, como todos nós temos um instinto de competição, uma curiosidade sobre o mundo físico (incluindo o domínio do humano) e metafísico e, sobretudo, o desejo de viver outras vidas, quem sabe mais emocionantes e menos tediosas que a nossa, e como em geral não podemos satisfazer esses impulsos diretamente, é por isso que nos projetamos nos atletas, artistas, cientistas e místicos, exatamente porque eles são as pessoas que vivem as experiências que gostaríamos de vivenciar e podem transmiti-las a nós por meio de seus discursos. Assim, a vitória do atleta ou time pelo qual torcemos é a nossa vitória, a vida do personagem com o qual nos identificamos é a vida que queríamos viver, as visões da realidade transcendente reveladas pelos místicos e o conhecimento empírico fornecido pelos estudiosos constituem as respostas que sempre buscamos.

Paralelamente ao fenômeno da idolatria, temos o reverso da moeda: a egolatria por parte das figuras públicas. O artista, o esportista, o intelectual, o jornalista, o político, o líder religioso são, amiúde, pessoas que têm como traço psicológico marcante uma personalidade egolátrica. Não raro, ser alvo de admiração e mesmo de adoração públicas leva o indivíduo a tornar-se ídolo de si próprio. Além disso, são pessoas que desejam e tentam influenciar a sociedade com seu pensamento e com seu discurso, e esperam da sociedade uma resposta favorável: apoio, admiração, aplauso, etc. Por isso, a sociedade freqüentemente identifica esses profissionais como pessoas vaidosas e autocentradas, que se preocupam demasiadamente com a própria imagem. Sem ser regra geral, a egolatria é, entretanto, bastante comum, sobretudo nas profissões culturais.

Como se pode ver, a cultura é basicamente movida pela paixão e faz das paixões humanas sua matéria-prima. E já que estamos falando em paixão, qual o papel da paixão na ciência? A arte, o esporte e a religião evidentemente causam prazer porque lidam diretamente com a emoção das pessoas; no entanto, onde está a emoção no discurso científico? Ora, dissemos anteriormente que existem dois tipos de discurso científico: o discurso endocêntrico, aquele voltado para a própria comunidade científica, e o discurso exocêntrico, voltado para a sociedade como um todo. Lamentavelmente, ainda hoje a maior parte dos discursos científicos é do primeiro tipo; apenas uma pequena parcela desses discursos destina-se à divulgação entre o público leigo. Entretanto, é exatamente esse tipo de discurso, minoritário e excepcional, que confere à ciência seu verdadeiro *status* de atividade cultural, pois é aí que a ciência se iguala à arte, ao esporte e a religião, como discurso aberto a todos e cuja missão principal é a satisfação gratuita da curiosidade, logo, a geração de prazer. E é claro que, quando um cientista ou uma equipe de cientistas decide produzir um trabalho de divulgação, seja um artigo, um livro, um vídeo ou um filme, há dois objetivos em vista: atingir o maior público possível e, conseqüentemente, obter o maior retorno financeiro possível (até para cobrir os custos desse tipo de projeto, nem sempre financiado pelas universidades ou pelo governo). Para atingir esses objetivos, o texto produzido tem de ser atraente, tem de conter emoção, tem de tornar a aquisição do conhecimento algo prazeroso. Essa é a filosofia da maioria dos documentários científicos que vemos na televisão, e igualmente dos livros de ciência que se tornaram *best sellers.*

Já que a ciência é basicamente um discurso e já que sua missão não é apenas produzir, mas sobretudo transmitir conhecimento, a eficácia em transmitir esse conhecimento deve ser, sem dúvida, um dos critérios fundamentais de valoração de um texto científico. Como o conhecimento de nada vale se não estiver sob forma em que possa ser assimilado, o bom texto científico não apenas contém informação relevante, mas transmite essa informação de modo eficaz, isto é, de modo agradável. Como vimos, o problema é justamente que a maioria dos cientistas passa a maior parte do tempo discursando para a própria academia, e por isso acaba não exercitando aquela que deveria ser uma das mais importantes qualidades do sábio: a capacidade de comunicação.

O encasulamento da universidade em relação à sociedade, o isolamento da elite universitária, a estreita convivência da ciência pura com a ciência aplicada e a tecnologia no seio da universidade, bem como o tecnicismo excessivo destas, tudo isso contribui para o aprofundamento do hiato existente entre a academia e a sociedade, o qual foi aos poucos se transformando num abismo intransponível. Nesse ambiente hermético, há um considerável desestímulo à comunicação com a sociedade leiga. A capacidade e a habilidade de transmitir o conhecimento produzido, não apenas aos estudantes universitários, mas à multidão dos cidadãos não-iniciados, não costuma sequer ser um dos requisitos exigidos pela universidade aos seus pesquisadores. Embora a busca do conhecimento seja movida pela paixão, falta justamente paixão à maior parte dos discursos científicos, talvez porque os cientistas usem de paixão para pesquisar mas não para relatar aos outros o resultado de sua pesquisa, ou então porque se esqueçam de que o público leigo, sequioso de saber, também busca o conhecimento de forma apaixonada.

Segundo o físico José Goldemberg, freqüentemente a pesquisa científica não é motivada pela curiosidade e pela paixão pela ciência por parte dos cientistas, mas sim é realizada em virtude das recompensas significantes que pode propiciar aos pesquisadores. Essa atitude é mais característica da ciência aplicada, mas ocorre também e infelizmente na ciência pura.

O PAPEL DO MARKETING NA DIFUSÃO DA CULTURA

Uma das principais conseqüências do advento da sociedade de massa foi o surgimento de uma "cultura de mercado", em que todos os bens da humanidade, incluindo a informação e os bens culturais, passaram a ser considerados como bens de consumo, que devem, portanto, ser comercializados. O crescimento das dimensões e da complexidade do mercado, sobretudo após a Revolução Industrial, que permitiu a oferta de bens materiais em grande escala, tornou também a comercialização desses bens mais complexa. Tal fato exigiu que os processos de produção e de comercialização de bens materiais no mercado se tornassem objeto de uma disciplina científica, o marketing, cujo objetivo seria otimizar esses processos. Sua tarefa básica é acompanhar a trajetória do produto, desde sua concepção, passando por sua fabricação e distribuição até o consumidor final, tentando ao mesmo tempo tornar o produto o mais adequado possível às necessidades e desejos do consumidor e estimular este último ao consumo do produto oferecido.

Não apenas os bens materiais – artesanais ou industrializados – foram elevados à condição de produtos mercáveis, mas também os bens não-materiais (bens espirituais ou bens culturais) tornaram-se objetos de consumo de massa. É, pois, natural que o marketing tenha chegado a setores da vida social que antes pareciam totalmente desvinculados da idéia de compra e venda. À guisa de ilustração, o marketing político surgiu como auxiliar do discurso político tradicional. Seu objetivo é "vender" um produto não-material, que é a imagem de um candidato ou de um partido político. Para conseguir tal objetivo, o marketing foi aproximando cada vez mais o discurso político do discurso publicitário, tratando um político ou uma plataforma de ação como um produto que precisa, de um lado, adequar-se às demandas do mercado (no caso, o eleitorado), isto é, oferecer o que o público quer, e, de outro lado, tentar criar para o produto uma disposição psicológica favorável do mercado, vale dizer, conquistar a simpatia dos eleitores para o político e sua plataforma. Desde que a política descobriu o marketing – ou o inverso –, o discurso político entrou em simbiose com o discurso publicitário, o qual não hesita em lançar mão de argumentos emocionais e em apelar para a paixão, tornando assim o processo político um processo hedônico.

Igualmente, a implantação da sociedade de massa deu origem ao fenômeno da indústria cultural. Até o século XIX, o único bem cultural produzido em escala relativamente larga eram os livros; mesmo assim, sua circulação na sociedade ainda era um tanto restrita. O aparecimento dos meios de comunicação de massa permitiu a difusão da cultura numa dimensão nunca antes imaginada. Paralelamente, os novos processos de registro e transmissão da informação (fotografia, cinema, fonógrafo) deram origem a novas formas de linguagem e, conseqüentemente, a novas formas de arte, além de permitir que manifestações como a música e o teatro fossem registradas diretamente. (Até então, a única maneira de registrar uma peça musical ou teatral era por meio da escrita, ou seja, por partituras ou roteiros.) Mais ainda, tais processos permitiram a reprodução massiva de uma obra artística ou intelectual. Com isso, a produção cultural, que até então era consumida quase totalmente por uma pequena elite culta e rica, passou a ser dirigida a um público muito maior e de características muito mais heterogêneas. Tudo isso contribuiu para que os bens culturais se tornassem bens de consumo de massa, industrializados e reproduzíveis *ad infinitum*.

Nesse contexto, os bens culturais também passaram a ser objeto dos estudos de marketing: surge o marketing cultural. Com efeito, para ser comercializado, o produto cultural precisa ser divulgado, precisa ter seu consumo estimulado por intermédio da publicidade, donde resultam campanhas publicitárias tendo como objeto produtos artísticos e intelectuais. Por outro lado, esses produtos também precisam, de sua parte, tentar adequar-se às demandas do público. Isso leva os estrategistas de marketing a interferir no próprio processo de criação dos bens culturais, vale dizer, interferir no próprio modo como o artista ou intelectual elabora seu discurso, pois este deve atrair o maior público possível. Assim, a lógica da produção cultural acaba sendo atropelada pela lógica do capitalismo, que é a da maximização do lucro.

É forçoso dizer que a convivência dessas duas lógicas nem sempre é de todo pacífica: por vezes, os interesses conflitantes do artista ou intelectual e do capitalista acabam por chocar-se, levando à marginalização de determinadas formas de cultura vistas como menos comerciais, isto é, menos vendáveis. Como resultado, à margem da cultura de mercado surgem, de um lado, uma cultura de elite, aparentemente descomprometida com o retorno financeiro de sua produção, e, de outro, uma espécie de "guetos da não-cultura", na verdade, manifestações culturais dos grupos sociais marginais, alijados do mercado de consumo e vistos com preconceito tanto pela cultura de mercado quanto pela cultura de elite.

Como já dissemos, a civilização de massa é uma realidade inelutável. Podemos e devemos, certamente, ter um olhar crítico para ela, mas não podemos negar sua existência. Nas sociedades pós-industriais da atualidade, todos os processos sociais, até a produção cultural, estão submetidos às leis de mercado, isto é, às leis de consumo. A política, a administração pública, a saúde, a educação, o acesso à informação, a ciência, a arte, o esporte e mesmo a religião são hoje atividades que dependem, direta ou indiretamente, do mercado. Em qualquer desses setores está sempre presente a idéia de consumo.

Assim sendo, a cultura tornou-se, também, um artigo de consumo, um bem que, para continuar existindo, precisa ser vendido à sociedade. Por menos comprometido com o lucro que um artista ou produtor cultural esteja, é sempre necessário oferecer ao mercado um produto minimamente viável quanto ao aspecto comercial. Resulta daí a intervenção dos princípios do marketing na concepção e principalmente na comercialização do produto cultural. Surge, então, um marketing artístico, também chamado erroneamente de marketing cultural, responsável pela divulgação e pelo estímulo à procura de livros, discos, filmes, museus, peças teatrais, espetáculos de dança, etc.

Por outro lado, a eclosão do esporte como fenômeno de massas ensejou o surgimento do marketing esportivo, cujo papel é divulgar eventos esportivos, incentivando o comparecimento do público, bem como viabilizar financeiramente tais eventos, pela busca de patrocínios. Até mesmo algumas religiões têm feito uso do marketing, embora não seja tão usual falar-se de "marketing religioso". Seja como for, o grande crescimento apresentado pelas seitas evangélicas em todo o Ocidente, que se utilizam dos meios de comunicação, pode testemunhar tal uso. É que essas seitas perceberam que a fé também é um tipo de demanda social e que, portanto, a palavra de Deus também pode ser um produto de consumo. Daí o empreendimento de uma cuidadosa estratégia mercadológica que visa a atrair mais e mais fiéis, oferecendo-lhes aquilo que eles mais esperam da religião: a solução milagrosa de seus problemas.

Essa estratégia envolve a publicação massiva de livros e periódicos de conteúdo religioso, a veiculação de programas religiosos no rádio e na televisão, bem como a maciça propaganda nos meios de comunicação. Como a cobrança direta de dinheiro pela prestação de serviço religioso é considerada imoral em nossa sociedade, essas seitas recorrem à figura da contribuição "espontânea" dos fiéis. (É evidente que a incorporação ao discurso religioso de artifícios persuasivos próprios dos discursos indutivos contribui em muito para encorajar a generosidade dos fiéis.)

Sem dúvida, o aspecto lucrativo dessas seitas põe em questão um preceito moral, o da não-mercantilização da fé. Não entrarei no cipoal cerrado da discussão sobre essa questão ética; quero apenas focalizar a eficácia da difusão do discurso religioso mediante o uso do marketing e dos meios de comunicação de massa. Assim, se o ganho financeiro pessoal dos sacerdotes é objeto de controvérsia moral, parece ponto pacífico que a massificação da fé nada tem de imoral; ao contrário, toda doutrina religiosa prega a necessidade de sua própria expansão. Desde que aceitemos a religião como manifestação legítima e reconheçamos seu lugar na sociedade, não podemos condená-la por tentar se autopromover. O marketing passa a ser, então, mais um instrumento a favor do proselitismo religioso.

Dentre os discursos culturais, o discurso científico ainda é o menos difundido. Mesmo assim, a partir do momento em que esse discurso começa a se aproximar da linguagem comum, em que os intelectuais e autores científicos começam a dirigir seu discurso a um público mais amplo e menos especializado, em que a publicação de livros de popularização da ciência deixa de ser um fenômeno editorial esporádico, em que os documentários científicos proliferam na televisão, creio que já se pode falar sobre uma nova modalidade de marketing: o marketing científico. Hoje, a promoção mercadológica dos produtos científicos (livros, filmes, vídeos, palestras, etc.) ainda está a cargo do chamado marketing cultural, o qual, como vimos, é fundamentalmente um marketing artístico, visto que a grande maioria dos produtos culturais por ele incentivados é de natureza artística. Por isso mesmo, os promotores culturais têm muito mais habilidade para promover obras e eventos de arte do que obras e eventos de ciência.

Contudo, com o crescimento dos produtos culturais científicos, é natural prever para breve a cisão do marketing cultural em marketing artístico e marketing científico. Na verdade, o próprio surgimento dessa modalidade de marketing auxiliará a alavancar o crescimento do mercado de produtos culturais científicos. Esse fato, que já é realidade em alguns países desenvolvidos, tenderá a tornar-se mundial. Isso implicará a proliferação de profissionais de marketing especializados na promoção de livros de divulgação científica e de ensaios, de programas de TV sobre ciência e de eventos públicos, como palestras e conferências, destinados ao público em geral.

O princípio básico a ser adotado pelo marketing científico é o de que o conhecimento, e sobretudo o discurso que o contém, é um produto como outro qualquer, bastando que se estabeleça como alvo desse produto o público em geral e não somente o público especializado. Isso evidentemente exige ajustes de ambos os lados. O produto deve, de certa forma, adaptar-se ao público, adequando sua linguagem e suas estratégias discursivas a um destinatário que não conhece nem precisa conhecer profundamente o assunto e que, portanto, busca basicamente prazer e entretenimento. O público, por sua vez, deve ser persuadido e seduzido pelo discurso, mas, antes de tudo, estimulado ao seu consumo, o que se consegue pela propaganda. Mas o elemento catalisador desse processo é, sem dúvida, a vontade e a decisão de efetivamente falar para as massas e de colher os dividendos dessa decisão, que já vêm sendo colhidos pelos profissionais da arte, do esporte e mesmo da religião.

Nesse sentido, as perspectivas para o século que se inicia são promissoras. Diversas pesquisas e levantamentos sinalizam o interesse crescente que o tema *ciências* vem despertando no público não-especializado. Vejamos alguns dados a respeito, publicados no *Jornal da Ciência*, órgão jornalístico da SBPC (Sociedade Brasileira para o Progresso da Ciência).

1) Segundo Annick Demeule, secretária-geral da Conferência Internacional de Audiovisual Científico de Paris e diretora do Departamento de Pesquisa e Promoção do Centro Nacional da Pesquisa Científica da França, o mercado de audiovisuais científicos é promissor, tendo havido um aumento de demanda por esse tipo de produto nesta virada de século, especialmente na TV (*Jornal da Ciência*, 27 de junho de 1997).

2) O documentário científico *Microcosmos: fantástica aventura da natureza*, dos biólogos franceses Claude Nuridsany e Marie Pérennou, conquistou a crítica e o público, levando a ciência ao circuito comercial de cinema. Na primeira semana de exibição, a sala de cinema do Rio de Janeiro onde o filme foi apresentado registrou quase 1.700 espectadores, um número considerado bom, especialmente numa época em que o mercado de cinema não estava muito em alta. Posteriormente, trechos desse filme foram exibidos pelo programa *Fantástico*, da Rede Globo (*Jornal da Ciência*, 27 de junho de 1997).

3) As *homepages* da Nasa foram consultadas por milhares de pessoas interessadas em saber mais sobre o planeta Marte e as últimas descobertas realizadas graças ao robô Sojourner, desembarcado naquele planeta pela nave Mars Pathfinder. Isso corrobora a afirmação do astrônomo norte-americano Carl Sagan de que tudo na ciência e na pesquisa real pode ser tão excitante quanto a pseudociência e a ficção científica (*Jornal da Ciência*, 15 de agosto de 1997).

4) Pesquisa realizada pela Cade/Ibope no final de 1996 sobre o perfil do usuário brasileiro da internet demonstra que o tema "ciências" ocupa o segundo lugar na preferência dos usuários da rede. A pesquisa, feita entre 18.225 assinantes da internet, constatou o seguinte:

> Considerando os entrevistados como um todo, o assunto que mais interessa é "notícias em geral" (82%). Quando a questão é mais aprofundada, os interesses se definem melhor e verifica-se que, depois de "notícias", a preferência por ciência está em 1º lugar para os homens (68%), para os usuários na faixa de 20-29 anos (66%), 30-39 (75%) e acima de 40 (89%).
> [...]
> As preferências variam também de acordo com a idade: entre os jovens com menos de 19 anos, o tópico ciências fica em 3º lugar (59%), perdendo para música (74%) e esportes (69%).[1]

A referida pesquisa revela também que 37% dos entrevistados têm nível de instrução superior, 40% têm ou estão cursando o secundário, 72% são assinantes de revistas, 53% assinam jornais, 62% falam inglês, e 64% têm renda familiar acima de 20 salários mínimos (*Jornal da Ciência*, 18 de abril de 1997).

Uma outra pesquisa de opinião pública, realizada em 1987 pelo Instituto Gallup em nível nacional, revelou que 70% dos entrevistados tinham interesse por informações científicas e 66% gostariam de encontrar mais notícias sobre ciência na imprensa.

É preciso lembrar também o sucesso editorial de muitas obras que tratam temas científicos de maneira clara e acessível ao público, como *O tao da física* e *O ponto de mutação*, de Fritjof Capra, *Como vejo o mundo*, de Albert Einstein, *Cosmos* e *O mundo assombrado pelos demônios*, de Carl

---

1. *Jornal da Ciência*, 18 de abril de 1997.

Sagan, e *A dança do Universo*, de Marcelo Gleiser, dentre outros, isso sem falar no sucesso de filmes e documentários como os de Jacques Cousteau e a versão televisiva de *Cosmos*. Igualmente as ciências humanas têm produzido seus *best sellers*, como *O homem e seus símbolos*, de Carl Jung, *O poder do mito*, de Joseph Campbell, as obras semióticas de Umberto Eco e os livros de Pierre Lévy.

Como se pode constatar, existe uma grande demanda na sociedade, e particularmente na internet, por informação científica, sobretudo por parte de um público de alto nível. A internet tende a ser o meio de comunicação ideal para a divulgação científica, pois atinge exatamente o tipo de público que a ciência deve ter como alvo. Some-se a isso que a veiculação de material na rede mundial de computadores é mais barata do que nos meios de comunicação convencionais, e tem a vantagem de ser livre e aberta: qualquer pessoa ou instituição pode manter uma página sobre ciência na internet.

É interessante lembrar que a internet era originalmente um veículo de comunicação quase exclusivo dos cientistas. Através dela, pesquisadores do mundo inteiro davam conta de suas pesquisas e ao mesmo tempo tinham acesso imediato às pesquisas de seus colegas de todo o mundo. No início da década de 1990, a internet foi aberta ao uso leigo e, desde então, é possível encontrar na rede todo tipo de informação. Por outro lado, a chamada internet 2, ou internet banda larga, por enquanto um canal de comunicação privativo dos cientistas, com funcionamento separado da internet comercial, deve ter em breve sua utilização liberada para todos os fins, o que aumentará significativamente o chamado mercado virtual.

Já se prevê para as próximas décadas a implantação daquilo que hoje os norte-americanos chamam de evernet, a internet em todos os lugares (*everywhere*) e para sempre (*forever*). Dessa forma, dentro em breve não haverá praticamente mais nenhuma atividade humana de que a internet não participe.

A internet permite a criação de *sites* que são verdadeiras revistas virtuais. Do mesmo modo como hoje podemos ter revistas sobre os mais diversos assuntos publicadas em papel e vendidas em bancas de jornal, a existência de revistas veiculadas na forma de *sites* já é uma realidade. Essa tendência deve intensificar-se ainda mais neste novo século, tornando desde já possível a edição de *sites* sobre divulgação da ciência, inclusive da ciência pura e das ciências humanas.

Hoje, a publicação de revistas impressas tem um custo muito alto e praticamente nenhuma editora tem interesse em publicar revistas de divulgação de ciência pura em geral e de ciências humanas em particular, tendo em vista o pequeno retorno financeiro do investimento nessas áreas. As editoras preferem publicar revistas sobre ciências aplicadas e tecnologia, que têm um público maior. Assim, por causa de seu baixo custo e sua facilidade de operação, a internet torna-se o espaço ideal para esse tipo de divulgação. Os *sites* científicos e culturais atuam na divulgação da ciência e da cultura como as emissoras de rádio funcionam para a divulgação de música, por exemplo.

Ademais, já existe hoje a possibilidade de se ter acesso à internet via televisão, sem a necessidade de um computador. Se essa perspectiva se ampliar nos próximos anos, a internet estará até mesmo chegando aos lares onde não há computadores nem *know-how* para operá-los, mas há certamente aparelhos de TV — que são a maioria. Dessa maneira, todo tipo de informação estará disponível a todo tipo de público. Com a incorporação definitiva da internet pela televisão, teremos uma verdadeira democratização do mais importante veículo de comunicação de massa, uma vez que os *sites* se transformarão em verdadeiros programas de TV. Como qualquer pessoa ou grupo de pessoas pode abrir um *site* na rede, sem precisar estar ligado a uma emissora de televisão ou produtora de vídeo, na prática qualquer um poderá pôr seu "programa" no ar, e este poderá ser visto por milhões de pessoas no mundo inteiro.

É claro que nem todos os *sites* terão a mesma audiência: assim como na televisão atual, é o interesse despertado no público por cada programa o que determina sua audiência. Logo, é evidente que *sites* dedicados a temas científicos e intelectuais continuarão a ter menos público que os *sites* de esportes, de música jovem ou de telecompras. Não obstante, qualquer cientista ou intelectual poderá veicular seu trabalho na rede e atingir um público maior do que o que atinge hoje, por intermédio de livros, artigos em revistas ou documentários de TV, que custam muito caro e não são acessíveis à maioria dos produtores de conhecimento.

Outra perspectiva promissora para a divulgação científica é a televisão a cabo. Hoje, a tendência na televisão é a segmentação do público, pela proliferação de emissoras especializadas em determinado tipo de programação, sendo possível desde já encontrar emissoras especializadas em filmes, em videoclipes, em esportes, em religião, etc. Dentre essas emissoras, existem algumas – e tendem a surgir muitas mais – especializadas em documentários de natureza científica e cultural. Essas emissoras precisam de material em grande quantidade para preencher sua programação. Como resultado, as produções científicas para televisão têm nessas emissoras segmentadas uma porta sempre aberta.

Atualmente, a indústria cultural tende a confundir-se com a indústria do entretenimento. E, quer queiram ou não os acadêmicos mais puristas, as obras científicas, tanto as impressas quanto as audiovisuais, representam uma parcela cada vez mais importante dessa indústria, especialmente nos países desenvolvidos.

19 RETROSPECTIVAS E PERSPECTIVAS

A CULTURA BRASILEIRA E MUNDIAL NO FINAL DO SÉCULO XX

O público sabe o que quer.
Mas o público também quer o que não sabe.
GILBERTO GIL

O tempo é uma massa informe, uma espécie de *continuum* sem começo nem fim. Ao contrário das três dimensões espaciais, a dimensão temporal é algo de que temos uma noção apenas intuitiva. Assim, criamos uma série de ilusões a respeito do tempo, como, por exemplo, a ilusão de que o tempo flui (como bem disse o filósofo, o tempo não passa, somos nós que passamos), de que caminha num determinado sentido e numa velocidade constante. Por isso, embora seja contínuo, o homem sempre mediu o tempo, associando sua passagem aos ciclos básicos da natureza. A partir do momento em que dividiu arbitrariamente o tempo em horas, dias, semanas, meses, anos e séculos, o homem passou a viver em função dessas divisões, como se elas tivessem uma realidade objetiva. Quando falamos, por exemplo, do século XVIII, estamos nos referindo a um conjunto heterogêneo de acontecimentos que, entretanto, agrupados, parecem formar um todo coerente, e, assim, falamos do "século das luzes" como algo objetivo, distinto do "século de Luís XIV" ou do "século da rainha Vitória".

Nesse sentido, podemos dizer que, assim como o século XIX foi o século da ciência, o século XX foi o século das grandes aplicações tecnológicas da ciência: foi o século do petróleo e da eletricidade; do automóvel, do avião e das naves espaciais; do telefone, do rádio, da televisão, do fonógrafo, do cinema e do computador. Na política, foi o século do triunfo da democracia e também do nascimento e do ocaso do socialismo. Foi o século das guerras mundiais e da bomba atômica. Mais do que qualquer outro, foi o século do esporte; nas artes, foi o século do modernismo e da cultura de massa. Um século que, sem dúvida, marcou o início de uma nova era da História, em que praticamente todos os campos da vida social sofreram transformações profundas e radicais.

Neste momento em que nos encontramos na aurora de um novo século e de um novo milênio, é natural que façamos um balanço do que foi o século há pouco terminado, de tantas contradições e de tantas revoluções.

Não é novidade para ninguém que estamos vivendo uma crise de paradigmas. Sobretudo após a queda do Muro de Berlim, implantou-se no mundo ocidental o conceito de *pós-modernidade*. Esse termo, já utilizado pelos críticos e historiadores da arte desde a década de 1980, aplica-se agora também a uma nova fase que se iniciou na história do Ocidente, na qual uma nova ordem mundial se estabeleceu, substituindo a antiga bipolaridade americano-soviética pela multipolaridade dos blocos econômicos transnacionais, em que as fronteiras nacionais são de certa forma apagadas e os mercados regionais dão lugar a um único grande mercado planetário, onde todos devem competir. Dissolvida a tensão ideológica entre o capitalismo e o socialismo, que dominou a história do século XX, a juventude contestadora e combativa das décadas de 1960 e 1970, que sonhou transformar o mundo e acreditou na utopia, dá lugar nas últimas duas décadas a uma juventude desencantada, que opta por integrar-se ao sistema ao invés de combatê-lo, ou então simplesmente por alienar-se, seja nas drogas, seja na cultura descartável.

Em tempos de pós-modernidade e globalização, qualquer fala ou atitude minimamente nacionalista soa anacrônica; qualquer crítica ao sistema, acusando-o de imperialista – embora o seja – é sintoma de um discurso não-moderno, que cheira mesmo a reacionário.

Nesse panorama de pós-modernidade em que vivemos, a cultura não deixa de ser afetada e de refletir a mentalidade vigente. (Evitemos o termo *ideologia*, uma vez que foi decretada a morte de todas as ideologias, e vivemos atualmente a ditadura do pensamento único.) Desse modo, não é de surpreender a pobreza e a vulgaridade da cultura das mídias neste princípio de milênio. Embora a maximização do lucro tenha sido sempre a grande lógica do capitalismo, assistimos atualmente a um paroxismo da falta de escrúpulos em relação à busca desse lucro. Ávida por audiência, a televisão nivela por baixo. A fórmula do sucesso é uma programação apelativa, que mistura sexo, violência, mundo-cão, arte popularesca e bizarrices diversas. Além disso – o que é pior – leva ao ar programas infantis sem nenhum conteúdo pedagógico ou edificante, que, conduzidos por apresentadoras dotadas de forte apelo sexual e de nenhum atributo intelectual, servem apenas para induzir as crianças ao consumo dos mais diversos produtos, ao despertar precoce de uma sexualidade deturpada e à crença em valores morais altamente questionáveis. Embora seja uma concessão de serviço público, a televisão brasileira funciona mais do que nunca a favor dos interesses financeiros dos empresários do setor e não a favor dos interesses da nação. Particularmente num país subdesenvolvido – ou "emergente", na linguagem da pós-modernidade – como o nosso, os meios de comunicação de massa deveriam desempenhar importante papel cultural, contribuindo para a elevação do nível intelectual do povo, em vez de ser usados como meros instrumentos de alienação e de cooptação do público para o consumismo.

No universo da música popular, os modismos, que aliás sempre existiram, hoje tomam conta da mídia, expulsando os últimos resquícios de boa música para o meio dito alternativo. Ironicamente, no Brasil, onde se produz sem dúvida alguma a melhor e mais rica música popular do mundo, o popularesco, vestindo uma roupagem diferente a cada nova temporada, predomina de forma absoluta no rádio e na televisão. A pós-modernidade, que nivela os espíritos por baixo e faz *tabula rasa* dos intelectos, tenta nos convencer de que o que até alguns anos atrás era de mau gosto e marginal hoje é chique e de bom-tom.

O pior é que certas manifestações genuínas da cultura popular foram se transformando em verdadeiros empreendimentos comerciais, cujo objetivo óbvio é o lucro. O carnaval, por exemplo, a mais importante manifestação cultural brasileira, vai-se tornando aos poucos um negócio empresarial, altamente lucrativo, do qual só participa quem tem muito dinheiro. Filosofia semelhante norteia os demais modismos musicais, em sua origem manifestações legítimas da arte musical popular, que, por força e esperteza de alguns empresários pouco escrupulosos, se transformaram em objetos de consumo alienado.

Além disso, como hoje vivemos o império da pesquisa de mercado e da opinião pública, os meios de comunicação somente oferecem aquilo que o público "quer" (as obras "pequenas", segundo Umberto Eco); no entanto, é sabido que um público transformado pela mídia em massa amorfa e nãopensante só pode querer aquilo que já conhece. Nenhuma inovação teria sido feita no campo das artes, nenhum movimento de renovação ou de ruptura do *status quo* – do impressionismo à bossa nova – teria ocorrido se dependesse do referendo popular. O grande mal da atitude atual dos meios de comunicação é não dar ao público a oportunidade de conhecer o novo, mas reiterar o tempo todo o que já é conhecido. Meios de comunicação como o rádio e a televisão, que na década de 1960 renovaram o panorama musical brasileiro com a divulgação da bossa nova e do tropicalismo, pelos grandes festivais de música popular, hoje contribuem para produzir uma sociedade conservadora, refratária e alheia às inovações, seja no plano estético, seja no plano político.

Na publicidade televisiva, os comerciais nacionais vão pouco a pouco cedendo espaço à propaganda estrangeira, por vezes de qualidade artística inferior, em nome de uma suposta globalização da comunicação, inquietando os publicitários brasileiros, fortes candidatos ao desemprego. Em alguns casos, não há sequer a preocupação de traduzir as mensagens do inglês para o português, como se nosso público consumidor fosse poliglota. Na verdade, o que se tem é uma tentativa de aplainar as identidades nacionais e uniformizar as antropoculturas, eliminando a diversidade talvez com o intuito de implantar em futuro próximo os Estados Unidos da Terra, nação planetária em que todos terão hábitos de consumo norte-americanos, embora não tenham o poder aquisitivo norte-americano. Esse imperialismo da comunicação não ameaça apenas os países economicamente mais fracos: até mesmo países ricos sentem hoje o peso da tentativa de imposição da hegemonia antropocultural pela mídia.

Mesmo nesses países, o panorama geral da cultura também é de estagnação. A falta de perspectiva da juventude em face do desemprego, o soçobro das utopias, o empobrecimento da educação, levam à apatia dos jovens e à mediocrização da mídia. Embora não tão negro quanto no Terceiro Mundo, nos países desenvolvidos o cenário cultural não é dos mais estimulantes. A crise de paradigmas atinge as artes e as ciências, que se encontram atualmente em estado de atordoamento ante as reviravoltas da história recente, ainda não totalmente assimiladas.

No entanto, não sou pessimista em relação ao futuro: me parece que a crise vivenciada atualmente pela cultura é uma crise de crescimento. Passada a fase da perplexidade, os artistas e intelectuais buscarão novos caminhos. A mediocridade reinante nos meios de comunicação não conta com a aprovação unânime do público. O coro dos descontentes, ao qual me orgulho de pertencer, já começa a elevar sua voz e a rebelar-se contra os abusos da mídia. A resistência cultural cria ilhas de inteligência que vão, pouco a pouco, conquistando espaço. Embora não seja mostrada pelos meios de comunicação de massa, existe uma outra cultura, muito diferente do *kitsch* e do brega, querendo aflorar. Se já não existem movimentos estéticos como há trinta anos, existem muitos talentos individuais produzindo qualidade. As brigadas culturais acabaram, mas a guerrilha continua, mesmo que seja à custa de franco-atiradores da cultura.

No capítulo anterior sustentei a importância do marketing em todos os setores da vida social e particularmente no setor cultural. Infelizmente, os abusos, sobretudo da grande mídia, consumista e alienante, de certa maneira são também resultado do emprego desse instrumento. É importante esclarecer, todavia, que o marketing, como qualquer outra criação humana, pode ser usado tanto para bons quanto para maus propósitos; ele não é em si nem bom nem mau, é apenas uma ferramenta e não pode ser responsabilizado pela utilização que dele se faz. Sem dúvida, o marketing é um importante instrumento de divulgação – e, portanto, de democratização – da cultura, e, nessa perspectiva, defendo particularmente seu uso pela ciência; por outro lado, sou radicalmente contra o uso inescrupuloso de toda e qualquer técnica de persuasão das massas pela linguagem, para fins pouco nobres. Basta lembrar as funestas conseqüências da propaganda nazista, comandada com maquiavélica maestria por Joseph Goebbels, culminando numa insana guerra mundial e no maior genocídio da história do homem.

É preciso estar atento e adotar uma posição crítica em relação ao emprego dos artefatos da linguagem – aí incluídos a propaganda e o marketing – tanto quanto é imprescindível estar alerta ao emprego dos artefatos atômicos. Assim como a energia nuclear pode ser extremamente benéfica ou extremamente destrutiva, também a linguagem tem esse poder, embora a maior parte dos seres humanos não tenha consciência disso. É que o poder devastador da linguagem, quando mal empregada, é pouco visível, embora tão nefasto em suas conseqüências indiretas quanto o de uma guerra.

A CULTURA NO SÉCULO XXI

A maioria dos autores de ficção científica dos séculos XIX e XX pintou um panorama futurista do que viria a ser o ano 2000 e, conseqüentemente, o século XXI. Homens vestidos com roupas metálicas, naves espaciais, alimentos em comprimidos, máquinas e robôs realizando as mais simples tarefas humanas, tudo isso compunha o quadro de um futuro dominado pela tecnologia e pela desumanização do homem. Essa visão profética do futuro revelava ao mesmo tempo um fascínio pela automação e pelas novas conquistas da ciência e um certo pessimismo em relação ao lugar do homem nesse admirável mundo novo: de senhor, ele passaria a escravo de seus próprios inventos. Agora que ultrapassamos finalmente a virada do século e do milênio, podemos constatar que, de fato, a tecnologia tem revolucionado nosso modo de vida.

No entanto, ao contrário de um mundo 100% tecnológico, em que tudo seria metálico e prateado, a realidade nos mostra que, no novo mundo que ora se descortina, será cada vez mais necessária a integração do homem à natureza. A poluição, os constantes desastres ecológicos causados pelo homem e até mesmo a possibilidade de uma guerra nuclear, por várias vezes quase concretizada, nos mostram que o futuro deverá saber conjugar a tecnologia avançada e a natureza. Na nova sociedade que estamos construindo, a consciência ecológica será condição para a própria sobrevivência da espécie humana. A natureza, antes vista como signo de atraso cultural, como hábitat da selvageria e do primitivismo social e como antítese do progresso material, é agora, novamente, almejada como o paraíso perdido que se busca reencontrar.

Por outro lado, a escassez de alimento e a progressiva substituição do homem pela máquina apontam para a necessidade de uma humanidade menor, já que não haverá comida nem trabalho para todos. Assim, o olhar extasiado dos escritores visionários de fins do século XIX e início do século XX, contemporâneos das duas Revoluções Industriais, diante do progresso, dá lugar, hoje, à perplexidade de nossa geração diante dos problemas que esse progresso causou e dos problemas que ele não conseguiu até agora resolver: a miséria, a superpopulação, a violência urbana, etc.

No plano cultural, previa-se uma ciência cada vez mais comprometida com a geração de tecnologia; uma ciência, portanto, cada vez mais pragmática. A crença positivista no progresso ilimitado, de que o marxismo é um dos maiores tributários, fazia antever o fim da religião e das práticas místicas, substituídas pelo conhecimento científico e seus derivados, bem como o fim da arte, tornada desnecessária num mundo dominado pela razão e pelo culto à realidade, de que o socialismo seria o grande bastião. Nesse novo mundo, não haveria lugar para o idealismo nem para a subjetividade: a realidade objetiva, custodiada pela ciência, seria o único dado relevante nessa sociedade positiva.

Todavia, o século XXI se nos afigura como herdeiro de uma desilusão. O desmantelamento do projeto socialista veio mostrar que, na pós-modernidade, a razão, apanágio maior do pensamento moderno e princípio ordenador da realidade, dá lugar ao sujeito, mais vivo do que nunca. Podemos dizer, com Alain Touraine[1], que a pós-modernidade representa o triunfo do sujeito sobre a razão. A sociedade pós-moderna não será a sociedade sem classes e sem conflitos com que todos sonhamos, nem a sociedade materialista e atéia sonhada por Marx.

Por outro lado, as novas descobertas da ciência, apontando para um universo muito diferente daquele universo maquinal e matematicamente previsível descrito pela ciência mecanicista, aliadas ao desencanto gerado pelos efeitos negativos da tecnologia, fazem com que a ciência viva atualmente uma verdadeira crise de credibilidade. O impasse a que a ciência positivista e utilitarista e seu principal corolário, o progresso tecnológico, levaram a humanidade, conduzem ao questionamento desse modelo de ciência onipotente, abrindo espaço, de um lado, para uma ciência mais contemplativa, mais engajada na abertura de novos horizontes mentais e, portanto, mais hedônica; e, de outro, a uma nova onda de espiritualidade, desta vez menos alienada e mais contaminada pelo racionalismo, mas, sobretudo, mais comprometida com o fornecimento de respostas às infindáveis interrogações humanas. Dessa forma, também a religião e o misticismo tendem, pelo menos em parte, a retornar à sua vocação primitiva, que é a de satisfazer a curiosidade humana. Não que a religião pragmática vá deixar de existir, mas parece que já começa a haver uma nítida divisão entre a religião pura e a religião aplicada, até então amalgamadas numa única prática.

Quanto à arte, o triunfo do sujeito a torna mais necessária do que nunca. É certo que novas formas de arte estão surgindo, sepultando velhas maneiras de fazer arte, mas nada indica ser ela uma espécie em extinção. Finalmente, a reconciliação do homem com a natureza traz de volta o culto ao corpo e à saúde, a união equilibrada entre corpo e mente, entre matéria e espírito, o que dá ao esporte a posição de prática cultural privilegiada, livre dos preconceitos do passado. Nos termos de Marcuse, caminhamos

1. Touraine, 1994.

para uma sociedade verdadeiramente andrógina, que une os princípios do masculino e do feminino, isto é, do pensamento e da ação, naquilo que o filósofo alemão chamaria de "novo princípio do prazer", ou "princípio estético". Caminhamos, pois, para uma sociedade dominada pelo *eros*, vale dizer, pelo hedonismo.

Neste novo século, a cultura deverá ser uma mescla de duas tendências aparentemente opostas: a modernidade criada pelas novas tecnologias e a busca da transcendência na construção de uma cultura holística. Desde já se fala em uma nova era, em que o progresso não se choque com a natureza, em que a ciência não conflite com a religião, em que a razão não apague o sujeito, em que o esforço social exista em benefício do indivíduo. Essa nova era, já anunciada pela arte, marca o fim da ciência mecanicista, o fim do império do racionalismo absoluto e sua substituição pela democracia do racionalismo relativo e do pensamento complexo. O esgotamento do materialismo positivista, levado às últimas conseqüências, bem como da crendice e da superstição irracionais, o esgotamento enfim dos atuais paradigmas de compreensão da realidade, deverão conduzir ao nascimento de uma ciência holística, um misto de filosofia, de ciência experimental e de espiritualidade. Em outras palavras, uma ciência presidida pela razão que, porém, não menospreze os dados que não pode apreender. Uma ciência em que o ego racionalista não sufoque o *self* intuitivo. Essa será, sem dúvida e acima de tudo, uma ciência mais hedônica, já que estará mais preocupada em buscar respostas às indagações existenciais do homem do que em produzir tecnologia que gera poluição e miséria.

Conseqüentemente, essa ciência deverá estar mais próxima do homem comum, e seu discurso deverá ser mais acessível ao público leigo. O cientista deverá estar mais integrado à sociedade do que hoje, e as torres de marfim do conhecimento hermético e elitista deverão ser derrubadas. Penso mesmo que haverá uma tendência à unificação do conhecimento, numa espécie de volta aos primórdios de nossa civilização, em que as fronteiras entre ciência, arte e religião não eram tão marcadas, porém não acredito que se dê, propriamente, uma volta aos paradigmas do saber da Grécia antiga, em que a filosofia reinava absoluta dentre todas as disciplinas. Tampouco acredito que haja uma unificação das ciências naturais, das ciências humanas e das artes sob a tutela de uma disciplina determinista como a biologia, nos termos de certas teorias neopositivistas como a da consiliência, de E. O. Wilson. Parece-me mais sensato acreditar, como o faz o filósofo norte-americano Richard Rorty, que as barreiras entre as disciplinas não serão derrubadas, até porque nunca existiram de fato. Paradoxalmente, a proposta de Edgar Morin de instituição de um pensamento complexo, tendo em vista que tem por objetivo resgatar a conexão de saberes desarticulados há pelo menos três séculos, nos conduz de volta a um estado de simplicidade, no qual o conhecimento não é compartimentado, e sua busca é um ato solidário.

Os antigos intelectuais, os grandes humanistas, portadores de um conhecimento extenso e erudito, estão em extinção. O empobrecimento do ensino, o banimento do latim e dos estudos clássicos dos currículos, a televisão, o computador, a informação instantânea, a educação tecnicista, voltada para o mercado de trabalho capitalista, que exige cada vez menos quantidade e cada vez mais qualidade da mão-de-obra, fazem nascer um novo paradigma de cultura. Isso não significa que os intelectuais deixarão de existir, mas eles deverão utilizar outra linguagem, terão outros parâmetros que não a cultura clássica, o latim, a filosofia grega, etc. Os meios de comunicação de massa fornecerão os modelos para o novo pensamento e sobre eles deverá recair a reflexão dos intelectuais. Os "filósofos da Nova Era" falarão uma língua mais próxima da língua geral, e a distância entre o pensador e o homem comum diminuirá. A ciência hedônica estará mais perto de cumprir sua verdadeira missão, que é proporcionar prazer às pessoas comuns. Em lugar de contribuir apenas para transformar o homem em máquina ou para produzir máquinas que desumanizam o homem, a ciência deverá trabalhar cada vez mais para gerar o conhecimento que engrandece a espécie humana.

No final do século XX, uma série de novas ciências veio aliar-se às ciências já consagradas, mostrando a direção que o conhecimento humano deve seguir daqui para frente. A programação neurolingüística (PNL) e as ciências cognitivas complementam a psicanálise na explicação do funcionamento da mente humana e mostram, no rastro de Jung e Lacan, que no psiquismo humano tudo é linguagem e que, por conseguinte, as ciências da linguagem, como a semiótica, ocuparão lugar de destaque entre as ciências do homem, podendo mesmo assumir um papel de liderança em relação a elas e tornar-se as ciências mais populares neste novo século.

Algumas teorias interessantes, como a já mencionada teoria da causação formativa, de Rupert Sheldrake, fazem uma clara distinção entre mente e cérebro, como o *software* e o *hardware* de um computador. Para Sheldrake, a mente não está localizada dentro do cérebro; este é um mero aparelho de sintonia e recepção da consciência e da memória, que, como em Jung e Capra, são coletivos. Isso implica que, de agora em diante, os estudos sobre a mente humana – o nosso *software* – tendem a ser capitaneados tanto pelas ciências da linguagem quanto pelas ciências biológicas. Ao mesmo tempo, as teorias holísticas constroem um modelo de homem integral, formado de corpo, mente e espírito, colocando também este último no plano da realidade física.

Tudo leva a crer que a universidade do século XXI será uma universidade técnica, cada vez mais a serviço do Estado e do capital. Algo nesse sentido já vem ocorrendo em várias universidades que têm disciplinas dos cursos técnicos patrocinadas por empresas privadas. As ciências naturais provavelmente continuarão a ter como principal missão produzir tecnologia. Se esse cenário neoliberal se confirmar, as ciências humanas puras deverão ser progressivamente expulsas ou, antes, se retirarão pouco a pouco dessa nova universidade, regida pelo princípio da produtividade e do lucro. Não sendo geradoras de tecnologia, não terão como justificar sua subvenção por um Estado cada vez menos disposto a investir em cultura pura e terão de seguir o mesmo caminho da arte: vender seu produto – no caso, o saber – diretamente ao público.

Conforme dissemos, nada nos autoriza a decretar a morte da arte. Ao contrário da república de Platão, governada por filósofos e da qual os poetas seriam banidos, ou da sociedade igualitária e sem tensões ou lutas de classe preconizada por Marx, na qual a arte não teria lugar, a sociedade pós-moderna é uma sociedade em que os conflitos estão longe de ser resolvidos, em que a subjetividade – matéria-prima da criação artística – se rebelará contra toda tentativa de neutralização, e em que a singularidade do indivíduo se insurgirá contra toda igualdade imposta de cima para baixo, contra todo projeto coletivo que se dê em detrimento do individual. A sociedade pós-moderna não tentará, como o fez a sociedade moderna, resolver todos os conflitos e estabelecer uma ordem racional, mas tratará de administrar esses conflitos, aceitando-os como inerentes à condição humana. Assim, não estamos vivendo o fim da História, como querem alguns, mas o início de uma nova fase histórica, nascida justamente do desencanto da modernidade.

Nesse panorama, a arte continuará a ser o grande refúgio do homem contra a realidade. Enquanto houver subjetividade, haverá arte. Claro que os paradigmas serão outros, e isso nós começamos a ver desde já. A cultura pós-moderna possui uma dinâmica alucinante: a dinâmica da arquitetura descartável, em que o aproveitamento do espaço leva a obra arquitetônica a ser projetada para ser destruída, a dinâmica das novas formas de arte, como a videoarte, a arte performática, as instalações, a arte minimalista e a arte niilista, as novas técnicas artísticas possibilitadas pelo computador, etc. Talvez os velhos métodos cedam lugar a essas novas técnicas e, com isso, a pintura tradicional, feita com tintas e pincéis, acabe definitivamente substituída pela computação gráfica. Com isso também, as obras de arte, tornando-se reproduzíveis, deixarão de ter como destino os museus, as exposições ou o mercado financeiro, mas serão acessíveis a todos, como é hoje a música ou a literatura. Mais ainda, a arte virtual de que fala Pierre Lévy chegará a todos os lares via internet. Já outras artes talvez voltem a assumir formas mais primitivas, como a poesia, que, uma vez esgotadas todas as experiências formais de vanguarda e realizadas todas as transgressões e rupturas possíveis, redescobrirá a palavra em sua essência mais pura.

Com a substituição progressiva do homem pela máquina, com o desemprego crescente atingindo a produção, as profissões do futuro, dizem os especialistas do presente, serão as profissões ligadas ao turismo, ao entretenimento, à cultura, à informação e aos serviços. Serão, enfim, profissões ligadas ao conhecimento. Esta será a grande riqueza do futuro.

Dinheiro foi o combustível da Sociedade Industrial. Na Sociedade das Comunicações e da Informática, o combustível, o poder, é o conhecimento. Estabelece-se agora a estrutura de uma nova classe dividida entre aqueles que detêm informações e os que devem atuar na ignorância. Esta nova classe não tem seu poder no dinheiro ou na posse da terra, mas no domínio das informações.

JOHN KENNETH GALBRAITH

Mais do que nunca, a cultura terá lugar nesse novo mundo. Cabe, portanto, à nossa geração, herdeira do século XX, de suas rupturas e da grande transição que ele representou na história do homem, inaugurar a Nova Era da cultura. Quando afirmo isso, o que desejo é lembrar a todos os seres humanos que vivemos num mesmo planeta e que, conseqüentemente, todo o patrimônio cultural que o homem produziu ao longo de sua história pertence a toda a humanidade.

Se fizermos uma breve viagem no tempo até os primórdios de nossa civilização, veremos que o berço da cultura ocidental é a antiga Grécia. Com efeito, os gregos foram o primeiro povo a fundar uma cultura do homem, isto é, uma cultura em que o homem é o centro de todas as coisas e em que ele é capaz, pela razão, de compreender e dominar a natureza à sua volta.

Nas palavras do filósofo alemão Edmund Husserl, a civilização grega deu início à epopéia da razão.

Incorporada por Roma, a cultura grega expandiu-se por toda a Europa antiga, à medida que o Império foi estendendo suas conquistas. Isso explica o fato de hoje chamarmos essa cultura de civilização greco-romana (também chamada por alguns autores de civilização apolínea). As contribuições dadas pelos germanos e pelo cristianismo à civilização greco-romana deram origem à Europa tal qual a conhecemos hoje: a civilização greco-romana transformou-se em civilização européia, enriquecida no Renascimento com o resgate dos valores racionais e humanistas da civilização grega. A expansão colonial, iniciada nos séculos XV e XVI com os Grandes Descobrimentos, trouxe essa cultura ao Novo Mundo e fez da civilização européia o que hoje conhecemos por civilização ocidental.

Atualmente, caminhamos para uma civilização mundial ou planetária. Os padrões e valores antropoculturais ocidentais estão presentes em todo o mundo (os japoneses, por exemplo, trocaram o quimono pelo paletó e gravata e vivem numa sociedade totalmente ocidentalizada; igualmente, todos os países possuem hoje universidades calcadas no modelo ocidental de conhecimento). Mesmo nos poucos focos de resistência à civilização ocidental que ainda restam – como no mundo islâmico –, a presença do Ocidente é muito forte: mesmo os países que se aferram mais tenazmente às tradições islâmicas, onde o turbante ainda predomina sobre a indumentária ocidental e a moral religiosa ainda rejeita as conquistas ocidentais, como a igualdade entre homens e mulheres, não abrem mão do uso de automóveis, televisores, telefones e até mesmo de armas nucleares, todos artefatos resultantes de nossa civilização.

Por outro lado, o mundo sempre esteve dividido basicamente entre dois grandes paradigmas culturais: a cultura ocidental, herdeira da Grécia e de Roma, e a cultura oriental, cujos maiores expoentes foram a civilização indiana e a chinesa. Embora esses dois grandes paradigmas culturais tenham mantido contatos ao longo da História, sempre houve um divórcio entre as duas visões de mundo. Assim, a cultura ocidental privilegiou sempre a razão e o domínio da realidade material. Já a cultura oriental primou sempre pelo culto à intuição, à introspecção e à tentativa de compreensão da realidade espiritual. Pode-se dizer que a visão de mundo do Ocidente está fundada no princípio do *logos*, ao passo que a cultura oriental vive sob o império do *eros* e do *mythos*. A cultura ocidental é a cultura da denotação, da literalidade; a cultura oriental é a cultura da conotação, da metáfora.

Como vimos no capítulo 9, o cérebro possui dois hemisférios: o hemisfério esquerdo, responsável pela atividade racional e lógica, e o hemisfério direito, sede da criatividade e da intuição. Em nossa antropocultura, o hemisfério esquerdo do cérebro tem sido supervalorizado em detrimento do outro hemisfério. No Oriente, parece ter ocorrido exatamente o contrário. No entanto, o homem integral é aquele que usa igualmente os recursos de ambos os hemisférios de seu cérebro, ou seja, usa sua mente de modo pleno. Se queremos construir uma civilização verdadeiramente planetária, devemos ter a sabedoria de fundir numa única civilização o que de melhor as duas grandes culturas da humanidade produziram até hoje.

Dessa forma, a integração da espécie humana numa única grande antropocultura jamais se dará pelo aniquilamento pelo Ocidente dos valores culturais e da tradição não-racionalista orientais, mas, antes, passará pela fusão das duas visões de mundo, pela incorporação pelo Ocidente – como, aliás, já vem ocorrendo – do patrimônio de conhecimento e sabedoria legado pelo Oriente. Esse fato se revela no resgate por nós de técnicas utilizadas pelos orientais, como a acupuntura, a meditação e o *tai chi chuan*. Essa tendência vem crescendo, como vimos, até mesmo no domínio da ciência, até pouco tempo o terreno mais impermeável a essa nova visão de mundo. Depois de termos dado tantas contribuições técnicas ao Oriente, estamos agora tendo a oportunidade de receber em troca muitas contribuições no campo da espiritualidade, da intuição e do autoconhecimento.

Esta é a base da civilização da Nova Era, a civilização global ou holística. Seus principais componentes são uma religiosidade que transcende o conceito tradicional de religião, sobretudo a religião institucionalizada, pragmática e horizontal, na busca do autoconhecimento e da transformação interior, e um novo conceito de cientificidade, resultante da crise de paradigmas da ciência tradicional, bem como da crise ecológica e social provocada pela moderna tecnologia. O resultado de tudo isso é uma filosofia e uma ideologia em que o esgotamento tanto da ciência quanto da religião tradicionais conduz a uma reaproximação e tentativa de fusão de ambos os processos.

Se é verdade que estamos realmente entrando numa nova fase da história da humanidade, numa Nova Era, que esta possa ser uma era mais hedônica do que a que se encerra. Parece que, a partir de agora, o ser humano começa a querer construir um mundo em que possa passar mais tempo fazendo o que gosta do que fazendo o que precisa. Esse processo de hedonização da vida, de estetização do cotidiano, de resgate e recondução da cultura ao patamar de atividade primária, é, em última análise, o que eu particularmente prefiro chamar de Nova Era.

CONCLUSÃO

O universo das práticas humanas é, indubitavelmente, bastante complexo, e tentar descrevê-lo por meio de uma teoria científica tem sido um grande desafio para as ciências humanas. Desde os filósofos gregos até as modernas teorias sociológicas, antropológicas e etnológicas, o fenômeno da cultura (*lato* e *stricto sensu*) jamais deixou de interessar e intrigar os estudiosos. Entender a cultura significa, em última instância, entender o que nos torna diferentes dos outros animais, o que nos torna homens. A explicação do porquê de nosso cérebro ter-se desenvolvido tanto, de termos adquirido a capacidade de andar eretos sobre duas pernas e de usar nossas mãos para modificar a natureza, bem como de termos desenvolvido a capacidade de usar uma linguagem articulada, compete às ciências biológicas, como a genética, por exemplo. De qualquer maneira, é a linguagem, enquanto instrumento de elaboração e de transmissão do pensamento, a principal responsável por sermos o que somos e por fazermos o que fazemos. Por isso, a compreensão do universo humano passa necessariamente pela compreensão da linguagem, tarefa da semiótica. Assim, muito mais do que *Homo sapiens* e *Homo faber*, o homem é *Homo semioticus*.

Neste livro, procurei mostrar que a cultura é basicamente linguagem e que, portanto, é possível construir uma semiótica da cultura. Vários projetos nessa direção vêm sendo empreendidos, desde a teoria de Lotman até a sociossemiótica. No entanto, essas teorias tendem a analisar a cultura no seu todo, isto é, a cultura *lato sensu*, que aqui chamei de antropocultura; não explicam, por conseguinte, o que distingue as atividades culturais *stricto sensu*, isto é, a arte, o esporte, a ciência e a religião, das demais práticas antropoculturais. E, não obstante, essa distinção entre a cultura *stricto sensu* e o restante da antropocultura parece intuitiva. Dessa maneira, vimos que uma teoria geral da cultura deve ser capaz de explicar a diferença entre essas duas concepções de cultura, que dá origem por isso mesmo a duas diferentes acepções dessa palavra.

Num sentido amplo, cultura é tudo aquilo que no homem não é fruto exclusivo da herança genética, é tudo o que ele aprende e transmite aos outros homens pela linguagem. Num sentido estrito, cultura é um pequeno conjunto de atividades que têm certas características em comum, ao mesmo tempo não partilhadas com as demais práticas humanas. Vimos que o que distingue a cultura *stricto sensu* da cultura *lato sensu* e da não-cultura é a finalidade, isto é, a função social dessas práticas. Por essa razão, uma teoria da cultura que leve em conta essa distinção deve ser uma teoria finalista ou teleológica e, além disso, uma teoria funcional. Nessa perspectiva, podemos dizer que a ciência, a arte, o esporte e a religião são atividades-fim, enquanto as demais atividades antropoculturais são atividades-meio.

Vimos que o princípio em que se apóia essa distinção é a polaridade entre prazer e dor, e que as atividades culturais *stricto sensu* visam a proporcionar prazer, ao passo que as demais atividades visam antes a prevenir ou aliviar a dor. Daí decorre a postulação das funções pragmática e hedônica. Essa dicotomia *hedônico* x *pragmático* permeia aliás todo o universo da antropocultura, estando presente em todas as manifestações humanas, e é mesmo um princípio fundador, como certas leis gerais da natureza. Dessa maneira, todas as atividades humanas são o resultado do diferente balanceamento dessas duas funções.

Constatamos também que as práticas culturais *stricto sensu* são antes de tudo discursos sociais, o que as torna passíveis de ser estudadas pela sociossemiótica. Por outro lado, os discursos sociais podem ser descritos por meio de uma ferramenta abstrata e altamente formal, que é a lógica das modalidades. Isso permite que a estrutura de tais discursos possa ser representada do mesmo modo que os fenômenos da natureza física podem ser representados por equações matemáticas. O que fizemos foi incorporar o princípio da oposição entre as forças hedônica e pragmática à descrição lógico-modal dos discursos.

Mediante esse procedimento, chegamos a alguns resultados interessantes. Em primeiro lugar, pudemos estender a dicotomia *puro* x *aplicado*, que caracteriza a ciência e a arte, também ao esporte e à religião. Portanto, em última análise, podemos dizer que a ciência, a arte, o esporte e a religião puros (ou básicos, ou fundamentais) se definem como discursos sociais cuja função predominante ou primária é a função hedônica. Vimos também que essas práticas são as formas de leitura e de compreensão do mundo de que o homem dispõe e, por isso, muito mais do que prover as condições de sobrevivência da espécie humana, elas tornam a vida verdadeiramente digna de ser vivida.

Chegamos assim a um modelo que parte da definição mais ampla e intuitiva possível de ciência, arte, religião, esporte e técnica. Dessa forma, todas as atividades antropoculturais se enquadram perfeitamente nessas cinco categorias. O grande mérito de um modelo desse tipo é que, como convém a qualquer teoria científica, ele não se apóia em juízos de valor, mas em juízos de fato. Por isso, nesse modelo não há lugar para velhos preconceitos. Quando afirmo, por exemplo, que a ufologia, as ciências humanas, a filosofia e a crítica são ciências, ou que a literatura, a culinária e a moda são artes, ou ainda que o xadrez e os videojogos são esportes, tenho consciência de estar dizendo uma obviedade, mas, por incrível que pareça, ainda há muita gente que ignora – ou finge ignorar, ou não ignora, mas refuta – esses fatos: muitos profissionais das ciências naturais costumam rotular as ciências humanas como "cultura", opondo assim a cultura à ciência; certas análises não-científicas ou pseudocientíficas das artes costumam empregar a palavra *arte* como se ela designasse apenas as artes plásticas; do mesmo modo, costuma-se associar o esporte estritamente à atividade física, e assim por diante.

Além disso, procurei mostrar que a função primeira da ciência não é gerar tecnologia, mas sim gerar conhecimento, e que a busca e a transmissão do saber são práticas perfeitamente hedônicas. Cabe aos produtores de ciência pura tomar consciência desse fato e empenhar esforços maiores do que os que estão sendo feitos no presente para que o conhecimento científico seja efetivamente disponibilizado a toda a sociedade e não apenas a uma pequena parte dela. Do mesmo modo, procurei mostrar que a prática religiosa pode ser muito mais hedônica do que tem sido ao longo da História e que esse é um anseio cada vez mais presente em nossa civilização.

Vivemos num mundo que deveria dar mais valor ao *eros*, à paixão, em vez de ser tão dominado pelo *logos*, isto é, pelo racionalismo utilitarista. Hoje se valoriza demais a ciência materialista, aquela que produz tecnologia, e a religião curativa, que alivia a dor e salva a alma da perdição e do pecado, enquanto se negligencia a verdadeira ciência, a ciência pura, cuja tarefa, assim como a da religião e da mística puras, é levar o homem ao conhecimento e, sobretudo, ao autoconhecimento, ao estado de sabedoria em que a razão superior se encontra com a espiritualidade superior. No início de um novo milênio, as pessoas buscam cada vez mais conhecimento, ilustração, "iluminação" (o que os ingleses chamam de *enlightenment*). Enquanto a ciência utilitarista se ocupa em abastecer o mundo com eletrodomésticos e remédios para o corpo, e a religião pragmática, com remédios para o espírito, as pessoas buscam respostas para suas inquietações existenciais, quer respostas racionais quer místicas.

Hoje, a ciência e a espiritualidade mais abertas e arejadas convergem para um ponto comum, para uma espécie de "sabedoria primordial", que é extremamente prazerosa. A humanidade experimentou um progresso muito maior no plano material do que no espiritual. Hoje, o homem tem uma série de desejos e necessidades que as atividades técnicas não podem suprir. Só a arte, o esporte, a ciência e a religião é que podem satisfazer esse anseio, o anseio de pensar, de refletir, de sentir, de conhecer e de conhecer-se.

Se a cultura é o que determina a identidade de um povo, e o faz ser o que é, se a cultura é o que livra esse povo do subdesenvolvimento e do atraso, e se cultura é basicamente prazer, então chegamos à descoberta de um maravilhoso princípio da natureza humana: o que move os indivíduos e os povos para frente, o que os identifica e os valoriza, é algo que só pode ser conquistado com prazer. Assim, parece que o homem foi feito para buscar o progresso intelectual e espiritual por meio de um mecanismo similar ao sexo em relação à reprodução; do mesmo modo como é o prazer biológico que garante a perpetuação das espécies, é o prazer mental e espiritual proporcionado pela cultura que garante a perpetuação da civilização.

GLOSSÁRIO

BIOFATOS: Objetos materiais não criados pelo homem ou fenômenos da natureza, como, por exemplo, uma pedra, uma árvore, a água, o ar, a chuva, o vento, etc.

DISCURSO: 1) O mesmo que universo de discurso. 2) Cada texto (verbal, não-verbal ou sincrético) representante de um universo de discurso. Por exemplo, uma notícia de jornal é um discurso representante do universo de discurso jornalístico.

DISCURSO SOCIAL: Discurso cujo destinatário é um grupo aberto e indeterminado de pessoas, que é chamado de público.

ENDOCÊNTRICO: Discurso científico dirigido à comunidade acadêmica, composta fundamentalmente de pesquisadores, alunos (principalmente de pós-graduação) e professores universitários.

ESTRUTURA DE PODER: O mesmo que *estrutura modal.*

ESTRUTURA MODAL: Enunciado formado da combinação de verbos modais e de verbos de ação que traduz em termos lógicos a função social de um discurso ou universo de discurso.

EXOCÊNTRICO: Discurso científico dirigido ao público leigo, como o discurso da divulgação científica, por exemplo.

LINGUAGEM GESTUAL: Linguagem formada exclusivamente de gestos, movimentos corporais e expressões faciais. Exemplo: mímica.

LINGUAGEM SINCRÉTICA: Linguagem resultante da combinação de duas ou mais linguagens simples, como a verbal e a sonora ou a verbal e a visual. Exemplo: cinema.

LINGUAGEM SONORA: Linguagem formada exclusivamente de sons, excluídos os sons lingüísticos. Exemplo: música instrumental.

LINGUAGEM VERBAL: Linguagem formada exclusivamente de palavras. Exemplo: português.

LINGUAGEM VISUAL: Linguagem formada exclusivamente de imagens, sejam elas bi ou tridimensionais. Exemplos: pintura e escultura.

LÓGICA MODAL: Lógica que admite mais de dois valores de verdade. Nela, além do verdadeiro e do falso, existe o possível, o provável, etc. Tais modalidades são representadas em português pelos verbos modais, como *querer*, *dever*, *poder*, *saber*, etc.

MACROSSEMIÓTICA: Conjunto de todas as linguagens utilizadas por uma mesma comunidade lingüística e sociocultural, isto é, por um mesmo povo. Por exemplo, a língua portuguesa falada no Brasil, a música popular brasileira, a culinária brasileira, etc. constituem uma macrossemiótica.

MANUFATOS: Objetos materiais criados pelo homem, como uma caneta, um automóvel, uma casa, o vinho, etc.

PENSAMENTO COMPLEXO: Novo paradigma de pensamento, proposto por vários autores, dentre os quais Edgar Morin, Humberto Maturana e Francisco Varela, que procura compreender o funcionamento de sistemas complexos, como os organismos vivos e as sociedades humanas, em que as relações entre os elementos constituintes não podem ser explicadas por teorias reducionistas, como o mecanicismo cartesiano, por exemplo.

PSICOFATOS: Objetos não-materiais ou fenômenos cuja existência se restringe ao psiquismo do indivíduo, como o amor, a tristeza, a sabedoria, Deus, etc.

SEMIÓTICA DA CULTURA: Estudo científico do processo histórico da cultura de um povo pela análise de sua visão de mundo, revelada em suas manifestações semióticas, como sua literatura, sua música, suas danças, seus costumes, suas crenças, etc.

SIGNIFICADO: Parte não-material do signo, conceito ou imagem mental a que nos reportamos quando deparamos com um significante.

SIGNIFICANTE: Parte material do signo, perceptível pelos sentidos, que remete ao seu significado.

SIGNO EXTEROCEPTIVO: Signo cujo significado é um conceito correspondente a algum dado da experiência (isto é, biofato, manufato, psicofato ou sociofato).

SIGNO INTEROCEPTIVO: Signo cujo significado é uma função gramatical dentro da linguagem a que pertence.

SOCIOFATOS: Objetos não-materiais ou fenômenos cuja existência se dá no âmbito da coletividade, como uma festa, uma guerra, uma eleição, uma partida de futebol, etc.

SOCIOSSEMIÓTICA: Ciência que estuda os discursos sociais enquanto manifestações semióticas.

UNIVERSO DE DISCURSO: Conjunto de todos os discursos (isto é, textos verbais, não-verbais ou sincréticos) que possuem certas características semióticas comuns, como, por exemplo, uma mesma estrutura de poder.

BIBLIOGRAFIA

ADORNO, Theodor. A indústria cultural. *In:* COHN, G. *Os grandes cientistas sociais*, nº 54. São Paulo: Ática, 1986, págs. 92-99.

AGUIRRE-SALA, J. F. *Ética del placer: una versión de la hedone en Platón*. México: Universidad Iberoamericana, 1994.

ALBERTOS, José Luis Martínez. *Curso general de redacción periodística*. Madri: Paraninfo, 1992.

ANSPACH, Silvia. *Entre Babel e o Éden*. São Paulo: Annablume, 1998.

BAUDRILLARD, Jean. *A Sociedade de consumo*. Lisboa: Editora 70, 1991.

BINGEMER, Maria Clara (org.) *O Impacto da modernidade sobre a religião*. São Paulo: Loyola, 1992.

BIZZOCCHI, Aldo Luiz. Cultura e prazer: o lugar da ciência. *Cultura Vozes*, v. 90, nº 3. São Paulo: Vozes, maio/junho de 1996, págs. 95-112.

BROCKMAN, John. The emerging third culture. *The third culture: beyond the scientific revolution*. Nova York: Simon & Schuster, 1995.

CAPRA, Fritjof. *O ponto de mutação*. São Paulo: Cultrix, 1982.

______. *O tao da física*. São Paulo: Cultrix, 1983.

CARNEGIE, Dorothy. *A maturidade: segredo da eterna juventude*. São Paulo: Nacional, 1980.

CHOPRA, Deepak. *A Cura quântica*. São Paulo: Best Seller, 1998.

DAMÁSIO, António. *O erro de Descartes*. São Paulo: Companhia das Letras, 1996.

DANOW, D. K. Jan Mukarovsky's concept of the work of art as sign. *In:* DEELY, J. (ed.) & EVANS, J. (ed.). *Semiotics 1986*. Lanham: University Press of America, 1987.

DUFFY, Eamon. *Santos e pecadores: história dos papas*. Tradução de Luiz Antônio Araújo. São Paulo: Cosac e Naify, 1998.

EAGLE, H. The semiotics of art: a dynamic view. *Semiotica*, v. 19. Bloomington: Indiana University Press, 1977, págs. 267-96.

ECO, Umberto. *As formas do conteúdo*. São Paulo: Perspectiva, 1974.

______. *A estrutura ausente*. São Paulo: Perspectiva, 1976.

ECO, Umberto. *Sobre os espelhos e outros ensaios.* Rio de Janeiro: Nova Fronteira, 1989.

_____. *Apocalípticos e integrados.* São Paulo: Perspectiva, 1993.

ELIADE, Mircea. *O sagrado e o profano: a essência das religiões.* São Paulo: Martins Fontes, 1996.

GABLIK, Susan. *Progress in art.* Nova York: Rizzoli, 1977.

GARDNER, Howard. *Estruturas da mente: a teoria das inteligências múltiplas.* Porto Alegre: ARTMED, 1994.

_____. *A nova ciência da mente: uma história da revolução cognitiva.* São Paulo: EDUSP, 1995.

_____. *Arte, Mente e cérebro: uma abordagem cognitiva da criatividade.* Porto Alegre: ARTMED, 1999.

GLEISER, Marcelo. *A dança do Universo: dos mitos de Criação ao Big-Bang.* São Paulo: Cia. das Letras, 1998.

GOLEMAN, Daniel. *Inteligência emocional.* Rio de Janeiro: Objetiva, 1996.

_____. *A arte da meditação.* Rio de Janeiro: GMT Editores, 1998.

GREIMAS, Algirdas Julien. *Sémantique structurale: recherche de méthode.* Paris: Larousse, 1966. (Edição brasileira: *Semântica estrutural.* São Paulo: Cultrix/ EDUSP, 1973)

_____. *Du sens: essais sémiotiques.* Paris: Seuil, 1970. (Edição brasileira: *Sobre o sentido: ensaios semióticos.* Petrópolis: Vozes, 1975)

_____. *Semiótica do discurso científico: da modalidade.* São Paulo: DIFEL, 1976.

HEIDEGGER, Martin. La question de la technique. *Essais et conférences.* Paris: Gallimard, 1958.

HILL, Archibald A. (org.) *Aspectos da lingüística moderna.* São Paulo: Cultrix, 1974.

JACOBY, Russell. *Os últimos intelectuais: a cultura americana na era da academia.* Tradução de M. Lopes, C. Rodrigues e M. Steinberg. São Paulo: Trajetória Cultura/EDUSP, 1990.

JAKOBSON, Roman. Lingüística e poética. *Lingüística e comunicação.* São Paulo: Cultrix, 1995.

KANT, Immanuel. *Critique de la raison pratique.* Paris: P.U.F., 1985.

KIENTZ, Albert. *Comunicação de massa: análise de conteúdo.* Rio de Janeiro: Eldorado, 1985.

KOLAKOWSKI, Leszek. *A presença do mito.* Brasília: Editora da UnB, 1981.

KOVECSES, Z. Toward the semantics of sport. *Semiotica,* v. 18. Bloomington: Indiana University Press, 1976, págs. 313-38.

KUHN, Thomas S. *The structure of scientific revolutions.* Chicago: University of Chicago Press, 1970. (Edição brasileira: *A estrutura das revoluções científicas.* Tradução de Beatriz Viana Boeira e Nelson Boeira. São Paulo: Perspectiva, 1996)

LIMA, Luís Costa (org.) *Teoria da cultura de massas.* Rio de Janeiro: Paz e Terra, 1990.

LOPES, Edward. *Fundamentos da lingüística contemporânea,* São Paulo: Cultrix, 1976.

LOTMAN Yuri M. Problèmes de la typologie des cultures. *In:* KRISTEVA, Julia et al. *Essays in semiotics/Essais de sémiotique.* Haia/Paris: Mouton, 1971.

______. *Semiótica de la cultura.* Madri: Gredos, 1979.

MacCANNELL, D. *The time of the sign: a semiotic interpretation of modern culture.* Bloomington: Indiana University Press, 1982.

MALMBERG, Bertil. *A língua e o homem: introdução aos problemas gerais da lingüística.* Rio de Janeiro: Nórdica/São Paulo: Duas Cidades, 1976.

MARCUSE, Herbert. *Dimensão estética.* São Paulo: Martins Fontes, 1977.

______. *Eros e civilização: uma interpretação filosófica do pensamento de Freud.* Tradução de Álvaro Cabral. Rio de Janeiro: Zahar, 1981.

______. *Cultura e sociedade.* Tradução de Wolfgang Leo Maar, Isabel Maria Loureiro e Robespierre de Oliveira. São Paulo: Paz e Terra, 1997.

MATEJKA, L. & TITUNIK, I. R. *Semiotics of art: Prague School contributions.* Cambridge, MS: MIT Press, 1976.

MORIN, Edgar. *L'industria culturale: saggio sulla cultura di massa.* Bolonha: Il Mulino, 1963.

______. *A cultura de massas no século XX: O Espírito do Tempo.* Rio de Janeiro: Forense/Universitária, 1977.

______. *Introdução ao pensamento complexo.* Lisboa: Instituto Piaget, 1995.

MUKAŘOVSKY, Jan. *Escritos sobre estética e semiótica da arte.* Lisboa: Estampa, 1981.

NUNES, Benedito. *Introdução à filosofia da arte.* São Paulo: Ática, 2000.

OBIBENIN, B. A semiotic approach to religion. *In:* SEBEOK, Thomas A. *Sight, sound and sense.* Bloomington: Indiana University Press, 1978.

ORTEGA Y GASSET, José. *Meditación de la técnica.* Madri: Santillana, 1997.

O'TOOLE, M. A systemic-functional semiotics of art. *In:* FRIES, P. H. & GREGORY, M. (eds.). *Meaning and choice in language: studies for Michael Halliday.* Norwood: Ablex, 1995.

PAIS, Cidmar Teodoro. Universos semióticos e universos lingüísticos: relações estruturais. *Ensaios semiótico-lingüísticos.* Petrópolis: Vozes, 1977, p 21-34.

______. Estruturas de poder dos discursos: elementos para uma abordagem sócio-semiótica. *Língua e Literatura,* nº 7. São Paulo: FFLCH-USP, 1978.

______. Aspectos de uma tipologia dos universos de discurso. *Lingüística,* v. 7, nº 1. São Paulo: Global/SBPL, 1984.

______. Sociossemiótica e semiótica da cultura. *Anais do IV Encontro Nacional da ANPOLL.* Recife: 1990.

______. *Conditions sémantico-syntaxiques et sémiotiques de la productivité systémique, lexicale et discursive,* 3 Tomos. Paris: Université de Paris, Sorbonne, 1993 /Tese de Doutorado de Estado/.

PAULUS, Jean. *A função simbólica e a linguagem.* Rio de Janeiro: Eldorado/São Paulo: Cultrix, s/d.

PEIRCE, Charles Sanders. *Collected papers.* Cambridge, MS: Harvard University Press, 1931-1958.

PEIRCE, Charles Sanders. *Semiótica.* São Paulo: Perspectiva, 1992.

PIGNATARI, Décio. *Semiótica da arte e da arquitetura.* São Paulo: Cultrix, 1981.

POPPER, Karl. *The logic of scientific discovery.* Londres: Hutchinson, 1975. (Edição brasileira: *A lógica da pesquisa científica.* Tradução de Leônidas Hegenberg e Octanny Silveira Mota. São Paulo: Cultrix, 1993)

POTTIER, Bernard. *Linguistique générale: théorie et description.* Paris: Klincksieck, 1974.

PRADO JÚNIOR, Caio. *Dialética do conhecimento.* 2 Tomos. São Paulo: Brasiliense, 1960.

REALE, Miguel. *Paradigmas da cultura contemporânea.* São Paulo: Saraiva, 1996.

ROBBINS, Anthony. *Poder sem limites.* São Paulo: Best Seller, 1987.

SAGAN, Carl. *Bilhões e bilhões: reflexões sobre vida e morte na virada do milênio.* São Paulo: Companhia das Letras, 1998.

SANTAELLA, Lúcia. *O que é semiótica.* Coleção Primeiros Passos. São Paulo: Brasiliense, 1990.

______. *Produção de linguagem e ideologia.* São Paulo: Cortez, 1996.

SAUSSURE, Ferdinand de. *Curso de lingüística geral.* São Paulo: Cultrix, 1983.

SCHROEDER, Gerald. L. *O Gênesis e o big bang: a descoberta da harmonia entre a ciência moderna e a Bíblia.* São Paulo: Cultrix, 1998.

SNOW, Charles Percy. *The two cultures.* Cambridge: Cambridge University Press, 1993.

SPENGLER, Oswald. *O homem e a técnica.* Tradução de João Botelho. Lisboa: Guimarães, 1980.

THUILLIER, Pierre. Léonard de Vinci et la naissance de la science moderne. *La Recherche*, nº 105, v. 10, novembro de 1979, págs. 1100-9.

TOURAINE, Alain. *Crítica da modernidade.* Tradução de Elia Ferreira Edel. São Paulo: Vozes, 1994.

VARGAS, Milton. Técnica, tecnologia e ciência. *Notícias FAPESP*, nº 39/40. São Paulo: FAPESP, jan./fev./mar. 1999.

WEIL, Pierre, D'AMBROSIO, Ubiratan & CREMA, Roberto. *Rumo à nova transdisciplinaridade: sistemas abertos de conhecimento.* São Paulo: Summus, 1993.

WILSON, Edward O. *Consilience: the unity of knowledge.* Nova York: Alfred A. Knopf, 1998. (Edição brasileira: *Consiliência: a unidade do conhecimento.* São Paulo: Campus, 1998)

ÍNDICE ONOMÁSTICO

Outras obras da editora

Aceitação de si mesmo e As idades da vida, A	*Romano Guardini*
Anais de um simpósio imaginário	*Beto Hoisel*
Animais e a psique, Os	*Denise Ramos, et al.*
Árvore do conhecimento - as bases biológicas da compreensão humana, A	*Humberto Maturana e Francisco J. Varela*
Ariano Suassuna – O cabreiro tresmalhado	*Mª Aparecida L. Nogueira*
Autobiografia – Minha vida e minhas experiências com a verdade	*Mohandas K. Gandhi*
Butoh, dança veredas d'alma	*Maura Baiocchi*
Carta a um amigo	*Nagarjuna*
Conquista psicológica do mal, A	*Heinrich Zimmer*
Coração da filosofia, O	*Jacob Needleman*
Cultivando a mente de amor	*Thich Nhat Hanh*
Deuses do México indígena	*Eduardo Natalino dos Santos*
Ética, solidariedade e complexidade	*Edgar Morin, et al.*
Falsafa: a filosofia entre os árabes	*Miguel Attie Filho*
Filosofias da Índia (edição revisada)	*Heinrich Zimmer*
Forjadores espirituais da história	*Ignacio da Silva Telles*
Gandhi: Poder, parceria e resistência	*Ravindra Varma*
Grinalda preciosa, A	*Nagarjuna*
Livro tibetano do viver e do morrer, O	*Sogyal Rinpoche*
Máscaras de Deus, As mitologia primitiva – vol. 1 mitologia oriental – vol. 2	*Joseph Campbell*
Mente zen, mente de principiante	*Shunryu Suzuki*
Minha terra e meu povo	*Tenzin Gyatso, XIV Dalai Lama*
Mitos e símbolos na arte e civilização da Índia	*Heinrich Zimmer*
Muito Prazer, São Paulo! - Guia de museus e instituições culturais de São Paulo	*Simona Misan e Thereza C. Vasques*
Oração centrante	*Basil Pennington*
Paixões do ego – complexidade, política e solidariedade, As	*Humberto Mariotti*
Para uma pessoa bonita	*Shundo Aoyama Rôshi*
Poder do mito, O	*Joseph Campbell* e *Bill Moyers*
Roca e o calmo pensar, A	*Mahatma Gandhi*
San Juan de la Cruz, o poeta de Deus	*Patrício Sciadini, OCD*
Soluções de palhaços	*Morgana Masetti*
Transdisciplinaridade	*Ubiratan D'Ambrosio*
Valor das emoções, O	*M. Stocker* e *E. Hegeman*
Vestígios – escritos de filosofia e crítica social	*Olgária Matos*
Yoga – imortalidade e liberdade	*Mircea Eliade*
THOT	*Publicação de ensaios*

CO-EDIÇÃO – PALAS ATHENA/EDUSP:

Diálogos dos mortos, Luciano	*Henrique Murachco*

Prezado leitor da obra
Anatomia da cultura

PALAS ATHENA

Para que possamos mantê-lo informado sobre as novidades editoriais e as atividades culturais da Associação Palas Athena, solicitamos o preenchimento dos campos abaixo, remetendo o cupom para a Editora Palas Athena, Rua Serra de Paracaina, 240 - São Paulo, SP - CEP 01522-020 ou pelo FAX (11) 3277.8137.

Nome . . . .

Profissão . . . .

Endereço . . . .

Cidade . . . . Estado . . . .

CEP . . . . Fone (   ) . . . .

Fax (   ) . . . . Celular . . . .

E-Mail . . . .

Áreas de interesse:

❑ Mitologia ❑ Filosofia ❑ Religiões

❑ Antropologia ❑ Educação ❑ Psicologia

❑ Outras áreas: . . . .

. . . .

. . . .

. . . .

Acabou-se de imprimir
no mês de março do ano 2003,
nas oficinas da Gráfica Palas Athena.